面向21世纪课程教材

Textbook Series for 21st Century

知识产权法

Intellectual Property Law

（第四版）

U0830814

主　编　吴汉东

撰稿人　（以撰写章节先后为序）

吴汉东　曹新明　张　平

王莲峰　董炳和　肖志远

北京大学出版社

PEKING UNIVERSITY PRESS

图书在版编目(CIP)数据

知识产权法/吴汉东主编.—4版.—北京:北京大学出版社,2014.1
(面向21世纪课程教材)
ISBN 978-7-301-23798-4

Ⅰ.①知… Ⅱ.①吴… Ⅲ.①知识产权法-中国-高等学校-教材
Ⅳ.①D923.4

中国版本图书馆CIP数据核字(2014)第012732号

书　　名:知识产权法(第四版)
著作责任者:吴汉东　主编
责 任 编 辑:邓丽华
标 准 书 号:ISBN 978-7-301-23798-4/D·3513
出 版 发 行:北京大学出版社
地　　址:北京市海淀区成府路205号　100871
网　　址:http://www.pup.cn
新 浪 微 博:@北京大学出版社
电 子 信 箱:law@pup.pku.edu.cn
电　　话:邮购部62752015　发行部62750672　编辑部62752027
出版部62754962
印 刷 者:**三河市博文印刷有限公司**
经 销 者:新华书店
730毫米×980毫米　16开本　28印张　523千字
2007年4月第1版　2009年6月第2版
2011年8月第3版
2014年1月第4版　2017年6月第5次印刷
定　　价:45.00元

内 容 简 介

本书遵照全国高等学校法学专业核心课程的教学要求编写而成。全书以中国现行知识产权法和相关知识产权国际公约为基础，吸收国内外知识产权法教学与研究的最新成果，按照“总论—著作权—专利权—商标权—其他知识产权—知识产权国际保护”六编的框架体系，阐述本领域必备的知识与技能，既系统地阐述基本概念、基本原理与基本制度，同时也注重提供分析与解决知识产权问题的方法和路径。

本书对于法律专业本科生、研究生、实务界人士和其他知识产权学习者都具有参考价值。

第四版前言

2001年12月11日,我国正式成为世界贸易组织第143个成员国。世界贸易组织《与贸易有关的知识产权协定》(也称TRIPs或《知识产权协定》)是世界贸易组织制度的三大支柱之一。为了全面履行TRIPs规定的义务,我国于2000年8月25日对《专利法》、2001年10月27日对《著作权法》和《商标法》进行了较大幅度的修改,使我国的知识产权保护水平有了相当的提升。尔后,为便于我国著作权法有关制度的实施,解决网络环境下著作权保护问题,国务院于2006年5月10日通过了《信息网络传播权保护条例》。在这样的背景下,我们组织了长期从事知识产权教学研究的专家学者撰写了本书。呈现给读者的这部教材,既是我们进行知识产权研究的成果,也是二十多年来教学的经验总结。

本书第一版2007年问世后,国际国内形势发生了较大变化。随着国际金融危机的出现,各国空前关注知识产权。2008年6月5日,国务院发布的《国家知识产权战略纲要》明确指出,到2020年把我国建设成为知识产权创造、运用、保护和管理水平较高的国家,5年内自主知识产权水平大幅度提高,运用知识产权的效果明显增强,知识产权保护状况明显改善,全社会知识产权意识普遍提高。以建设创新型国家和实施《国家知识产权战略纲要》为导向,我国于2008年12月27日修正了《专利法》,2013年8月30日修改了《商标法》。受世界贸易组织关于中美知识产权争端裁决的影响,于2010年2月26日修改了《著作权法》。修改后的知识产权法在履行国际知识产权条约义务的同时,更加适应我国科技、经济和社会现实,符合创新发展需要。

在《著作权法》、《专利法》和《商标法》实施过程中,国务院于2013年1月16日修改了《植物新品种保护条例》和《信息网络传播权保护条例》;国家知识产权局等知识产权行政机关颁行了新的知识产权行政法规和部门规章;最高人民法院及时总结司法实践经验,出台了若干重要的司法解释。第四版反映了上述变化,修订了本书相关内容。

本书原撰稿人为吴汉东(第一编和第六编)、曹新明(第二编)、张平(第三编)、王莲峰(第四编)、董炳和(第五编)。第四版修订工作由主编吴汉东负责,肖志远博士参与统稿工作。

作　者

2013年12月

作者简介

吴汉东　法学博士，中南财经政法大学教授、博士生导师，国家保护知识产权工作研究基地、教育部人文社科重点研究基地——中南财经政法大学知识产权研究中心主任，教育部社会科学委员会委员，中国知识产权法学研究会名誉会长，中国法学会民法学研究会副会长。独著或合著有《著作权合理使用制度研究》《无形财产权制度研究》《知识产权基本问题研究》等著作十余部，另外在《中国社会科学》《法学研究》《中国法学》等刊物上发表论文一百余篇。论著、论文曾获首届全国优秀博士论文奖、首届中国出版政府奖图书奖、司法部优秀科研成果一等奖、教育部优秀人文社科成果二等奖等。

曹新明　法学博士，中南财经政法大学教授、博士生导师，中南财经政法大学知识产权研究中心常务副主任，中国知识产权法学研究会副会长，中国版权协会理事。独著或合著有《中国知识产权法典化研究》《西方诸国著作权制度比较研究》等著作，在《法学研究》《法学》《法商研究》《法制与社会发展》等期刊上发表论文七十多篇。论著、论文曾获湖北省自然科学优秀学术论文二等奖、武汉市社会科学优秀成果奖、中国法学会征文二等奖等。

张　平　法学博士，北京大学法学院教授、博士生导师，兼任北京大学知识产权学院常务副院长，中国科技法学会副会长兼秘书长，北京大学互联网法律研究中心主任，北京大学科技法研究中心主任，国家知识产权战略实施研究基地（北京大学）主任，国家数字版权研究基地主任。重点研究领域为知识产权法、互联网法律。近年的主要研究成果涉及“科技创新与国家知识产权战略”“技术标准中的知识产权保护与利用”“计算机软件的专利保护”“知识产权制度对国际经济发展的作用”“高校专利成果转化成功模式及政策研究”“数字环境下的著作权问题研究”等。曾参加国家知识产权战略研究项目，主持十余项国家级研究课题，在核心期刊发表十几篇论文。代表作：《技术性贸易壁垒与知识产权》《商业方法软件专利保护：美国的实践及启示》《网络环境下著作权许可模式的变革》等。

王莲峰　法学博士，华东政法大学知识产权学院教授、博士生导师、商标法教研室主任、知识产权中心商标与产业经济研究所所长，中南财经政法大学知识产权研究中心兼职研究员，中国知识产权法学研究会理事，国际商标协会教授会员。出版《商业标识立法体系化研究》《商标法学》等著作或教材十余部，发表论文七十余篇。论著、论文曾获中国知识产权研究会第三届全国代表大会暨2000年学术年会“优秀奖”及其他奖项。主持并完成省部级、厅级等知识产权科研项目十余项。

董炳和　法学博士，苏州大学法学院教授，东吴比较法研究所副所长，中南财经政法大学知识产权研究中心兼职研究员，中国知识产权法学研究会理事。独著《地理标志知识产权制度研究》《技术创新法律保障制度研究：以知识产权制度为中心进行的考察》，与他人合著《计算机法》《知识产权法概论》《新闻侵权与赔偿》等著作多部，在《中国法学》《法商研究》《知识产权法研究》等刊物上发表论文五十余篇。著作、论文多次获山东省社会科学优秀成果奖和江苏省哲学社会科学优秀成果奖。

肖志远　法学博士，中南财经政法大学副教授、知识产权法教研室主任、知识产权研究中心专职研究员。独著或合著《知识产权权利属性研究：一个政策维度的视角》等著作多部，发表论文二十余篇。

目　　录

第一编　总　　论

第二编　著　作　权

第四编　商　标　权

第五编 其他知识产权

第六编　知识产权国际保护

第一编 总 论

［内容提要］ 知识产权是由人类智力劳动成果依法产生的专有权利，有广义和狭义之分，具有独占性、地域性和时间性的特点；知识产权的客体是知识产品；侵犯知识产权行为的归责原则是在采用过错责任原则的基础上补充适用过错推定原则。

［关键词］ 知识产权 知识产品 知识产权法

一、知识产权的概念和范围

在民事权利制度体系中，知识产权的用语是与传统的财产所有权相区别而存在的。在知识产权的相关语境中，英文“intellectual property”、法文“Propriété Intellectuale”、德文“gestiges Eigentum”，原意均为“知识（财产）所有权”或“智慧（财产）所有权”。将一切来自知识活动领域的权利概括为“知识产权”，最早见之于17世纪中叶的法国学者卡普佐夫的观点，后为比利时著名法学家皮卡第所发展。皮卡第认为，知识产权是一种特殊的权利范畴，它根本不同于对物的所有权。“所有权原则上是永恒的，随着物的产生与毁灭而发生与终止；但知识产权却有时间限制。一定对象的产权在每一瞬息时间内只能属于一个人（或一定范围的人——共有财产），使用知识产品的权利则不限人数，因为它可以无限地再生。”①知识产权学说后来在国际上广泛传播，得到世界上多数国家和众多国际

① 参见〔苏联〕E. A. 鲍加特赫等：《资本主义国家和发展中国家的专利法》，载中国科学技术情报所专利馆编：《国外专利法介绍》，知识出版社1981年版，第2页。

组织的承认。在我国,法学界曾长期采用“智力成果权”的说法,1986年《中华人民共和国民法通则》(以下简称《民法通则》)颁布后,开始正式通行“知识产权”的称谓。我国台湾地区则把知识产权称为“智慧财产权”。

我国法学界主要采取“概括主义”方法来说明知识产权的概念。20世纪90年代中期以前,学者们基于知识产权保护对象即为智力成果的抽象认识,多将知识产权定义为人们对其智力成果所依法享有的权利。20世纪90年代中期以后,有些学者认为,以知识产权名义统领的各项权利,并不都是基于智力成果产生的,因此对定义对象作了新的概括。这些定义虽然表述不一,但反映了知识产权的概念特征:(1)知识产权是区别于传统所有权的另类权利,是产生于精神领域的非物质化的财产权。(2)以知识产权名义所统领的各项权利并非都是来自知识产权领域。从权利来源看,知识产权主要产生于智力创造活动和工商业经营活动。从权利对象看,则由创造性成果、经营性标记、信誉以及其他知识信息所构成。(3)知识产权是法定之权,其产生一般须由法律认可,并非所有的知识产品都可以成为知识产权的客体。基于上述分析,我们认为,知识产权是人们对于自己的智力活动创造的成果和经营管理活动中的标记、信誉所依法享有的专有权利。

知识产权有广义和狭义之分:

广义的知识产权包括著作权、邻接权、商标权、商号权、商业秘密权、地理标记权、专利权、植物新品种权、集成电路布图设计权等各种权利。广义的知识产权范围目前已为两个主要的知识产权国际公约所认可。1967年签订的《成立世界知识产权组织公约》将知识产权的范围界定为以下类别:关于文学、艺术和作品的权利(即著作权);关于人类的一切领域的发明的权利(即发明专利权及科技奖励意义上的发明权);关于科学发现的权利(即发现权);关于工业品外观设计的权利(即外观设计专利权或外观设计权);关于商标、服务标志、厂商名称和标记的权利(即商标权、商号权);关于制止不正当竞争的权利(即反不正当竞争权);一切在工业、科学、文学或艺术领域由于智力活动产生的其他权利。1994年关贸总协定缔约方签订的《与贸易有关的知识产权协定》(也称TRIPs,以下简称《知识产权协定》)划定的知识产权范围包括:著作权及其相关权利(即邻接权);商标权;地理标记权;工业品外观设计权;专利权;集成电路布图设计权;未公开信息专有权(即商业秘密权)。

1986年通过的我国《民法通则》第五章“民事权利”,分列“财产所有权和与财产所有权有关的财产权”、“债权”、“知识产权”、“人身权”四节,其中第三节“知识产权”第94—97条明文规定了著作权、专利权、商标权、发现权、发明权以及其他科技成果权。

从上述规定可以看出,《知识产权协定》关于知识产权的范围,大抵与 1886 年《保护文学艺术作品伯尔尼公约》(以下简称《伯尔尼公约》)及 1883 年《保护工业产权巴黎公约》(以下简称《巴黎公约》)总括的类别相当;而《成立世界知识产权组织公约》所规定的知识产权范围较为宽泛,特别包括了科技奖励制度中的发明权、发现权。我国《民法通则》所规定的知识产权基本类型与《成立世界知识产权组织公约》相同。对此,我国学者存有异议。一种观点认为,上述发明权、发现权已为国际公约所承认,且我国民事立法专门对上述权利给予保护,因此将一切智力创造活动所产生的权利列入知识产权并无不当。① 另一种观点认为,科学发现不宜作为知识产权的保护对象,世界上绝大多数国家的法律及国际公约都没有对科学发现授予私权性质的财产权利。② 还有一种观点认为,该类发明权、发现权以及其他科技成果权并非是对其智力成果的专有使用权,而是一种取得荣誉及获取奖励的权利,该项制度应归类科技法。③ 我们认为,《知识产权协定》在其序言中宣示"知识产权为私权",以私权名义强调了知识产权即是知识财产私有的法律形式。我国《民法通则》在"知识产权"一节中所确认的发现权、发明权以及合理化建议、技术改进和科技成果推广的权利,都不具有"知识所有权"的专有财产权利性质。因此,在将来的民事立法中,有关知识产权的保护范围以不包括上述科技成果权为宜。

狭义的知识产权,即传统意义上的知识产权,应包括著作权(含邻接权)、专利权、商标权三个主要组成部分。一般来说,狭义的知识产权可以分为两个类别:一类是文学产权(literature property),包括著作权及与著作权有关的邻接权;另一类是工业产权(industrial property),主要是专利权和商标权。文学产权是文学、艺术、科学作品的创作者和传播者所享有的权利,它将具有原创性的作品及传播这种作品的媒介纳入其保护范围,从而在创造者"思想表达形式"的领域内构造了知识产权保护的独特领域。工业产权则是指工业、商业、农业、林业和其他产业中具有实用经济意义的一种无形财产权,确切地说,工业产权应称为"产业产权"。以工业产权一词来概括产业领域的智力成果专有权,最初始于法国,即法文中的"propriete industrielle"。1789 年的法国《人权宣言》将思想作为精神财产,视为"自然和不可废除的人权",并确认"自由传达思想和意见是人的最高的权利之一"。根据《人权宣言》的精神,法国国民议会于 1791 年通过该国第一部专利法。在此以前,英国和法国都称专利权为"特权"或"垄断权"。当时法国

① 参见刘春茂主编:《中国民法学 · 知识产权》,中国人民公安大学出版社 1997 年版,第 2—4 页。

② 参见刘春田主编:《知识产权法教程》,中国人民大学出版社 1995 年版,第 3 页。

③ 参见吴汉东主编:《知识产权法》,中国政法大学出版社 1999 年版,第 2 页;张玉敏主编:《知识产权法教程》,西南政法大学出版社 2001 年版,第 14 页。

专利法的起草人德布孚拉认为,“特权”或“垄断权”的提法可能会遭到资产阶级革命时期立法会和反封建特权人民的反对,因而提出了“工业产权”的概念。德布孚拉的工业产权理论在1791年的法国《专利法》中得到了充分的反映,“工业产权”一词后来为世界各国所接受,并逐渐成为专利权、商标权等各种专有权的统称。文学产权(或称著作权)与工业产权的区分是知识产权的传统的基本分类。自20世纪60年代起,由于工业产权与著作权(版权)长期渗透和交叉的结果,又出现了给予工业产品以类似著作权保护的新型知识产权,即工业版权。[①]工业版权的立法动因,始于纠正工业产品外观设计享有专利法和著作权法重叠保护的弊端。以后,一些国家为了填补某些工业产品无法保护的空白和弥补单一著作权保护的不足,遂将集成电路布图设计等纳入工业版权客体的范畴。工业版权突破了以往关于著作权与工业产权的传统分类,吸收了两者的部分内容,形成了亦此亦彼的“交叉权利”。这种权利的主要特点是:受保护对象必须具有新颖性(专利法要求)和独创性(著作权法要求);实行工业产权法中的注册保护制和较短保护期;专有权人主要享有著作权法中的复制权和发行权,但没有著作权主体的那种广泛权利。

在精神领域的民事权利范围中,无形财产权(或无体财产权,intangible property)是知识产权的另一称谓。1875年,德国学者科拉率先提出“无形财产权”的概念,批判了以往的学说将无形物品的权利说成是一种所有权的错误,而将其概括为区别于有形财产所有权的另类权利,即“无形财产权”(immaterial giiterrecht)。[②] 在一些西方国家,相关立法与学说曾以无形财产权来概括有关智力创造性成果的专有权利。自1967年签订《成立世界知识产权组织公约》后,知识产权的概念开始在国际上广泛使用,但有些西方学者仍继续沿用无形财产权的说法。以客体的非物质性为权利分类标准,概括出区别于一般财产所有权的精神权利,“无形财产权”较之“知识产权”似乎具有更大的包容性。参照国内外经济学界关于“无形资产”的类别划分[③],法律制度意义上的无形财产权可以包括以下三类:一是创造性成果权。包括著作权、专利权、商业秘密权、集成电路布图设计权、植物新品种权等。该类权利保护的对象都是人们智力活动创造的成果,一般产生于科学技术、文化等知识领域,客体一定程度的创造性是其取得法律保护的必要条件。二是经营性标记权。包括商标权、商号权、地理标记权、其他与制止不正当竞争有关的识别性标记权等。该类权利保护的对象为标示产品来源

① 参见郑成思著:《版权法》,中国人民大学出版社1990年版,第20页。
② 参见〔日〕吉藤幸朔著:《专利法概论》,宋永林、魏启学译,专利文献出版社1990年版,第405页。
③ 参见蔡吉祥著:《无形资产》,海天出版社1996年版,第1页。

和厂家特定人格的区别标记，主要作用于工商经营活动之中。可区别性是该类客体的基本特征，法律保护的目的即是防止他人对此类标记的仿冒。三是经营性资信权。包括特许经营权、信用权、商誉权等。其权利保护的对象系工商企业所获得的优势及信誉，这种专营优势与商业信誉形成了特定主体高于同行业其他一般企业获利水平的超额赢利能力。该类权利客体所涉及的资格或信誉，包括明显的财产利益因素，但也有精神利益的内容。依照传统的理论观点，经营资信权不属于知识产权的范畴。

在当代信息社会里，知识产权的范围有向"信息产权"扩充的趋势。以微机革命、网络革命和通信革命为主流的新技术革命，将人类社会推进到一个信息化时代，信息本身成为促进经济、技术及社会发展的重要资源，也成为人们不可或缺的无形财产。知识产权所涉及的对象可视为非物质形态的知识信息。专利法保护的"新的技术方案"提供了某一领域最新技术的信息；商标法保护的"识别性标记"，本身即是区别不同商品或服务的信息；而著作权法保护的"独创性表达"，通过报刊、书籍、广播电视、电脑网络等各种媒介的传播，成为人们最主要、最广泛的信息源。在这个意义上，知识产权法可以称为信息保护法。[①] 但是，知识产权并不能简单地等同于信息产权。在信息财产中，有三种类型：一是作为著作权、专利权、商标权而保护的知识信息；二是原处于非专有领域的公共信息；三是未公开披露而通过保密实现其价值的商业信息。后两者是以往的知识产权法不加以保护的。随着新的传播技术的出现，国际社会日益重视对各种信息财产的保护。1993 年《知识产权协定》明确将"未公开的信息"纳入知识产权保护体系；1996 年《欧盟关于数据库保护指令》提出了保护无独创性的数据库的立法设想。这意味着一部分原属于公共领域的信息和依靠保密维系利益的信息，现在可以处于新的专门法的保护之下（前者的权利主体系信息的收集人，后者的权利主体系信息的所有人）。这种着力于信息财产的保护已经突破了传统的知识产权的制度框架。

以上只是描述精神领域权利范畴的演变，无意褒贬"知识产权"、"无形财产权"与"信息产权"这几类用语的优劣。鉴于相关国际公约、国内立法的规定与我国法学界的约定俗成，我们主张沿用"知识产权"的概念，但不要拘泥于传统权利体系的狭隘理解。

---

① 参见〔日〕中山信弘：《多媒体与著作权（一）》，张玉瑞译，载《电子知识产权》1997 年第 5 期；冯晓青：《知识产权法基础理论若干问题研究》，载《湘江法律评论》（第 4 卷），湖南人民出版社 2001 年版。

二、知识产权的性质和特征

知识产权是一种新型的民事权利，是一种有别于财产所有权的无形财产权。

权利本体的私权性是知识产权归类于民事权利范畴的基本依据。私权是与公权相对应的一个概念，指的是私人（包括自然人和法人）享有的各种民事权利。知识产权是一种界定知识财产权利形态的制度安排，它以私权的名义强调了知识财产私人所有的法律性质。这一定性分析说明：知识产权是“私人”的权利，国家即使在某种情况下作为权利主体出现，也与其他民事主体处于相互平等的关系；同时，知识产权也是“私有”的权利，即采取私人占有的产权形式。知识产权的产生、行使和保护，适用民法的基本原则和基本制度。离开了民事权利体系，知识产权制度就会面目全非、无法存在，私的主体就会失去获取知识财产的民事途径。现代各国关于知识产权的立法例有所不同，或归入民法典（如1995年《越南民法典》），或单独编纂（如1992年《法国知识产权法典》），或采取单行立法。尽管如此，法律并不讳言知识产权的民事权利或私人财产权利的基本属性。正因如此，《知识产权协定》在其序言中强调有效保护知识产权的必要性时，要求各缔约方确认知识产权是一项“私权”。

权利客体的非物质性是知识产权区别于财产所有权的本质特性。知识产权的客体即知识产品（或称为智力成果），是一种没有形体的精神财富。有的学者认为，知识产权与其他财产权利的根本区别在于其本身的无形性，而其他法律特征即独占性、时间性、地域性等皆由此派生而成。① 严格地讲，权利作为主体凭借法律实现某种利益所可以实施行为的界限和范围，概无例外在实体之主观拟制。正是在这个意义上，从罗马法学家到现代民法学家都将具有一定财产内容的权利（除所有权以外）称为无体物。因此，知识产权与相关权利的本质区别，不是所谓该项权利的无形性，而在于其权利客体即知识产品的非物质性特征。对此，我国台湾地区学者曾世雄先生有相同看法：财产权之有形或无形，并非指权利而言，而系权利控有之生活资源，即客体究竟有无外形。例如，房屋所有权，其权利本身并无有形无形之说，问题在于房屋系有体物；作为著作权，亦不产生有形无形问题，关键在于作品系智能产物，为非物质形态。② 知识产品之无形是相对于动产、不动产之有形而言的，它具有不同的存在、利用、处分形态：(1) 不发生有形控制的占有。由于知识产品不具有物质形态，不占有一定的空间，人们对它的占有不是一种实在而具体的占据，而是表现为对某种知识、经验的认识与

① 参见郑成思主编：《知识产权法教程》，法律出版社1993年版，第45页。

② 参见曾世雄著：《民法总则之现在与未来》，台湾三民书局1983年版，第151页。

感受。知识产品虽具有非物质性特征,但它总要通过一定的客观形式表现出来,作为其表现形式的物化载体所对应的是有形财产权而不是知识产权。(2) 不发生有形损耗的使用。知识产品的公开性是知识产权产生的前提条件。由于知识产品必须向社会公示、公布,人们从中得到有关知识即可使用,而且在一定时空条件下,可以被若干主体共同使用。上述使用不会像有形物使用那样发生损耗,如果无权使用人擅自利用了他人的知识产品,亦无法适用恢复原状的民事责任形式。(3) 不发生消灭知识产品的事实处分与有形交付的法律处分。知识产品不可能有实物形态消费而导致其本身消灭之情形,它的存在仅会因期间(即法定保护期)届满产生专有财产与社会公共财富的区别。同时,有形交付与法律处分并无联系,换言之,非权利人有可能不通过法律途径去"处分"属于他人而自己并未实际"占有"的知识产品。基于上述特征,国家有必要赋予知识产品的创造者以知识产权,并对这种权利实行有别于传统财产权制度的法律保护。

关于知识产权的基本特征,学者们多有阐述,这些特征的概括在各种著述中虽多少不等,但其基本特征概为"独占性"、"地域性"和"时间性"。其实,这些特征的描述,是与其他财产权特别是所有权相对而言的,并非都是知识产权所独有的。

(一) 知识产权的独占性

知识产权是一种专有性的民事权利,它同所有权一样,具有排他性和绝对性。正是在这个意义上,法国一些学者认为知识产权就是"知识所有权";而多数法国学者怀疑知识产权是否为真正的所有权,他们根据该项权利标的及内容的特点,将知识产权称为一种垄断权或独占权。[①] 日本学者亦认为,知识产权是一种"全新的特殊权利",它分为独占权(如著作权、专利权等)和禁止权(如商品形象权、商誉权等)。[②] 我们认为,独占性即排他性和绝对性,虽是知识产权与所有权的共同特征,但其效力内容及表现形式是各不相同的。由于知识产品是精神领域的成果,知识产权的专有性有着其独特的法律表现:(1) 知识产权为权利人所独占,权利人垄断这种专有权利并受到严格保护,没有法律规定或未经权利人许可,任何人不得使用权利人的知识产品;(2) 对同一项知识产品,不允许有两个或两个以上同一属性的知识产权并存。例如,有两个相同的发明物,但根据法律程序只能将专利权授予其中的一个,而以后的发明与已有的技术相比,如无突出的实质性特点和显著的进步,就不能取得相应的权利。知识产权与所有权在独占性效力方面也是有区别的。首先,所有权的排他性表现为所有人排斥非

---

① 参见尹田著:《法国物权法》,法律出版社 1998 年版,第 86 页。

② 参见〔日〕小岛庸和著:《无形财产权》,日本创成社 1998 年版,第 5—9 页。

所有人对其所有物进行不法侵占、妨害或毁损,而知识产权的排他性则主要是排斥非专有人对知识产品进行不法仿制、假冒或剽窃。其次,所有权的独占性是绝对的,即所有人行使对物的权利,既不允许他人干涉,也不需要他人积极协助,在所有物为所有人控制的情况下,无地域和时间的限制。而知识产权的独占性则是相对的,这种垄断性往往要受到权能方面的限制(如著作权中的合理使用、专利权中的临时过境使用、商标权中的先用权人使用等),同时,该项权利的独占性只在一定空间地域和有效期限内发生效力。

(二)知识产权的地域性

知识产权作为一种专有权在空间上的效力并不是无限的,而要受到地域的限制,即具有严格的领土性,其效力只限于本国境内。知识产权的这一特点有别于有形财产权。一般来说,对所有权的保护原则上没有地域性的限制,无论是公民从一国移居另一国的财产,还是法人因投资、贸易从一国转入另一国的财产,都照样归权利人所有,不会发生财产所有权失去法律效力的问题。而知识产权则不同,按照一国法律获得承认和保护的知识产权,只能在该国发生法律效力。除签有国际公约或双边互惠协定的以外,知识产权没有域外效力,其他国家对这种权利没有保护的义务,任何人均可在自己的国家内自由使用该知识产品,既无须取得权利人的同意,也不必向权利人支付报酬。

早在知识产权法律制度的雏形时期,地域性的特点就同知识产权紧密地联系在一起。在欧洲封建国家末期,原始著作权与专利权都是君主恩赐并作为特许权出现的,因此这种权利只可能在君主管辖地域内行使。随着近代资产阶级法律的发展,知识产权才最终脱离了封建特许权形式,成为法定的精神产权。但是,资本主义国家依照其主权原则,只对依本国法取得的知识产权加以保护,因此地域性作为知识产权的特点继续保留下来。在一国获得知识产权的权利人,如果要在他国受到法律保护,就必须按照该国法律规定登记注册或经审查批准。

从19世纪末起,随着科学技术的发展以及国际贸易的扩大,知识产权交易的国际市场也开始形成和发展起来。这样,知识产品的国际性需求与知识产权的地域性限制之间出现了巨大的矛盾,为了解决这一矛盾,各国先后签订了一些保护知识产权的国际公约,成立了一些全球性或区域性的国际组织,在世界范围内形成了一套国际知识产权保护制度。在国际知识产权保护中,国民待遇原则的规定是对知识产权地域性特点的重要补充。国民待遇原则使得一国承认或授予的知识产权,根据国际公约在缔约国发生域外效力成为可能。但是,知识产权的地域性并没有动摇,是否授予权利、如何保护权利,仍须由各缔约国按照其国内法来决定。至20世纪下半叶,由于地区经济一体化与现代科学技术的发展,知识产权立法呈现出现代化、一体化的趋势,由此知识产权的严格地域性特征受到挑战:(1) 跨国知识产权的出现。为了实现经济一体化的目标,某些国家和地区正努力建立共同的知识产权制度,其中最典型的即是拟议中的全球专利制度和已经实施的欧盟统一商标注册制度。这就使得知识产权跨出一国地域的限制,从而在多个国家同时发生效力。(2) 涉外知识产权管辖权与法律适用的发展。由于现代传播技术的发展,涉及知识产权的侵权行为可能在几个甚至十几个国家发生。为了便利诉讼和有效保护权利人利益,一些国家正在酝酿跨地域管辖和新准据法原则。[①] 涉外知识产权纠纷的非专属管辖与知识产权法律适用的多元化,都会对这一权利的地域性特点带来重大影响。

总之,在当今社会,知识产权在全球范围内依然保留有地域性特征,但已受到挑战,这一自封建法到现代法固有的法律特征是否会被完全打破,尚有待继续观察和研究。

(三) 知识产权的时间性

知识产权不是没有时间限制的永恒权利,其时间性表明:知识产权仅在法律规定的期限内受到保护,一旦超过法律规定的有效期限,这一权利就自行消灭,相关知识产品即成为整个社会的共同财富,为全人类所共同使用。这一特点是知识产权与有形财产权的主要区别之一。众所周知,所有权不受时间限制,只要其客体物没有灭失,权利即受到法律保护。依消灭时效或取得时效所产生的后果也只涉及财产权利主体的变更,而财产本身作为权利客体并不会发生变化。关于所有权的这一特征,罗马法学家将其概括为"永续性",即"所有权命运与其标的物之命运相终始"。[②] 其实,所有权的永续性在许多情况下存在着"事实不能",这是因为所有权的永续状态是以其标的物的存在为前提的,倘若该物发生灭失、毁损,原所有人就可能无法再对它行使所有权了。相反,知识产权的标的是一种非物质形态的智力产物,不可能发生灭失、毁损。其权利本体之所以不具有永续性,概因国家规定了保护期限,是为"法律不能"。

知识产权在时间上的有限性,是世界各国为了促进科学文化发展、鼓励智力成果公开所普遍采用的原则。建立知识产权制度的目的在于采取特别的法律手段调整因知识产品创造或使用而产生的社会关系,这一制度既要促进文化知识的广泛传播,又要注重保护知识产品创造者的合法利益,协调知识产权专有性与知识产品社会性之间的矛盾。知识产权时间限制的规定,反映了建立知识产权法律制度的社会需要。根据各类知识产权的性质、特征及本国实际情况,各国法

① 参见刘家瑞等:《知识产权地域性冲突法评述》,载《中央政法管理干部学院学报》1998 年第 6 期。

② 参见周枏著:《罗马法原论》(上册),商务印书馆 1994 年版,第 324 页。

律对著作权、专利权、商标权都规定了长短不一的保护期。著作权的保护期限，主要是对作者的财产权而言的，即作者只能在一定期限内享有对作品的专有使用权和获得报酬权。而对作者的人身权，有的国家规定为无限期永远存在（如法国），有的国家则规定与财产权保护期相同（如德国）。关于专利权的保护期限，各国专利法都作了长短不一的具体规定，其规定依据主要有二：一是社会利益与权利人利益的协调；二是发明技术价值的寿命。关于商标权的保护期限，各国也规定有不同的有效期间。其中，采取“注册原则”的国家，商标权有效期自注册之日起算；采取“使用原则”的国家，只有在商标使用后才能产生权利，因此其有效期自使用之日起算。在知识产权的时间性特点中，商标权与著作权、专利权有所不同，它在有效期届满后可以续展，通过不断的续展，商标权可以延长实际有效期。法律之所以这样规定，就在于文学艺术作品和发明创造对于社会科学文化事业的发展有着更重要的意义，因此必须规定一定的期限，使智力成果从个人的专有财产适时地变为人类公有的精神财富。

知识产权的上述特征，是与其他民事权利特别是所有权相比较而言的，是具有相对意义的概括和描述。这并不意味着各类知识产权都具备以上全部特征，例如，商业秘密权不受时间性限制，地理标记权不具有严格的独占性意义。从本质上说，只有客体的非物质性才是知识产权所属权利的共同法律特征。

三、知识产权的主体

从权利的角度来看，知识产权的主体即为权利所有人，包括著作权人、专利权人、商标权人等；从法律关系的角度来看，知识产权关系的主体则为权利人及与权利人相对应的义务人。本书所称的权利主体即是各类知识产权的所有人。这里所说的人，既可以是自然人，也可以是法人，在一定条件下还包括非法人单位以至国家。与一般民事主体制度不同，知识产权法中关于“人”的用语，都是自然人和法人的统称，所谓“著作权人”、“专利申请人”、“商标注册人”等，实际上都是指享有此类权利的自然人和法人。

知识产权的主体需具备何种资格，他们享有何种权利，这是由国家法律直接规定的。与一般财产权主体制度相比较，知识产权的主体制度具有以下特点：

(1) 知识产权的原始取得，以创造者的身份资格为基础，以国家认可或授予为条件。

原始取得，是指财产权的第一次产生或者不依靠原所有人的权利而取得财产权。一般财产所有权的原始取得，有生产、孳息、先占等方式。其原始取得既无主体的特定身份要求，除不动产及个别动产外，亦无需国家机关特别授权。

知识产权的原始取得则不同，权利产生的法律事实包括创造者的创造性行为和国家机关的授权性行为。在知识产品的生产、开发活动中,创作行为或发明创造行为在本质上属于事实行为,任何人都可以通过自己的智力劳动取得知识产品创造者的身份。知识产权主体制度的身份原则具有两个特点:一是创造者的身份一般归属于直接从事创造性智力劳动的自然人,但在有的情况下也可能归属于组织、主持创造活动并体现其意志或承担相应责任的法人;二是创造者的身份与一般身份所依存的血缘关系、婚姻关系或其他社会关系无涉,它既是智力创造活动这一事实行为的结果,又是行为人取得知识产权的前提。此外,在知识产权的原始取得中,国家机关的授权行为是知识产权主体资格最终得以确认的必经程序。授权行为从其性质而言,是一种行政法律行为。它与创造性行为一样,对权利的原始取得具有重要意义。美国有学者认为,创造性活动是权利产生的"源泉"(source),而法律(国家机关授权活动)是权利产生的"根据"(origin)。[①] 知识产权需要由国家机关依法确认或授予而产生,是由其客体的非物质性所决定的。知识产品不同于传统的客体物,不可能进行有形的控制或占有,容易逸出创造者的控制范围而为他人利用。因此知识产品所有人不可能仅凭创造性活动的事实行为而当然、有效、充分地取得、享有或行使其权利,必须依靠国家法律的特别保护,即通过主管机关审批后授予专有权。当然,并非所有知识产权的原始取得都必须依据国家授权性行为,诸如著作权、商业秘密权等就无需经过国家机关的审查与批准,而是适用自动保护原则。

(2) 知识产权的继受取得,往往是不完全取得或有限制取得,从而产生数个权利主体对同一知识产品分享利益的情形。

在民法学理论上,继受取得区别于原始取得有两个标准:一是意志特征,即继受取得须根据物(或知识产品)的原所有人的意志才能发生;二是权利来源,即继受取得是以原所有人的权利为根据并通过权利移转方式才能发生。在财产所有权制度中,根据一物一权的原则,不能在一个物件上设立两个或数个内容相同的所有权。就继受取得来说,一方让渡了权利,即意味着丧失了权利主体资格;另一方继受了权利,则标志着其成为新的财产所有权人。此外,根据这一原则,一物之上虽可以存在数个物权(如用益物权或担保物权),但各个物权之间不得相互对抗。换言之,就一个物件或该物件的某一部分而言,不能设定数个性质相同且彼此冲突的物权。

在知识产权领域,基于继受取得的原因而在同一知识产品之上存在若干权利主体的情形却普遍存在:其一,某类知识产权具有人身权和财产权双重属性,

① See L. Ray Patterson, Stanley W. Lindberg, The Nature of Copyright: A Law of Users' Right, The University of Georgia Press, 1991, pp. 49—55.

在发生权利转移时,继受主体不能继受专属于创造者的人身权利,而只能享有该类知识产权的财产利益,即人身权与财产权为不同主体所分享。其二,某类知识产权仅是不完全转让的,继受主体只能在约定的财产权项上享有利益,如同所有权与其权能分离一样,在原始主体依然存在的情况下,还会产生一个或数个拥有部分权利的不完全主体,即财产权的诸项权能为不同主体所分享。当然,这种权利与权能的分离,在知识产权与所有权中有着完全不同的意义。所有权的标的物概为独立的特定物,在一定时空条件下只能为某一特定主体所控制利用。所有权与其权能的分离,意味着占有人(即非所有人)是物件的实际支配者,而所有人只能是不直接控制物件的"空虚权利主体"。但知识产权的客体是非物质形态的精神产物,在一定时空条件下可能被多数主体利用,包括原始主体的自己使用与多个继受主体的授权使用。其三,某类知识产权的转让同时在不同地域范围进行的,若干受让人只能在各自的有效区域内行使权利。原知识产权所有人虽丧失主体资格,但在不同的地域却可能产生若干相同的新的知识产权所有人,即各个继受主体彼此独立地对同一知识产品享有同一性质的权利。

(3) 知识产权法对外国人的主体资格,主要奉行"有条件的国民待遇原则",以别于一般财产法所采取的"有限制的国民待遇原则"。

民事主体依国籍情况可以分为本国人和外国人。关于外国人的民事地位,古代国家采取不承认主义,即不认为他们享有本国人的权利能力。古罗马法认为,凡未沦为奴隶的外国人,虽然有自由人的身份,但不能享有市民法规定的各种权利。只是随着国际贸易的发展,各国才逐渐采取相互主义,即根据两国间的条约或法律,彼此相互承认对方的公民享有本国公民在对方国家所享有的权利。最早以国内法形式确定外国人享有平等民事地位的是 1804 年《法国民法典》,它规定:"外国人,如其本国和法国订有条约允许法国人在其国内享有某些民事权利者,在法国亦得享有同样的民事权利。"1829 年,在古典自然法学派的影响下,《荷兰民法典》也转而采用平等主义,即对外国人原则上给予与本国人同等的待遇。此后,各国法相继确认了国民待遇原则,但对外国人所享有的权利范围则有所限制,例如外国人不准取得土地权、采矿权、捕鱼权,不准从事只有本国公民才能从事的某种职业,这即是有限制的国民待遇。

各国知识产权法对于外国人的主体资格有不同的规定。著作权法的通行规定是,外国人创作的作品在一国境内首先发表的,应当享受与该国公民作品同等的保护;不在该国境内首先发表的,则根据国家之间的双边条约或共同参加的国际公约,或在互惠基础上给予保护。工业产权法的通行规定是,在本国境内有经常居所或营业所的外国人享有与本国人同等的待遇;在境外的外国人,依照其所属国与本国缔结的双边条约或共同参加的国际公约,或按照互惠原则办理。这些规定说明,知识产权法主要采用有条件的国民待遇原则。只要符合上述规定的情形之一,外国人即可与本国人享有同等的权利,而在权利的范围和内容上不加限制。

国民待遇原则是国际知识产权制度的基本原则。这一原则包括两个方面的含义:一是在知识产权的保护上,国际公约的成员国必须在法律上给予其他成员国的国民以本国国民所享有的同样待遇;二是非成员国国民,只要其作品在该国境内首先发表(著作权法),或在该国有经常居所,或有实际从事工商业活动的营业场所(工业产权法),也应当享有同该成员国国民相同的待遇。国民待遇原则打破了知识产权地域性效力的限制,使一国的权利人在其他国家也得到保护。允许外国人与本国人享有同等的民事地位,旨在保护本国人在国外的知识产权利益不受侵犯,同时也是为了吸引外国先进技术和优秀文化,因此,这一原则得到了世界各国的确认。

四、知识产权的客体

(一)知识产权客体的含义

知识产权的客体是人们在科学、技术、文化等知识形态领域中所创造的精神产品,即知识产品。知识产品是与物质产品(即民法意义上的物)相并存的一种民事权利客体。

关于知识产权的客体是学术界存在争议的一个问题。一种观点认为,知识产权的客体与对象是不同范畴,前者是指基于对知识产权对象的控制、利用和支配行为而产生的利益关系或社会关系;"知识产权的对象就是知识本身"。[①] 另一种观点认为,知识产权的客体与对象是同一范畴。在多数民法著作中,权利的客体、标的、对象都是作为相同概念来使用的。[②] 基于此,学者们对知识产权的客体作了不同表述的概括,较有代表性的说法是"智力成果"、"知识产品"、"知识信息"等。

民法学理论认为,民事客体是民事权利和民事义务共同指向的事物。究竟何为"事物",对此有不同看法,但学者一般不将抽象的、理性的社会关系作为客体看待。作为民事客体的事物,应该具备以下条件:(1) 客观性。客体应为体现一定物质利益或精神利益之事物。物的客观性表现为客观实在性,即它是客观化的物质实体;知识产品的客观性表现为可认识性、可再现性,即它是可以客观化的知识体系。(2) 对象性。客体必须与民事主体的权利、义务相联系。在知

① 参见刘春田主编:《知识产权法》,高等教育出版社 2000 年版,第 4 页。

② 参见靳宝兰、徐武生主编:《民事法律制度比较研究》,中国人民大学出版社 2001 年版,第 64 页。

识产权领域，没有知识产品作为权利义务指向的对象，权利义务关系就无从产生。(3) 可支配性。客体应为主体所控制和利用的事物。这种事物，无论是物质形态还是知识形态，都有一定的价值和使用价值，前者是天然存在或人工制造的物质财富，后者则是智力劳动创造的非物质财富。我们认为，可以在同等概念意义上来认识知识产权的客体与对象，并将其概括为可认知的、可利用的知识形态产物。

(二) 知识产品的概念

权利客体的范畴，或者说法律对何种对象予以保护，是由统治阶级的国家意志以及一定社会的物质生活条件所决定的。在民法发展过程中，最初只有动产才可以作为私有权利的客体。早期罗马的“克里维特”所有制，保留土地公有制的外壳，个人财产权利的客体仅限于妻子、儿女、奴隶、牲畜以及世袭住宅。这些东西在当时被人们视为重要的财产，因此也被法律规定为权利客体。随着奴隶制经济和私有制的发展，不动产诸如土地、森林、牧场等重要的生产资料也逐渐被确认为私权的客体。

民事权利客体制度在资本主义条件下得到充分的发展。为了加速生产的集中和资本的积累，使财产的流转更为简便，人们创造了股票、票据等有价证券，将其作为一种特殊的种类物，列入客体物的范围；为了刺激科学技术的发展，调整知识形态的产品在生产和使用过程中的社会关系，人们把这种科学技术成果也作为民事权利的另类保护对象。一句话，社会经济关系的发展促使民法日益拓宽其传统权利客体的范围。

西方学者在述及民事权利客体时，往往将财产分为有形财产和无形财产，或者分为动产、不动产和知识财产，并把它们统一概括到“物”的概念中。他们认为：“凡能构成财产的一部分并可占为己有的财富即为物。”[①]这种物既可以是有形物，即具有实体存在，可以被人们感知的物，包括一切动产和不动产；也可以是无形物，即没有实体存在，而由人们主观拟制的物，包括与物有关的各种权利(如用益权、地役权)和与物无关的其他权利(如著作权、工业产权)。

知识产权是知识财产关系在法律上的反映。在知识产权保护期限内，权利人可以独占使用其作品或发明，或是通过许可合同将作品与发明的使用权转让给他人，以取得财产利益。这说明，知识产权本身也是财产的一部分，从而构成所有权或债权的客体。从广义的物(财产)的概念来说，知识产权即是一种无形物，在财产关系中可以作为客体物来占有或转让。

① 法国《拉鲁斯大百科全书》(第三卷)，载上海社会科学院法学研究所编译：《民法》，知识出版社1981年版，第168页。

知识产权是一种新型的民事权利，是近代商品经济和科学技术发展的产物。对于该项权利的客体，是难以采用罗马法以来客体物的理论作出诠释的。近代德国法哲学家黑格尔曾说，诸如精神技能、科学知识、艺术以及发明等都可以像物那样进行交易并缔结契约，但它又是内部的精神的东西，所以理智上对于它的法律性质感到困惑。[①] 现代法学者已在财产意义上将“知识”与表达这种知识的“载体”区别开来。他们认为，智力劳动的创造物之所以被称为“知识”财产，在于该项财产与各种信息有关。人们将这些信息与有形载体相结合，并同时在不同地方进行大量复制。知识财产并不包含在上述复制品中，而是体现在所反映出的信息之中。[②] 与知识财产相类似的说法是无形财产。如前所述，在20世纪60年代以前，知识产权尚未成为国际上广泛使用的法律概念，人们一般将基于创造性精神产品所取得的权利称为无形财产权，因此，诸如作品、发明等客体均被视为无形财产。在我国曾有一段时期，许多学者基于“智力成果权”的理论，相应地将其客体归结为“智力成果”，并且强调其价值不能用货币衡量。

自20世纪80年代以来，随着我国技术商品化的发展和知识产权制度的建立，许多学者主张建立“知识产品”的理论范畴，即把知识产权的客体概括为知识产品。[③] 中共中央1984年《关于经济体制改革的决定》与1985年《关于科学技术体制改革的决定》，不仅对我国现阶段存在着的商品经济作出了正确的说明，而且第一次明确承认“技术已成为独立存在的知识形态的商品”。1986年，《民法通则》颁布，并正式使用“知识产权”这一概念以取代“智力成果权”的传统说法。以上论断和规定为知识产品范畴的建立提供了理论基础和法律依据。在国外，已有学者对知识产权的客体作出过精辟的概括和表述。“知识产权”概念的倡导者，比利时法学家皮卡第曾将知识产权称为“使用知识产品的权利”。[④] 我们认为，“知识产品”的用语，描述了知识形态产品的本质含义，强调这类客体产生于科学、技术、文化等精神领域，是人类智力活动的成果与经营管理活动的结晶，明显表现了客体的非物质性；同时，知识产品的本质内涵，突出了它是精神劳动的产物，以及在商品经济条件下具有的商品意义，从而反映了知识产权所包含的财产权性质。

---

① 参见〔法〕黑格尔著:《法哲学原理》，范扬、张企泰译，商务印书馆1982年版，第43节附释；吕世伦著:《黑格尔法律思想研究》，中国人民公安大学出版社1980年版，第32页。

② 参见世界知识产权组织编:《知识产权纵横谈》，张寅虎等译，世界知识出版社1992年版，第4页。

③ 参见吴汉东、闵锋著:《知识产权法概论》，中国政法大学出版社1987年版；钱明星著:《物权法原理》，北京大学出版社1994年版；张和生著:《知识经济学》，辽宁人民出版社1992年版。

④ 参见〔苏联〕E. A. 鲍加特赫等:《资本主义国家和发展中国家的专利法》，载中国科学技术情报所专利馆编:《国外专利法介绍》，知识出版社1981年版，第12页。

（三）知识产品的类别

知识产品是概括知识产权各类客体的集合概念。传统教科书曾笼统地将知识产权客体说成是智力创造性成果,已有许多学者指出这一表述的不足,他们认为,知识产权的客体应分为两类:(1)智力成果;(2)经营标记。[①] 考虑到现代社会无形财产的发展状况,我们建议建立一个有别于传统客体范围的新的知识财产体系,即把知识产品具体地分为三类:(1)创造性成果,包括作品及其传播媒介、工业技术;(2)经营性标记;(3)经营性资信。其中,(1)发生于科学技术及文化领域,(2)(3)产生于工商经营领域。现分别述之。

作品及其传播媒介,泛指文学艺术领域中以不同表现形式出现并且具有原创性的创造成果(著作权客体),以及在传播作品过程中产生的与原创作品有关联的各种产品、物品或其他传播媒介(邻接权客体)。作为著作权客体的作品,可以概括地分为文学作品、艺术作品和科学作品;作为邻接权客体的作品,主要包括艺术表演、音像录制品、广播节目。这类知识产品的共同特点是:它们都是文化领域中的知识创作成果,其成果与创造者的创作活动和传播活动有关;它们都是创造者思想结晶的客观表现形式,包括文字或符号形式、形象形式、音像形式以及其他有关的技术表现形式。

工业技术,一般是指在工业、农业、商业等产业领域中能够物化在物质载体上的知识和技能。它是根据科学原理和生产实践经验而发展成的工艺操作方法与技能,以及与这些方法和技能相适应的生产工具和其他物质设施。工业技术与科学成果不同,科学成果是对人类实践经验和认识的概括与总结,是关于自然、社会和思维的各种理论知识和研究成果。科学和技术都表现为知识形态,属于社会的精神财富。科学的职能在于对自然界(社会或思维)和技术可能性的理解,更具有预见性和深远性;而技术则直接联系生产过程,其职能在于对自然界的控制和利用,更具有实践性和应用性。在法律上,工业技术可以表现为取得工业产权的各类专利技术,也可以表现为取得其他知识产权的技术秘密以及受到新型知识产权即工业版权保护的工业产品。

经营性标记,一般是指在工业、农业、商业等产业领域中能够标示产品来源和厂家特定人格的区别标记。包括商标、商号、产地名称等在内的工商业标记,是人们生活中所见最多的标志。它具有标志艺术的一般特点:(1)标记性。经营性标记的主要职能在于区别商品和生产商品的厂家,使人们易于识别,防止误认。(2)宣传性。经营性标记主要作用于工商业活动中,以实现其对特定商品、厂家或产地的宣传效果。(3)适应性。经营性标记能在多种场合使用,不但可

① 参见刘春田主编:《知识产权法教程》,中国人民大学出版社 1995 年版,第 1 页。

以注明于商品或包装材料上，还能使用于多种宣传媒介的制作。经营性标记作为工业产权和其他知识产权的客体，是企业重要的无形财产。

经营性资信，泛指工商企业在经营活动中所具有的经营资格、经营优势以及在社会上所获得的商业信誉，包括特许经营资格、信用及商誉等。从经营性资信的构成来看，其内在因素是主体的经营能力。经营能力是一个很广泛的概念，包括经济状况、生产能力、产品质量、市场占有份额等[①]，这种经营能力形成了特定主体高于同行业一般企业获利水平的超额盈利能力；其外在因素表现在两个方面，或是来自于某一组织或机关授予的资格，或是来自于社会公众给予的评价和信赖。该类权利客体所涉及的资格、能力与信誉，包含有明显的财产利益内容，但也有精神利益的成分。与文学艺术作品、工业技术、经营标记不同，经营性资信的财产价值尚未完全为人们所认识，相关立法保护明显不足。正因为如此，有学者将此类客体称为正在开发的无形资产。[②]

（四）知识产品的基本特点

知识产品具有文学艺术创作、发明创造以及经营标志等多种表现形式，但它们都具有以下基本特点：

（1）创造性。知识产品与物质产品不同，它不可能是现有产品的简单重复，而必须有所创新、有所突破。创造性是知识产品取得法律保护的条件，而一般财产法并不要求这样。在这里，强调知识产品具有创造性的特点，并不是说物质产品没有创造性。问题的关键在于，创造性是知识产品构成知识产权客体的条件，而物质产品构成有形财产所有权客体时并没有创造性的一般要求。就某类具体的知识产品来说，其创造性程度的要求是各不相同的。一般来说，专利发明所要求的创造性最高，它必须是该项技术领域中先进的科学技术成就，它所体现的技术思想、技术方案必须使某一领域的技术发生质的飞跃。著作权作品所要求的创造性次之，它要求作品必须是作者创造性劳动的成果，但任何作品只要是独立构思和创作的，不问其思想内容是否与他人作品相同或类似，均可取得独立的著作权。而商标所要求的创造性仅达到易于区别的程度即可，即商标应当具有显著特征，便于识别，其文字、图形或其组合应避免与他人的商标构成混合。可见，受保护的对象不同，要求的创造性也有所不同。依照西方学者的说法，专利权要求发明具有“技术先进性”（或称为“非显而易见性”），著作权要求作品具有“独创性”（或称为“原创性”），而商标权则要求商标具有“可识别性”（或称为“易于区别性”）。

---

① 参见杨立新著：《人身权法论》，中国检察出版社 1996 年版，第 638 页。

② 参见曾世雄著：《民法总则之现在与未来》，台湾三民书局 1983 年版，第 137 页。

(2) 非物质性。知识产品与物质产品不同,它是知识形态的精神产品,虽具有内在的价值和使用价值,但没有外在的形体。非物质性是知识产品区别于有形财产所有权客体的主要特征。所谓非物质性,即是知识产品的存在不具有一定的形态(如固态、液态、气态等),不占有一定的空间。人们对它的“占有”不是一种实在而具体的控制,而表现为认识和利用。某一物质产品,在一定的时空条件下,只能由某一个人或社会组织来实际占有或使用,所有人能够有效地管领自己的有形财产,以排除他人的不法侵占。而一项知识产品则不同,它可以为若干主体同时占有,被他们共同使用。知识产品一旦传播,即可能为第三人通过非法途径所“占有”。知识产品虽然具有非物质性特点,但总是要通过一定的客观形式表现出来,使知识产品创造者以外的人能够了解,这种客观表现形式是对其进行知识产权保护的条件之一。例如,作品表现为文字著述、舞台表演、绘画、雕塑、音像制品等;发明创造表现为文字叙述、设计图表、形状构造等;商标表现为图案、色彩、符号、文字等。这些客观形式的载体,是知识产品的物化。必须明确的是,作为知识产品表现形式的载体,绝不是知识产品的本身。知识产品是精神产品,它的效能和价值是载体所难以全部包括和体现的。

(3) 公开性。知识产品与物质产品不同,它必须向社会公示、公布,使公众知悉。公开性是知识产品所有人取得知识产权的前提,而有形财产所有人并无将其财产公开的义务。在各项知识产权中,其客体都表现出了公开性特征。作者创造作品的目的之一,就是使之传播,并在传播中得以行使权利、取得利益;发明创造者要划定自己的权利范围,就必须公布专利的技术内容,“专利”一词的拉丁文“patere”原意,就有“公开”或“打开”的意思,这个语源表明专利的技术内容必须是公开的;商标所有人为了将自己的商品同他人的商品区别开来,就要使用自己的商标标志,无论是在“使用在先原则”国家,还是在“注册在先原则”国家,要取得商标权,或是首先使用商标,或是首先申请商标注册,这些行为无一不同公开性相联系。一般认为,知识产权的产生条件是:知识产品所有人将自己的作品、发明创造等公布出来,使公众看到,得到其中的专门知识;而公众承认他们在一定时期内有使用、制造其知识产品的专有权利。知识产品是公开的,但任何人都无权擅自加以使用,否则即构成侵权。西方法学家将这一现象解释为契约关系,即以国家面貌出现的社会同知识产品创造者之间签订了一项特殊契约:创造者有义务将知识产品予以公开,从而取得一定时期的独占使用权。需要指出的是,属于知识形态产品的技术秘密并不具有公开性,它是依靠保密来维持其专有权利的。在西方民法理论中,专利技术是一种法定专有权,在保护期内一直发生效力;而技术秘密是一种自然专有权,视权利人保密时间的长短来决定其权利效力。在法律制度中,技术秘密并不受传统知识产权的保护,仅由合同法或侵权法调整。但技术秘密权具有无形财产权的本质特征,现代立法趋势表明,技术秘密现已成为知识产权的保护对象。

(4) 社会性。知识产品的社会属性表现在它的产生、使用和归属等各个方面。从它的产生来看,任何一项知识产品,特别是创造性成果,都是人类智力劳动的结晶。与物质生产那种重复再现型劳动不同,精神生产是以前人积累的知识为劳动资料,以抽象的知识产品为劳动对象的生产活动,劳动者的知识拥有量与创造性思维在劳动过程中紧密结合。从它的使用来看,一项知识产品可以同时为若干主体所"占有",为许多人所共同利用。在人类创造性劳动的动态流程中,每个人将会因吸取前人的知识信息而"收益",也会因替后人提供知识营养而"支出"。从它的归属来看,知识产品既是创造者个人的精神财富,同时又是社会财富的一部分。因此,法律总是在一定时期内赋予创造者个人以垄断权利,而一旦保护条件或期限失效,知识产品即成为整个社会的共同财富,为全人类所共同使用。

五、知识产权的保护

知识产权一经国家机关授予,即受法律保护。由于知识产权及其保护对象的特殊性,传统的财产权保护制度已不能完全适用,因此知识产权法在保护范围和侵权行为方面往往作出一些特殊规定。

(一) 知识产权的保护范围

对于一般财产所有权来说,其客体为有形的动产或不动产,该类客体本身即构成权利的保护范围,法律保护所有权人对其有形财产进行占有、使用、收益和处分的权能,无须作出特殊规定。一般而言,有形动产之大小、形状,有形不动产之位置、外观,即可标明此物与彼物的区别,展示本权与他权的界限。不问客体物的内容、性能、用途、价值、表现形式如何,所有权人对各个客体物所拥有的基本权能是一样的,所有权制度一般没有所谓限定保护范围的特别条款。

作为知识产权客体的精神产品是一种无形财产,它的保护范围无法依其本身来确定,而要求法律给予特别的规定。在限定的保护范围内,权利人对自己的知识产品可行使各种专有权利,超出这个范围,权利人的权利失去效力,即不得排斥他人对知识产品的合法使用。例如,专利法规定,专利权人的专有实施权的范围以专利申请中权利要求的内容为准,即是根据专利权所覆盖的发明创造的技术特征和技术幅度来确定;商标法规定,商标权人的使用权范围,以核准注册的商标和核定使用的商品为限,但商标权人对他人未经许可在同一种商品或类似商品上使用与其注册商标相同或近似的商标,均享有禁止权。这说明,知识产权专有性只在法定范围内有效。对于知识产权保护范围的规定来说,其特点不仅表现为一种权项范围的“界定”,而且表现为效力范围的“限制”。为了防止创作者、创造者的专有权成为公众获取知识和整个社会发展科学文化事业的障碍,知识产权法还允许权利人以外的其他人在一定条件下自由使用受保护的知识产品,例如著作权法中的“合理使用原则”、“法定许可使用原则”,专利法中的“专利权用尽原则”、“临时过境使用原则”、“先用权人使用原则”等,都是在知识产品的使用中对专有权利行使的限制,即是法律对知识产权保护范围的限定。

(二) 侵犯知识产权行为的基本特征

侵犯知识产权行为,与一般侵权行为有着相同的法律性质,又有着相似的法律后果。但由于其侵害对象的不同,侵犯知识产权行为表现出自己独有的基本特征:

(1) 侵害形式的特殊性。侵害一般财产所有权的行为,主要表现为侵占、妨害和毁损。这些行为往往直接作用于客体物的本身(如将他人的财物毁坏、强占他人的财物等),与客体物之间的联系是直接的、紧密的;侵权行为的具体内容,涉及占有、使用、收益和处分等各个方面。而侵害知识产权的行为主要表现为剽窃、篡改和仿冒,施加影响的对象是作者、创造者的思想内容或思想表现形式,与知识产品的物化载体无关。与对有形财产的侵权行为不同,对知识财产的侵权行为在形式上似乎并不影响知识产权所有人的权利行使。例如,他人对作品的非法“占有”,并不意味着权利人同时失去这种“占有”;对作品的非法使用,也不影响权利人对其作品继续使用。这种行为之所以构成侵权,在于它是对权利人“专有”、“专用”权的侵犯,是对知识产权绝对性、排他性的违反。

(2) 侵害行为的高度技术性。由于科学技术的不断发展,生产方式的不断革新,公众消费能力大大提高,社会生活内容呈现出科技化、现代化的趋势。在这种情况下,出现了一些新型的侵权行为。这些新型的侵权行为多为侵犯知识产权的行为。侵害知识产权行为与具有智力创造性特征的知识产品的利用相联系,往往有相当程度的“技术含量”。该类侵权性的使用行为一般要凭借相应的技术手段,因而较一般财产权侵害行为更具有隐蔽性和欺骗性,这给侵权行为之防范、侵权责任之认定、侵害后果之避免带来相当的困难。

(3) 侵害范围的广泛性。由于知识产品的非物质性和公开性,合法使用与侵权使用通常在同一时空条件下产生。在知识产品利用极为便利的条件下,使用行为极有可能构成侵权行为,且受侵害的对象往往不是某一单项权利。普遍存在的侵害行为有两个重要表现:一是个体侵权行为“普及化”。静电复印技术与电子录制技术的推广与运用,使得非法复制行为日趋盛行。二是高科技侵权行为“国际化”。在国际互联网络空间里,知识产品可以极快极方便地在全球范围内传播,为不同国家的不同主体所接受和利用(包括合法使用和非法使用),

跨国侵权行为成为一件容易的事情。

(4) 侵害类型的多样性。在立法例上,侵害知识产权有直接侵权行为与间接侵权行为之分,法律对此规定有不同的过错条件及处罚标准。所谓间接侵权,有两种含义:一是指行为人的行为本身并不构成侵权,但其行为帮助和导致了直接侵权的发生,因而对知识产权所有人造成了损害,亦称"二次侵权",例如故意出售、出租、进口侵权复制品的行为。二是指"行为人"并没有从事任何侵权行为,但由于特定社会关系的存在,依法须对他人的侵权行为承担一定的责任,例如雇主对雇员因完成本职工作而实施的侵权行为。上述间接侵权人与直接侵权行为人应承担共同侵权责任。可见,在侵权损害方面,知识产权法较一般财产权法的规定更为严格。

(三) 侵犯知识产权行为的归责原则

归责原则是确认不同种类侵权行为所应承担民事责任的标准和规则,它决定着一定侵权行为的责任构成要件、举证责任的负担、免责条件、损害赔偿的原则和方法等。在侵权行为法中,责任有着特定的意义,往往被赋予侵权之债、侵权损害赔偿等规范性内容。德国学者拉伦茨认为:"归责是指负担行为之结果,对受害人而言,即填补其所受之损害。"归责原则应为侵权赔偿之归责原则。[①] 在我国,有的知识产权专家对归责原则的"责"作扩大解释,将停止侵害与赔偿损失都归结为无过错责任之后果。[②]

归责原则是侵权损害赔偿责任的核心问题。关于侵害知识产权的赔偿责任,学术界与司法界普遍主张采取二元归责原则,即在采用过错责任原则的基础上补充适用其他归责原则。其中有代表性的观点主要是两种:(1) 以无过错责任为补充原则[③];(2) 以过错推定责任为补充原则。[④]

无过错责任原则是随着工业革命的完成而产生的,其重要使命在于处理现代化大生产中诸如高度危险作业、环境污染等致人损害的赔偿责任问题。无过错责任的基本思想在于对"不幸损害的合理分配",而不是制裁"反社会性"之行为。[⑤] 一般认为,企业的经营、交通工具的使用、产品的产销等,概为现代社会之必要经济活动,其本身不具有"反社会性";而侵犯知识产权行为本质上应为"反

① 转引自王泽鉴著:《民法学说与判例研究》(第5册),中国政法大学出版社1998年版,第258—259页。

② 参见郑成思:《民法与知识产权》,载《中国知识产权报》2001年5月23日。

③ 参见郑成思:《侵害知识产权的无过错责任》,载《中国法学》1998年第1期。

④ 相关学说参见吴汉东:《知识产权保护论》,载《法学研究》2000年第1期;董天平等:《著作权侵权损害赔偿问题的研讨会综述》,载《知识产权》2000年第6期;蒋志培:《TRIPs肯定的知识产权侵权赔偿的归责原则和赔偿原则》,载《法律适用》2000年第10期。

⑤ 参见王泽鉴著:《民法学说与判例研究》(第2册),中国政法大学出版社1997年版,第162页。

社会性”行为,不能归类于社会之必要经济活动。侵犯知识产权的赔偿责任意在制裁不法行为人,而并非是“不幸损害的合理分配”。

国外相关立法例未明确规定无过错责任。有学者认为《德国著作权法》第97条、《德国商标法》第14条的规定,即“受侵害人可以对有再复发危险的侵权行为,即刻就采取下达禁令的救济;如果侵权系出于故意或过失,则还可以同时诉请获得损害赔偿”,是对无过错责任的确认。① 其实不然,对于有再次发生危险的侵权行为,行为人虽无过错,但侵权行为仍得以成立。主侵权赔偿责任并不当然成立。德国法的上述规定表明,损害赔偿责任当以侵权人主观上有过错为构成要件。至于要求停止侵害的禁令救济,不属于侵权赔偿之债的范畴,亦无需以过错为构成要件。以其保护方法来看,应归类于“物上请求权”的范畴。

《知识产权协定》是否规定了无过错责任,尚有争议。该协定第45条第1款规定:“司法机关应有权责令侵权者向权利所有人支付适当的损害赔偿,以便补偿由于侵犯知识产权而给权利所有人造成的损害,其条件是侵权者知道或应该知道他从事了侵权活动。”第2款规定:“司法部门应有权责令侵权者向权利所有人支付费用,其中可以包括合理的律师费。在适当的情况下,即使侵权者不知道或没有正当理由应该知道他从事了侵权活动,缔约方也可以授权司法部门,责令其返还所得利润或支付预先确定的损害赔偿费。”关于第1款将过错责任作为知识产权侵权赔偿的基本归责原则,学者并无歧见。第2款是否可以作为无过错责任原则适用的国际法依据,对此却看法不一。有的学者主张将其作为某些侵犯知识产权行为的归责原则,以提高保护水平,便于加入世界贸易组织。多数学者认为,返还所得利润概为不当得利之债;支付法定赔偿金,亦为补充过错责任不足的公平责任原则。对上述情形都不宜作出无过错责任原则的理解,重要的是,《知识产权协定》的上述规定是一个选择性条款,不应作为国内相关立法的当然选择。我们认为,在采用过错责任原则的基础上补充适用过错推定原则较为适宜。过错推定责任较一般过错责任严格。一旦损害发生,法律推定行为人有过错并要求其提出无过错抗辩,若无抗辩事由,或抗辩事由不成立,即确认行为人有过错并应承担责任。实行这一归责原则,可以使知识产权所有人免除举证责任而处于有利地位,有助于制裁那些虽无主观过错但缺乏抗辩事由的侵权行为人。

归责原则是侵权行为法的核心问题,知识产权的侵权损害赔偿究竟采取何种归责原则,有待于学术界的深入研究和相关立法的确认。

---

① 参见郑成思:《侵害知识产权的无过错责任》,载《中国法学》1998年第1期。

（四）对侵犯知识产权行为的法律救济

法律对于知识产权的保护是多层次、多角度的。《知识产权协定》详细地规定了侵权救济措施及防止侵权的措施。我国相关法律也规定了权利救济的各种途径。

1. 民事救济措施

民事救济措施具有维护权利状态或对权利人所受损害给予补偿之作用。一般来说，民法对所有权的保护是通过赋予权利人以确认所有权、排除妨害、恢复原状、返还原物、赔偿损失等请求权的方法来实现的。这就是物权之诉和债权之诉的保护方法。而知识产权的民事救济，主要采取请求停止侵害和请求赔偿损失的方法。由于客体的非物质性特征，在物权之诉中，知识产权主体并不能援用请求恢复原状、返还原物之传统民事救济方法。在知识产权的民事救济措施中，请求停止侵害是一种物权之诉，既包括请求除去已经发生之侵害，也包括除去可能出现之侵害。由于知识产品的特性所致，停止侵害是排除对权利人行使专有权利之"妨碍"，而不可能是制止对权利客体即知识产品之"侵害"。请求赔偿损失则是一种债权之诉，其填补损害的方式即是金钱赔偿。[①] 侵犯知识产权的损害赔偿额，主要有两种计算方法：(1) 按侵权人在侵权期间因侵权行为所得之利润计算；(2) 按权利人在被侵权期间因被侵权所受到的损失计算。如果权利人的实际损失和侵权人的非法所得不能确定，则可以适用法定赔偿的有关规定。

2. 刑事救济措施

关于侵犯知识产权罪的类型，《知识产权协定》对各缔约方作了最低要求的规定，即至少应制裁假冒商标或剽窃版权作品的犯罪，但其适用条件有二：一是侵权使用达到一定的商业规模；二是非法使用人主观上出于故意。实际上，各国立法关于侵犯知识产权罪名的规定，一般都超出了《知识产权协定》的最低要求。我国《刑法》在"侵犯知识产权罪"与"扰乱市场秩序罪"的章节中，规定了侵犯商标权犯罪、侵犯专利权犯罪、侵犯商业秘密权犯罪、侵犯商誉权犯罪等各种犯罪行为，其罪名涉及侵犯知识产权的主要领域。同时，对上述各罪，规定了有期徒刑、拘役、管制、罚金等各种刑事处罚。

3. 行政救济措施

关于行政救济措施，《知识产权协定》要求各缔约方加强司法机关的权力，以建立一种对侵权行为的有效威慑。其内容包括：在不给任何补偿的情况下，有

---

① 关于侵犯所有权的损害赔偿，其填补损害以恢复原有权利状态为依归。损害某物，即购置相同之物，以达填补损害之目的。当此种损害填补不能时，代之以金钱赔偿。显见与侵犯知识产权的填补损害方式不同。参见曾世雄著：《损害赔偿法原理》，台湾三民书局 1996 年版，第 16 页。

权命令对侵权的商品进行处理,禁止其进入商业渠道,或者将上述侵权商品予以销毁;此外,还有权命令将主要用于制作商品的材料和工具进行处理,禁止其进入商业渠道,以尽可能地减少进一步侵权的危险。此外,《知识产权协定》还规定了海关中止放行制度:受害人发现有侵权复制品经由海关进口或出口,则可向有关行政或司法机关提供书面申请和担保,由海关扣押侵权复制品,中止该类商品的放行。如果海关查实被扣商品系侵权复制品,则予以没收;如果扣押错误,则申请人应赔偿被申请人的合理损失。我国相关立法所采取的行政救济措施与《知识产权协定》相当,具体说来,有训诫(警告)、责令停止制作和发行侵权复制品、没收非法所得、没收侵权复制品和侵权设备以及罚款等措施。

六、知识产权法的概念、体系及地位

知识产权法是调整因知识产品而产生的各种社会关系的法律规范的总和,它是国际上通行的确认、保护和利用著作权、工业产权以及其他智力成果专有权利的一种专门法律制度。

知识产权法是近代商品经济和科学技术发展的产物。自17、18世纪以来,资产阶级在生产领域中开始广泛采用科学技术成果,从而在资本主义市场中产生了一个保障知识产品私有的法律问题,资产阶级要求法律确认对知识产品的私人占有权,使知识产品同一般客体物一样成为自由交换的标的。他们寻求不同于以往财产法的新的法律制度,以作为获取财产权利的新方式:在文学艺术作品以商品形式进入市场的过程中出现了著作权;在与商品生产直接有关的科学技术发明领域出现了专利权;在商品交换活动中起着重要作用的商品标记范畴出现了商标权。这些法律范畴最后又被扩大为知识产权。

知识产权法是私法领域中财产"非物质化革命"的结果,在罗马私法体系中,所设定的财产权制度概以有体物为核心展开。罗马人以"物"为客体范畴(包括有形的物质客体——有体物,也包括无形的制度产物,即除所有权以外的财产权利——无体物),并在此基础上设计出以所有权形式为核心的"物权"制度,建立了以物权、债权为主要内容的"物法"体系。可以说,传统的财产权制度是基于一种物质化的财产结构。随着近代商品经济的发展,在社会财产构成中,出现了所谓抽象化、非物质化的财产类型。以知识、技术、信息为主要内容的"知识财产"有别于以往物质形态的动产、不动产,是区别于传统意义的物的另类客体。质言之,以知识产品作为保护对象的知识产权是与有形财产所有权相区别的一种崭新的私权制度。

几百年来,根据智力劳动成果和社会关系性质的不同,各国立法者先后建立了专利法、著作权法、商标法等一系列法律制度。这些法律规范相互配合,构成了调整有关知识产品的财产关系和人身关系的法律规范体系——知识产权法。一般认为,知识产权法在立法框架上应包括以下基本制度:(1) 知识产权的主体制度。知识产权的主体,是知识形态商品生产者和交换者在法律上的资格反映。什么人可以参加知识产权法律关系,享有何种权利或承担何种义务,是由国家法律直接规定的。(2) 知识产权的客体制度。知识产权的保护对象即知识产品是一种有别于动产、不动产的精神财富或无形财产,什么样的知识产品能够成为权利客体而受到保护,通常需要有法律上直接而具体的规定。(3) 知识产权的权项制度。知识产权是知识财产法律化、权利化的表现。由于知识产品的类型不同,其权利的内容范围也有所区别。除少数知识产权类型具有人身与财产的双重权能内容外,大多数知识产权即是知识财产权。(4) 知识产权的利用制度。知识形态商品关系的横向联系,即知识产品的交换和流通在法律上表现为知识产权的转让及使用许可等。法律承认文化交流、图书贸易、技术转让等各种流转形式,保护知识产品的创造者、受让者、使用者等各方的合法权益。(5) 知识产权的保护制度。知识产权的侵权与救济是知识产权保护制度的核心内容。知识产权法明文规定权利的效力范围,制裁各类直接侵权行为和间接侵权行为,并提供民事、行政及刑事的多种法律救济手段。(6) 知识产权的管理制度。知识产权的取得、转让及消灭,必须遵照法律的规定,并接受主管机关的管理。法律一般规定相关管理机关的职责,并赋予其对有关知识产权问题进行行政调解、管理和处罚的权力。

知识产权法律制度产生的时间不长,自英国于 1623 年制定世界第一部专利法《垄断法规》、1709 年制定世界第一部著作权法《为鼓励知识创作而授予作者及购买者就其已印刷成册的图书在一定时期内之权利法》(即《安娜法令》),法国于 1857 年制定第一部商标法《关于以使用原则和不审查原则为内容的制造标记和商标的法律》算起,知识产权法的兴起至今只有两三百年的时间,但它对于推动现代科学技术进步和国民经济发展的作用却是不可忽视的。在当今世界,一个国家知识产品的生产数量和占有容量,往往成为衡量这个国家经济、文化、科技水平高低的标志。因此,凡是科学技术和文化教育事业发达的国家,都较早地建立和健全了他们的知识产权法律制度,通过法律的形式授予智力成果的创造者及所有者以专有权,确认智力成果为知识形态的无形商品,促使其进入交换和流通领域。知识产权法已经成为各国法律体系中的重要组成部分。

我国知识产权的立法始于清朝末年,北洋政府与国民党政府也颁布过有关知识产权的法律,但这些法律在当时的社会条件下并未起到应有的作用。中华人民共和国成立后,由于种种原因,知识产权法制建设被长期搁置。近三十年来,随着国家工作重心的转移,我国先后颁布了一系列知识产权法律、法规,迅速建立了知识产权的法律体系，在知识产权保护方面取得了举世瞩目的成就。1982年8月23日，全国人大常委会审议通过了《商标法》(1993年、2001年、2013年修订)；1984年3月12日，全国人大常委会审议通过了《专利法》(1992年修订、2000年修订、2008年修订)；1990年9月7日，全国人大常委会审议通过了《著作权法》(2001年修订、2010年修订)；1993年9月2日，全国人大常委会审议通过了《反不正当竞争法》；1997年3月20日，国务院发布了《植物新品种保护条例》(2013年修订)；2001年3月28日，国务院通过了《集成电路布图设计保护条例》；2006年5月10日，国务院通过了《信息网络传播权保护条例》(2013年修订)；1986年4月12日，全国人大审议通过的《民法通则》还专节规定了知识产权。此外，我国还加入了《世界知识产权组织公约》(1980年)、《巴黎公约》(1985年)、《商标国际注册马德里协定》(以下简称《马德里协定》)(1989年)、《关于集成电路知识产权条约》(1990年)、《伯尔尼公约》(1992年)、《世界版权公约》(1992年)、《保护唱片制作者防止唱片被擅自复制日内瓦公约》(1993年)、《专利合作条约》(1994年)等。2001年12月11日，我国正式加入世界贸易组织，并成为《知识产权协定》的缔约方。中国知识产权制度的建设虽然起步较晚，但是从20世纪70年代末至今的三十几年间，中国做了大量卓有成效的工作，走过了一些发达国家通常需要几十年上百年时间才能完成的立法路程，建立起了比较完整的知识产权法律体系。

根据我国现行立法，参照国外有益经验和国际通行做法，我们认为，知识产权法律体系一般包括以下几种法律制度：(1) 著作权法律制度。以保护文学、艺术、科学作品的创作者和传播者的专有权利为宗旨，其客体范围除一般意义上的作品外，还应包括民间文学艺术和计算机软件。(2) 专利权法律制度。以工业技术领域的发明创造成果为保护对象，其专有权利包括发明专利权、实用新型专利权、外观设计专利权。(3) 工业版权法律制度。兼有著作权、专利权双重因素的新型知识产权，表现为集成电路布图设计专有权等。一般采取独立于著作权法和专利法之外的单行法规形式。(4) 商标权法律制度。一种主要的工业产权法律制度，其保护对象包括商品商标和服务商标。(5) 商号权法律制度。对工商企业名称或字号的专用权进行保护的法律制度。其立法可采取单行法规形式，也可采取与商标权合并立法形式。(6) 地理标记权法律制度。以货源标记或原产地名称为保护对象，禁止使用虚假地理标记的法律制度。一般规定在反不正当竞争法中，也可制定单行法规。(7) 植物新品种权法律制度。一种新型的创造性成果权，以人工培育植物或开发野生植物的新品种为保护对象。可采取单行法规体例，亦可归于专利法。(8) 商业秘密权法律制度。以未公开的信息包括经营秘密和技术秘密为保护对象的法律制度。可以制定单行法规，亦可列入反不正当竞争法中。(9) 反不正当竞争法律制度。制止生产经营活动中不正当损害他人知识产权行为的专门法规,适用于各项知识产权制度无特别规定或不完备时需要给予法律制裁的侵害事实。

知识产权法的地位,是指它在整个法律体系中所处的地位,即它是否为一个独立的法律部门或是归类于何种法律部门。从世界范围说,知识产权法基本上采用单行法的立法体例。在英美法系国家,少有法典编纂的传统,知识产权法历来是一个独立的法律制度。在大陆法系国家,由于知识产权立法在晚近才发生,传统的民法典也没有知识产权的内容,但这并不妨碍将知识产权作为民事权利的组成部分。1804 年的《法国民法典》甚至明文规定,商标权与其他财产权受到同样的保护。在我国的法律体系中,知识产权法属于民法的范畴。对此,多数学者并无异议。至于我国未来的民法典是否应包含知识产权制度,却存有不同看法。有的学者以个别国家的立法例为由,主张在民法典的框架内,整合一个包括知识产权在内的大一统财产权体系。对此,我们有不同看法:(1) 相关立法例并非民事立法之范式。1942 年《意大利民法典》将作品权与工业发明权列为民法典的劳动编,1994 年《蒙古民法典》及 1995 年《越南民法典》所规定的"知识产权编"并未涵盖现代知识产权的全部内容,1992 年《荷兰民法典》拟在第 9 编专门规定知识产权,后来由于种种原因而放弃。这说明,世界上尚无一个在民法典中成功规范知识产权的立法例。(2) 现代知识产权法尚处于急剧变革之中。知识产权是一个发展的、变化的、动态的权利制度体系,受一国乃至国际的科技革命、经济发展、社会文化变革等影响甚大,总处于不断修订更迭的状态之中。例如,法国自 1992 年颁布知识产权法典后,不到四年即修改两次。我国《专利法》颁布二十余年也三次加以修订。因此,将一项频频变动的法律制度置入需要保持相对稳定、注重系统化的民法典中是不妥当的。(3) 知识产权法的规范内容与其他法律制度规范不相协调。知识产权法本为保护创造者权利之实体法,但在立法中一般规定有权利取得程序、权利行使程序、权利维持程序、权利变动程序、权利救济程序等,即在实体法中规定了程序法规范,程序法依附实体法而存在;知识产权法本为规范民事权利之私法,但在立法中多设有行政管理、行政处罚以及刑事制裁等公法规范,具有公法与私法相结合的立法特点。知识产权法规范的上述特点决定了它是不宜整体移植入民法典中的。综上所述,知识产权法可在将来的民法典中作一般规定,同时保留民事特别法的立法体例,并在将来条件成熟的时候考虑编纂知识产权法典。

此外,我国一些知识产权学者认为,知识产权法是一种综合性的法律制度。该主张似有不妥。我们认为,知识产权法的调整对象是平等主体因创造或使用智力成果而产生的财产关系和人身关系,其调整手段和适用原则主要是民法的手段和原则。至于行政法和刑法性质的规范，在知识产权法中占的比例很小，不足以影响该法的性质。从现代立法通例来看，除刑法典、民法典等基本法外，单行法律、法规一般都采用多种法律调整手段。因此，确定某一法律制度的性质应主要看该制度中占主导地位的法律规范的属性。也有学者主张，知识产权法是一个独立的法律部门，因为各项知识产权的制度已经构成一个相对完整的族系。我们认为，此看法也难以成立。知识产权是民法对知识形态的无形财产法律化、权利化的结果，是从物的所有权中分离出来的新的、独立的财产权形态。客体的非物质性固然是知识产权的本质特性，但其民事权利的属性与物权、债权等并无实质性差别。可以说，知识产权法并没有独特的、仅属于它自己所有的调整对象和调整手段，因而不具有成为独立法律部门的条件。

[思考题]

1. 什么是知识产权？
2. 如何把握知识产权的体系范围？
3. 如何理解知识产权客体的本质属性？
4. 什么是知识产权客体的非物质性特征？
5. 如何理解知识产权法与民法的关系？

第二编　著　作　权

第一章　著作权概述

［内容提要］　本章内容是著作权制度的基础，主要介绍著作权的基本范畴以及著作权法的基本问题，包括著作权概念及其基本含义的演变、著作权的特征以及自动取得原则、著作权制度的历史发展概况以及我国《著作权法》的修订要点。

［关键词］　著作权　著作权法　自动取得

第一节　著作权概念及其特征

一、著作权的定义

著作权，是指自然人、法人或者其他组织对文学、艺术和科学作品依法享有的财产权利和精神权利的总称。

在我国，著作权即版权。[①] 在国际上，与著作权概念相近的还有法国法所用的“作者权”（droit de auteur）。从逻辑学的角度看，著作权、版权与作者权之内涵是基本相同的。但是，其外延却有较大的差异：版权是英美法系的概念，来源

① 参见我国《著作权法》（2010 年修订）第 57 条的规定，“本法所称的著作权即版权”。1990 年《著作权法》第 51 条规定的是“本法所称的著作权与版权系同义语”。显然，在对著作权与版权两者之关系上，现行法比原法的规定更为明确。

于"copyright"一词,是复制权的演进结果,它着重于财产性权利,基本不考虑精神性权利;而作者权是以人为本哲学理念的体现,它着重于精神性权利,同时兼顾财产性权利。著作权则是"版权"与"作者权"折中的结果,它将财产权利与精神权利同等对待,偏向性不明显。在著作权制度的演进过程中,版权体系的适应性强于作者权体系,即当科学技术发展到一定程度,作者从其创作的作品中应当获得更多的新型权利(即应当给作者增加新型权利)时,版权体系能快速适应,而作者权体系则反应较迟缓。当然,这两个平行的制度演绎至今,特别是在著作权国际公约的框架中,彼此之间的差异已逐渐缩小,有相互融合的趋势。

我国使用的"著作权"一词,是清朝立法者从日本引入的,《大清著作权律》中使用的就是"著作权"。从本源角度看,著作权体系更接近于作者权体系,而与版权体系有一定的距离。当我国在 20 世纪 80 年代起草《著作权法》时,虽然有两种完全不同的意见,但立法者最后以折中方式协调了两者的分歧,即将法律名称定为"著作权法",而在第 56 条规定"版权与著作权系同义语"。

二、著作权的外延

不同国家或地区使用的"著作权"概念所具有的内涵尽管也存在一定的差别,但大体一致,都是指"由文学、艺术和科学作品"依法产生的专有权利。《伯尔尼公约》和《知识产权协定》[①]对此作了肯定性规定。如《伯尔尼公约》第 2 条第 1 款规定:"'文学和艺术作品'包括文学、艺术和科学领域的一切创作成果,不论其表现形式和表达方式如何。"

但著作权的外延却存在较大差距,归纳起来大体有三种:(1) 仅指著作财产权。采用这种体制的代表是《日本著作权法》。它使用的"著作权"、"人格权"和"邻接权"三个概念,相互平行,互不包含。(2) 同时包含著作财产权和著作人身权。采用这种体制的国家非常多,如法国、德国和俄罗斯等。它们使用的著作权与邻接权是平行的。(3) 既包含著作财产权,又包含著作人身权,还包含邻接权的内容。采用这种体制的国家不多。因此,应当看到,在不同的国家或者地区,著作权的外延是有差异的。

三、著作权的特征

除具有知识产权的共有特征外,与专利权、商标权等其他种类的知识产权相比,著作权还有自己的独特品质:(1) 内容的双重性。著作权内容的双重性,是

---

① 《知识产权协定》第 9 条第 1 款规定:"全体成员均应遵守《伯尔尼公约》1971 年文本第 1 条至第 21 条及公约附录。"

指由文学、艺术或者科学作品能依法同时产生财产权和人身权两个方面的权利。著作权的这一特性,是专利权、商标权等不具有的。(2)具体化的专有性。众所周知,物权的专有性是针对具体对象的,知识产权的专有性是针对抽象对象的,但是,著作权的专有性与物权的专有性类似,也只能针对具体对象,不能针对抽象对象。如甲、乙、丙三人分别先后独立地创作出相同的作品,那么,根据著作权法的规定,甲、乙、丙三人各自对自己的作品享有著作权,任何人不得以作品完成的先后次序而否定他人的著作权。具而言之,著作权的专有性就是禁止他人对其作品进行复制、抄袭、剽窃、翻译等,或者进行其他的利用,而不能阻止他人独立地创作出相同或者相似的作品,并因此而获得著作权。而其他种类知识产权(商业秘密权除外)的专有性,所针对的都是抽象对象。(3)著作人身权保护期的无限性。著作人身权保护期的无限性,是指法律规定著作人身权的保护期不受限制。这一特征也不是绝对的:第一,在我国,著作人身权中的发表权与财产权的保护期相同,具有时间限制;第二,英美法系国家版权法规定的人身权也具有时间限制,有的权利保护期与财产权保护期相同,有的甚至比财产权的保护期短[①];第三,《伯尔尼公约》规定著作人身权的最短保护期与财产权利相同。[②]

四、著作权的取得

著作权的取得,是指著作权法规定的由作品产生著作权的制度。一般意义上,著作权的取得可分为原始取得和继受取得。但此处所指的"著作权取得"主要是原始取得,不包括继受取得。

(一)著作权取得的原则

我国《著作权法》规定著作权自作品创作完成之日起产生,没有规定必须办理的手续。该原则与《伯尔尼公约》和《知识产权协定》的规定相一致。

著作权自动取得原则,也可称创作主义,与非自动取得原则相对。著作权非自动取得原则,是指作品创作完成后,作者或者其他相关人必须依照法律规定办理相应手续后,才能取得著作权。如美国原版权法规定,作品创作完成后,必须首先在美国出版,而且必须将该版本中两本最好的样书向国会图书馆交存,办理相应的交存手续后方能取得版权。又如《世界版权公约》规定,作品出版后,应当在该作品的每一本复制件上做上版权标记,才能取得版权。此外,也有国家规

① 例如英国1988年《版权、外观设计与专利法》第一编"版权法"第86条规定:"(1)第77条、第80条及第85条规定的权利在作品版权存续期内有效。(2)第84条所赋予的权利延续至一个人死后20年。"这分别是对作者身份权、保护作品完整权、隐私权和作者反对虚假署名权之保护期的规定。

② 参见《伯尔尼公约》第6条之二第2款的规定:"根据以上第1款给予作者的权利,在其死后至少保留到作者经济权利期满为止,并由被要求给予保护的国家本国法所授权的人或机构行使之。"

定采用其他手续才能取得著作权。但是,凡是世界贸易组织成员或者《伯尔尼公约》成员国,无论对其本国国民取得著作权提出什么样的要求,对其他成员或者成员国的国民,只能实行自动取得原则,否则就与《知识产权协定》或者《伯尔尼公约》的要求不符。

著作权自动取得原则,并不是著作权的无条件取得原则。换言之,既不是任何人的作品都能在我国自动取得著作权,也不是任何种类的作品都能在我国自动取得著作权。具而言之,适用著作权自动取得原则,应当符合以下条件:(1) 作品要求:能够依我国《著作权法》取得著作权的作品,首先须属于我国《著作权法》第 3 条规定的作品范围,并且不属于其第 5 条规定的不适用著作权法的对象。(2) 作者国籍:我国《著作权法》规定,能够在我国获得著作权的人有:中国公民、法人或者其他组织;《伯尔尼公约》成员国国民或者世界贸易组织成员之国民,无国籍人以其经常居住地国作为标准。(3) 作品国籍:我国《著作权法》第 2 条第 3、4 款规定,其他的外国人或者无国籍人,以其作品的首次出版地国与中国的关系为标准,即其首次出版地国为《伯尔尼公约》成员国或者世界贸易组织成员的,其作品可以在中国自动取得著作权;否则不然。

（二）著作权自动取得与作品登记的关系

根据著作权自动取得原则,在我国,作品自创作完成之时起自动产生著作权,不必进行登记。但是,作者或者其他著作权人如果愿意进行作品登记,则可以根据国家版权局制定的《作品自愿登记办法》(以下简称《办法》)进行登记。该《办法》明确规定作品实行自愿登记。而且依据该《办法》进行作品登记,不影响该作品的著作权。也就是说,作品进行登记,既不是作品产生著作权的条件,也不影响著作权本身的保护期限。但是,实行作品登记也有许多好处:

(1) 作品登记证可作为确权的初步证据。当著作权受到侵害时,若著作权人提起诉讼,或者与侵权行为人进行协商,首先需要证明自己的作者或者著作权人身份,而作品登记证则可以作为证明自己的作者或者著作权人身份的初步证据。当然,如果被告或者侵权人对该项登记证有异议,可以通过举证来否定其效力。作品登记证对胜诉有一定的帮助。

(2) 对计算机软件而言,软件登记证所具有的作用更大。

(3) 作品登记证还是作者或者著作权人进行著作权海关保护登记的必要文件。

(4) 对某些作品来说,如摄影作品、电影作品和以类似摄制电影的方法创作的作品等,作品登记证还可以作为证明其保护期起算点的证据。《著作权法》规定,摄影作品、电影作品和以类似摄制电影的方法创作的作品的保护期自首次发表之时起算,而且自作品创作完成后 50 年内未发表的,以后即使再发表,也不受保护。因此,对这样的作品进行登记,对确定保护期很有好处。

有些国家虽然也实行自动取得原则,但是却以作品登记作为维持著作权的条件。如果在规定的期限内未进行作品登记,则著作权就自动终止。在以作品登记为取得著作权条件的国家,进行作品登记就更是不可缺少的手续。

（三）著作权自动取得与作品固定的关系

我国《著作权法实施条例》第 2 条对作品的定义是:“著作权法所称作品,是指文学、艺术和科学领域内具有独创性并能以某种有形形式复制的智力成果。”它并未以“固定”作为作品创作完成的条件。因此,我国著作权法所保护的对象,可以是已固定在某种有形物质载体上的作品,也可以是未固定下来的口述作品、即席表演等。但美、英等国的版权法却将作品固定作为作品已创作完成的条件。[①] 按照它们的规定,固定作品的时间即是作品创作完成的时间,但这并不影响版权的自动取得原则。也就是说,作品的固定不是取得著作权应当具有的条件,而是判断作品是否创作完成的条件。

第二节　我国著作权法及其演进

一、著作权法

著作权法,是指国家制定或者认可的调整由文学、艺术和科学作品所产生之社会关系的法律规范的总和。形式的著作权法,就是由国家立法机关依照立法程序制定的《著作权法》;实质的著作权法,包括一切调整著作权法律关系的法律规范,如《著作权法》、《著作权法实施条例》、《计算机软件保护条例》、《作品自愿登记办法》等法律、法规、条例、规章等。

我国现行《著作权法》于 1990 年 9 月 7 日通过,2001 年 10 月 27 日经由第九届全国人民代表大会常务委员会第二十四次会议修改,2010 年 2 月 26 日第十一届全国人民代表大会常务委员会第十三次会议第二次修改。该法共 6 章 61 条,符合《知识产权协定》关于版权保护的规定。

二、我国著作权法律制度的发展历程

中华民族具有悠久的文明历史,在人类文明史上留下了光辉灿烂的篇章。早在印刷术发明以前,我国的文人墨客就创作了许许多多的优秀作品。但是,在

① 英国 1988 年《版权、外观设计与专利法》第一编“版权法”第 5 条第 2 款规定:“在以书写或其他方式记录下来以前,任何文学、艺术、戏剧或音乐作品都不享有版权;凡本编中的作品创作时间均指该作品被记录下来的时间。”

刀刻、手抄、口传的时代，几乎不可能出现大规模复制、销售复制件而获利的情况，因此，客观上没有产生著作权制度的可能，主观上没有保护其作品权利的需求。到了宋代，印刷术、造纸术的发明，使得印制出版的书籍变得精美、传播变得快捷，这些书籍不仅价格低廉，而且数量也很多，随之便逐渐出现了为追求利润而冒名盗印他人作品的现象。尽管在客观上已有保护作者权利的可能，但人们在主观上仍然未提出这种要求。所以，直到清朝末年（1910 年），我国的第一部著作权法即《大清著作权律》才诞生。此时，世界上第一部版权法（英国的《安娜法令》）已施行了 200 年。

《大清著作权律》颁布不久，清王朝便退出了历史舞台，因此，这部难得的法律未能实施。1915 年，北洋政府以《大清著作权律》为基础制定了我国的第二部《著作权法》；1928 年，国民党政府制定了中国历史上第三部《著作权法》。现在我国台湾地区施行的“著作权法”虽然已与《大清著作权律》没有太多的相同之处，但仍可见其痕迹。

中华人民共和国成立后，虽然并未立即制定《著作权法》，但《宪法》和其他一些法规、规章、条例等对公民的版权也有保护性规定。1950 年 9 月，全国出版工作会议通过了《关于改进和发展出版工作的决议》，强调出版单位要尊重著作权和出版权，不得有翻版、抄袭、篡改等行为。1953 年，国家出版总署公布《关于纠正任意翻印图书现象的规定》，要求“一切机关、个人不得擅自翻印出版的书籍、图片，以尊重版权”。1958 年，文化部颁发《关于文学和社会科学书籍稿酬的暂行规定》（草案）。1961 年，文化部对上述规定进行了修改。1984 年 6 月 15 日，文化部颁发《图书、期刊版权保护试行条例》，1985 年 1 月 1 日又颁发《图书、期刊版权保护试行条例实施细则》等，都是对版权、著作权的保护。1986 年 4 月 12 日，第六届全国人民代表大会第四次会议通过的《民法通则》，首次以法律形式规定“公民、法人享有著作权”。[①] 它标志着我国著作权法律制度建设已进入了一个新的历史时期。

1990 年 9 月 7 日，第七届全国人民代表大会常务委员会第十五次会议通过了《中华人民共和国著作权法》，并于 1991 年 6 月 1 日实施。这是新中国历史上的第一部《著作权法》，也是我国历史上的第四部《著作权法》。经过 10 年的施行，该部《著作权法》的作用越来越重要，但问题也越来越多。为了适应社会主义市场经济条件下文学艺术事业的发展，适应网络技术的普及和广泛运用，适应高新技术对著作权保护的要求以及满足加入世界贸易组织的需要，第九届全国人民代表大会常务委员会第二十四次会议通过了《关于修改〈中华人民共和国

① 参见我国《民法通则》第 94 条。

著作权法〉的决定》,完成了我国现行《著作权法》的第一次修订。第十一届全国人民代表大会常务委员会第十三次会议通过了《关于修改〈中华人民共和国著作权法〉的决定》,第二次修订了《著作权法》。

修订后的《著作权法》与《知识产权协定》对其成员关于版权与相关权保护的要求全面接轨,也使我国的著作权保护水平上了一个新的台阶。

除了《著作权法》外,我国著作权法律体系中还包括《实施国际著作权条约的规定》、《著作权法实施条例》、《计算机软件保护条例》、《计算机软件登记办法》、《信息网络传播权保护条例》、《著作权集体管理条例》和《广播电台电视台录音制品支付报酬暂行办法》等。

[思考题]

1. 什么是著作权?
2. 如何理解著作权的双重性?
3. 著作权自动取得就是无条件取得吗?
4. 如何理解著作权的专有性?

第二章 著作权的主体

［内容提要］ 著作权主体是著作权制度的重要组成部分。本章主要介绍了著作权主体的概念及其基本分类、对作者（原始主体）及其他著作权人（继受主体）的相关规定以及特殊作品著作权归属的认定方法。

［关键词］ 作者 著作权人 特殊作品 著作权主体

第一节 著作权主体概述

一、著作权主体的概念

著作权主体，也称著作权人，是对文学、艺术或者科学作品依法享有著作权的自然人、法人或者其他组织。

与其他民事权利主体一样，著作权人首先应当具有相应的民事权利能力，即享受由作品产生的权利和承担由此产生的义务的资格。自然人的民事权利能力始于出生，终于死亡；法人的民事权利能力始于成立，终于消灭；其他组织虽然不具有民事权利能力，但却具有民事诉讼能力，因此，其他组织的著作权人资格始于其成立，终于其消灭。

一般情况下，自然人死亡后，其依法享有的著作财产权由其继承人继承，基本不会发生特殊问题。但是，精神权利不可转让，不能被继承，只能由作品之第一著作权人（或称原始著作权人，initial owners of copyright）终生享有，且其保护期不受限制。因此，自然人死亡后，其生前依法享有的精神权利仍然存在，并受保护。在这种情况下，虽然著作权人已没有了民事权利能力，但其生前享有的著作权仍能受法律保护。

自然人依法享有的著作人身权，终生受保护；自然人死亡后，其生前对作品已经获得的人身利益仍然受保护，但不应当再是著作人身权。如果自然人死亡后仍能享有著作人身权，则与民法上的权利能力制度相矛盾。当然，也许可以这样理解：相对于民法，著作权法是民事特别法。根据特别法优于普通法原则，著作权主体的权利能力应当优先适用著作权法。只有在著作权法没有规定的情况下，才适用民法。然而，到目前为止，尚无国家或地区的著作权法明确规定，自然人死亡后仍然享有精神权利。我国《著作权法》所规定的只是“作者的署名权、修改权、保护作品完整权的保护期不受限制”，并未规定作者死亡后仍然享有署名权、修改权、保护作品完整权，不过审判实践却有这样的观点。①

二、著作权主体的产生

自然人、法人或者其他组织，可以通过创作作品或者组织自然人创作作品，依法获得原始著作权，成为原始著作权人；也可以通过受让、继承、受赠与或者受遗赠而成为著作权人。

由于著作权实行自动取得原则，作品的创作者或者组织创作作品的法人或者其他组织，不必办理任何手续，即可成为著作权主体。但是，为了明确其著作权主体身份，便于今后行使其著作权，著作权人也可以进行作品登记，取得作品登记证，从而确立自己的著作权人地位。

通过继受方式取得著作权的自然人、法人或者其他组织，只需有合法的著作权转让合同，或者有证明其继承者的身份、受赠与或者受遗赠的证明文件即可，不必办理相应的登记、公告手续。但是，自然人、法人或者其他组织作为受让人取得著作权的，可进行著作权转让合同公证，以防止出现纠纷。

第二节　著作权主体的种类

一、原始主体与继受主体

以自然人、法人或者其他组织成为著作权主体的权利基础为标准，可以将著作权主体分为原始主体和继受主体。具而言之，在作品创作完成时，直接享有著作权，成为著作权主体的自然人、法人或者其他组织，为原始著作权人，或者称原始主体，亦称第一著作权人。实际上，著作权原始主体就是根据法律规定或者合同约定，在作品创作完成时，即刻享有著作权的人。其他著作权人则为继受主体，或称继受著作权人。

划分原始著作权人与继受著作权人的意义在于：两者所享有的权利并不完全相同，保护方式也不完全相同。原始著作权人可能享有全部著作权，也可能只享有部分著作权，但只有原始著作权人才能享有著作人身权；继受著作权人虽可享有著作财产权之全部，但肯定不能享有著作人身权，所以继受主体只是财产权

---

① 根据2002年7月25日新华网刊载的文章《歌曲〈解放区的天〉著作权侵权纠纷案今天审理判决》，北京市第二中级人民法院审理认为，被告未能给创作者正确署名，侵害了刘西林对作品的署名权。但是，刘西林已于1998年去世。“侵害了刘西林对作品的署名权”的观点，显然与民法的基本理论不符，即死者还享有权利。我们认为，正确的说法应当是“侵害了刘西林对作品的署名利益”。

利所有人。

我国《著作权法》规定,自然人、法人或者其他组织成为著作权原始主体的方式有三种:(1) 创作。创作是指直接产生文学、艺术或者科学作品的智力活动。一般情况下,自然人可以运用自己的智力、资金、财产和劳动,创作出文学、艺术或者科学作品,而成为第一著作权人。但法人或者其他组织自己不能进行创作,只能通过组织自然人进行创作,所以法律将其视为作者,从而成为原始著作权人。(2) 法律规定。我国《著作权法》第 15 条第 1 款规定:“电影作品和以类似摄制电影的方法创作的作品的著作权由制片者享有,但编剧、导演、摄影、作词、作曲等作者享有署名权,并有权按照与制片者签订的合同获得报酬。”依此规定,电影作品和以类似摄制电影的方法创作的作品的“制片者”就是电影等作品的原始著作权人。又如第 16 条第 2 款规定:“有下列情形之一的职务作品,作者享有署名权,著作权的其他权利由法人或者其他组织享有,法人或者其他组织可以给予作者奖励:(1) 主要是利用法人或者其他组织的物质技术条件创作,并由法人或者其他组织承担责任的工程设计图、产品设计图、地图、计算机软件等职务作品;(2) 法律、行政法规规定或者合同约定著作权由法人或者其他组织享有的职务作品。”这一规定使法人或者其他组织成为“特殊职务作品”除署名权之外的著作权的原始主体。(3) 合同约定。我国《著作权法》第 17 条规定:“受委托创作的作品,著作权的归属由委托人和受托人通过合同约定。合同未作明确约定或者没有订立合同的,著作权属于受托人。”此规定允许委托人与受托人就委托作品的著作权归属进行约定。通过约定取得著作权,是著作权原始取得的一种方式,而不是著作权转让的方式。通过此方式获得著作权的人,是原始主体,而非继受主体。

自然人、法人或者其他组织以其他方式取得著作权的,均为继受主体。

二、完整主体与不完整主体

以著作权人所享有著作权的完整性为标准,可以将著作权主体划分为完整主体和不完整主体。

著作权完整主体,就是依法享有著作财产权与著作人身权之全部的自然人、法人或者其他组织。与此相对,著作权不完整主体,就是依法享有著作财产权或者著作人身权之部分的自然人、法人或者其他组织。

划分著作权完整主体与不完整主体的法律意义在于:完整主体有权全面支配其著作权的行使和利用,决定著作权的命运;而不完整主体在行使其著作权时,一是要注意自己的权利范围和种类,二是要注意尊重他人的著作权,不得因行使自己的权利而侵犯他人的权利。如我国《著作权法》第 13 条第 2 款规定:

“合作作品可以分割使用的，作者对各自创作的部分可以单独享有著作权，但行使著作权时不得侵犯合作作品整体的著作权。”第27条还规定：“许可使用合同和转让合同中著作权人未明确许可、转让的权利，未经著作权人同意，另一方当事人不得行使。”

由于著作人身权不得转让，所以只有原始主体可能成为完整主体，继受主体为不完整主体。但是，著作权原始主体并不一定都是完整主体，如我国《著作权法》第16条第2款就规定有的职务作品由作者享有署名权，其著作权的其他权利由法人或者其他组织享有。在此，创作作品的自然人，是原始主体，该作者之所属单位也是原始主体，但作者及其所属单位都是不完整主体。

三、本国主体、外国主体与无国籍主体

以著作权主体所属国籍为标准，可以将著作权主体划分为本国主体、外国主体和无国籍主体。就自然人而言，本国主体就是具有其主张著作权保护国之国籍的自然人；外国主体就是其所具有之国籍（有的人可能具有多重国籍）都不是主张著作权保护国之国籍的自然人；无国籍主体就是在其主张著作权保护时，不具有任何国籍的自然人。就法人或者其他组织而言，本国主体就是依据其所主张的著作权保护国法律设立的法人或者组织；外国主体就是依据其所主张的著作权保护国之外的法律设立的法人或者其他组织。法人或者其他组织没有无国籍的情形。

划分本国主体、外国主体和无国籍主体的法律意义在于：在著作权保护方面，尽管有关国际公约规定了“国民待遇原则”、“不歧视原则”等，但是，本国主体、外国主体与无国籍主体总是存在着一定的差距，如取得著作权的方式有所不同、享受权利的内容有所不同、保护的期限与其所属国有关等。根据我国《著作权法》第2条的规定，中国公民、法人或者其他组织在著作权的取得方面有某些不同，如在保护“追续权”的国家，我国国民就不能获得这项权利，这是内容的不同，因为《伯尔尼公约》实行的是短期保护规则，当两个国家著作权法规定的保护期不相同时，外国主体所获得的保护期为两者之中的较短者。但是，就无国籍主体而言，因为他们是以其经常居住国为标准，所以，如果某一无国籍人在其经常居住国主张著作权保护，则可能被作为本国主体对待；若在其经常居住国以外的国家主张著作权保护，则依其经常居住国与主张著作权保护国的相互关系而定。

四、自然人主体、法人或者其他组织主体与国家

以著作权人之体征为标准划分，可以将著作权主体划分为自然人主体、法人

或者其他组织主体(以下简称为“法人主体”)。自然人主体就是依法享有著作权的自然人;法人主体就是依法享有著作权的法人或者其他组织。

划分自然人主体与法人主体的法律意义在于:客观上讲,只有自然人才是作品的真正创作者,因此,一般情况下,自然人应为著作权主体;法人或者其他组织为继受主体,因为法人或者其他组织并无创作能力。但是,从保护投资者利益出发,同时考虑到在某些作品中法人或者其他组织意志的支配力,法律也允许法人或者其他组织成为原始主体。尽管如此,只有在法律明确规定或者当事人明确约定的情况下,法人或者其他组织才能成为著作权原始主体。其他情况下,应推定创作作品的自然人为原始主体。

我国《著作权法》规定,法人或者其他组织虽然可以成为著作权主体,但只有三种情况下可以成为原始主体:(1) 对法人作品享有的原始著作权;(2) 对特殊职务作品享有的原始著作权;(3) 作为委托作品中的委托方,根据委托创作合同约定而享有的原始著作权。

一般情况下,国家不享有著作权,因为“法律、法规,国家机关的决议、决定、命令和其他具有立法、行政、司法性质的文件,及其官方正式译文”不适用著作权法,即不能产生著作权。但是,在某些特殊情况下,国家也能成为著作权主体,如我国《著作权法》第 19 条第 2 款规定:著作权属于法人或者其他组织的,法人或者其他组织变更、终止后,其享有的财产权利仍在本法规定的保护期内的,由承受其权利义务的法人或者其他组织享有;没有承受其权利义务的法人或者其他组织的,由国家享有。此外,国家也可能通过继受方式取得著作权。

第三节　著作权主体的确定

著作权主体的确定,实际上就是关于著作权原始主体的确定。著作权继受主体虽然也有如何确定的问题,如乙主张自己是甲之著作权的继受者,就应当向有关当事人提供相应证据(如转让合同书、继承权证明文件等),但相对比较容易。主张者若能举出相应证据,则可被确定为继受者,否则,其主张难以成立。然而,关于著作权原始主体的确定,绝非易事。

著作权原始主体的确定应考察两个标准,即实质标准和形式标准。此处所指的“实质标准”,就是“作者身份”或者具有取得原始著作权的法律依据或合同依据。此处所指的“形式标准”,就是有关作品原件或者复制件上是否有其以作者身份的署名。如果著作权原始主体的主张者能证明“有关作品原件或复制件上有自己作为作者身份的署名”,又能证明自己的确创作了该作品,且自己所创作的作品不属于特殊职务作品和委托创作合同约定著作权不属于自己的作品,才可能成为原始著作权主体。

一、确定著作权主体的实质标准

如上所述,确定著作权原始主体的实质标准,就是确认原始主体主张者的“作者身份”或者证明其享有原始著作权的法律依据或合同依据。除特殊情况外,作品创作者是该作品著作权的原始主体。此处所指的“特殊情况”,就是我国《著作权法》关于著作权归属的特殊规定。

(一) 作者的确定

我国《著作权法》第 11 条第 2 款规定:“创作作品的公民是作者。”依此规定,一般情况下,作品的创作者就是作者。[①] 如有特殊规定,创作作品的公民可能不是作者,如“由法人或者其他组织主持,代表法人或者其他组织意志创作,并由法人或者其他组织承担法律责任的作品,法人或者其他组织视为作者”。

就具体作品而言,如果能确定某自然人对该作品所为的行为是创作,那么就可以初步证明该自然人就是作者。解决问题的关键在于:该自然人所为的行为是否是“创作”?

著作权法所称的“创作”(create),是指直接产生文学、艺术或者科学作品的智力活动。实际上,创作就是自然人运用其智慧,将文字、数字、符号、色彩、光线、音符、图形等要素按照一定的规律、规则和顺序有机地组合起来,以表达其思想、情感、观点、立场、方法等综合理念之形式的活动。由此活动所产生的结果,即综合理念的表达形式,就是作品。创作者之于作品具有不可替代的地位。

因此,确定作者有以下要素:(1) 作者所为之行为是智力活动,而非其他活动。如收集资料的行为,就不是智力活动,因为这种行为是可替代的。(2) 作者所为之智力活动是对作品构成要素的选择活动。尽管各种作品所用的构成要素都是文字、数字、符号、色彩、光线、音符、图形等,但对构成要素的选择却因人而异。(3) 作者所为之智力活动是将其所选择的作品构成要素按照一定的规律、规则和顺序组合起来的活动。即使两个或者两个以上的人偶然选择了相同的构成要素,但因其所利用的规律、规则和顺序不同,所组合的结果也是不同的。(4) 作者所为之智力活动是表达其思想、情感、观点、立场、方法等综合理念的活动。如有哲学家认为“存在先于本质”,另有哲学家却认为“本质先于存在”。同样的 6 个字,因其排列组合的顺序不同,所表达的观点就大异其趣。

① 作品的创作者与作者不是同一概念。作品的创作者只是实际进行了创作活动的自然人,但它并不一定是法律上的作者。法律意义上的作者,是依法享有署名权,即有权决定在作品原件或者复制件上署上其真名、假名或者不署名的人。

前述四要素是并列关系，必须同时具备，缺一不可。就某自然人而言，如果他所为之行为符合上述四个要素，就可以确定其为作品的作者。为他人创作进行组织工作，提供咨询意见、物质条件或者进行其他辅助工作，均不视为创作。

（二）视为作者的情形

视为作者的情形，就是法律规定，将法人或者其他组织视为作品之作者的情形。根据我国《著作权法》第 11 条第 3 款可知，将法人或者其他组织视为作者应符合三个条件：(1) 法人或者其他组织是创作作品的组织者；(2) 创作者所创作的作品须代表法人或者其他组织的意志；(3) 由作品所产生的法律责任由法人或者其他组织承担。此三条件为并列关系，须同时具备。如某大学对外发布的“招生简章”，就是将该大学视为作者的作品。在创作该“招生简章”的过程中，该大学是组织者，它所代表的是该大学的意志，所产生的责任由该大学承担。

法人或者其他组织视为某作品的作者，即成为原始著作权主体，享有完整著作权，创作者不享有任何权利。

但应特别注意“将法人或者其他组织视为作者的作品”（简称为“法人作品”）与“特殊职务作品”的区别，不要将两者相混淆。职务作品，是公民为完成法人或者其他组织工作任务所创作的作品。职务作品分为“普通职务作品”和“特殊职务作品”。两者的区别主要是：创作普通职务作品的自然人是作者，享有完整著作权；而创作特殊职务作品的自然人只享有署名权，由作品产生的其他著作权归法人或者其他组织所有。区别普通职务作品与特殊职务作品的关键点是我国《著作权法》第 16 条第 2 款的规定，即“有下列情形之一的职务作品，作者享有署名权，著作权的其他权利由法人或者其他组织享有，法人或者其他组织可以给予作者奖励：(1) 主要是利用法人或者其他组织的物质技术条件创作，并由法人或者其他组织承担责任的工程设计图、产品设计图、地图、计算机软件等职务作品；(2) 法律、行政法规规定或者合同约定著作权由法人或者其他组织享有的职务作品”。此款规定的对象为特殊职务作品；否则即为普通职务作品。然而，虽然有法律规定了法人作品与特殊职务作品的区别，但实际判断却比较困难。进行判断时应注意：(1) 隶属关系不同：特殊职务作品的创作者与法人或者其他组织具有某种隶属关系，而法人作品的创作者与法人或者其他组织不一定具有隶属关系。(2) 创作起因不同：法人作品的创作一般由法人或者其他组织主动发起，或者事先征得了其同意；而特殊职务作品的创作既可以是法人或者其他组织发起的，也可以是创作者自己发起的。(3) 作品理念不同：法人作品所表达的或者代表的只能是法人或者其他组织的意志，不能是创作者自己的意志；而特殊职务作品所代表的就是创作者自己的意志，基本不代表法人或者其他组织的意志。(4) 作品种类不同：法人作品可以是任何种类的作品，而特殊职务作品只能是法律明确规定的工程设计图、产品设计图、地图和计算机软件等,少有其他作品。上举"招生简章"肯定是法人作品,而不可能是特殊职务作品。法人作品与职务作品不可能发生重合,即某作品要么是法人作品,要么是职务作品。

(三) 合同约定的情形

某些特殊情形下,创作作品的自然人可能不是作者。此处所指的"特殊情形"主要是委托创作合同的约定。我国《著作权法》第 17 条规定:"受委托创作的作品,著作权的归属由委托人和受托人通过合同约定。合同未作明确约定或者没有订立合同的,著作权属于受托人。"依此规定,委托创作合同当事人双方可以约定著作权归受托人所有,或归委托人所有;在某些情况下,当事人双方也可以约定某些权利归属于委托人,另一些权利归属于受托人。在此情形下,委托人虽然并未直接创作作品,但却能够成为委托作品著作权原始主体。

在此应特别注意:通过委托创作合同约定作品著作权归属而享有著作权,不是著作权的继受取得,而是著作权的原始取得。由此获得著作权的自然人、法人或者其他组织,是著作权原始主体,不是继受主体。明确了这样的基本原理,才可能理解为什么委托人能够享有委托作品的完整著作权;否则会产生这样的谬误:著作权中的人身权可以在特殊情形下转让。

二、确定著作权主体的形式标准

我国《著作权法》第 11 条第 4 款规定:"如无相反证明,在作品上署名的公民、法人或者其他组织为作者。"一般情况下,创作作品的自然人就是作者,有权在作品原件或者复制件上署真名、假名等。因此,法律明确规定:"如无相反证明,在作品上署名的公民、法人或者其他组织为作者。"这就是确定著作权主体的形式标准,同时也是关于作者地位的推定制度。

简而言之,作者的认定既是事实问题,也是法律问题。在法学理论上,创作作品的行为是一种事实行为,而非法律行为。一般情况下,创作作品的自然人就应依法成为作者,享有著作权。然而,在某些特殊情况下,创作作品的自然人却不是作者。前面所指的"事实",是指作品的原件或者复制件上是否有某人的署名。尽管作品原件或者复制件上的署名可能不真实,但法律将它初步认定为"真实"的,进而由此推定这些署名者就是作品的作者。

如果有关当事人对这样的"事实"持有怀疑,法律允许异议者以举证方式,证明自己的主张。如果异议者所举之证据是真实的,得到了法庭或有关著作权行政管理部门的认可,那么原有事实将被否定,以所证明的事实为准,法律再依该事实,肯定新的法律关系。如某作品的复制件上有"张三"的署名,而张三并不是该作品的作者。该作品的作者"李四"对张三的作者地位表示怀疑,故请求人民法院否定张三的作者地位。在此诉讼中,李四须负举证责任,证明自己的主张。如果李四的主张成立,法院在否定张三作者地位的同时,还要肯定李四的作者身份。

一般情况下,异议者所提出的主张大体有两种:(1) 肯定性主张,即未在作品原件或者复制件上署名的人提出自己是作者的主张。肯定性主张可分为肯定自我的主张和肯定他人的主张。肯定自我的主张,就是异议者虽未在作品原件或者复制件上署名,但通过"相反证明",肯定自己是该作品的作者。肯定他人的主张,就是异议者认为第三人虽未在作品原件或者复制件上署名,但通过"相反证明",肯定第三人的作者身份。(2) 否定性主张,即否定已在作品原件或者复制件上署名的人是作者的主张。否定性主张也可分否定他人的主张和否定自我的主张。否定他人的主张,就是被异议者虽已在作品原件或者复制件上署了名,但他既不是作品的创作者,也没有能够作为作者的法律根据或者合同依据,或者被异议者虽然是作品的创作者,但依据法律的规定或者合同的约定不享有署名权,从而否定其作者身份。否定自我的主张,就是作品原件或者复制件上虽然有异议者的署名,但异议者既不是作品的创作者,也没有能够作为作者在作品上署名的依据,从而否定自己的作者身份。

三、某些作品著作权主体的确定

上述两部分所讲述的是确认著作权主体的一般原则,而本部分所讲述的则是某些具体作品著作权主体的确定。

(一) 演绎作品著作权主体

演绎作品(derivative works)是对现有作品进行改编、翻译、注释、整理而产生的作品。创作演绎作品的自然人为演绎者,即演绎作品的作者。判断演绎作品的作者,也应当遵循以上两部分讲述的确定著作权主体的一般原则。

如无特殊规定,演绎作品的著作权归演绎作者享有。所以,演绎作品的创作者为著作权主体。演绎作品著作权人只能对其演绎作品享有著作权,对被演绎作品不享有任何权利。因此,演绎作品著作权人不仅要尊重被演绎作品著作权人的权利,而且不得无故阻止他人对同一作品进行同样的演绎。

(二) 合作作品著作权主体

合作作品(co-operation works)是两个以上的人合作创作的作品。判断某作品是否为合作作品,应当把握以下要素:(1) 合作作品的创作者须为两个或者两个以上的人,一个人单独创作的作品不是合作作品。(2) 两个或者两个以上的人相互须有共创作品的合意。如果两个或者两个以上的人之间没有共创作品的合意,其所创作的作品就不是合作作品。如对毛泽东诗词《七律 · 长征》谱曲而创作的歌曲,不是合作作品,而是组合作品,因为谱曲者与毛泽东没有共创作品的合意。在有数人的情况下,只需各创作者与主要组织者有共创作品的合意即可,各创作者彼此是否有共创合意无关紧要。(3) 两个或者两个以上的人须有共创作品的行为。合作作品的创作者与个人作品的创作者所进行的创作行为,在本质上是一致的,但存在一定的差异。但无论如何,每个人都必须有创作作品的行为。此处所指的创作行为包括:对作品的完成进行了实质性的构思;对作品的完成提出了实质性的建议;对作品的完成进行了实质性的表达;对作品的完成进行了实质性的修正或增删。(4) 各创作者的贡献形成一件完整的作品。此处所指的"贡献",包括各创作者对作品的完成所做的构思、建议、表达、修正或增删等。"形成一件完整的作品"是指最终结果就是各创作者所做之贡献的融合或结合,而不是简单的组合。

合作作品的创作者称为合作作者,没有参加创作的人,不能成为合作作者。合作作品的著作权由合作作者共同享有。因此,合作作品的创作者是著作权主体。但是,合作作品可以分割使用的,作者对各自创作的部分可以单独享有著作权。由此可知,合作作品的创作者可能享有两个方面的著作权,一是整体作品的著作权,二是自创部分的著作权。如两人合作创作一首歌,他们不仅共同享有歌曲的著作权,而且词作者和曲作者又分别对自己创作的词、曲享有独立的著作权。但各创作者对自创部分行使著作权时,不得侵犯合作作品整体的著作权。

(三) 汇编作品著作权主体

汇编作品,是对若干作品、作品片断或者不构成作品的数据或者其他材料的选择或编排体现独创性的作品。我国《著作权法》原来称这种作品为编辑作品,但修正后的《著作权法》将它修改为汇编作品。《著作权法》规定的汇编,包括由整体作品构成的汇编,由作品片断构成的汇编,由不构成作品的数据或其他材料编纂的汇编以及由作品、作品片断、不构成作品的数据或其他材料等构成的汇编。无论哪一种汇编,要成为著作权法所称的作品,都必须符合作品构成的实质条件,即独创性。无论哪一种汇编,若能成为著作权法所称的作品,就能依法产生著作权。

进行汇编行为的人,称为汇编人。汇编作品著作权由汇编人享有。如无特殊情况,汇编人就是汇编作品的著作权主体。汇编人行使其汇编作品著作权时,仅能及于自己具有独创性的汇编作品本身,不能及于被汇编的资料,即汇编人无权禁止他人对相同的资料进行汇编,在行使其著作权时也不得侵犯被汇编资料的著作权。

对于无独创性的汇编,我国《著作权法》没有明确的授权。但是,《欧盟数据库保护条例》给予无独创性汇编的汇编人自公开之日起 15 年的特别权利(special rights)保护,其目的在于保护投资者的利益。通常情况下,编制一项大型的数据资料,虽不能构成著作权法所称的作品,但企业是需要投资的。如果不保护这样的汇编,投资者就难以收回其投资,相应的投资就会受到影响。因此,对特殊汇编资料(数据库)给予特别权利保护,是非常明智的选择。

(四)职务作品著作权主体

职务作品,是公民为完成法人或者其他组织工作任务所创作的作品。它可分为普通职务作品和特殊职务作品。普通职务作品,就是公民为完成法人或者其他组织的工作任务所完成的作品,但是,公民在创作作品的过程中,没有或者基本没有利用法人或者其他组织的物质技术条件,或者不必由法人或者其他组织承担责任。如某报社的记者,每月必须向报社完成很多篇稿件。该记者为报社撰写的稿件,就是普通职务作品。普通职务作品的创作者是职务作品的完整著作权主体,其所属法人或者其他组织则有权在其业务范围内优先使用。该优先使用时间为自作品交付之日起的两年。一方面,在优先使用期限内,未经作者所属单位的同意,作者不得许可第三人以与其所属单位使用作品相同的方式使用作品。但是,在此期限内,经单位同意,作者许可第三人以与单位使用相同的方式使用作品所获得的报酬,由作者与单位按约定的比例分配。另一方面,即使在单位的优先使用期限内,作者也可以许可他人以与单位不相同的使用方式使用其作品。如对为报社撰写的稿件,在单位的两年优先使用期限内,记者不得许可其他报社使用,但是,他可以授权他人将作品收集到汇编作品中去。

特殊职务作品,是指公民主要利用法人或者其他组织的物质技术条件创作,并由法人或者其他组织承担责任的工程设计图、产品设计图、地图、计算机软件等职务作品,或者法律、行政法规规定或合同约定著作权由法人或者其他组织享有的职务作品。这种职务作品的著作权主体有两个:一个是作品的创作者,另一个是创作者的所属单位。作品创作者仅享有署名权,著作权中的其他权利由法人或者其他组织享有。

[思考题]

1. 如何确定作品的作者?
2. 确定著作权主体的实质条件是什么?
3. 著作权主体的推定原则是什么?
4. 如何区别法人作品与特殊职务作品?

第三章　著作权的客体

［内容提要］　著作权客体是关于著作权保护对象的专门制度。本章主要介绍了著作权客体的概念、条件、种类及它与相关范畴的区别，著作权客体的排除领域，各种作品的异同等。

［关键词］　著作权作品　独创性　排除领域

第一节　著作权客体概述

一、作品的概念

作品(works)，是文学、艺术或者科学领域内具有独创性并能以某种有形形式复制的智力成果。"独创性"和"可复制性"是一个具体对象成为著作权法所称的作品的实质条件。

从学理上讲，作品应当是自然人运用其智慧，将文字、数字、符号、色彩、光线、音符、图形等作品构成要素按照一定的规则和顺序有机组合起来，以表达其思想、情感、观点、立场、方法等综合理念的形式。换言之，作品是由构成要素按某种规则和顺序结合起来表达某种综合理念的形式。所以，作品是综合理念与表达形式的有机结合体。如"诗"是作品，其构成要素是文字，综合理念是作者对情、景、人、物等所表达出来的情感、观点等。

对作品的理解应掌握：(1) 作品必须是已经表达出来的形式。在作者大脑中形成而没有以任何方式表达出来的东西，就不是著作权法所称的作品。(2) 作品必须是文学、艺术或者科学领域内的表达形式。(3) 作品必须表达出作者的综合理念。如"三个人"这个数量词，它未能表达出作者的综合理念，所以不是著作权法所称的作品。总而言之，没有任何意义的表达形式，常用的标语、口号等，都不是著作权法所称的作品。

二、作品与有关对象的关系

（一）作品与外观设计的关系

外观设计(designs)，也称工业品外观设计，是指对产品的形状、图案或者其结合以及色彩与形状、图案的结合所作出的富有美感并适合于工业应用的新设计。外观设计如果与某种产品相结合,并且符合专利法规定的专利条件,就可能获得外观设计专利权。有些国家规定,外观设计只需进行注册,即可获得保护。

目前,国际上对外观设计的保护,大体有三种体例:(1) 单一保护制,即外观设计在被授予专利权或者注册为外观设计权之前,本身就是一件由线条、图形、色彩和符号等要素构成的图形作品或美术作品,自被创作完成时起,就能自动取得著作权;但一旦外观设计取得专利权或者被注册为外观设计权,其著作权保护就自动终止。也就是说,对某一具体对象而言,要么依著作权法获得著作权保护,要么依外观设计法或专利法获得专有权保护,但不能同时受双重保护。(2) 双重保护制,即作为作品的外观设计,可依著作权法规定获得著作权保护;与此同时,作为实用物品之装饰的外观设计,如能获得专利权或登记注册,又可以获得专利权或专项权保护,两者并不相互排斥。如加拿大 1988 年版权法修正案规定,在不考虑作者创作意图的前提下,将受版权保护的外观设计与受工业品外观设计法保护的外观设计区别开来,使其能获得其中的任何一种保护。(3) 转换保护制,即外观设计在获得专利权或专项权保护前,可以获得著作权保护;一旦获得专利权或登记为专项权,则著作权保护临时中止;此后,由于专利权或者专项权的保护期较著作权短,所以,在专利权或专项权保护终止后,再给予著作权保护。

不论哪一种保护制度,都承认外观设计与作品之间存在着密切联系。我国没有对外观设计与作品之间的关系作明确规定,既没有肯定双重保护,又没有否定双重保护。因此,符合作品构成条件的外观设计,可自动获得著作权保护;同时又符合专利性的,也可同时获得外观设计专利权。当该外观设计专利权保护期届满后,其著作权保护仍可持续至其保护期届满止。当然,外观设计只符合专利性而不符合作品条件的,则只能依法获得专利权保护;反之亦然。

(二) 作品与商标图案的关系

商标图案本身就是一件由文字、图形、颜色、数字、符号、字母或者其组合构成的作品。无论商标图案是否被核准为注册商标,都不会影响其作为作品受著作权保护的可能性。

当然,有些商标图案因不具有独创性而不能取得著作权。不论是注册商标还是未注册商标,只要符合作品的实质条件,其所有人就能利用著作权来禁止他人擅自使用该商标图案。但是,如果采用著作权来阻止商标图案被他人利用,其效力范围较狭窄,因为著作权人只能禁止他人对其作品进行复制、抄袭、剽窃和翻译等,而不能禁止他人进行相似的创作。

由此可见,尽管商标图案可以获得著作权保护,但因其局限性太大,所以,进行商标注册保护是企业经营中不可缺少的重要方面,切莫过分借重著作权来保护商标图案，而只能将著作权保护作为对商标保护的一种辅助手段。

（三）作品与作品标题的关系

作品标题就是作品的名称。作品标题大体可分为以下三种：(1) 通用标题。如“知识产权法学”等。(2) 一般标题，即标题本身只是一种基本事实的概括，无独创性，如“第十届广交会开幕”。(3) 特色标题，即标题本身就具有作品之特征，具有典型特色，如“聊斋志异”。有些报纸上的标题，非常具有新意，具有明显的独创性，符合作品构成要件，应属于作品。例如，“恢宏巨笔刷新荆楚画卷，江城建设频添秀美文章”。

如果说作品标题都能作为独立作品受著作权保护，显然是不准确的；反过来，如果说作品标题都不能作为独立作品受著作权保护，显然也是不准确的。正确的说法应当是：具有个性特色和典型特征的作品标题，应当作为独立作品受保护。另一方面，不论作品标题是否独立作为作品受保护，他人都不得擅自修改或更换。我国《著作权法》对此未作明确规定。有些国家或地区的著作权法有此规定，如《日本著作权法》第 20 条（保持完整性权）第 1 款规定：“著作人有权保持其著作物的完整性和标题的完整性，不接受违背著作人意志的修改、删改或其他改动。”

（四）作品与角色的关系

作者在作品中所创作的角色，是作品的重要组成部分。角色，就是作者在作品中描述的人物。如鲁迅笔下的“阿 Q”、“孔乙己”，曹雪芹笔下的“林黛玉”、“贾宝玉”等。作品中的角色可分为：(1) 现实角色和虚构角色；(2) 普通角色和典型角色；(3) 生活角色和艺术角色。受保护的角色，只能是“虚构角色”、“典型角色”或者“艺术角色”。符合作品构成条件的角色可作为独立作品受保护，例如，迪斯尼塑造的卡通角色“米老鼠”和“唐老鸭”等。否则，只能与作品一起整体受保护。角色商品化权中的角色，是独立于作品而受保护的特例。

第二节　著作权客体的条件

一、作品条件概述

如上节所述，作品是文学、艺术或者科学领域内具有独创性并能以某种有形形式复制的智力成果。此规定并未要求作品必须以某种有形媒介固定下来。也就是说，我国《著作权法》并不以“固定”为作品创作完成的标志。但美国、英国等明确规定“固定”是作品创作完成的标志。

作品的条件可分为形式条件和实质条件。作品的形式条件，就是著作权法所规定的作品的种类。如我国《著作权法》第3条列举了八类作品，并规定了一个兜底条款，即“法律、行政法规规定的其他作品”。凡不符合此形式条件的作品，不适用著作权法。如我国1990年《著作权法》未规定“杂技艺术作品”是受保护的作品，所以过去杂技艺术作品不受保护。但2001年我国《著作权法》修正后第3条明确规定“杂技艺术作品”是一种作品，因此它成为受保护对象。作品的实质条件，就是独创性或称原创性。不符合实质条件的对象，不受著作权保护。

二、作品的实质条件

作品受著作权保护的实质条件是独创性和可复制性。

(一) 独创性

独创性，是指作品是作者独立创作出来的，不是或者基本不是对现有作品的复制、抄袭、剽窃或摹仿。具有独创性的作品，并不一定具有新颖性。作者独立创作出来的作品，可能与现有作品相同或基本相同，但这并不妨碍其获得著作权。如某人在某个角度拍了一张人民英雄纪念碑的照片，另一人紧接着在同一角度也拍了一张人民英雄纪念碑的照片。后者所拍的照片虽然晚于前者，而且与前者拍摄的照片基本相同，但是，因为后者所拍的照片也具有独创性，所以后者对其照片也能享有著作权。然而，如果后者以前者的照片为底版，翻拍一张照片，那么后者的翻拍行为就是对前者照片的复制，其行为所产生的结果(照片)因不具有独创性而不能产生相应的著作权。

独创性所强调的是，作者必须独立运用自己的智力和技巧来进行创作。独立创作的表现形态是：作者自己选择作品的构成要素，按照自己确定的规则和顺序进行组织，表达出自己内心真实的体验和感受、真实的立场和观点、真实的思想和情感。因此而偶然或巧合地与他人的现有作品相同或相似，完全不影响自己的权利。

独创性不是艺术性，不能将两者混为一谈。艺术性是对作品质量的评价标准。作品的艺术性越高，其生命力越强。但无艺术性或者艺术价值不高的作品，与艺术性高的作品一样能产生著作权。

侵权作品与独创性的关系，也是应当注意的基本问题。侵权作品，是指自然人通过侵犯他人的著作权而独立创作的作品。一般而言，判断侵权作品的独创性应分情况讨论：复制、抄袭或剽窃行为所产生的结果，不具有独创性；擅自演绎他人现有作品而产生的改编作品、翻译作品、整理作品、注释作品，具有独创性，可依法取得著作权。侵权演绎作品的创作者，在取得著作权人的合法授权前，不得擅自行使其著作权。

其他国家或地区的著作权法差不多都以“独创性”作为作品的实质条件。

（二）可复制性

可复制性，是指著作权法所称的作品，可以被人们直接或者借助某种机械或设备感知，并以某种有形物质载体复制。我国《著作权法实施条例》第2条规定，作品是文学、艺术和科学领域内具有独创性并能以某种有形形式复制的智力成果。因此，可复制性是构成作品的实质条件之一。

由上可知，著作权法所称的作品须同时满足法律规定的形式要件和实质要件，但是，反之则不成立。例如时事新闻具有作品的外形，也可能具有独创性，但不是著作权法所称的作品，不适用著作权法。

第三节　著作权客体的种类

我国《著作权法》第3条规定：“本法所称的作品，包括以下列形式创作的文学、艺术和自然科学、社会科学、工程技术等作品：（一）文字作品；（二）口述作品；（三）音乐、戏剧、曲艺、舞蹈、杂技艺术作品；（四）美术、建筑作品；（五）摄影作品；（六）电影作品和以类似摄制电影的方法创作的作品；（七）工程设计图、产品设计图、地图、示意图等图形作品和模型作品；（八）计算机软件；（九）法律、行政法规规定的其他作品。”

由此规定可知，我国《著作权法》所称的作品有八种类型，另外还有一个弹性条款。这种分类方式所决定的各种作品彼此并不是相斥的。如“文字作品”是以文字、数字、字母等要素构成的作品，而“口述作品”只不过是用口述方式表达出来的“文字作品”，因此，文字作品与口述作品所用之要素基本相同。实际上，文字作品并未排除以口头方式表达的作品，所以这种分类并非不兼容。我国《著作权法》第3条的分类不是逻辑分类，而是以法律形式规定的受保护之作品种类。

一、文字作品

文字作品，指小说、诗词、散文、论文等以文字形式表现的作品。它是文学、艺术或者科学领域内最广泛的一种作品形式，几乎与文字的发明同步诞生。其构成要素主要是各国或各民族的文字、数字、符号、字母等，能为普通民众所认知、理解。

二、口述作品

口述作品，是指即兴的演说、授课、法庭辩论等以口头语言形式表现的作品。

口述作品实际上是文字作品的一种特殊形式,所不同的只是文字作品已经被人们固定在某种有形物质载体上,而口述作品是未以任何物质载体固定的作品。

我国《著作权法》明确规定口述作品受保护,但是,实际操作起来有许多困难。

三、音乐、戏剧、曲艺、舞蹈、杂技艺术作品

(一) 音乐作品

音乐作品,指歌曲、交响乐等能够演唱或演奏的带词或不带词的作品。音乐作品以音符、节奏、旋律等要素构成,它可以是不带词的纯乐曲作品,也可以是带词的歌曲作品。

(二) 戏剧作品

戏剧作品,是指话剧、歌剧、地方戏剧等供舞台演出的作品。

(三) 曲艺作品

曲艺作品,是指相声、快书、大鼓、评书等以说唱为主要形式表演的作品。这种作品是我国特有的,在其他国家的版权法中很少有规定。曲艺作品不是曲艺表演艺术家进行曲艺表演所产生的结果,而是曲艺作家运用其特殊的创作手法编创的、适于以说唱等方式表演的文字作品。曲艺作品产生的是著作权,而曲艺表演艺术家对曲艺作品进行表演所产生的是相关权。

(四) 舞蹈作品

舞蹈作品,是指通过连续的动作、姿势、表情表现思想情感的作品。舞蹈作品包括哑剧表演和普通的舞蹈表演等。舞蹈作品与舞谱不同。前者是以动作、姿势、表情表现思想情感的作品,是未经固定的现场表现的作品。舞蹈表演艺术家按照舞谱进行的表演,是对舞谱作品的表演,所产生的是表演者权,而不是舞蹈作品。后者是舞谱创作者编创的由文字、图形、符号等构成的作品。舞蹈作品所产生的是著作权,舞谱作品产生的也是著作权,但舞蹈表演艺术家根据舞谱作品进行表演所产生的则是相关权。

(五) 杂技艺术作品

杂技艺术作品是 2001 年修正后的我国《著作权法》增加的一种作品。它是指杂技、魔术、马戏等通过形体动作和技巧表现的作品。杂技艺术主要是一种表演艺术形式,是杂技艺术家身手技艺的现场展现,具有复杂的、熟练的、高难度的技巧,同时也是一种艺术创作形式。我国《著作权法》将杂技艺术作为一种作品给予著作权保护,很有必要。著作权保护的实质上是杂技中的艺术成分。杂技中表现的动作难度和技巧难度,并不受著作权保护。类似的竞技项目如滑冰、体操、跳水、柔术等也是同样,因为这类竞技项目的动作设计本质上与著作权法保

护的作品不同，前者旨在鼓励演员、运动员等摹仿，并达到新的难度；后者一旦被法律确定为著作权保护的主题，则意味着禁止他人摹仿、复制、表演等。

四、美术、建筑作品

（一）美术作品

美术作品，是指绘画、书法、雕塑等以线条、色彩或其他方式构成的有审美意义的平面或立体的造型艺术作品。在此要注意美术作品与图形作品的异同。一方面，美术作品与图形作品所运用的要素基本相同，都是线条、色彩、文字、符号等，都是诉诸人之视觉的作品。另一方面，美术作品着重于其所具有的"审美意义"，而图形作品则着重于其所具有的指示性。如地图，其基本价值在于其所具有的指示性，而不在于其是否具有审美意义。所以，地图是图形作品，而不是美术作品。

关于美术作品的载体问题，应当引起足够的注意。如人体彩绘这一近年来深受绘画艺术家青睐的艺术形式，它是美术作品，载体是人身，但这并不影响作品的著作权。再如冰雕作品，其载体是冰块，这同样不影响冰雕作品的著作权。但要注意，具有特殊造型艺术的"生日蛋糕"、"菜肴"、"发型"等，能否作为美术作品取得著作权，是应讨论的问题。有学者认为，这样的特殊造型应作为外观设计申请专利。也有学者认为，它们应作为美术作品受著作权保护。还有学者认为应当对这样的特殊造型给予可选择性保护，即造型创作者申请外观设计专利的，取得专利权后受专利权保护；不申请专利的，可以作为实用美术作品获得著作权保护。我们认为，这种特殊的造型艺术就是实用美术作品，应给予相应的著作权保护。如果造型创作者希望获得专利保护，只要符合条件也是可以的。

（二）建筑作品

建筑作品，也称为"建筑物作品"，是指以建筑物或者构筑物形式表现的有审美意义的作品，包括任何固定结构，以及建筑物或固定结构的一部分。建筑作品不包括建筑设计图、建筑物模型等。建筑物设计图是一种图形作品，建筑物模型是一种模型作品，在著作权法中分别适用于相应种类作品著作权的保护。建筑作品由于具有不可移动、置于露天、供人居住或使用等特点，所以主要按其所在地国为标准来确定其保护，依使用者的需要而修缮、改建等。

五、摄影作品

摄影作品，是指借助器械，在感光材料上记录客观物体形象的艺术作品，也称照片。关于照片能否作为一种形式的作品受著作权保护的问题，在 19 世纪末 20 世纪初，国际上进行过激烈的争论，直到 1928 年 6 月 2 日在罗马修订《伯尔尼公约》时，才正式将照片作为摄影作品纳入，使其受著作权保护。到现在为止，各个国家或地区的版权法给摄影作品或照片提供的保护有很大差异。各国对摄影作品的保护有一点是相同的，即对摄影作品保护期与一般作品保护期的计算方法不同。一般作品的保护期为作者有生之年加上死亡后若干年，而摄影作品的保护期则为首次发表后若干年。

六、电影作品和以类似摄制电影的方法创作的作品

这是2001年修正后的我国《著作权法》新规定的一种作品。我国《著作权法》原来第3条第5项规定的是"电影、电视、录像作品"。两者相比，显然是修正后的规定更可取一些，因为它不仅与《伯尔尼公约》的规定相一致，而且"电影作品和以类似摄制电影的方法创作的作品"比"电影、电视、录像作品"所具有的外延更丰富。

电影作品，是指摄制在一定物质媒体上，由一系列有伴音或无伴音的画面组成，并借助适当装置或设备再现或播放的作品。"以类似摄制电影的方法创作的作品"与电影作品的定义差不多。但电影作品与电影文学剧本、电影分镜头剧本等分属于不同的种类。电影文学剧本是电影作品所依据的底本或脚本，电影分镜头剧本是电影各镜头所依据的底本，两者都是文字作品，享有独立的著作权。

七、工程设计图、产品设计图、地图、示意图等图形作品和模型作品

这是2001年修正后的我国《著作权法》整合原法后形成的一种作品。原法第3条第6项和第7项分别规定了"工程设计、产品设计图纸及其说明"和"地图、示意图等图形作品"。工程设计图、产品设计图，指为工程的施工和产品的生产绘制的图样。地图、示意图，是指地图、线路图、解剖图等反映地理现象、说明事物原理或者结构的图形或模型。虽然这两种作品具有某些差异，但其共同点是明显的，即它们都是以其"指示性"为主要特征的作品。前者是对工程施工和产品制造的指示性，后者是对风景名胜、行政区域、疆土国界、有关资源信息的指示性。将两者整合为一类，为求大同存小异的典型，无碍大局。此外，2001年修正后的《著作权法》又加入了"模型作品"，使三者共成一类。实际上，模型作品是指为展示、试验或者观测等用途，根据物体的形状和结构，按照一定比例制成的立体作品。如"圆明园模型"就是向人们指示该园各局部建筑所处的方位，与整体建筑的关联等。因此，2001年修正后的《著作权法》将此三种作品归于一类，是正确的。

1990年《著作权法》第52条第2款规定："按照工程设计、产品设计图纸及

其说明进行施工、生产工业品，不属于本法所称的复制。"但2001年修正后的我国《著作权法》将此款删除了。此项修改意味着，未经著作权人许可，任何人擅自按照工程设计图、产品设计图进行施工、生产工业品，就是对著作权人复制权的侵犯。但我国《著作权法》第五章"法律责任和执法措施"并未规定这种施工、生产行为是侵权行为。

八、计算机软件

计算机软件，是指计算机程序及其有关文档。计算机程序是指为了得到某种结果而可以由计算机等具有信息处理能力的装置执行的代码化指令序列，或者可被自动转换成代码化指令序列的符号化指令序列或符号化语句序列。文档是指用自然语言或者形式化语言所编写的文字资料和图表，用来描述程序的内容、组成、设计、功能规格、开发情况、测试结果及使用方法，如程序设计说明书、流程图、用户手册等。[①]

虽然计算机软件是一种作品，但由于其特殊性，国务院专门制定了《计算机软件保护条例》对其进行保护。如一般作品的创作者称作者，而计算机软件的创作者称开发者；一般作品的登记实行自愿原则，而计算机软件的登记实行强制原则；法律对一般作品著作权的限制与对计算机软件著作权的限制有许多差异等。

九、法律、行政法规规定的其他作品

随着时代的发展和科学技术的进步，人们创作出的作品也会不断地丰富。历史已经证明了这一点。如随着电影技术的发明，诞生了电影作品和以类似摄制电影的方法创作的作品；随着照相技术的发明，诞生了摄影作品；随着电子技术的发明，诞生了掩膜作品和计算机软件。我国《著作权法》第3条第9项的规定，正是为了适应这种与时俱进的需要而设立的弹性条款。而且，由于著作权具有法定性，即法律未明确规定可享受著作权保护的对象，不能依法产生著作权，因此，如果没有这样的弹性条款保底，《著作权法》要么常显缺漏状态，要么须不断修改。有了这样的条款，其稳定性和适应性就可以同时兼顾。

当然，这个弹性条款并不是张力无限，而是仅扩及于"其他法律、行政法规规定的其他作品"。即使是随着新技术产生的作品，如无法律、行政法规的规定，也不是著作权法所称的作品。这是法律严谨性的体现。

除了我国《著作权法》的这种分类外，还可以按其他标准对作品进行分类，

① 参见我国《计算机软件保护条例》第2、3条。

如按作品是否公之于众为标准,可以将作品分为已出版作品和未出版作品;按作品创作者所属之国籍,可将作品划分为本国人作品、外国人作品和无国籍人作品;按作品创作者人数的多少,可以将作品划分为单一作者作品、合作作品和多数人作品;按作品的创作方式,可以将作品划分为原创作品、演绎作品或再创作品。各种不同的分类,都是从某一角度对作品的性状进行研究,以便最大限度地保护其著作权。

第四节　不受保护的对象

一、超过保护期的作品

著作权有时间性。任何作品,只有在法律规定的保护期内,才能产生著作权,从而受保护。超过法律规定的保护期,它就不再受保护了。在我国,因为著作权包括财产权利和人身权利,且人身权的保护期(除发表权外)不受限制,所以超过法律规定的保护期后,作品就不再受保护;但由该作品产生的人身权利仍受保护。

二、不适用著作权法的对象

《伯尔尼公约》第2条第1款规定:"'文学艺术作品'一词包括文学、科学和艺术领域内的一切作品,不论其表现形式和表达方式如何。"这表明《伯尔尼公约》所保护的文学艺术作品具有广泛性,当然各成员国也就应当对"文学、科学和艺术领域内的一切作品"给予保护。然而,该条第2款又规定:"本同盟各成员国得通过国内立法规定文学艺术作品或其中之一类或数类作品如果未以某种物质形式固定下来即不受保护。"第8款规定:"本公约的保护不适用于日常新闻或纯属报刊消息性质的社会新闻。"

显然,《伯尔尼公约》本身也没有给一切作品以著作权保护。鉴于此,《伯尔尼公约》各成员国在自己的国内法中基本上都规定了不适用于著作权法或版权法的对象。我国也不例外。我国《著作权法》第5条规定了三种不适用的对象。

(一)法律、法规,国家机关的决议、决定、命令和其他具有立法、行政、司法性质的文件,及其官方正式译文

此类对象,单纯从作品的构成条件上看,完全符合独创性和可复制性。(1)任何一件法律、法规,都是国家立法机关或地方立法机关根据本国、本地区现阶段的实际情况制定的,是由专门人员花费很长时间、很多精力编纂出来的,而且其中所用的每一个字、词、句都须经过斟酌和锤炼。(2)国家机关的任何决

议、决定、命令和其他具有立法、行政、司法性质的文件，及其官方正式译文，是国家机关针对某具体事项、具体人员、具体行为、具体案件等作出的，更是经过字斟句酌的结果。然而，法律明确将这样的对象排斥于著作权保护之外，是由这些对象的性质所决定的，是为了让它们最大限度地向广大公众传播，最大限度地为广大公众所知晓，最大限度地被广大公众所利用。

应注意，由本项所列对象汇编而成的汇编作品，只要符合作品的实质条件，可依法产生著作权，且汇编者为著作权人。但汇编者只能对汇编作品本身享有著作权，其权利不及于被汇编之对象。

（二）时事新闻

时事新闻，实际上就是《伯尔尼公约》第 2 条第 8 款规定的“日常新闻或纯属报刊消息性质的社会新闻”。《伯尔尼公约》已经明确将它排斥于著作权保护范围之外。

时事新闻，是指通过报纸、期刊、广播电台、电视台等媒体报道的单纯事实消息。具而言之，时事新闻就是传播媒体所发布的消息，是近期内发生且为广大公众所关注的、涉及社会大众利益的单纯事实。如果媒体所报道事实中已融入了媒体或有关人员的评论或者观点，这样的报道就不能简单地作为时事新闻对待了。

（三）历法、通用数表、通用表格和公式

历法，就是人们通常用于计年计月计日的方法。如 2006 年 8 月 6 日，就是公元计年方法之结果。若按我国农历计年方法，应该是丙戌年 7 月 10 日。这样的计年方法不是作品；由此方法产生的结果，就是日历表，因无独创性，故不能适用著作权法。

通用数表，是 2001 年修正后的我国《著作权法》规定的概念，原法所用的是“数表”。显然，“数表”这个概念所包含的外延太宽，它不仅包括通用数表，而且还包括有独创性的数表。因此，《著作权法》仅将“通用数表”排除于著作权保护外，是正确的。

通用表格，就是人们在日常生活、工作活动中使用的一般表格。某人为解决某实际问题而专门设计制作的表格，因具有独创性和可复制性，可获得著作权保护。

公式，如正方形的周长等于边长的四倍（$c=4a$）、正方形的面积等于边长乘以边长（$s=a\times a$）、正方体的体积等于边长的立方（$v=a\times a\times a$）等，无论是否具有独创性，都不能受著作权保护。

三、作品所表达的综合理念

著作权法所称的作品，不仅需要具有独创性和可复制性，而且还必须表达出作者的某种综合理念。否则，单纯的表现形式也不是著作权法所称的作品。能产生著作权的对象，既不是作品的表现形式，也不是作者在作品中所表达出来的综合理念，而是具有综合理念的表现形式。

一般情况下，如果某人机械地复制了某作品的表现形式，可能也同时复制了其中所表达的综合理念，该行为人肯定构成了侵权。但是，在某些特殊情况下，对作品表现形式的复制并不一定就利用了该作品所表达的综合理念。例如，胡戈复制了陈凯歌电影作品《无极》中的部分表现形式（即电影镜头）①，但并没有复制其内容。此外，只是借用作品所表达的综合理念，并不复制其表达形式的行为是正当的，不构成侵权。

[思考题]

1. 著作权法所称的作品是什么？
2. 作品的构成要素主要有哪些？
3. 作品的实质条件及其基本含义是什么？
4. 独创性与新颖性、艺术性有何关系？
5. 将作品划分为已出版作品和未出版作品有何法律意义？

---

① 《恶搞〈无极〉：馒头引发的血案》，参见 http://www.dahe.cn/xwzx/sh/mlfs/t20060209_407241.htm，2007 年 1 月 9 日访问。

第四章　著作权的内容

［内容提要］ 著作权的内容在著作权制度中具有重要地位。本章主要介绍了著作权的内容构成、著作人身权与著作财产权的各个权项和著作权的保护期限等内容。

［关键词］ 著作人身权　著作财产权　著作权保护期

第一节　著作权内容概述

著作权同时包括著作财产权和著作人身权。在研究知识产权的特征时，有学者认为"双重性"是知识产权的一个特征，也有学者认为它不是知识产权的特征。肯定论者认为，并非每一种知识产权都具有双重性，但至少著作权是这样，因此知识产权应当具有双重性。否定论者认为，在知识产权领域，除著作权具有双重性外，其他种类的权利，要么只是财产性权利（如专利权、商标权等），要么只是人身性权利（如发现权、发明权等），要么是具有财产内容的人身性权利（如商号权或企业名称权、商誉权等），所以双重性不是知识产权的基本特征。

不论肯定论观点还是否定论观点，都承认"双重性"是著作权的特征。尽管如此，双重性是不是著作权的特征，仍然是值得商榷的。中国、法国、德国和俄罗斯等国家明确规定著作权具有双重内容，即这些国家的著作权具有双重性。但是，日本没有赋予著作权双重内容，而是将它界定为一项财产权，另外单独规定作者享有人格权，即人格权是与著作权平行的权利。[①] 此外，英国规定"版权是一种财产权利"。[②] 由此可知，著作权的双重性特征也只能在部分国家成立，在其他国家也是不成立的。

著作权的内容是与时俱进的。随着时代的发展和科技的进步，著作权的内容在不断地丰富。最初著作权或版权的主要权项仅有复制权、翻译权、表演权等，这种状态一直持续了近两个世纪。20 世纪上半叶，人们已经普遍认识到著作权是一系列独立权利和特殊利益的组合。著作权内容的丰富和发展，首先归

---

① 日本《著作权法》第 17 条第 1 款规定："著作权人享有第 18 条第 1 款、第 19 条第 1 款和第 20 条第 1 款规定的权利（以下称'著作人人格权'）以及第 21 条至第 28 条规定的权利（以下称'著作权'）。"

② 参见英国 1988 年《版权、外观设计与专利法》第一编"版权法"第 1 条第 1 款。

因于传播技术的革命。“每一利益或权利均是回应传播领域的革命性科技发展,同时每一利益或权利又都引起教育和娱乐产业的扩大。”①在著作权的概括名义下,各项财产权相继出现。随着无线电和有线电技术用于传播载有节目的信号,以传送广播与电视节目为内容的“播放权”产生了;随着留声机、录像机、录音机的发明,以机械、光学、电磁为技术特征的“机械复制权”产生了;随着摄影机、放映机以及活动照相技术的出现,摄制电影、电视、录像的“制片权”产生了;随着电子技术、网络技术的发明和应用,数字化权、信息网络传播权等应运而生。

第二节　著作人身权

一、著作人身权概述

(一) 著作人身权的定义

著作人身权,是作者或者著作权原始主体依法享有的与其人身不可分离的非财产性权利。《法国知识产权法典》第一卷著作权部分第 L. 121-1 条规定:“作者对自己的姓名、作者身份及作品享有受尊重的权利。该权利系于作者人身。该权利永远存在、不可剥夺且不因时效而丧失。”

著作人身权也称精神权利或者人格权等。国际上最早给作者授予著作人身权的是法国。在英美版权法体系中,直到 20 世纪末,《英国版权法》才首次明确规定“精神权利”。它授予的精神权利是与版权平行的权利,并不包含在版权之中。为了不混淆版权与精神权利的平行关系,《英国版权法》在第 1 条明确规定,“版权是一种财产权利”。《英国版权法》授予的精神权利有四项:(1) 作者或导演身份权;(2) 反对对作品进行损害性处理的权利;(3) 作者免于受虚假署名的权利;(4) 某些照片或影片的隐私权。

我国《著作权法》规定著作权包含人身权和财产权两种权利,将著作人身权与著作财产权平行对待。在网络时代,在强化著作财产权的同时,著作人身权的位置也得到了提升。

(二) 关于著作人身权的基本问题

著作人身权的特征,主要是相对著作财产权的,而且是以我国或者大陆法系著作权法为基础的。此外,还要注意将著作人身权与一般民事权利体系中的人身权相区别。

---

① 段瑞林著:《知识产权法概论》,光明日报出版社 1988 年版,第 28 页。

1. 著作人身权是一种人格权还是身份权

身份是民事主体在特定社会关系中所处的稳定地位，以及由此所产生的与其自身不可分离，并受法律保护的利益。[①] 而身份权则是指民事主体基于特定身份关系并由其专属享有，以其体现的身份利益为客体，为维护该种关系所必需的权利。[②] 身份权不是民事主体生而固有的权利，而人格权则是民事主体生而固有的、不可让渡的权利。著作人身权在《日本著作权法》中直接被称为"著作人人格权"，即这种权利随着作品的创作完成而与作者形成紧密关系，但《英国版权法》使用的是"作者或导演身份权"。若将作品比做作者的孩子，那么作者对作品的权利有如父母与子女之身份关系。因此，著作人身权不仅包含有身份权性质的权利，同时也包含有人格权性质的权利。所以，不能简单地将著作人身权定性为纯身份权或纯人格权。例如，作者身份权是一种身份权，而发表权、署名权、修改权和保护作品完整权则为人格权。

2. 著作人身权与一般民事权利体系中的人身权

相对于民事基本法，著作权法应为特别法。在法律适用上，特别法优于普通法，所以关于著作人身权的保护应首先适用著作权法；在著作权法没有规定的情况下，才适用民事基本法。有人认为，著作人身权与一般民事权利体系中的人身权存在区别，即由于著作权法规定的精神权利的保护期不受限制（发表权除外），所以在作者死亡后，死者还能享有权利，即作者作为一般民事主体的民事权利能力已经终止，但还能享有著作人身权；而一般民事主体死亡后，其生前享有的人身权不再存在，但其生前获得的人身利益仍可受保护。这样的结论让人难以理解。实际上，这应当是一种误解。在这一点上，著作人身权与一般民事权利体系中的人身权并无两样：一般民事主体生前享有的人身权，在其死亡后不再存在，法律所保护的只是生前获得的人身利益，如名誉、荣誉、隐私等；作者死亡后，其生前享有的著作人身权也不再存在，所受保护的仍然是生前之于作品所获得的人身利益。

（三）著作人身权的特征

1. 无期限性

著作人身权的无期限性，是指法律对著作人身权的保护没有时间限制。我国《著作权法》第 20 条规定："作者的署名权、修改权、保护作品完整权的保护期不受限制。"在我国《著作权法》给作者授予的四项人身权中，除发表权外，其余三项权利的保护期不受限制。《法国知识产权法典》第 L. 121-1 条规定作者精神

① 参见杨立新著：《人身权法论》，人民检察出版社 1996 年版，第 49 页。
② 同上书，第 56 页。

权利“永远存在”,这即是无期限性。

此处所指的“无期限性”,(1) 是针对著作人身权的;(2) 是以我国或大陆法系法律的规定为基础的;(3) 是针对部分精神权利的。例如,所有权是永恒的,当然是无期限的;又如,《英国版权法》授予的四项精神权利都是有时间限制的,其中前三项权利的保护期在作品版权的存续期内有效,第四项权利延续至一个人死亡后20年;再如,发表权的保护期与财产权相同。

2. 不可分离性

著作人身权的不可分离性,是指作者依法享有的精神权利为作者终生享有,不得与作者相分离。《法国知识产权法典》第L. 121-1条规定该权利系于作者人身。这就是著作人身权不可分离性的法律依据。实际上,不可分离性也可以理解为不可转让性。虽然我国《著作权法》没有直接规定著作人身权不得转让,但可以根据《著作权法》第10条第3款的规定,从反面推知这个结论是成立的。《英国版权法》第94条明确规定,第4章所赋予的精神权利不得转让。精神权利虽不能转让,但可以依法移转于合法继承人等,以保护其不受侵犯。

3. 不可剥夺性

著作人身权的不可剥夺性,是指随着作品的创作完成,著作人身权即归作者享有,任何人不得以任何理由剥夺作者的这种权利。特殊情况下,著作人身权可能不归属于作者,或者不全部归属于作者。《法国知识产权法典》第L. 121-1条规定:“该权利永远存在、不可剥夺且不因时效而丧失。”我国《著作权法》未作此规定。

二、著作人身权的具体权项

(一) 发表权

发表权,即决定作品是否公之于众的权利。它包括四个方面的基本含义:(1) 决定作品公之于众的权利;(2) 决定作品不公之于众的权利;(3) 决定作品公之于众的方式的权利;(4) 决定作品公之于众的时间和地点的权利。

作者行使发表权有多种方式:(1) 直接授权他人将作品公之于众。如与出版社签订出版合同;与表演者签订表演合同;与展览会组织者签订展览合同;直接向报纸杂志社投寄稿件等。(2) 间接授权他人将作品公之于众。如授权他人根据其尚未发表的作品创作演绎作品,演绎者将自己创作的演绎作品公之于众后,原作品则视为已发表;又如美术作品、书法作品、模型作品的作者将其未发表作品的原件出卖给他人,买受人同时获得该作品的展览权。在这种情况下,买受人公开展览作品原件的,视为被展览作品已发表。我国《著作权法》并未明确规定这种间接授权行为。(3) 默示授权他人将作品公之于众。一般情况下,作者决定将作品公之于众的,可按上述的直接授权和间接授权方式进行;但是,作者决定将作品不公之于众的,则应当以明示方式为之。反过来可作这样的推定:如果作者未明确表示其作品不公之于众,则推定作者同意将其作品公之于众。在作者生前,未经作者的直接授权或间接授权,任何人不得擅自将他人尚未发表的作品公之于众。但是,对于作者生前未发表的作品,如果作者未明确表示不发表,作者死后50年内,其继承人或者受遗赠人可行使发表权;没有继承人又无人受遗赠的,其发表权由作品原件的所有人行使。这就是作者默示授权的表现。

发表权是否只能行使一次?未授予收回权的,作品一经公之于众,发表权就用尽了,其他人可以依法对此作品进行合理使用或者法定许可使用。但是,授予收回权的,发表权就可以多次行使,即对已发表的作品,作者可以通过行使收回权将其收回,从而使其作品重新回到未发表状态。作品是否被再次发表,由作者决定。

(二)署名权

署名权,即为表明作者身份而在作品上署名的权利。它包括五个方面的内容:(1)决定在作品原件或者复制件上以真实姓名署名的权利。(2)决定在作品原件或者复制件上以假名或者笔名署名的权利。(3)决定在作品原件或者复制件上不署名(即匿名)的权利。此时,作者决定在作品上不署名,实际上是一种署名方式,是作者行使署名权的一种形式,不是放弃署名权。(4)变更署名方式的权利。当作者选择了一种署名方式后,未经作者同意,其他人不得擅自更改作者已采用的署名方式,在可能的情况下,作者自己可以随时变更其署名方式。因此造成他人损失的,作者应当负赔偿责任。(5)同意他人在自己创作的作品上署名的权利。一般情况下,只有作者有权在作品原件或者复制件上署名,其他人无权署名。但是,在某些特殊情况下,作者有权许可他人在作品上署名。

与署名权相关联又非常接近的一项权利是"作者身份权"。有人认为署名权就是作者身份权。这种观点值得商榷。署名权可以在一定的程度上表明作者身份,但并不是总能表明作者身份。如当沈雁冰第一次以笔名"茅盾"在作品上署名时,可能很少有人知道"茅盾"就是沈雁冰。这种情况下,沈雁冰已经行使了署名权。如果有人对署名"茅盾"的作品构成侵权,且沈雁冰要行使其诉权,其首要的任务就是证明茅盾就是沈雁冰,否则,其原告地位就难以成立。这种主张茅盾即为沈雁冰的权利,就是作者身份权,而不是署名权。即使是以真实姓名署名的作品,也需要行使作者身份权,主张署名者就是权利主张者。如某作品上的署名是"张山",而姓名为"张山"的人有若干。要确定此"张山"是作者,而其他的"张山"都不是作者,就是作者身份权的表现形式。根据我国《著作权法》第48条第8项的规定,"制作、出售假冒他人署名的作品的"行为是一种侵犯著作权的行为。那么,该行为究竟侵犯了被署名者的什么权利?有人认为是对被署名者姓名权的侵犯,也有人认为是对被署名者署名权的侵犯。这两种观点都不正确。这种行为既不是对被署名者姓名权的侵犯,更不是对被署名者署名权的侵犯,它是对被署名者作者身份权的侵犯。被署名者可以指控行为人将不是自己创作的作品以作者身份在作品上署名,侵犯了"作者身份权"。被署名者的指控行为属于行使"免于受虚假署名"的权利,是作者身份权中的一个权能。

(三) 修改权

修改权,即修改或者授权他人修改作品的权利。

作品是作者品格、性格、风格和人格的综合体现。同样的构成要素,由不同的作者来组合,能够产生出完全不同甚至相反的结果。作者通常会根据自己的经历、体验、情感、观点和方法来选择构成要素并安排其排列顺序,从而产生出符合自己"四格"的作品。如情绪低落者看夕阳,会选择"日暮途穷";心情舒畅者看夕阳,定会选择"夕阳无限好"。因此,除作者之外,其他的人对作者为什么要在此选择这样的字、词、句,为什么要作如此的编排、组合,可能会有不同的理解,甚至是不能理解。法律将修改权当做一项人身权授予作者,正是基于此。

修改权包括四个方面的内容:(1) 自己修改作品的权利;(2) 授权他人修改作品的权利;(3) 禁止他人修改作品的权利;(4) 承认他人对作品已作之修改的权利。

一般情况下,未经作者许可,任何人不得擅自对其作品进行修改。最好的做法是要求作者自己对作品进行修改。但是,在某些特殊情况下,报社、期刊社可以对作品作文字性修改。报社或者期刊社对作品作文字性修改,也有限制。具而言之,报社、期刊社也只能对明显的文字错误进行校正,对明显多余、重复的文字进行删减,对明显遗漏的文字进行添加。如作者将"中华人民共和国"写成了"中华人人共和国",就是明显的错误,报社、期刊社可将"人人"修改为"人民"。但如果作品中出现了新创词,报社、期刊社不得以该词有错误为由进行修改或删减。例如,作者写的是"我发了一件伊妹儿",报社或期刊社不得以"伊妹儿"是一个人们不熟悉的新词为由,将这句话改为"我发了一封电子邮件"。尽管这两句话的意思是一样的,但可能与上下文的语境不符,也可能反映出作者是否新潮、是否易于接受新事物、是否知道新概念等。这一小小的修改,对作者所产生的负面影响可能很大。因此,如无特殊情况,任何人(包括报社、期刊社)不得随意修改他人在作品中选择的字、词、句。

当然,报社、期刊社所能修改的仅仅是文字性的东西,绝不能对作品的内容作任何修改。也就是说,作者在作品中所表达出来的综合理念,除作者之外,任何人都不得修改。作者许可或授权的修改,须经作者同意。未经作者许可或授权对作品所作的修改,若事后得到了作者的认可,也是可以的。但老师对学生作文的批改,不发生修改权的问题,而是教学环节和教学行为。如大学生的学士学位论文交给指导老师后,指导老师对其加以修改,既是教学的需要,也是学生的授权修改。

（四）保护作品完整权

保护作品完整权,即保护作品不受歪曲、篡改的权利。

保护作品完整权包括三个方面的内容:(1) 禁止他人对作品进行歪曲、篡改的权利;(2) 禁止他人对作品进行割裂或更改的权利;(3) 禁止他人对作者声誉进行诋毁、贬损的权利。

除上述几项权利外,其他国家著作权法或版权法规定的精神权利还有作者身份权、收回作品权、作品接触权等。

第三节　著作财产权

一、著作财产权概述

著作财产权,也称经济权利。它是每一个国家或地区著作权法或版权法等都保护的对象。各个国家对精神权利的保护相互间存在着很大的差异,有保护的,有不保护的;有授权种类多的,也有授权种类少的;有保护期不受限制的,有保护期同于或短于财产权保护期的。但对经济权利的保护,不仅权利的种类差不多,名称差不多,保护的期限也差不多,基本上是《伯尔尼公约》和《知识产权协定》所规定的标准。

著作财产权,是指著作权人依法享有的利用或者许可他人利用其作品并获得报酬的权利。与一般民事权利体系中的财产权相比,著作财产权的保护期有严格的时间限制。著作财产权是一种包含有若干具体权项的权利体系,而且这个权利体系是动态的,随着科学技术的发展而不断丰富。到现在为止,世界各国或者地区的著作权法或版权法所规定的具体权项到底有多少,恐怕难以定数。

二、著作财产权的具体权项

我国《著作权法》第 10 条第 1 款第 5—17 项和第 2、3 款共授予了著作权人 15 项权利,即:复制权、发行权、出租权、展览权、表演权、放映权、广播权、信息网络传播权、摄制权、改编权、翻译权、汇编权、许可使用权、转让权和其他法律赋予的权利。

（一）复制权

复制权,即以印刷、复印、拓印、录音、录像、翻录、翻拍等方式将作品制作一份或多份的权利。

进而言之,复制权就是著作权人自己复制或者许可他人复制其作品并获得报酬的权利。关于复制方式,我国现行《著作权法》列举了七种,即印刷、复印、拓印、录音、录像、翻录和翻拍,然后再加上一个“等”字,使其具有灵活性。但是,如果将此规定与1990年《著作权法》第52条规定的复制方式相比,就会发现少了“临摹”这种方式。至于“临摹”是包含在上述的“等”字中,还是被排除于复制方式之外,尚无明确结论。但有一点可以肯定,“临摹”是一种复制行为。如果临摹者的艺术水平高,临摹物可能与原作很相似,甚至能够以假乱真;如果临摹者的艺术水平比较低,临摹物则会与原作差距大一些,甚至面目全非。从独创性的意义上讲,临摹者的艺术素养越低,其所临摹的作品与原作相距越远,自己在其中所付出的劳动更多,临摹物就更具有独创性;临摹者的艺术素养越高,其临摹物与原作越接近,体现自己个性的地方就越少,临摹物所具有的独创性就越少,甚至等于零。如果不将临摹当做复制行为,对名家艺术作品进行临摹就会成为一种行业,一些人会靠临摹名品来谋生。那么,美术、绘画、油画作品著作权人的权利就会化为乌有。到一定阶段后,真品就会被赝品打败。假如“临摹”行为不是复制行为,就应当是独创行为,独创的赝品能够享有著作权,且受保护,真品著作权人的权益就会受损。鉴于此,我们认为,临摹行为是一种复制行为。作为教学活动的临摹行为,当然是合理的;但作为商业行为的临摹应当受严厉禁止,否则,艺术作品市场就会形成混乱不堪的局面。

关于复制的另一个问题是,平面作品的立体化以及立体作品的平面化,是不是对作品的复制?对此,我国《著作权法》未作明确规定。如根据工程设计图建造的建筑物、根据产品设计图生产的产品等是不是对工程设计图、产品设计图的复制?我国1990年《著作权法》第52条第2款认为这不属于本法所称的复制,但2001年修正后的《著作权法》删除了这一款。这是否意味着按照工程设计图、产品设计图进行施工、生产工业品的行为是复制呢?由于法律未作肯定性规定,故不能擅作结论。但从著作权理论角度看,这种施工、生产应属于复制。又如,将雕塑作品平面化,或者将绘画、美术作品雕塑、雕刻成立体作品,也应属于复制作品的行为。

(二)发行权

发行权,即以出售或者赠与方式向公众提供作品原件或者复制件的权利。

作品本身是无形的,但除口述作品、舞蹈作品和杂技艺术作品外,其他作品一般都是以某种有形物质形式固定的作品。著作权人依法享有的发行权,实际上就是向不特定的社会公众提供作品原件或复制件的权利。现行《著作权法》将出租单独规定为一种权利。我们认为,没有必要将出租行为分离出去。作为作品发行方式的出租与作为出租权的出租并不矛盾。大量出租作品的原件或复制件,当然是作品发行的一种方式。而对电影等作品的出租,则必须要获得著作权人的许可,否则构成侵权。此外,还有发行数量问题,向公众提供作品复制件达到了一定的数量,当然是发行,没有达到一定的数量也应当是发行。发行对象既可以是作品原件,也可以是作品复制件。

著作权人依法享有的发行权是著作权领域中唯一可“穷竭”的权利,即无论是作品原件还是复制件,一经合法投放市场后,著作权人就不能对该原件或复制件的销售、出租、出借或批发等享有控制权,但对电影等作品的出租除外。我国《著作权法》对此未作规定,但著作权理论和实践都是如此。

(三) 出租权

出租权,即有偿许可他人临时使用电影作品、以类似摄制电影的方法创作的作品和计算机软件的权利,但计算机软件不是出租的主要标的的除外。

在讨论发行权时,我们曾经说过,著作权人依法享有的发行是可以穷竭的,但唯独以出租方式发行作品的行为不穷竭。因此,有学者将出租权等称为对著作权限制制度的反限制。但是,出租权并不是普遍适用于一切形式的作品,而是仅适用于少数特殊对象。关于适用出租权的对象,我国《著作权法》的规定与《知识产权协定》的规定基本相同,即出租权的适用对象是:(1) 电影作品;(2) 以类似摄制电影的方法创作的作品,主要是电视、录像、多媒体等作品;(3) 计算机软件。其他形式的作品都不是出租权的客体。但要注意:计算机软件不是出租的主要标的的,不适用于出租权。如电脑所有人向他人出租电脑,但该电脑已经装有 Windows XP、Office XP 等软件。在这种情况下,出租人所出租的标的是电脑,不是计算机软件,所以 Windows XP、Office XP 等软件的著作权人不得主张出租权。当然,此处所指的 Windows XP、Office XP 等软件,必须是电脑出租者合法拥有使用权的软件。如果电脑出租者出租之电脑上安装的 Windows XP、Office XP 等软件是盗版或非法安装上去的,且承租人知道或者应当知道该软件是盗版或非法安装上去的还承租,那么该出租人和承租人可能都要承担侵权责任。

(四) 展览权

展览权,即公开陈列美术作品、摄影作品的原件或者复制件的权利。具体表现为著作权人自己展览或者许可他人展览作品原件或复制件而获得报酬的权利。

展览的对象可以是作品原件或复制件。一般而言,不仅美术作品、摄影作品可以被公开陈列,而且其他作品也可以被公开陈列、展示,但法律只列举了美术作品和摄影作品,并且没有使用“等”字。

关于作品载体所有权与作品著作权的关系,我国《著作权法》第18条作了明确规定,即美术等作品原件所有权的转移,不视为作品著作权的转移,但美术作品原件的展览权由原件所有人享有。由此规定可知,展览权是一项特殊的权利,它与美术等作品原件所有权相伴。事实上,如果美术等作品原件所有权转移,而展览权不随之转移,那么作品原件所有人购买作品原件就没有什么意义了。除展览权外,著作权中的其他权利都仍然归著作权人所有。

(五) 表演权

表演权,即公开表演作品以及用各种手段公开播送作品的表演的权利。

修正后的我国《著作权法》对表演权的规定比原《著作权法实施条例》的规定有很大改进,主要体现在:后者规定的表演仅限于"以声音、表情、动作公开再现作品"的形式,而前者规定的表演不仅包括原《著作权法实施条例》所规定的表演形式,而且增加了"用各种手段公开作品的表演"之形式。这是从《著作权法》十年实施的情况中总结出来的成果。

根据我国现行《著作权法》的规定,不仅任何人未经著作权人许可不得擅自公开以声音、表情、动作等方式再现版权作品,而且任何人未经著作权人许可,也不得以任何方式直接或者借助某种技术设备公开播送"作品的表演"。如车站、码头、机场、旅店、餐厅、商场、超市、卡拉OK厅、夜总会等未经许可,擅自播放录制的歌曲、相声、小品、曲艺等,就是对著作权人之表演权的侵犯,应当承担相应的法律责任。前述各种场所花钱购买音像磁带、VCD、DVD、唱片等,只是取得了该载体的所有权,并未获得著作权中的表演权,因此,不得擅自公开播放音像磁带、VCD、DVD、唱片等。

(六) 放映权

放映权,即通过放映机、幻灯机等技术设备公开再现美术、摄影、电影和以类似摄制电影的方法创作的作品等的权利。

放映权所针对的对象主要是美术作品、摄影作品、电影作品和以类似摄制电影的方法创作的作品等;放映所借助的是放映机、幻灯机等技术设备。显然,放映权不同于表演权。

任何人要放映美术、摄影、电影和以类似摄制电影的方法创作的作品,都应当获得有关作品的著作权人的许可,并支付报酬,否则,其行为可能构成侵权。

(七) 广播权

广播权,即以无线方式公开广播或者传播作品,以有线传播或者转播的方式向公众传播广播的作品,以及通过扩音器或者其他传送信号、声音、图像的类似工具向公众传播广播的作品的权利。因此可知,广播权包括以下几个方面的内容:(1) 以无线方式广播或者传播作品的权利;(2) 以有线传播或者转播的方式向公众传播广播的作品的权利；(3) 通过扩音器或者其他传送信号、声音、图像的类似工具向公众传播广播的作品的权利。如著作权人甲许可广播电台乙广播其作品，是著作权人甲之广播权的内容；当广播电台乙在广播甲的作品时，丙希望以有线传播或者转播方式传播乙广播的该作品，就必须获得甲的许可，这也是广播权的内容；而丁想通过卫星传播该广播的作品，也需要获得著作权人的许可。

在此应特别注意：上举之例中，丙、丁不仅要获得著作权人甲的许可，而且还要获得广播电台乙的许可。甲对作品享有著作权，乙对其制作的广播节目享有邻接权。

（八）信息网络传播权

信息网络传播权是一项新权利，它首先由 1996 年缔结的《世界知识产权组织版权公约》创设，此后被许多国家的国内立法所接受。该权利也被称为网络时代的权利。该权利的基本含义是：以有线或者无线方式向公众提供作品，使公众可以在其个人选定的时间和地点获得作品的权利。

信息网络传播权不同于广播权。两者的主要区别在于：(1) 传播媒介不同。网络传播所借助的媒介是互联网；广播所借助的媒介是广播电台、电视台。(2) 传播的信息不同。网络所传输的是电子信息；广播所传输的是电波信息。(3) 接收方式不同。网络传播信息的接收者可以在自己选定的时间和地点获得信息；广播信息的接收者只能在广播组织播送节目的时间获得信息。(4) 相互间的关系不同。网络传播者与信息接收者之间是交互式的；广播信息的传播者与接收者之间是单向度的，接收者只能按广播节目的传播时间被动地接受，他们之间无法交流。(5) 容量的大小不同。网络传播的信息量十分巨大，内容极其丰富；广播所传播的信息量非常有限。(6) 使用方式不同。接收者可以将网络上的信息进行下载、存储，可按自己的意愿进行编辑、处理，但难以将广播的信息下载、存储，并有效地利用。

著作权人有了信息网络传播权，就能有效地阻止他人未经许可，擅自将其作品上载到网络上，以有线或无线方式向公众提供。

（九）摄制权

摄制权，即以摄制电影或者类似摄制电影的方法将作品固定在载体上的权利。具而言之，就是著作权人自己将其作品以摄制电影或者类似摄制电影的方法固定在载体上，或者许可他人这样做并获得报酬的权利。

任何人未经著作权人许可，不得擅自将他人版权作品以摄制电影或者类似摄制电影的方法固定在载体上。获得摄制权的人，通常需要按照摄制的目的和方法对相应的作品进行改编，以便完成摄制工作。

(十) 改编权

改编,就是改变现有作品,创作出具有独创性的新作品。因此,改编是一种创作方式。如将小说改编成电影文学剧本、戏剧或者连环画等;反之亦然。改编权,即改变作品,创作出具有独创性的新作品的权利。改编权是一种系列权,每一种改编方式,都将产生一项子权利。如将小说改编成电影文学剧本,是一项子权利。小说之著作权人同时还可以许可他人将其小说改编成戏剧作品、连环画等。

改编是对现有作品的改变,那么,改编者对现有作品所改变的究竟是什么?是作品的表现形式,还是作品的综合理念,或是对两者都进行了改变?这是著作权理论界普遍关心的问题。实际上,改编者对现有作品所作的改变,首先是作品构成要素的改变,如将文字改变为图像,将此文字改变为彼文字、此图像改变为彼图像等;其次是构成要素结合规律、规则或顺序的改变,如将小说改编为戏剧等;最后可能涉及少数内容的改变,这主要是由作品构成要素的改变引起的必然效果。如在小说中,作者可以通过文字的运用,将作者所要表达的观点、情感等,进行很细腻的描述,但在电影中,导演、摄影师利用图像构成要素,可能无论如何也难以达到文字所表达的程度。在这种情况下,法律允许导演、制片人对原作的内容作适当改变。但是,不论在什么情况下,改编者都不能对原作所表达的综合理念作过大的改变。否则可能会破坏作品的完整性,构成对著作权人之修改权、保护作品完整权的侵犯。

(十一) 翻译权

翻译,是将作品从一种语言文字转换成另一种语言文字。翻译者对原作进行翻译时,既不能改变原作的表现形式,也不能改变原作所表达的综合理念。翻译权,即将作品从一种语言文字转换成另一种语言文字的权利。翻译权也是一种系列权,涉及一种语言文字,就产生一项子权利。如著作权人可同时许可不同的人将中文作品翻译为英文作品、法文作品、日文作品、德文作品等。

(十二) 汇编权

汇编,就是将若干作品、作品的片断、不构成作品的数据或者其他材料进行选择、编排,汇集成新作品。汇编权,即将作品或者作品片断通过选择或编排,汇集成新作品的权利。

著作权人依法享有的汇编权,就是自己汇编其作品,或者许可他人将其作品或者作品之片断进行汇编,创作出新作品并获得报酬的权利。

(十三) 应当由著作权人享有的其他权利

众所周知,著作权的具体权项,是随着科学技术的发展而发展的,是与时俱进的。但著作权法相对具有稳定性,不可能频繁修订。因此,当科学技术的发展使作品能够以新的方式被利用时,相应的权项就可能产生了。在这种情况下,著作权人就应当享有这样的权利。对于著作权人依法获得报酬的权利,虽然法律未单独作为一个权项列举出来,但它是著作权人应当享有的权利。

第四节　著作权保护期

一、著作人身权保护期

我国《著作权法》将著作人身权的保护期分为两种:(1)发表权的保护期与著作财产权的保护期相同。(2)署名权、修改权和保护作品完整权的保护期不受时间限制,即此三项权利为作者终生享有。作者生前,依法享有此三项权利;作者死后,由此三项权利所产生的人身利益仍然受保护。

但是,其他国家著作权法或版权法的规定与我国《著作权法》的规定有所不同。《法国著作权法》规定精神权利"永远存在",包括发表权在内。《英国版权法》则规定精神权利的保护期都是有限的,均不超过版权的保护期,其中某些照片或影片的隐私权的保护期甚至短于财产权的保护期。

二、著作财产权保护期

(一)著作财产权保护期的一般原则

财产权保护期的一般原则是:作者有生之年加上死后若干年。我国的规定是作者有生之年加上死亡后50年,合作作品著作权的保护期是最后生存作者死亡后50年,截止于作者死亡后第50年的12月31日。例如,某作者于1998年3月19日去世,那么其著作权的保护期将于2048年12月31日届满,2049年1月1日起其著作权不再受保护。

(二)著作财产权保护期的特殊规定

著作财产权保护期的特殊规定是法律规定不可适用或者不便适用上述一般原则的情况。具体情形有:法人作品、特殊职务作品的著作权保护期;电影作品、以类似摄制电影的方法创作的作品和摄影作品的著作权保护期;作者身份不明作品的著作权保护期。

应当注意:(1)适用特殊规定的作品,自创作完成之日起50年内未发表的,不再受著作权法保护。这样的作品即使以后再发表,也不再受著作权保护。(2)作者身份不明的作品包括假名作品和匿名作品。假名作品,是指作者以假名方式在作品原件或者复制件上署名的作品。匿名作品,是指作者未在作品原件或者复制件上用真名或假名署名的作品。就假名作品而言,如果作者所署之假名为公众所知,其作品为作者身份明确的作品;如果作者所署之假名不为公众所知,其作品即为作者身份不明的作品。就匿名作品而言,因为作者未在作品原件或复制件上署真名或假名,所以作者身份不明。由于这样的假名或匿名作品的作者身份不明,无法适用一般原则,所以只能适用特殊规定。(3) 特殊保护期截止于作品首次发表后第50年的12月31日。

[思考题]

1. 如何理解著作权内容的双重性?
2. 著作人身权是人格权还是身份权?
3. 死者能享有著作人身权吗?
4. 署名权与作者身份权是什么关系?
5. 如何理解保护作品完整权?
6. 临摹是复制吗?
7. 如何理解电脑终端显示是复制?
8. 作品载体所有权与作品著作权的关系如何?
9. 信息网络传播权能代替广播权吗?

第五章　相　关　权

［内容提要］　相关权是与著作权有关但又与其平行的权利。本章主要介绍了相关权的概念及其与著作权的关系，出版者权、表演者权、唱片制作者权以及广播组织权的有关规定。

［关键词］　相关权　出版者权　表演者权　唱片制作者权　广播组织权

第一节　相关权概述

一、相关权的概念

相关权(related rights)，是《知识产权协定》新创的一个概念。此前，国际上通用的概念是邻接权(neighboring rights)。最早给相关权法律保护的国家是意大利，它于1941年率先制定了《相关权法》[①]，授予表演者、照片拍摄者等以异于著作权的保护。我国《著作权法》既未使用"相关权"的概念，也未使用"邻接权"的概念，而是独创性地使用了"与著作权有关的权利"(rights relating to copyrights)。这个概念虽然字数较多，但所包含的内容最丰富，既可包括邻接权的内容，也可包括相关权的内容，还可以包括新产生的与著作权有关的权利。1961年10月26日在意大利罗马缔结的《保护表演者、唱片制作者和广播组织权利罗马公约》(以下简称《罗马公约》)，标志着邻接权保护正式得到国际社会承认。《罗马公约》保护表演者权、唱片制作者权和广播组织权，其主体主要是作品的传播者，其他人不能获得邻接权保护。因此，也有人将邻接权称为"传播者权"(rights to disseminators)。

相关权、邻接权、传播者权和与著作权有关的权利四个概念，所具有的相同含义是：自然人、法人或者其他组织对自己在传播作品过程中所创造之成果依法享有的权利。虽然它们之间存在着一些差异，但主要内容是相同的。为了简单起见，以下我们就将此类权利称为"相关权"。

相关权只是大陆法系国家授予的权利，与著作权有关，但却平行于著作权。

---

① 意大利《相关权法》中的"相关权"的意大利文为"diriti conessi"，译成英文是"connected rights"，不同于《知识产权协定》使用的"related rights"。尽管"connected rights"与"related rights"都翻译成中文"相关权"，但两者的含义和内容都有差异。

其主要原因是:大陆法系国家不承认表演者的表演、唱片制作者制作的唱片(现在为视听制品,如音乐磁带、VCD、DVD 等)和广播组织制作的广播电视节目是作品。但是,英美法系国家并未使用相关权的概念,而是将表演者的表演、唱片制作者制作的唱片和广播组织制作的广播电视节目等作为第二类作品授予版权,既有别于普通作品,又不至于增加新的权利种类。尽管《知识产权协定》将"版权与相关权"作为世界贸易组织成员必须保护的对象,但它并未规定具体的保护措施,因此,英美法系国家的做法仍是可行的。大陆法系的相关权制度与英美法系的第二类作品做法的优劣并不明显,各自都运行得很好。所以,到目前为止,尚未出现谁融合谁的迹象。

二、相关权的特点

与著作权相比,相关权有以下基本特点:

(1) 相关权主体以法人或者其他组织为主,以自然人为辅。一般情况下,著作权主体是自然人——创作作品的自然人;只有在少数特殊情况下,著作权主体才是法人或者其他组织。而相关权主体则正好相反,一般情况下是法人或者其他组织,只有在特殊情况或者少数情况下,才是自然人。

(2) 相关权主体通过传播现有作品获得权利,而著作权主体则是通过创作作品获得权利。

(3) 相关权的客体是传播行为所产生的智力创造性成果,而著作权的客体是创作行为所产生的独创性智力成果。众所周知,著作权的客体为作品,而相关权的客体没有一个明确的概念。

(4) 相关权的内容很有限。除表演者权含有人身权和财产权的内容外,其他种类的权利均只有少数几个权项。

(5) 相关权的保护期是自传播成果公开之日起的若干年,因为其主体主要是法人或者其他组织,故不宜采主体有生之年加上死亡后若干年的办法。

第二节 出版者权

一、出版者权的概念

出版者权,是图书出版者或者报刊出版者对其编辑出版的图书或者报刊依法享有的专有权利。出版者权可分为图书出版者权和报刊出版者权。按照我国《著作权法》的规定,图书出版者所享有的权利比报刊出版者的要充分一些。

我国《出版管理条例》规定,报纸、期刊、图书、音像制品和电子出版物等应当由出版单位出版。本条例所称出版单位,包括报社、期刊社、图书出版社、音像出版社和电子出版物出版社等。法人出版报纸、期刊,不设立报社、期刊社的,其设立的报纸编辑部、期刊编辑部视为出版单位。[①] 因此,无论是图书出版者还是报刊出版者,都只能是法人或者其他组织,不能是自然人。没有取得出版资格的法人或者其他组织,擅自从事出版业务的,属于非法行为,其出版的图书、报刊属于非法出版物。对于这样的非法出版物,出版者不仅不能享有相关权,还要承担相应的法律责任。

二、出版者权的权源

与其他的相关权相比,出版者对其出版的图书、报刊享有的专有权利,分两个方面:一方面来自著作权人的授权,另一方面来自法律的规定。尤其是图书出版者对其出版的图书享有的专有出版权,就是来自著作权人的授权。如我国《著作权法》第 31 条规定:"图书出版者对著作权人交付出版的作品,按照合同约定享有的专有出版权受法律保护,他人不得出版该作品。"著作权人未授予图书出版者专有出版权的,图书出版者对其出版的图书就没有专有出版权。图书出版者出版改编、翻译、注释、整理、汇编作品的,除了应获得该演绎作品著作权人的授权外,还应当取得被演绎作品著作权人的许可(被演绎作品已超过著作权保护期或者被演绎的材料不适用于著作权法的除外),而且要向演绎作品著作权人和被演绎作品著作权人支付报酬。

报刊社出版发行的报纸或期刊,本身是一种汇编作品,依我国《著作权法》第 14 条的规定,可依法享有著作权。由于这种权利是著作权,不是相关权,所以法律未规定报刊社对其出版发行的报纸或期刊享有专有权利。

出版者对其出版的图书或期刊的版式设计享有的版式设计权,也是出版者权的一项内容。该权利是法律赋予的,与著作权人的授权无关。

图书出版者和报刊社取得对作品的出版权和发行权的途径主要有三种:(1) 通过与著作权人签订出版合同,而取得出版权、发行权;(2) 由著作权人主动向出版社或报刊社投稿取得对所投之作品的出版权和发行权;(3) 通过向作者约稿,取得对所约作品的出版权和发行权。

三、出版者权的内容

依据出版合同约定,图书出版者获得的专有出版权包括以下内容:(1) 在合同约定的期限和地域范围内,图书出版者有权出版并发行约定的作品。(2) 在

① 参见我国 2001 年 12 月 25 日施行的《出版管理条例》第 9 条。

合同约定的期限和地域范围内，图书出版者享有以同种文字的原版、修订版出版图书的专有权利。但该图书脱销后，图书出版者拒绝重印、再版的，著作权人有权终止合同。(3) 图书出版者对其出版的图书的版式设计，享有专有使用权，即有权许可他人使用其版式设计，有权禁止他人使用其版式设计。

报刊社对其编辑发行的报刊享有汇编作品著作权。在编辑作品时，依法可以对所编辑的作品作文字性修改、删节。但对作品内容的修改，应当经作者许可。对其发行之报刊的版式设计享有专有使用权，即有权许可他人使用其版式设计，有权禁止他人使用其版式设计。

图书出版者、报刊社对图书、报刊的版式设计权的保护期为10年，截止于使用该版式设计的图书、期刊首次出版后第十年的12月31日。

第三节　表演者权

一、表演者权概述

(一) 表演者权

表演者权是表演者对其表演依法享有的专有权利。

表演者权的主体是表演者。表演者，是指演员、歌手、音乐演奏者、舞蹈者以及表演、歌唱、演说、朗诵、演奏或以其他方式表演文学艺术作品的人。我国《著作权法》没有规定具体的表演者，而只是抽象地规定表演者可以是演员、演出单位或其他表演文学、艺术作品的人。法人或者其他组织成为表演者的条件是：(1) 以自己的名义进行了表演活动的组织工作；(2) 有自然人作为表演者进行了表演活动；(3) 以自己的名义对表演活动承担法律责任。只有同时具备此三个条件，法人或者其他组织才可能成为表演者。

在我国，体育运动员所进行的体育活动，不是表演活动，运动员或者体育活动的组织者也就不是表演者，不能取得表演者权。但我国《著作权法》已经将杂技艺术作品列为自己的保护对象，所以杂技演员是表演者，他们能对其杂技艺术表演享有表演者权。

具而言之，表演者就是公开表演文学、艺术作品的自然人、法人或者其他组织。进行其他表演活动的人不是表演者。如某人在朋友联欢会上即席朗诵了一首诗，那么该朗诵者所进行的是口头创作，结果是一首口述诗歌作品，而不是表演。如果他朗诵的是李白的一首诗，他所进行的就是表演，而不是创作。

另外，表演者所进行的表演必须是公开的，在家庭范围内、在私人聚会上、在单位内部进行的表演，不产生表演者权。

（二）表演者权的权源

如上所述,表演者权以表演权为其产生的法律基础,即表演者权以表演权作为其权利的来源。具而言之,表演者权的权源有:

（1）表演者使用他人的原创作品演出,应当取得著作权人的许可,并支付报酬。如果他人的原创作品已经超过了著作权保护期,表演者当然就不需取得他人的许可了。被表演的原创作品,不论是否已经出版或发表,表演者都应当取得著作权人的许可。

（2）表演者使用他人的演绎作品进行演出,应当同时取得原创作品著作权人的许可和演绎作品著作权人的许可,即应当取得双重许可,并支付双重报酬。

（三）表演者权与表演权的比较

虽然表演者权与表演权只有一字之差,但两者的含义相差甚远。

（1）权属不同。表演者权是一种相关权,而表演权是一种著作权。

（2）主体不同。表演者权的主体是表演作品的人,而表演权的主体是创作作品的人(不包括著作权的继受主体和特殊作品的著作权主体)。

（3）客体不同。表演者权的客体是表演者为再现已有作品所进行的表演,而表演权的客体是作品。

（4）内容不同。表演者权是一束权利,包括表演者人身权和表演者财产权,而表演权只是著作权的一个权项,仅仅是一种财产权。

（5）保护期不同。表演者人身权的保护期不受限制,表演者财产权的保护期为50年,截止于表演发生后第50年的12月31日,而表演权的保护期根据作者和作品的不同而不同,或者为作者有生之年加上死亡后50年,或者为作品首次发表后50年。

（6）权利来源不同。表演者权以表演权为其产生的法律基础,即以表演权作为其权利的来源;而表演权来源于作品的创作,作品一经创作完成,表演权就随著作权的产生而产生。

表演者权随表演的发生而产生,不需办理任何手续。外国表演者或者无国籍的表演者在中国境内进行的表演,受我国《著作权法》保护。

二、表演者权的内容

表演者对其表演依法享有以下几项权利:

（一）表演者人身权

（1）表明表演者身份的权利。表明表演者身份,就是表演者有权以适当的方式指明自己的真名、艺名等,表明自己是该表演的表演者。具体包括以下内容:

第一，在进行表演前，表演者有权要求表演主持人向观众或听众报告自己的真名或艺名等；

第二，在将表演录制成录音制品或视听制品时，表演者有权要求录制者在音像制品或者视听制品上，或者其包装上，标明自己的真名或艺名等，以表明自己的表演者身份；

第三，在播放录制有其表演的录音制品或视听制品时，表演者有权要求录音制品或视听制品的播放者以适当方式标明自己的真名或艺名，以表明自己的表演者身份；

第四，在发行、销售或者出租录制有其表演录音制品或者视听制品时，表演者有权要求有关人员在广告中、宣传材料或合同书上，以适当方式标明自己的真名或艺名，以表明自己的表演者身份。

（2）保护表演形象不受歪曲的权利。表演形象，是表演者在表演活动中向观众或听众展现出来的艺术形象，包括形体形象和声誉形象。保护表演形象不受歪曲的权利，就是表演者禁止他人以任何形式或方式捏造不实之词，歪曲、篡改其表演，诋毁、诽谤其声誉，损害、破坏其艺术形象的权利。对表演者而言，表演形象是其艺术生命；德艺双馨，是其追求的目标。任何人不得歪曲表演者的表演形象。

（二）表演者财产权

（1）对表演的现场直播许可权。广播电台、电视台或者其他组织未经表演者许可，不得对其表演进行现场直播。经表演者许可，包括两种情况：一是由演出单位组织的表演，虽然演出单位和表演者个人都是表演者，但以该演出单位为主。欲进行现场直接的广播电台、电视台或者其他组织只需取得演出单位的许可，就可以进行现场直播。二是由表演者个人进行的表演，欲进行现场直播的广播电台、电视台或者其他组织须取得表演者个人的许可。

现场直播许可权包括两个方面的内容：一是许可他人从现场直播其表演的权利；二是许可他人公开传送其现场表演的权利。

（2）对表演进行录音录像许可权。录音制品制作者或者视听制品制作者需要对表演者的表演进行录音录像的，应当取得表演者的许可。

（3）音像制品复制、发行许可权。此处所称的音像制品，是指录制有表演者之表演的录音录像制品。任何单位或个人需要对该音像制品进行复制、发行的，应当取得表演者的许可。在此应当注意：需要复制、发行该音像制品的单位或个人，不仅要取得所录制的表演之表演者的许可，同时还要取得该音像制品制作者的许可，可能还要取得表演者所表演之作品的著作权人的许可。因此，该音像制品复制、发行者应当取得多重许可。

(4) 信息网络传播许可权。该项权利的基本含义是:任何单位或者个人需要将表演者的表演,通过互联网向公众传播的,应当取得表演者的许可。此处所指的表演,包括现场表演和录制在音像制品上的表演。将表演现场经由网络向公众传播的,可以适用第2项许可权;将录制在音像制品上的表演通过互联网向公众传播,实际上也是复制、发行的一种方式,也可以适用第3项许可权。《著作权法》将信息网络传播许可权单独作为一项进行规定,主要是为了突出信息网络传播许可权。

表演者行使上述四项许可权时,都有权获得相应的报酬。

三、表演者权的保护期

表演者权的保护期分两种情况:(1) 表演者身份权的保护期不受限制;(2) 表演者财产权的保护期为50年,截止于该表演发生后第50年的12月31日。

第四节 唱片制作者权

一、唱片制作者权概述

唱片制作者权,是《罗马公约》最早使用的一个概念,此后有的国家将它称为视听制品制作者权。我国《著作权法》将它称为"录音录像制作者权"。

唱片制作者权,是指录音录像制作者对其制作的录音录像制品依法享有的专有权。唱片制作者权的主体为录音制品制作者和录像制品制作者。录音制品制作者,也称录音制作者,是制作录音制品的人,包括自然人、法人或者其他组织。录像制品制作者,也称录像制作者,是制作录像制品的人,包括自然人、法人或者其他组织。录音制品,指任何声音的原始录制品;录像制品,指电影作品和以类似摄制电影的方法创作的作品之外的任何有伴音或者无伴音的连续相关影像的原始录制品。

由此可见,唱片制作者与表演者有一个明显的区别,即只有表演已有作品的人才是表演者,而唱片制作者并不必然是对已有作品的表演进行录制的人。因此,唱片制作者的范围比表演者要宽泛得多。

由于唱片制作者所制作的音像制品并不一定是对已有作品进行表演的录制品,所以唱片制作者权与著作权没有必然的关系。这也是唱片制作者权不同于表演者权的一个方面。表演者权需要依赖于表演权,而唱片制作者权并不一定依赖于著作权中的摄制权。当然,唱片制作者权也不是完全与著作权无关,因此必要时,唱片制作者不仅需要取得著作权人的授权,而且还要取得表演者的授权。

二、唱片制作者权的内容

唱片制作者权包括如下内容:

(1) 复制、发行音像制品许可权。唱片制作者享有许可他人复制、发行其音像制品的权利。任何人未经唱片制作者许可,不得复制、发行其制作的音像制品,但法律另有规定的除外。

(2) 出租音像制品许可权。音像制品所有人不得擅自以营利为目的出租其所购买的音像制品。这样的做法将对音像制品的销售市场造成影响。为了保护音像制品制作者的合法利益,《著作权法》授予了音像制品制作者音像制品出租权。因此,音像制品所有人只有取得了音像制品制作者的许可,才能从事出租音像制品的活动。

(3) 通过信息网络传播音像制品许可权。只有取得音像制品制作者的许可,网络经营者才可以将音像制品上录制的内容通过信息网络向公众传播。否则就是对音像制品制作者权利的侵犯。

音像制品制作者行使上述三项许可权时,可以获得相应的报酬。而且,被许可人复制、发行、通过信息网络向公众传播音像制品,还应当取得著作权人、表演者的许可,并支付报酬。

三、唱片制作者权的保护期

唱片制作者权的保护期为50年,截止于音像制品首次制作完成后第50年的12月31日。

第五节 广播组织权

一、广播组织权概述

广播组织权是广播组织对其制作的广播、电视节目依法享有的专有权利。

广播组织权的主体是有线或无线广播电台、电视台。根据我国有关法律法规的规定,设立广播电台、电视台必须依照规定的程序进行审批。经批准设立的广播电台、电视台才能从事广播活动。现代广播,不仅包括有线广播,而且包括无线广播;不仅包括声音广播,而且包括声音、图像的广播。

广播组织权的客体是广播组织制作的广播电视节目。如我国中央电视台对其制作的《新闻联播》节目、《焦点访谈》节目等享有广播组织权。

《英国版权法》将“广播”规定为一种作品,依法享有版权。它规定“广播”系指用无线电系统对可视影像、声音或者其他信息的传输,这种传输应当能够被公众成员合法地接收,或者为向公众成员呈现而进行。它将有线系统传输的节目称为“电缆节目”(cable programs),此种节目受版权保护。

二、广播组织权的来源

(1) 来源于著作权。广播组织播放他人未发表的作品,应当取得著作权人的许可,并支付报酬;播放他人已发表的作品,可以不经著作权人的许可,但应当支付报酬。

(2) 来源于录音制品制作者权。广播组织播放他人未出版的录音制品,应当取得录音制品制作者的许可,并向其支付报酬;播放他人已出版的录音制品,可以不经录音制品制作者许可,但应当支付报酬。

(3) 来源于电影作品、录像制品的权利。电视台播放他人的电影作品、以类似摄制电影的方法创作的作品和录像制品,应当取得相应的许可,并支付报酬。

(4) 自作节目。广播组织对其制作的节目,例如新闻采访、实况录像、专题报道、实事记录等享有相应的权利,但相关制作、编创、采访人员应当享有的著作权除外。

三、广播组织权的内容

(1) 转播权。广播电台、电视台有权禁止他人未经许可,将其播放的广播、电视节目进行转播。

(2) 录制权。广播电台、电视台有权禁止他人未经许可,将其播放的广播、电视节目录制在音像载体上。

(3) 复制权。广播电台、电视台有权禁止他人未经许可,复制录制有其播放的广播、电视节目的音像制品。

四、广播组织权的保护期

广播组织权的保护期为 50 年,截止于广播、电视节目首次播放后第 50 年的 12 月 31 日。

除了上述四种相关权外,是否还有新的相关权?目前尚无肯定性意见。但值得讨论的是,网站经营者对其经营之网站能否享有权利?享有什么权利?现在倾向性的意见是网站经营者对其经营的网站享有著作权;对其在网站上发布的所有信息,也享有著作权。这种意见当然有其合理性。但是,网站经营者对在其网站上建立的电子图书馆、公告板以及其他许多链接方式，并不能享有著作权。但如果对网站付出了巨大成本、智力和代价创建的图书馆、公告板和链接方式等不给予保护，显然是不公平的。对此，应当授予什么类型的权利给予保护最符合其实际效果呢？我们认为，将网站经营者作为一种新的相关权主体，将其所创建的网站作为其权利的客体，授予其相关权保护，可能是一种较好的选择。

[思考题]

1. 如何理解相关权与著作权的关系？

2. 出版者权应以多长期限为宜？

3. 使用他人的原创作品演出的表演者，如果事先未取得著作权人的许可，其表演构成侵权。此种情况下，表演者对自己的表演能否取得表演者权？

4. 录音录像制作者对其制作的音像制品享有出租权吗？

5. 根据我国《著作权法》第44条的规定，广播电台、电视台播放已经出版的录音制品，可以不经著作权人许可，但应当支付报酬。那么，广播电台、电视台应当取得录音制品制作者的许可吗？

第六章　著作权的限制

［内容提要］　著作权的限制是著作权制度中的重要组成部分，它直接关系到著作权人、作品的使用者和社会公众三者之间的利益。本章主要介绍了著作权限制的各种具体情形，合理使用、法定许可使用、著作权穷竭的适用条件及认定方法。

［关键词］　著作权限制　合理使用　法定许可　著作权穷竭

第一节　著作权限制概述

一、著作权限制概述

著作权限制，就是法律规定自然人、法人或者其他组织可以不经著作权人许可，而利用其版权作品或受相关权保护之对象，且不构成侵权的制度。简而言之，著作权限制实际上就是对著作权人依法享有的许可权或者获得报酬权给予适当的限制，以便利著作权人之外的其他人对其版权作品或者受相关权保护之对象的使用，让人们分享由该作品所带来的精神利益和文化利益。它是"利益平衡原则"在著作权法上的具体体现。

众所周知，一般情况下，未经著作权人许可，任何人不得擅自利用其版权作品或受相关权保护之对象，否则就构成侵权，要依法承担相应的法律责任。著作权限制，就是法律限制著作权人对某些特定行为行使支配权或者管理权的制度。

二、著作权限制的缘由

根据权利哲学理论，任何权利都不是绝对的，而是相对的。民事权利体系中的所有权被称为绝对权，实际上也是相对的。如某块土地归集体所有，如果国家需要征用该地建设公共设施，例如公路、军事设施、公园等，那么作为该土地所有人的集体，不得以所有权人的身份来对抗。

作为著作权客体的文学、艺术和科学作品，虽然是创作者独创的，但却是在现有文化财富基础上创作的，没有前人给我们留下的宝贵文化遗产，任何人都无法进行创作。同样，任何人创作的文学、艺术和科学作品也应为当代人和后代人的学习、欣赏等服务。所以，法律不允许任何人绝对垄断其创作的作品。具而言之,著作权限制就是为了平衡、协调和均衡著作权人、作品的使用者和社会公众之间的利益而设立的制度。从著作权人的角度看,权利的强度越大越好,范围越宽越好;从作品使用者的角度看,利用途径越多越好;从社会公众的角度看,作品保护的时间越短越好,可利用的作品越多越好,其文学价值、艺术价值越高越好,而著作权限制在一定的程度上使此三者的利益得到了平衡和协调。

三、被限制的对象

根据著作权基本理论,受著作权限制的权利,既可以是著作财产权,也可以是著作人身权,还可以是相关权。对著作财产权和相关权中的财产权给予适当限制,应当是符合上述限制缘由的。同样,对著作人身权和相关权中的人身权(主要是表演者人身权)(以下统称为"著作人身权")进行适当限制也是必要的。

从理论的角度看,权利不是绝对的,而是相对的,著作人身权也不例外。如果让著作人身权绝对化,著作权人、作品使用者和社会公众三者之间的利益可能会发生倾斜,作品使用者的利益,尤其是社会公众的利益就会遭受损失。如果不限制著作权人的发表权,某些人就会故意编创、制作一些危害社会公众的低级庸俗作品,制造文化垃圾。而且,从实务的角度看,对著作人身权给予适当限制,有利于人们的学习、生活和工作。如老师修改学生的作品、家长修改孩子的作品、报刊社对其编辑出版的作品作文字性修改等,就是这方面的体现。

因此,受著作权限制的对象不只是著作财产权,而且还包括著作人身权。

四、著作权限制的种类

法律规定的著作权限制包括合理使用、法定许可使用、著作权穷竭、强制许可和公共秩序保留等。此外,著作权的保护期限制、地域限制、权项种类限制等,也属于限制形式,但理论上通常不将此三种限制与前五种限制相提并论。前五种限制是法律对著作权在权能上的限制,而保护期和地域范围的限制,被认为是知识产权区别于物权的基本特征。著作权权项种类的限制,则因国家而异,因时代而异,因经济发展水平而异。如有的国家给作者授予了收回权、追续权,而有的国家则未授予之。

在我国,《著作权法》明确规定的限制有三种,即合理使用、法定许可使用和公共秩序保留。关于著作权穷竭,虽然事实上得到了认可,但法律并未作规定。即著作权穷竭为习惯上的限制,而非法律上的限制。有的国家著作权法对著作权穷竭给予明确规定,如《俄罗斯联邦著作权与邻接权法》第 16 条第 3 款、《英国版权法》第 18 条第 2 款。关于强制许可,我国《著作权法》未作规定,但也只有少数国家有此种限制。

无论是著作权限制的种类,还是限制的具体条件、范围等,都得有法律规定。否则,任何人不得以著作权限制作为侵权之抗辩事由。未经著作权人许可,实施他人著作权,利用他人的作品,若认为不应承担相应的侵权责任,可以著作权限制为由进行抗辩。抗辩成立的,则不必承担侵权责任。

第二节　合 理 使 用

一、合理使用概述

合理使用(fair use 或 fair dealing),最早出现在 1841 年美国的一则判例中。随着时代的发展,这个概念逐渐被各国著作权法所采纳。它是指自然人、法人或者其他组织根据法律规定,可以不经著作权人许可,而使用他人已发表的作品,也不必向著作权人支付报酬的制度。理解这项制度应当注意:

(1) 合理使用人不特定。任何自然人、法人或者其他组织都可以根据法律的规定,合理使用他人已发表的作品。

(2) 被合理使用的客体为已发表作品。一般情况下,他人尚未发表的作品不能被合理使用。我国《著作权法》第 22 条第 1 款规定了 12 种合理使用的情形,除第 8 项规定的“五馆”为陈列或者保存版本的需要,复制本馆收藏的作品未明确为已发表的外,其他 10 种情形明确使用了“已发表的作品”的字样。第 10 项未使用“已发表的”字样,但却是针对“设置或陈列在公共场所的艺术作品”的,而这种设置在公共场所的艺术作品,本身就是已发表作品。其他国家的法律也有类似的规定。但在特殊情况下,他人尚未发表的作品也可以成为被合理使用的对象。如“五馆”为陈列或保存版本的需要,可以复制本馆收藏的作品。这些作品可以是已发表的,也可以是未发表的。

(3) 合理使用必须有法律依据。由于合理使用者使用他人的版权作品,既不必经著作权人许可,也不必向著作权人支付报酬,所以应当严格以法律规定为依据。否则,其使用作品的行为可能构成侵权。

(4) 合理使用目的是非营利性的。一般情况下,非营利性地使用他人的版权作品,都可能是合理使用,而营利性地使用,则肯定不是合理使用。但是,非营利性使用并不一定就是合理使用。如为教学需要,给成千上万的学生复制某作品,供其学习之用。此种复制之日的显然是非营利性的,但其行为却并不是合理使用。

(5) 合理使用者使用他人的版权作品,既不必经著作权人许可,也不必向著作权人支付报酬。

(6) 合理使用他人的版权作品时,使用者应当指明作者姓名、作品名称,并不得侵犯著作权人的其他权利。

二、合理使用的条件

判断合理使用的条件,最早由美国《1976 年版权法》所创立。这样的条件现已为许多国家所接受。我国法律虽未明确作出同样的规定,但已在理论和实务两个方面给予了接受。合理使用成立的条件是:

(1) 使用的目的是非营利性的。一般认为,每一种以营利目的使用版权作品的行为,都不是合理使用。但是非营利性地使用版权作品,也并不总是合理使用。

(2) 版权作品的性质。这一条件主要是指版权作品是否已经发表以及该作品所属之种类。一般而言,被合理使用的作品,应当是已发表作品,未发表作品原则上不能被合理使用,因为未发表作品是作者尚未公之于众的作品,该作品从表现形式到其所表达的综合理念,均处于保密状态。对这样的作品进行使用,可能构成对作者隐私权、商业秘密权或者名誉权等的侵害。而且,由于发表权是作者人格权,只有作者有权决定作品是否公之于众。合理使用这样的作品,就可能侵犯发表权。另外,被使用之作品的性质也是考虑的因素。

(3) 使用者所使用的部分占版权作品的数量和实质性。在某些情况下,使用者可以对版权作品之整体进行复制,如小说创作者在其创作的长篇小说中全部引用了一首五言律诗。在另一些情况下,使用者只能引用版权作品之小部分,并不得引用版权作品之实质部分。如音乐作品创作者在创作音乐作品时,若引用他人受保护之音乐作品,不能引用太多的音节,更不得引用其中的实质部分。从理论上说,一件作品的实质部分是作者创作的精华。如果引用者将其精华纳入自己的作品中,被使用作品之价值就必然受到影响,从而减损了著作权保护的意义。

(4) 使用的效果不得影响版权作品的潜在市场和价值。美国版权学者认为,该项标准实际上是最核心的。如果说前面三个标准应当考虑,是为了使视角多样化,防止以偏概全,而该项标准则是非有不可的,而且在许多情况下,重点是考察该项标准。不论使用的目的是否为营利,只要影响了被使用之版权作品的潜在市场,这种使用就是不合理的。如商场、饭店、宾馆、夜总会、卡拉 OK 厅、机场、车站、码头等公共场所播放音乐作品,不仅有利于这些场所的经营,而且也有利于为被播放之作品做宣传。但因为这样的播放会使音乐作品的潜在市场受到影响,所以法律认为这些公共场所的播放行为,不是合理使用。

上述四个条件是一个整体,必须同时具备。只要有一个标准不被满足,其使用行为就不是合理的。

三、合理使用的种类

合理使用的种类因国而异。有的国家规定得多一些,有的国家规定得少一些。我国《著作权法》规定了 12 种合理使用,它们分别是:

(1) 为个人学习、研究或欣赏,使用他人已发表作品。个人学习、研究或欣赏他人已发表作品,之所以被规定在合理使用的第一位,是因为这样的使用行为既是我们人类赖以生存、繁衍、发展、进步的需要,也是我们人类区别于其他动物的主要方面,而且还是著作权法保护作品的目的。

(2) 为介绍、评论某一作品或者说明某一问题,在作品中适当引用他人已发表作品。对某一作品进行评介而适当引用该作品,应当是评介行为本身决定的。若评介某作品而不引用该作品,那么该评介就属于无的放矢,没有针对性。为了说明某一问题,适当引用他人的已发表作品,是以理服人或以事实服人的需要。但引用必须是适当的。关于适当的标准,1985 年我国文化部颁布的《图书、期刊版权保护试行条例实施细则》曾有规定,但我国现行《著作权法实施条例》对此没有规定,我们应根据上述的合理使用构成条件来衡量。

(3) 为报道时事新闻,在报纸、期刊、广播电台、电视台等媒体中不可避免地再现或者引用已发表作品。除了此处列举的四种媒体外,还应当包括网站。如果已发表作品与某时事新闻具有密不可分的关联,且在报道时事新闻时有关媒体又无法将它与其他事实相分离,或者分离后无法产生应有的效果,或者分离之成本过高等,而再现或者适当引用该作品,则为合理使用。如为了报道某画展,有关媒体,尤其是电视台,在报道该画展时,不可避免地要播放某些参展作品。有关媒体的这种使用行为,就是合理使用。

(4) 报纸、期刊、广播电台、电视台等媒体刊登或者播放其他报纸、期刊、广播电台、电视台等媒体已经发表的关于政治、经济、宗教问题的时事性文章。这样的使用方式有其合理性,但也有其弊端,因为转载之媒体可能影响被转载之媒体的潜在市场。正因为如此,我国《著作权法》第 22 条第 1 款第 4 项的"但书",给被转载媒体以支配权,即"但作者声明不许刊登、播放的除外"。

(5) 报纸、期刊、广播电台、电视台等媒体刊登或者播放在公共集会上发表的讲话。此种合理使用形式与上一种合理使用形式类似,所以我国《著作权法》也作了"但书"规定,即"作者声明不许刊登、播放的除外"。

(6) 为学校课堂教学或者科学研究,翻译或者少量复制已发表作品,供教学或者科学研究人员使用,但不得出版发行。这种合理使用有四个限制条件:第一,为学校课堂教学或者科学研究。此处所指的“学校”应当限于依据国家《义务教育法》和《高等教育法》等法律设立的全日制学历教育学校,如幼儿园、小学、中学、大学等。其他一些虽然有“学校”的名称,但不是进行全日制学历教育的学校,则不属于此。如“某某美容美发学校”等。第二,使用行为仅限于翻译或者少量复制。为课堂教学而对某已发表作品进行翻译,则没有数量限制;若进行复制,则只能是少量的。如何确定“少量”,应视具体情况而定。第三,供教学或科研人员使用。即限定了使用人员的范围。除有关的教学或科研人员外,其他人不得使用。第四,不得出版发行。如果将其翻译的材料用于出版发行,其行为就不是合理使用了,而是翻译行为。对他人作品进行翻译,应取得著作权人的许可,否则构成对翻译权的侵犯。

(7) 国家机关为执行公务在合理范围内使用已发表作品。一般情况下,国家机关使用他人已发表作品,也应当取得著作权人的许可,并按规定支付报酬。但是,国家机关为执行公务,在合理范围内使用已发表作品,就是合理使用。

(8) 图书馆、档案馆、纪念馆、博物馆、美术馆等为陈列或者保存版本的需要,复制本馆收藏的作品。与其他各种合理使用相比,此种合理使用最特别之处在于被使用的对象可以是已发表作品,也可以是未发表作品。如某著名大师将手稿赠送给某博物馆,该手稿就是未发表作品。根据此项规定,该博物馆可以复制该手稿,以供陈列或保存。

(9) 免费表演已发表作品,该表演组织者未向公众收取费用,也未向表演者支付报酬。我国《著作权法》第 37 条第 1 款规定,表演者使用他人作品进行演出,应当取得著作权人许可,并支付报酬。但是,免费表演已发表作品,则为合理使用。“免费表演”是指表演组织者不向观众、听众收取费用,也不向表演者支付费用,而且不得收取广告费、赞助费等。免费表演的作品只能是已发表作品,不能对未发表作品进行免费表演。某些单位组织的扶贫义演、赈灾义演、慈善义演等,并不是免费表演。这类表演的表演者或者表演组织者应当取得著作权人的许可,并支付报酬。

(10) 对设置或者陈列在室外公共场所的艺术作品进行临摹、绘画、摄影、录像。这种合理使用的对象是艺术作品,且艺术作品被设置在公共场所或者陈列在公共场所。对于置于室内的艺术作品,不能进行此种合理使用。使用者对这种艺术作品进行临摹、绘画、摄影、录像而产生的成果可以以合理的方式和范围再行使用,不构成侵权。

(11) 将中国公民、法人或者其他组织已经发表的以汉语言文字创作的作品翻译成少数民族语言文字作品在国内出版发行。这种合理使用有四个基本要素:第一,被合理使用的对象是中国人的作品,即对外国人或者无国籍人的作品不得进行这种合理使用。第二,被合理使用的对象是中国人的汉语言文字作品,即对中国人的非汉语言文字作品不能进行这种合理使用。如对中国人以藏文、回文等少数民族文字创作的作品,不能以合理使用形式翻译成另一种少数民族语言文字作品。第三,被合理使用的对象只能被翻译成我国少数民族语言文字作品,不是指由少数民族同胞将汉语言文字作品翻译成外国语言文字作品。至于翻译者是否用自己民族的语言文字进行翻译,无关紧要。如壮族人将中国人的汉语言文字作品翻译成蒙古语言文字作品,也是合理使用。第四,翻译作品仅限于在中国境内出版发行,不得在其他国家或地区出版发行。

(12) 将已发表作品改成盲文出版。这种合理使用是针对特殊群体而言的。因为盲人存在视力障碍,无法正常阅读,但有些盲人能够"阅读"盲文,所以法律允许人们将已发表作品改成盲文出版,就是给少数能够"阅读"的盲人以扶助。一方面,能够阅读盲文的人很少;另一方面,能够书写盲文的人也很少。如果法律不规定这种合理使用,将无人有能力来做盲文改作之工作,盲人的"阅读"也就成了无源之水。此种合理使用的对象可以是任何已发表作品。

上述12种合理使用形式,可适用于对相关权的限制。但应当如何适用,则要视具体情况而定。

第三节　法定许可使用

一、法定许可使用概述

法定许可使用,是指特定的自然人、法人或者其他组织根据法律规定,可以不经著作权人许可而使用其版权作品,但应当按照规定支付报酬的制度。

法定许可使用与合理使用相比有以下区别:(1) 使用者不同:合理使用者是不特定的任何人,但法定许可使用者只能是特定的人。法定许可使用者包括:九年制义务教育和国家规划教材的编写者;报刊社;录音制作者;广播电台、电视台。(2) 被使用的对象不同:合理使用可涉及任何作品,而法定许可使用仅涉及少数种类的作品:文字作品、音乐作品或者单幅美术作品、摄影作品;报刊上登载的作品;合法录制在录音制品上的音乐作品;已经出版的录音制品。(3) 目的不同:合理使用以非营利为目的,而法定许可使用则以营利目的为主,少数个别使用可能不是营利目的,如广播电台的使用等。(4) 付费与否不同:合理使用者不必支付报酬,而法定许可使用者应当支付报酬。

因此,判断法定许可使用有以下标准:(1) 使用者以营利目的使用作品;

(2) 使用者不必经著作权人许可而使用他人的版权作品;(3) 使用者使用后应当向著作权人支付报酬。

法定许可使用制度的作用主要在于:根据某些特定主体不仅使用作品的需求量大,而且特别强调时效性和紧迫性的特点,保证其使用作品时不增加一些不必要的成本,且不损害著作权人的合法利益。

二、法定许可使用的种类

现行《著作权法》规定的法定许可使用共有五种:第一,九年制义务教育和国家规划教材的编写者的法定许可使用;第二,报刊社转载、摘编其他报刊作为文摘、资料刊登的内容的法定许可使用;第三,录音制作者使用他人已经合法录制为录音制品的音乐作品制作录音制品的法定许可使用;第四,广播电台、电视台播放他人已发表的作品的法定许可使用;第五,广播电台、电视台播放已经出版的录音制品的法定许可使用。

第四节　著作权穷竭

一、著作权穷竭概述

著作权穷竭,是指以销售方式将作品原件或复制件投放市场后,任何人不经著作权人许可,且不必向著作权人支付报酬,而继续发行销售该作品原件或复制件,而不构成侵权。

由此可见,著作权穷竭是针对发行权的,而且主要是针对发行权中的销售权。尤其要注意,著作权穷竭不是著作权本身的终止,而是指著作权人对作品原件或者复制件的再销售权的丧失。例如,美术作品原件的所有权转让后,该原件所有权人可以不经著作权人许可,也不必向其支付报酬,再将该美术作品原件所有权转让、赠与。著作权穷竭所涉及的理论问题,在法律上已有明确规定,即美术等作品原件所有权的转移,不视为作品著作权的转移。虽然作品的原件或者复制件所有权已经转移,但该作品的著作权并不因此而发生转移。因此,著作权穷竭并不是著作权的终止。

著作权穷竭涉及以下问题:(1) 作品原件或复制件是合法制作的。因为作品原件是唯一的,所以作品原件的合法性不存在问题。因此,重点强调作品复制件是合法制作的。作品复制件的合法性,指作品复制件是经著作权人许可或者制作者依据法律的规定制作的。例如,著作权人许可出版社出版其作品,因此而制作的复制件是合法的。非法制作的作品复制件不发生著作权穷竭。(2) 作品原件或复制件第一次被合法地投入市场,即依法享有发行权的人以销售方式将作品复制件投入市场。(3) 著作权人因此而丧失对该作品复制件的再销售控制权,即发行权,著作权人的其他权利并不受任何影响。

二、对著作权穷竭的限制

著作权穷竭,是对著作权的限制。但是,著作权人如果因此而全面丧失对其作品原件或复制件的使用控制权,就是不公平、不合理的,因为著作权限制就是为了协调著作权人、作品使用者和社会公众三者之间的利益关系,如果构建的制度过分地造成著作权人利益的减损,而增加了作品使用者或者社会公众的利益,这样的制度就是有瑕疵的,应当予以矫正。对著作权穷竭的限制就是对这种瑕疵的矫正。

著作权制度中,对著作权穷竭大体有三种限制:(1) 追续权。追续权是作家或艺术家的文学艺术作品原作或原稿,在第一次转让后,作者或作者的合法继承人享有的分享该原作或原稿转售利益的权利。这项权利最早由美国等西方国家创设,此后被一些国家接受。《伯尔尼公约》第 14 条之三对此作了专门规定。我国还没有规定该项权利。(2) 出租权。出租权是有偿许可他人临时使用电影作品和以类似摄制电影的方法创作的作品、计算机软件、录音录像制品的权利。电影等作品的复制件被合法投放市场后,其著作权人虽然不能再控制它们的继续销售,但却可控制对它们的出租。这项权利得到了《知识产权协定》、WIPO《版权条约》和 WIPO《表演和录音制品条约》的肯定。我国《著作权法》对此作了规定。(3) 公共借阅权。图书馆等公共部门向不特定的读者出借作品原件或者复制件,应当向著作权人支付适当版税。著作权人获得此项版税的权利就是公共借阅权。现在已授予该项权利的国家不多,我国《著作权法》也没有给著作权人授予该权利。

第五节 著作权的其他限制

一、公共秩序保留

公共秩序保留,就是对损害或危害国家利益、社会公共利益和善良风俗习惯的作品,著作权法不予保护的制度。对此,《知识产权协定》持肯定态度。该协定第 8 条第 1 款规定:“成员可在其国内法律及条例的制定或修改中,采取必要措施以保护公众的健康与发展,以增加对其社会经济与技术发展至关重要领域的公益,只要该措施与本协议的规定一致。”

我国《著作权法》第 4 条规定:“著作权人行使著作权,不得违反宪法和法律,不得损害公共利益。国家对作品的出版、传播依法进行监督管理。”此条包括三个方面的内容:(1) 依法禁止出版、传播的作品,仍然是著作权法上的作品,受著作权法保护。此处所指的“法”,应当是广义的法。① (2) 著作权人行使著作权,不得违反宪法和法律。前一种情形是作品本身依法被禁止出版、传播,而此种情形则是其作品本身可能并不被法律所禁止,但著作权人行使其权利可能违反宪法或法律,那么其权利就被限制,即积极行使权利的行为受到法律限制,但不排除著作权人享有著作权法上的消极权利,即对抗他人的未经许可的复制等行为。(3) 著作权人行使著作权,不得损害公共利益。

二、强制许可

强制许可,也称违背著作权人意志的许可。它是指根据申请人的请求,国家版权管理部门违背著作权人意志,授权申请人利用其作品的制度。

著作权领域虽然有强制许可制度,但实施的比较少,远没有专利领域普遍。到目前为止,规定有强制许可制度的国家不多,我国法律没有作此规定。但《伯尔尼公约》附件第 2 条规定了强制许可。

与著作权人自愿许可相比,强制许可有以下特点:(1) 强制许可是违背著作权人意志的。(2) 强制许可应由国家版权管理部门批准。(3) 强制许可有严格的条件限制。强制许可的被许可人所获得的是非专有和不可转让的许可证,而自愿许可既可以是非专有和不可转让的,也可以是专有且可以转让的。强制许可的被许可人应当按照规定向著作权人支付报酬。

与法定许可相比,强制许可有以下特点:(1) 法定许可使用人对作品的使用不需办理任何手续,可直接使用作品;而强制许可使用人须办理相应手续才能获得许可证,才能使用被许可的作品。(2) 强制许可使用的作品仅限于文字作品,法定许可使用的作品可以是多种形式的作品。(3) 强制许可的使用方式仅限于对文字作品的翻译,而法定许可使用的方式可以是复制、播放、制作录音制品、摘引等。当然,两者都应当按照规定向著作权人支付报酬。

---

① 根据国家新闻出版署 1997 年 12 月 30 日颁布的《电子出版物管理规定》第 6 条的规定,电子出版物不得含有以下内容:(1) 反对宪法确定的基本原则的;(2) 危害国家的统一、主权和领土完整的;(3) 危害国家的安全、荣誉和利益的;(4) 煽动民族分裂,侵害少数民族风俗习惯,破坏民族团结的;(5) 泄露国家秘密的;(6) 宣扬淫秽、迷信或者渲染暴力,危害社会公德和民族优秀文化传统的;(7) 侮辱或者诽谤他人的;(8) 法律、法规规定禁止的其他内容。有这方面内容的电子出版物就是依法禁止出版、传播的对象,不受保护。

三、对精神权利的限制

精神权利不能转让,不能被剥夺,但是却能限制。不过,法律对精神权利的限制相对于对财产权利的限制要少得多。

具体来说,对精神权利的限制只有三种情形:(1) 对发表权的限制。违反法律规定的作品,被禁止出版、传播。而且,作者生前未发表的作品,如果作者未明确表示不发表的,作者死亡后50年内,其发表权可由继承人或者受遗赠人行使;没有继承人又无人受遗赠的,由作品原件的合法所有人行使。(2) 对修改权的限制。我国《著作权法》第34条第2款规定:“报社、期刊社可以对作品作文字性修改、删节。对内容的修改,应当经作者许可。”这即是对修改权的一种限制。《日本著作权法》第20条第2款规定了4种对修改权的限制,即:出于学校教学目的,而对著作物的用语和用词所作的不得已的改动;由于建筑物的扩建、重建、修缮或者更换图案的改动;为了使不能使用的程序著作物在特定的电子计算机上得到使用,或为了使程序著作物在电子计算机上发挥出更好的功效,而对程序著作物所作的必要的改动;按照著作物的性质及其使用目的和状况所作的不得已的改动。(3) 对署名权的限制。我国《著作权法》对此未作规定,但《日本著作权法》第19条第2、3款分别作了限制性规定:只要著作人无特别声明,使用著作物的人可照著作人已署的称谓表示著作人的姓名;按照使用著作物的目的和状况,认为不会损害“著作人就是创作者”之主张的利益时,只要不违反惯例,可省略著作人署名。

此外,在网络著作权保护中,由于网络传输和利用的需要,对作者精神权利的限制情形可能会更多。

四、对相关权的限制

相关权属于广义著作权之一,因此法律对著作权的限制理应适用于相关权。我国《著作权法》第22条第2款、第23条第2款规定:“前款规定适用于对出版者、表演者、录音录像制作者、广播电台、电视台的权利的限制。”

对图书出版者权的限制,主要是针对图书版式设计权的限制。

对表演者权的限制,主要是针对表演者财产权,如广播电台、电视台制作新闻报道时,可能需要对现场表演中的某些片断进行报道,这就是合理使用。

对录音录像制作者权的限制,主要涉及对录音录像制品的报道。在报道中,有关媒体可能需要少量地播放其中一个片断或者少量画面,这是合理使用。对录音制品的法定许可使用,法律有明确规定。

对广播组织权的限制,我国《著作权法》第22条第1款第4项的规定就有涉及。

[思考题]

1. 著作权限制制度的理论依据是什么？
2. 著作权限制有哪些种类？
3. 如何理解合理使用？
4. 合理使用四要素是什么？
5. 法定许可使用与合理使用有何区别？
6. 如何理解著作权穷竭？
7. 如何理解对著作人身权的限制？
8. 如何理解公共秩序保留？

第七章 著作权的利用

［内容提要］ 著作权利用是著作权人行使著作权，实现著作权利益的必要方式。本章主要介绍了著作权转让、著作权许可使用、著作权质押的概念和特征以及我国《著作权法》关于著作权利用制度的规定。

［关键词］ 著作权利用 著作权转让 许可使用

著作权利用，是指著作权人利用或者授权他人利用其版权作品以获得相应报酬或者收益的法律行为。例如，著作权人授权他人将其小说改编为电影文学剧本；音乐作品著作权人授权他人演唱或者在营业场所播放其音乐作品等。

著作权利用，既能让著作权人收回其投资或者创作成本，也能让社会公众从作品中获得精神利益。例如，电影制片人通过电影的发行和放映而获得票房收入来收回其投资，电影观众能够通过观看电影而获得某种享受。

常见的著作权利用形式有著作权转让、著作权许可使用、著作权质押等。

第一节 著作权的转让

一、著作权转让的概念

著作权转让，是指著作权人通过转让合同将其著作财产权的一部分或全部让渡给对方当事人的法律行为。在此法律关系中，著作权人称为转让人，合同相对人称为受让人。

我国《著作权法》第 10 条第 3 款规定了转让权，允许著作权人全部或部分转让其依法享有的著作财产权。根据此规定可知，著作权转让的客体是著作财产权，而不包括著作人身权。

我国《著作权法》规定了 12 项著作财产权，其中每一项具体的权利都可以独立地作为转让客体，其中的若干项或者全部也可以作为转让客体。因此，著作权人向他人转让其著作权时，应当在转让合同中明确约定转让的权利。对于合同未约定的权利，未经著作权人同意，另一方当事人不得行使。

而且，由于著作权具有地域性，所以相同种类的权利在不同的法域所具有的法律效力是彼此独立的。以改编权为例，著作权人可以将它按不同法域进行分别转让,也可以向不同的人转让。如将作品的中文戏剧作品改编权在我国内地转让给一个人,在我国台湾地区转让给一个人,在我国香港特别行政区转让给一个人,在我国澳门特别行政区再转让给一个人。各个受让人的权利在各自的地域范围内受保护。与此同理,著作权人还可以将改编权按不同的国家来分别转让,受让人各自在自己的受让国家享有所受让的权利。

关于著作权能否卖绝的问题,我国《著作权法》第 10 条第 3 款规定,著作权人可以将著作权中的财产权全部或者部分转让。但不能将著作权之全部转让理解为著作权卖绝,因为我国《著作权法》第 27 条规定:"许可使用合同和转让合同中著作权人未明确许可、转让的权利,未经著作权人同意,另一方当事人不得行使。"例如,在我国,"信息网络传播权"是修正后的《著作权法》新授予的权利,如果双方在《著作权法》修改之前订立了著作权转让合同,那么根据现行《著作权法》第 27 条的规定,作品的"信息网络传播权"在著作权转让之时不是转让标的,即为转让合同中未明确转让的权利,故受让人就不能享有该权利。此外,有的国家的版权法明确规定版权不能卖绝。

关于未来著作权的转让问题,我国《著作权法》未予规定。"未来著作权"是指由将来创作的作品所产生的著作权,或者现有作品在将来因某一事件的发生而可能产生的著作权。《英国版权法》允许转让未来版权。[1]

二、著作权转让合同

著作权转让合同,是指著作权人与相对人就著作财产权之全部或部分的转让而订立的合同。我国《著作权法》第 25 条第 1 款规定:"转让本法第 10 条第 1 款第 5 项至第 17 项规定的权利,应当订立书面合同。"

因此,著作权转让合同是要式合同、有偿合同、双务合同,而且还需要到版权管理部门备案。著作权转让合同的标的是著作财产权中的一项、几项或全部。著作权转让合同包括以下主要内容:

(1) 作品的名称。作品是产生著作权的基础。无论转让哪些权利,都必依附于具体的作品。因此,作品名称是必要条款。转让合同如果没有相应的作品名称,被转让的权利就无法实施。

(2) 转让的权利种类、地域范围。被转让的权利是著作权转让合同的标的,直接关系到转让人和受让人的权利义务。转让合同未约定的权利、未约定的地域范围对受让人不发生作用。

(3) 转让价金。转让价金是受让人取得权利的对价,是转让人出让权利的

① 参见英国 1988 年《版权、外观设计与专利法》第一编"版权法"第 91 条的规定。

收益。若无转让价金,双方之间发生的法律关系就是赠与关系,而非转让关系。

(4) 交付转让价金的日期和方式。合同约定的转让价金于何时、以何种方式交付给转让人,应当在合同中有明确约定。未明确约定交付日期的,转让人可随时要求受让人交付,受让人也可随时向转让人交付。未明确约定交付方式的,受让人应当按照有利于转让人接收的方式交付,转让人应当提出符合受让人能力的交付方式。

(5) 违约责任。为了保证转让合同的正确履行,双方当事人不仅要在合同中约定权利义务,而且还要约定违约责任。如迟延交付价金的,除应当支付价金外,还应当支付违约金等。

(6) 双方认为需要约定的其他内容。上述五个方面的内容是法定必要条款。此外,双方当事人认为需要约定的条款,是约定必要条款。这种条款对具体作品著作权的转让有特别重要的意义。如作者姓名或名称,转让人是否是著作权人,转让人是否享有被转让的权利,未来著作权是否包括在内等,都是极其重要的内容,双方当事人应当就其在合同中进行约定。作者姓名或名称直接关系到被转让权利的存续期间,这是因为著作权的转让不影响被转让之权利的保护期。没有作者姓名或名称,受让人就无法知道或者难以知道其受让之权利的保护期。转让人如果不是著作权人,就无权向受让人转让该权利;或者转让人如果不享有被转让的权利,也不能向受让人转让该权利。此外,当事人有必要约定,受让人行使所受让之权利时,不得侵犯原作者或者转让人依法享有的著作人身权和其他财产权利。如著作权人将改编权转让给受让人,那么受让人在改编作品时,就不得侵犯作者或者转让人的修改权和保护作品完整权。对于尚未发表的作品,受让人获得了翻译权,但如果他未征得原作者的许可,擅自发表其翻译的作品,就可能侵犯原作者的发表权。

第二节 著作权的许可使用

一、许可使用的概念

许可使用,是指著作权人通过许可使用合同授权他人在某个地域范围内以某种方式利用其作品的制度。在此法律关系中,著作权人称为许可人,对方当事人称为被许可人。许可使用的标的是著作财产权中的一项或几项,不能是著作人身权。

与著作权转让相比,著作权许可使用并不改变著作权的归属,被许可人所获得的只是对作品的使用权。但被许可人若获得了专有许可使用权,在一定的意义上,就相当于通过转让合同取得了该项权利,因为这种被许可人在合同约定的时间和地域范围内独享该项权利,包括著作权人在内的任何人都不得以与该被许可人相同的使用方式对该作品进行使用。正因为如此,在实际生活中,常有人误将专有许可当做转让对待。从法律上看,专有许可使用与转让存在着质的区别,即专有许可使用人只能自己在约定的时间和地域范围内按约定的方式使用,不能转让该权利;而受让人不仅自己能够使用,而且还能将其拥有的权利转让给他人。

与法定许可使用相比,许可使用是著作权人通过许可使用合同授权相对人使用其作品的行为,被许可的标的可以是著作财产权中的任何权利,使用方式、时间、地域范围等都可以通过协商约定,是自己意志的体现。而法定许可使用则是法律直接规定的,某些特定主体以某种方式使用作品的制度,除法律规定的特殊情形外,法律未作规定的,任何人不得擅自使用。在某种意义上讲,法定许可使用也是著作权人意志的体现,因为法律规定,著作权人声明不许使用的,任何人都不得不经著作权人许可而使用。而且,虽然法定许可使用者也得按照规定向著作权人支付报酬,但其报酬是法律规定的,不是与著作权人协商约定的。

与强制许可使用相比,许可使用是著作权人意志的体现,而强制许可使用则是违背著作权人意志的使用。因此,强制许可使用受到很多限制。

二、许可使用合同

许可使用合同是著作权人与相对人订立的许可其在约定的时间和地域范围内按约定的方式使用其作品的合同。我国《著作权法》第 24 条第 1 款规定:“使用他人作品应当同著作权人订立许可使用合同,本法规定可以不经许可的除外。”因此,许可使用合同是要式合同、双务合同、有偿合同。许可使用合同包括以下主要内容:

(1) 许可使用的权利种类。许可使用的权利种类是许可使用合同的标的。许可使用合同明确约定的权利,相对人才能使用;合同未明确约定的,相对人不得使用,否则就是侵权。

(2) 许可使用的权利是专有使用权或者非专有使用权。该项内容决定许可使用权的性质。合同约定专有使用权的,相对人就在合同约定的时间和地域范围内对作品享有排他的使用权;合同约定非专有使用权的,相对人就在合同约定的时间和地域范围内对作品享有使用权,但无权阻止著作权人自己或者授权他人以相同的方式使用该作品。对著作权人和相对人来说,这个条款都是极其重要的。

(3) 许可使用的地域范围、期间。许可使用的地域范围就是著作权人许可相对人有权使用作品的地理区间,可以是全国范围,也可以是某个地理区域,如以黄河为界划分为南北地区作为使用范围。许可使用的期间,就是许可使用合同的有效期间。这个期间不得超过著作权的保护期。

(4) 付酬标准和办法。付酬标准,就是被许可人应当向著作权人支付使用费的标准。在我国,可参考的付酬标准有许多,如果许可使用合同不作明确约定,被许可人就无法向著作权人付酬,就容易引起纠纷。付酬办法也是一个重要条款,应当在合同中有明确约定。

(5) 违约责任。参见转让合同的内容。

(6) 双方认为需要约定的其他内容。除上述五项法定必要条款外,双方当事人如果认为需要约定内容的,可以进行协商约定。常见的内容有:作品的名称、作者的姓名或名称、被许可的权利与著作权其他权利的关系等。

第三节　著作权的质押

一、质押

质押,是指为担保债权的实现,债权人根据合同占有债务人或者第三人提供的财产,当债务人到期不履行债务时,能够以该财产折价或者以拍卖、变卖该财产的价款优先受偿的担保形式。债权人对出质财产或者权利所享有的优先受偿权,称为质权;出质的财产或权利称为质物。

质权有两种:一是动产质权,一是权利质权。权利质权,是指以所有权之外的可转让的财产权利为出质财产的质权。权利质权属于担保物权。我国《担保法》第 79 条规定,以依法可以转让的商标专用权,专利权、著作权中的财产权出质的,出质人与质权人应当订立书面合同,并向其主管部门办理登记。质押合同自登记之日起生效。因此,著作权中的财产权可以出质,著作权中的人身权不能作为质押标的。[①]

二、著作权质押

我国著作权质权的设定应由双方当事人签订质押合同并向国务院著作权行政管理部门办理出质登记。

(1) 著作权质押合同。著作权质押合同,是指著作权人作为出质人,以其享有的著作财产权之全部或部分作为质物,与主合同债权人订立的担保合同。著作权人与主合同债权人之间的质押关系,因质押合同的生效而生效。质押合同签订后,当事人应当向国务院著作权行政管理部门办理出质登记。质押合同自

① 参见我国《担保法》第 75 条、《物权法》第 223 条。

登记之日起生效。

(2) 质权对著作权的限制。著作财产权出质后,非经质权人同意,作为出质人的著作财产权人不得许可他人以与出质之权利相同的方式使用该作品,更不得转让该权利。未经质权人同意而转让或者许可他人使用已出质权利的,应当认定为无效。因此给质权人或者第三人造成损失的,由出质人承担民事责任。[①] 经出质人与质权人协商同意,著作财产权人转让出质之权利或者许可他人使用其作品的,出质人所获得的转让费、许可费应当向质权人提前清偿所担保的债权,或者向与质权人约定的第三人提存。[②]

(3) 质权的实现。著作权人所担保的债权到期未得到清偿的,质权人就可以将作为质物的著作财产权折价或者拍卖、变卖,就其所得的价款优先受偿。其价款超过债权数额的部分归出质人所有,不足部分由债务人清偿。此前,若出质人经质权人同意许可他人使用其作品,用其所得的许可费向质权人清偿或部分清偿的,在折价或者拍卖、变卖质物清偿债权时,应扣除该先付的款项。

(4) 质押关系的终止。其一,被担保的债权,在债权清偿期届满时已得到清偿的,质押关系终止。其二,经质权人同意,出质人许可他人利用其作品,将该许可费用于提前清偿被担保债权,且能够全部清偿的,质押关系终止。其三,经质权人同意,出质人或者第三人以其他质物替代,或者以其他担保形式替代的,原质押关系终止。其四,其他形式的终止。

除了上述三种利用形式外,著作权还有其他的利用形式,如作价投资入股,用于经营等,在此不一一介绍。

[思考题]

1. 著作财产权的全部转让与卖绝有何区别?
2. 著作人身权能被转让吗?
3. 著作权转让能否在本国内划分地域进行?
4. 著作权转让与著作权专有许可使用有何区别?
5. 专有使用许可与非专有使用许可有何区别?
6. 著作权许可使用能否在本国划分地域进行?
7. 作为出质人的著作权人能自行决定转让其著作权吗?
8. 作为出质人的著作权人为什么不能自行许可他人使用其作品?

---

① 参见2000年9月29日最高人民法院《关于适用〈中华人民共和国担保法〉若干问题的解释》第105条。

② 参见我国《担保法》第80条、《物权法》第227条。

第八章　著作权的管理

［内容提要］　著作权管理是基于维护著作权人合法利益，便于使用者利用作品而设定的专门制度。本章主要介绍了著作权管理组织的基本属性及著作权行政管理和集体管理的有关规定。

［关键词］　著作权管理　著作权集体管理　集体管理组织

第一节　著作权管理组织

一、著作权管理概述

世界上最早的集体管理组织是1777年在法国创立的作者协会。当年，著名的戏剧家博马歇创立了戏剧立法局，与拒绝交纳演出费的剧院老板作斗争，该组织就是现在法国戏剧作者和作曲者协会的前身。在集体管理协会的历史上，最重要的事件是两位法国作曲家和一位作家于1847年在巴黎爱丽舍田园大街的一家音乐厅的经历。当时，他们发现这家要他们支付场地费、饮料费的咖啡厅正在演奏他们创作的歌曲，于是拒绝单方面付款，引起了一场诉讼。最终，他们打赢了官司。他们成立了世界上第一个管理音乐家演奏权的组织，即现在的音乐作者作曲者出版者协会。

从法律地位上看，集体管理组织有两种类型：一是民间性的私人团体，一是官方或半官方的机构。第二次世界大战前，只有民间机构。官方或半官方机构出现在第二次世界大战后的东欧国家，后来又在第三世界国家，特别是在讲法语的非洲国家中建立。1965年原联邦德国通过的《著作权实施组织法》代表了政府干预的趋势。

从各国集体管理机构的布局来看，一些国家按作品的类别分别成立协会，另一些国家则以包罗万象的统一协会来管理各创作领域。一般情况下，对音乐表演权的管理协会是主要的，因为这是作者单独最难管理的权利，没有管理协会的有效工作，其权利基本会落空。如果这样的协会工作不善或停止活动，整个集体管理系统就会瘫痪。我国也不例外。我国1990年颁布的《著作权法》并未规定著作权集体管理组织，但第一个著作权管理协会就是1993年成立的“音乐作品著作权协会”。现行《著作权法》明确规定了著作权集体管理组织的权利与义务以及活动规则。

二、集体管理组织与作者、表演者等的关系

集体管理组织具有垄断或者几乎垄断性的地位，才能对作者、表演者等著作权人的权利给予充分有效的保护。但是，集体管理组织是民间性的私人组织，它不能像著作权行政机构那样当然对作者或者表演者等著作权人享有管理权。因此，作者、表演者等著作权人如果需要集体管理组织来管理自己的著作权，就必须通过某种法定形式与集体管理组织建立法律关系。我国《著作权法》第 8 条第 1 款前半段规定："著作权人和与著作权有关的权利人可以授权著作权集体管理组织行使著作权或者与著作权有关的权利。"该规定显然为著作权人等与集体管理组织建立法律关系提供了一种方式，即向集体管理组织授权。

这种授权的性质，与普通的著作权许可使用不同，也与著作权转让不同。正如上一章所述，通过许可使用合同获得使用权的被许可人唯一享有的权利是按照许可使用合同约定的使用方式，在约定的期间和地域范围内，使用约定的作品，无权就该作品向第三人发放分许可或再许可，更不得以自己的名义对第三人侵权行为进行诉讼，为作为许可人的著作权人或者与著作权有关的权利人主张权利。因此，著作权人向著作权集体管理组织进行的授权，不是许可使用。而且，著作权人向集体管理组织进行的授权也不是著作权转让。正如上一章所述，著作权转让导致著作权主体的变更，即原著作权人丧失被转让的权利，受让人成为新的著作权人。但是，著作权集体管理组织并不因著作权人的授权而成为新的著作权人，尤其是著作权人不因向著作权集体管理组织授权而丧失其依法享有的著作权。

那么，著作权人向著作权集体管理组织进行的授权，究竟属于何种性质的法律行为？根据国际上的惯常做法，这种授权产生的应当是一种信托关系。如 1958 年成立的德国文字作品集体管理协会，以信托方式代表文字作品的作者和出版者管理著作权。[①] 信托，是指委托人基于对受托人的信任，将其财产权委托给受托人，由受托人按委托人的意愿以自己的名义，为受益人的利益或者特定目的，进行管理或处分的行为。[②] 著作权人或者与著作权有关的权利人向著作权集体管理组织的授权，正好符合信托的特征，所以应当将其界定为一种信托关系。著作权集体管理组织自己不得使用其受托管理的作品。

此外，著作权人或者与著作权有关的权利人还可以采取会员制方式和非会

① 参见高思：《德国文字、科学作品集体管理协会简介》，载《著作权》1995 年第 2 期。

② 参见我国《信托法》第 2 条。

员制方式与著作权集体管理组织发生联系。即著作权人或者与著作权有关的权利人作为会员加入著作权集体管理组织，其所创作的全部现有作品和尚未创作的未来作品之著作权全部由著作权集体管理组织行使。这种情况下，著作权人与著作权集体管理组织的关系就不是信托关系，而是一种隐名代理关系，即著作权集体管理组织仍然以自己的名义进行管理，参加诉讼，将其所收取的使用费或版税按章程规定，向著作权人分配。而非会员与集体管理组织的关系仍然是信托关系。

三、著作权集体管理组织与作品使用者之间的关系

自然人、法人或者其他组织需要使用他人受著作权保护的作品的，当然可以通过与著作权人订立许可使用合同，获得使用权。但是，如果他们需要大量地、长期地、按时地、有规律地使用某种作品或者某些作品，采用单独与著作权人或者与著作权有关的权利人签订许可使用合同的方式，不仅成本高、难度大，而且往往会落空。由此造成的后果要么是侵权使用，即不与著作权人或者与著作权有关的权利人签订许可合同而擅自使用，要么是自己无法使用。如航空公司、卡拉 OK 厅、夜总会、酒吧、车站、码头、舞厅等，就是这样的使用者。对它们来说，这两种结果都是不可接受的。在这种情况下，便捷、有效、节约的做法是向著作权集体管理组织申请，获得一揽子授权，然后根据使用作品的时间、范围、数量、频率等向著作权集体管理组织付费。

关于作品使用者与著作权集体管理组织签订的一揽子许可使用合同的性质，有三种观点：(1) 著作权集体管理组织与作品使用者之间的许可使用合同，与著作权人或者相关权人无直接关系；(2) 著作权人或者相关权人与作品使用者之间的许可使用合同，与著作权集体管理组织无直接关系；(3) 著作权集体管理组织与作品使用者签订的利他合同。

上述三种观点，都有其合理成分。从信托的角度讲，第一种观点是正确的；从隐名代理的角度讲，第二种观点是正确的；从著作权集体管理组织与作品使用者签订合同的目的来看，该合同是一种利他合同，即以为著作权人或者相关权人获得利益为目的。例如，我国《信托法》第 26 条规定："受托人除依照本法规定取得报酬外，不得利用信托财产为自己谋取利益。受托人违反前款规定，利用信托财产为自己谋取利益的，所得利益归入信托财产。"

第二节　著作权行政管理

一、著作权行政管理组织

为了更好地实施我国《著作权法》,保护著作权人和相关权人的合法利益,国家设立专门的政府机构负责著作权的行政管理工作。著作权行政管理机构分两级:(1) 国家级,即国家版权局;(2) 地方级,即各省、自治区和直辖市以及其他各级版权局。

著作权行政管理组织是官方机构,代表中央和地方各级政府管理有关的著作权事务,处理有关的著作权纠纷。

二、著作权行政管理组织的职责

1. 国家版权局的主要职责

(1) 贯彻实施著作权法律、法规,制定与著作权行政管理有关的办法;(2) 查处在全国有重大影响的著作权侵权案件;(3) 批准设立著作权集体管理机构、涉外代理机构和合同纠纷仲裁机构,并监督、指导其工作;(4) 负责著作权的涉外管理工作;(5) 负责国家享有的著作权的管理工作;(6) 指导地方著作权行政管理部门的工作;(7) 承担国务院交办的著作权其他管理工作。

2. 地方各级著作权行政管理机构的职责

(1) 在本地区实施、执行著作权法律、法规,制定本地区著作权行政管理的具体办法;(2) 查处本地区发生的严重侵犯著作权以及与著作权有关的权利的行为;(3) 组织本地区的著作权合同纠纷仲裁;(4) 监督、指导本地区的著作权贸易活动;(5) 监督、指导著作权集体管理机构在本地区的活动。

我国《著作权法》规定,著作权行政管理部门有权对第 48 条规定的 8 种侵权行为进行查处。处理侵犯他人著作权同时损害社会公共利益的行为时,著作权行政管理部门可以:(1) 责令侵权行为人停止侵权行为;(2) 没收非法所得;(3) 没收、销毁侵权复制品,并可以处以罚款。对于情节严重的侵权行为人,著作权行政管理部门还可以没收其主要用于制作侵权复制品的材料、工具、设备等。当事人对行政处罚决定不服的,可以自收到行政处罚决定书之日起 3 个月内向人民法院起诉,期满不起诉又不履行的,著作权行政管理部门可申请人民法院强制执行。

第三节　著作权集体管理

一、集体管理组织的设立

著作权集体管理组织是一个非营利性的组织，应当依照有关法律、法规的规定设立。它可以是按照各种权利和各种权利的所有人建立的单一组织，也可以是为各种权利所有人的利益建立的管理各种权利的组织，还可以是同时管理著作权和相关权的一个组织。

无论何种形式的组织，一经成立，就有权在组织章程的范围内，以自己的名义独立从事著作权、相关权的管理活动，任何单位和个人都不得干涉。

二、集体管理组织的性质

我国《著作权法》第 8 条第 2 款规定，我国的著作权集体管理组织是非营利性的组织。关于著作权集体管理组织是官方性的、半官方性的，还是非官方性的，国际上并无统一模式，也无绝对性的结论。

有人认为，这种组织的理想性质应当是著作权人或者相关权人自己的机构，不带任何官方色彩。但法国音乐作者作曲者出版者协会负责人伊萨尔认为，自己这个协会的经验只适用于高度发达的自由经济国家，而其他国家，尤其是不发达国家，采官方或半官方性的组织并无不可，因为它可借助政府的力量来保护著作权人和相关权人的利益。[①] 我国是一个发展中国家，因此应根据我国的实际来考虑集体管理组织的性质，以便最好地保护著作权人和相关权人的利益。

关于集体管理组织的非营利性问题，国际上也无统一标准。有的国家规定该组织是可营利性的，如俄罗斯联邦等国；也有的国家规定该组织是非营利性的，如法国的作者协会是民事公司，不以营利为目的。

三、集体管理组织的职能

集体管理组织应根据著作权人或者相关权人的授权，按照自己的组织章程，以自己的名义履行以下职能：(1) 与使用者协商报酬标准、报酬数量和发放许可证的其他条件；(2) 向使用者发放该组织所管理的权利使用许可证；(3) 在未发放许可证而收集报酬的情况下，与使用者协商报酬的标准和数量；(4) 收集许可证规定的报酬和第(3) 项报酬；(5) 向其代表的著作权和相关权人分配并支付

① 参见国家版权局编：《著作权的管理和行使文论集》，上海译文出版社 1995 年版，第 43 页。

根据第(4) 项所收集的报酬;(6) 为了保护其所管理的权利,实施一切必要的法律行为,如诉讼、仲裁等;(7) 根据从著作权人和相关权人那里取得的权利,从事其他活动。

四、集体管理组织的义务

集体管理组织依法律、法规的规定和著作权人、相关权人的授权,为其所代表的著作权人和相关权人的利益开展工作时,应当履行以下义务:(1) 在支付报酬时,向著作权人和相关权人提供含有使用其作品情况材料的决算报表。(2) 将其收集到的报酬全部分配给著作权人和相关权人。同时,该组织有权从收集的报酬中扣除一定数量的款额以补偿其在收集、分配和支付此种报酬的工作中实际开支的费用,还有权扣除一定数量的款额,转给经其代表的著作权人和相关权人同意,并且为他们的利益而由该组织建立的一些专业基金会。(3) 及时、认真地收集使用费,并对未按时缴纳使用费的人主张权利,必要时提起诉讼。

[思考题]

1. 简析著作权行政管理与集体管理的异同。
2. 简析著作权行政管理的作用。
3. 如何界定著作权集体管理组织的性质?
4. 如何理解著作权集体管理组织与著作权人和相关权人的关系?
5. 如何理解著作权集体管理组织与作品使用者的关系?
6. 著作权集体管理组织如何收集和分配使用费?

第九章　著作权的保护

[内容提要]　著作权保护是著作权法的重要制度。本章主要介绍了侵犯著作权的行为，侵犯著作权的法律责任和著作权纠纷的调处方法。

[关键词]　著作权侵权行为　著作权侵权诉讼　著作权救济

第一节　著作权侵权行为

一、著作权侵权行为概述

著作权侵权行为(包括相关权侵权行为)，是指侵犯著作权或者相关权的行为。具而言之，著作权侵权行为，是指未经著作权人或者相关权人许可，擅自实施其受著作权保护的客体(包括作品、表演、录音录像制品或者广播电视节目等)，法律另有规定的除外。

著作权侵权行为属于民事侵权行为范畴。判断某种行为是否构成著作权侵权，须考虑以下要件：未经著作权人许可、实施了他人受著作权保护的客体且没有法律依据。例如，我国《著作权法》第47、48条规定的19种侵权行为，都是符合该条件的。

判断某种行为是否构成侵权是一件比较复杂的事情，并不能简单地得出结论。例如，当今的网民经常将他人受版权保护的影视作品进行滑稽摹仿，制作出网络短片，其行为是否侵权就存有争议。当然，有些行为是否侵权则是非常明显的。例如，未经著作权人许可，擅自发表其作品，就构成了对其发表权的侵犯。

二、著作权侵权行为的特征

根据一般侵权行为理论可知，著作权侵权行为具有以下特征：

(1) 侵权对象的多重性。我国《著作权法》所指的“著作权”包括三个方面的内容：著作财产权、著作人身权和与著作权有关的权利(相关权)。因此，著作权侵权行为所涉及的对象包括此三个方面的权利，《著作权法》第47、48条的规定即是如此。

(2) 行为的违法性。此处所说的违法性，是指行为人所为之行为违反了《著作权法》的规定，行为人在未经著作权人许可，也没有相应的法律规定的情况下,擅自实施了他人受著作权保护的客体。例如,为个人学习、研究或者欣赏而使用他人已发表作品,就不构成侵权,因为我国《著作权法》第 22 条第 1 款第 1 项明确规定这种行为是合理使用,不构成侵权。但是,如果为个人学习、研究或者欣赏而使用他人尚未发表的作品,就不是合理使用,而是侵权行为,因为他人尚未发表的作品不是合理使用的对象。又如,广播电台、电视台播放他人已发表的作品,并按规定给著作权人支付报酬的,就不构成侵权;如果不支付报酬,就构成了对著作权人获得报酬权的侵犯,但不侵犯其使用权,因为我国《著作权法》第 43 条第 2 款规定广播电台、电视台使用他人已发表的作品,可以不经著作权人许可,但应当支付报酬。

(3) 行为的作为性。一般民事侵权行为,有作为的侵权行为(例如,从楼上向下扔东西伤害路人),也有不作为的侵权行为(例如,放任自家的牲畜损毁他人的庄稼)。但是,著作权侵权行为通常是作为的,较少出现不作为的侵权行为。我国《著作权法》第 47、48 条总共规定了 19 种侵权行为,只有第 47 条第 7 项规定的"使用他人作品,应当支付报酬而未支付的"行为属于消极的不作为。

(4) 行为的多样性。著作权是一个权利束,包含的权利种类非常多,因此著作权侵权形式呈多样性,一个行为可能同时侵犯著作权人的若干项权利。例如,擅自改编他人未发表的作品并公开发表的,可能同时侵犯了著作权人的多项权利:发表权、改编权、获得报酬权、保护作品完整权等。关于侵权的形式,我国《著作权法》一共规定了 19 种。

因此,考察一种针对版权作品所为的行为是否构成侵权,侵犯哪些权利等,是一个比较复杂的问题。

三、著作权侵权行为的种类

按照不同的标准,可以将著作权侵权行为划分为不同的种类,从而有利于对著作权侵权行为作较明确的分析,有利于更加准确地解决侵权纠纷。一般情况下,著作权侵权行为可分为直接侵权和间接侵权两种。

所谓直接侵权,是指行为人针对版权作品所实施的行为直接侵犯了被实施对象的著作权。例如,未经著作权人许可,擅自在营业场所(包括在卡拉 OK 厅、商场、机场、车站、酒吧、夜总会等)使用他人录音录像制品进行经营活动。这是比较常见的侵权行为,也是我国《著作权法》明确规定的侵权行为。

所谓间接侵权,是指行为人的行为本身并不一定构成对他人著作权的侵犯,但是却可能促成了第三人所为侵权行为的发生,或者使第三人所为的侵权行为得以继续或持续。例如,故意制造、进口或者向他人提供主要用于避开、破坏技术措施的装置或者部件,或者故意为他人避开或者破坏技术措施提供服务的行为，其本身并未避开或者破坏他人的技术措施，但是却为别人避开或者破坏著作权人采取的技术措施提供了方便，因此该行为构成间接侵权。[①] 间接侵权行为可以分为帮助侵权、替代侵权和辅助侵权等。

我国《著作权法》规定的直接侵权行为有19种，且可以划分为两种类别：只承担民事责任的侵权行为；须承担民事责任，可能还须承担行政责任，甚至可能要承担刑事责任的侵权行为。

（一）仅承担停止侵害、消除影响、赔礼道歉、赔偿损失等民事责任的侵权行为

此类侵权行为有11种，它们分别是：

（1）侵犯发表权的行为，即未经著作权人许可而发表其作品的行为。

决定作品是否公之于众的权利，是发表权。作者生前，只能由作者决定行使；作者死后，根据作者生前的意志，由其合法继承人或者作品原件所有人决定行使。未经著作权人许可，任何人不得擅自将他人尚未发表的作品公之于众。

（2）侵占合作者著作权的行为，即未经合作作者许可，将与他人合作创作的作品当作自己单独创作的作品发表的行为。

两个以上的人共同创作的作品，为合作作品，其著作权由合作作者共同享有。任何一个或者几个合作作者不得侵占其他合作作者的著作权。一般情况下，合作作者可以就署名、作品的发表以及发表的时间、方式和地域等问题进行协商解决。未经协商，任何合作作者不得排除其他合作作者，而以自己的名义发表。与作品的发表有关的问题，应当由合作作者协商解决。协商时，无正当理由，任何合作作者不得阻止作品的发表。

（3）非法署名行为，即没有参加创作，为谋取个人名利，在他人作品上署名的行为。

我国《著作权法》规定，只有作者（包括合作作者）有权在自己创作的作品上署名。特殊情况下，经作者同意，没有参加创作的人，可以在作品上署名。如张某与李某系夫妻，张某进行创作，李某帮助张某做服务工作。作品创作完成后，张、李协商由两人同时署名。面对这样的情况，法律应如何处理？我国《著作权法》的该项规定并未使用“未经作者同意”的字样。这是否意味着：作者无权同意“没有参加创作的人”在其作品上署名？从理论上看，因为署名权不得转让，没有参加创作的人不享有署名权，所以作者无权同意没有参加创作的人在自己创作的作品上署名。但是，在实际生活中，其他人不可能知道没有参加创作的人在作品上署了名。只要作者自己不提出否定意见，法律并不干预。

---

① 参见我国《信息网络传播权保护条例》第19条第1项。

实际上,这种侵权行为的真实含义应当是:没有参加创作的人,未经作者同意,擅自在他人创作的作品上署名的行为。如果作者与要求署名者协商一致,没有参加创作而要求署名的人可以在作品上署名。

(4) 侵犯保护作品完整权的行为,即歪曲、篡改他人作品的行为。

保护作品完整权,就是禁止他人歪曲、篡改其作品的权利。作品是作者人格的延伸,因此作者在作品中所表达的综合理念应当受到他人的尊重,任何人不得歪曲、篡改他人的作品。此种侵权行为的表现形式主要是:第一,行为人具有主观故意;第二,目的是诋毁他人的作品,曲解作者的本意或者损害作者的名誉;第三,做法是割裂作品,断章取义,歪曲原意,贬低作者;第四,后果是使不明真相的读者、观众、听众或者其他人,对作品或者作者产生不良评价。

这种侵权行为既是对著作权的侵犯,也是对作者名誉权的侵犯。

(5) 剽窃行为,即剽窃他人作品的行为。

剽,古文中同“勡”。从“力”,“票”声,其义为“抢劫”。剽窃(plagiarize)即将他人的思想或言辞当作自己创作出的作品发表,而不说出其来源。[①] 著作权法上的“剽窃”,是指行为人将他人创作的作品窃为己有,以自己的名义公开发表,而不注明作品出处,不指明作者姓名。其特征为:第一,行为人具有主观故意;第二,侵权对象是他人享有著作权的作品;第三,侵权目的是将他人作品据为己有;第四,具体做法是删除他人的署名,以自己的名义将作品发表,不注明作品的出处,不指明作者的姓名或名称;第五,结果是使他人将该作品当作署名者自己创作的作品。

“抄袭”是一种与“剽窃”相近的行为,在我国,原《著作权法》将它们并列,即“抄袭、剽窃他人作品的行为”。修正后的《著作权法》将“抄袭”一词删除,仅保留了“剽窃”一词。按照修正后的《著作权法》的理解,要么“抄袭”与“剽窃”系同义词,要么“抄袭”包含于“剽窃”之中。实际上,“抄袭”既不是“剽窃”的同义词,也不被“剽窃”所包含,它们是近义词,有相同点,也有相异点。抄袭与剽窃的区别是:抄袭者要注明作品名称、作品的出处,指明作者的姓名或名称,而剽窃者则既不注明作品名称、作品出处,也不指明作者姓名或名称。

剽窃之作与被剽窃作品有以下相同点:第一,作品构成要素中的绝大多数相同或基本相同;第二,作品的结构相同或基本相同;第三,作品所表达的综合理念相同或基本相同;第四,作品中的人物、事件、地点、背景等相同或基本相同;第五,作品中的正误、对错相同或基本相同。尽管如此,要确定某一作品是对另一作品的剽窃,却是非常困难的。其原因在于:著作权不具有独占性,即不同作者

① 参见金山软件有限公司出版的《金山词霸 III》2002 年版。

分别独立创作的、具有独创性的相同作品，都能依法产生著作权，任何人不得以自己创作在先或者发表在先为由，否定其他作者的著作权；更不能主张其他作者侵权。因此，因巧合而创作相同或者基本相同作品是完全可能的。剽窃之作与被剽窃作品虽然有那么多的相同或者基本相同点，但剽窃者可以用“巧合”来抗辩。被剽窃作品的著作权人要证明剽窃行为成立，就必须承担举证责任。

判断抄袭行为，却相对容易一些。抄袭作品与被抄袭作品也具有上述的许多相同或者基本相同点，而且因抄袭者要注明作品名称、出处，指明作者姓名或者名称，所以只需将两件作品进行对比，根据两者之间的相同或者基本相同部分的多少，就可确定抄袭行为是否成立。

(6) 侵犯某些财产权的行为，即未经著作权人许可，以展览、摄制电影和以类似摄制电影的方法使用作品，或者以改编、翻译、注释等方式使用作品的行为。

这种侵权行为是对被侵权作品的直接利用，很容易判断，即只要作品仍处于受保护期间，未经著作权人许可，行为人以展览、摄制、改编、翻译、注释等方式利用了该作品的，其行为就可能构成侵权，但《著作权法》另有规定的除外。

(7) 侵犯获得报酬权的行为，即使用他人作品，应当支付报酬而未支付报酬的行为。

获得报酬权，是著作权人和相关权人依法享有的一项重要权利，也是著作权人和相关权人收回投资、获得收益的保证。除合理使用外，任何人使用他人受著作权保护的客体，都应当按规定支付报酬。否则，就可能构成对获得报酬权的侵犯。

一般情况下，行为人并不会单独地侵犯著作权人或者相关权人的获得报酬权，而是侵犯使用权的同时侵犯获得报酬权。但是，某些特殊情况下，行为人可能并未侵犯著作权人或者相关权人的使用权，但侵犯了其获得报酬权。其一，依据法定许可使用的规定，使用他人已发表作品，并不侵犯著作权人或者相关权人的使用权，但可能侵犯其获得报酬权。其二，根据著作权使用许可合同约定使用作品，但未按约定向著作权人或者相关权人支付使用费的，其行为既构成违约，又侵犯了获得报酬权。其三，根据法律规定获得强制许可的使用人应当按规定向著作权人支付报酬。未支付报酬的，即构成了对获得报酬权的侵犯。

(8) 侵犯出租权的行为，即未经电影作品和以类似摄制电影的方法创作的作品、计算机软件、录音录像制品的著作权人或者与著作权有关的权利人的许可，擅自出租其作品、计算机软件或者录音录像制品的行为。

出租权是我国修正后的《著作权法》给著作权人和相关权人授予的一项权利。该项权利所适用的对象是：电影作品和以类似摄制电影的方法创作的作品；计算机软件；录音录像制品。任何人购买了这三种对象的原件或者复制件后，除了供个人、家庭学习或欣赏外,不得以营利目的使用。任何人未经许可而出租该作品或制品的,就可能侵犯该项权利。

(9) 侵犯版式设计权的行为,即未经出版者许可,使用其出版的图书、期刊的版式设计的行为。

此种侵权行为的表现主要是:行为人将他人出版的图书、期刊的版式设计用于自己出版的图书或者期刊上。其目的是使自己出版的图书或者期刊与他人的图书或者期刊相混淆,以获得不法利益。

(10) 侵犯表演者权的行为,即未经表演者许可,从现场直播或者公开传送其现场表演,或者录制其表演的行为。

此种侵权行为的表现主要是:表演者正在进行表演,行为人事先未经表演者(演出组织者或者进行表演的个人)许可,便将该表演以广播、电视的方式进行现场直播,或者以其他有线或无线传输方式将该表演进行公开传送,或者以录音、录像等方式将该表演固定下来。其目的可以是营利性的,也可以是非营利性的。

(11) 其他侵犯著作权以及与著作权有关的权利的行为。

这是一个弹性条款,为制裁其他侵犯著作权或相关权的行为留下了空间。从立法技巧和社会现实的角度看,没有必要也没有可能穷尽所有的侵权行为;但是,从保护著作权人和相关权人利益的角度看,有了这个弹性条款,再加上著作权侵权行为理论的支持,法律尚未明确规定的许多侵权行为,都难逃法律的制裁。

(二) 不仅应当承担民事责任,而且还可能承担行政责任和刑事责任的侵权行为

与第一类侵权行为相比,此类侵权行为不仅给著作权人或者相关权人造成财产损失,而且还可能损害公共利益,情节严重,甚至可能构成犯罪。因此,法律规定,实施该种行为的自然人、法人或者其他组织,不仅要依法承担民事责任,而且还要承担行政责任或刑事责任,以保护个人利益、公共利益和国家利益。这种侵权行为共有 8 项,它们分别是:

(1) 侵犯著作权人某些财产权的行为,即未经著作权人许可,复制、发行、表演、放映、广播、汇编、通过信息网络向公众传播其作品的行为。

上述第(一)类侵权行为,是针对某些著作财产权的行为。本项规定的侵权行为也是针对某些著作财产权的,但两者是有区别的:前一种侵权行为所涉及的主要是著作权人个人利益,不可能或者几乎不可能涉及公共利益和国家利益,而此种侵权行为则可能同时涉及著作权人的个人利益、公共利益和国家利益。此种侵权行为包括:

其一,侵犯复制权的行为。这种侵权行为主要表现为:未经著作权人许可,擅自以复制方法制作他人作品复制件的行为。复制他人作品,就是行为人主观上并不打算对作品的表现形式和综合理念作改动,客观上也未作改动或者几乎未作改动产生的复制件。复制不同于抄袭或剽窃,例如,以临摹方式制作的复制件,客观上可能与被临摹的作品存在某种差异,但临摹者主观上没有改动该作品的意图,所以临摹是一种复制,而不是抄袭,更不是剽窃。

其二,侵犯发行权的行为。这种侵权行为主要表现为:未经著作权人许可,擅自以出售或赠与等方式向公众提供作品复制件。发行可以是以营利目的所为的出售,也可以是非营利目的所为的赠与等。

其三,侵犯表演权的行为。这种侵权行为主要表现为:未经著作权人许可,公开表演他人作品,或者以各种手段公开播送作品的表演。具体可分为两种:一是直接表演他人版权作品的行为;二是借助各种设备、器械等公开播送作品的表演的行为。例如,利用影视播放机播放音像制品的行为,就是一种表演行为。未经著作权人许可,在公共场所播放音像制品就是对表演权的侵犯。

其四,侵犯放映权的行为。这种侵权行为主要表现为:未经著作权人许可,通过放映机、幻灯机等技术设备公开再现美术、摄影、电影和以类似摄制电影的方法创作的作品。

其五,侵犯广播权的行为。这种侵权行为主要表现为:未经著作权人许可,以无线方式公开广播或者传播作品,以有线传播或者转播的方式向公众传播广播的作品,以及通过扩音器或者其他传送符号、声音、图像的类似工具向公众传播广播的作品。

其六,侵犯汇编权的行为。这种侵权行为主要表现为:未经著作权人许可,将他人版权作品或者作品的片断,编入其汇编作品。

其七,侵犯信息网络传播权的行为。这种侵权行为主要表现为:未经著作权人许可,以有线或者无线方式向公众提供他人版权作品,使公众可以在其个人选定的时间和地点获得该作品。具体表现有:将他人的版权作品上网传播,或者收入网络电子图书馆等。

上述诸行为,我国《著作权法》另有规定的除外,如合理使用、法定许可使用等情况除外。

(2) 侵犯图书出版者专有权的行为,即擅自出版、复制或者以其他方式制作、发行他人享有专有出版权的图书的行为。

不论著作权人还是其他人,在出版合同的有效期和地域范围内,都不得擅自出版、复制或者以其他方式制作、发行该图书,因为图书出版者对该图书享有专有出版权。具体表现为:以图书形式出版该作品;出版该作品的修订版;出版该作品的重印版等。

(3) 侵犯表演者权的行为,即未经表演者许可,复制、发行录有其表演的录音录像制品,或者通过信息网络向公众传播其表演的行为。

此种侵权行为包括三种形式:一是复制录有表演者表演的录音录像制品;二是发行录有表演者表演的录音录像制品;三是通过信息网络向公众传播表演者的表演。

前两种形式首先是对表演者权的侵犯,其次是对录音录像制作者权的侵犯,同时还可能构成对被表演作品著作权的侵犯。例如,VCD《相声作品集》录有侯宝林和郭全宝两位先生表演的相声《醉酒》。相声作品《醉酒》的作者享有著作权;VCD《相声作品集》的制作者享有录音录像制作者权;侯宝林和郭全宝两位先生对自己的表演享有表演者权。非法复制、发行该 VCD,可能同时侵犯这三个方面的权利。第三种侵权行为可能同时侵犯两个方面的权利:一是表演者权,二是被表演作品的著作权,但《著作权法》另有规定的除外。

(4) 侵犯录音录像制作者权的行为,即未经录音录像制作者许可,复制、发行、通过信息网络向公众传播其制作的录音录像制品的行为。

该侵权行为在上一种行为中已经讨论了,此项的规定只是侧重点不同而已。即上一项重点在表演者权,此项重点在录音录像制作者权。

(5) 侵犯广播组织权的行为,即未经广播电台、电视台许可,擅自播放或者复制其制作的广播、电视节目的行为。

此种侵权行为很明确,除《著作权法》另有规定外,任何人不得擅自播放或者复制广播电台、电视台制作的广播、电视节目。

(6) 避开或破坏技术措施的行为,即未经著作权人或者相关权人许可,故意避开或者破坏权利人为其作品、录音录像制品等采取的保护著作权或者相关权的技术措施的行为。

著作权人或者相关权人为保护其作品或者录音录像制品不受非法复制、利用等而采取的技术措施,受法律保护。著作权人或者录音录像制作者通常采用的技术措施有两种:一种是控制通向版权客体之路由的技术措施,如加密(encryption);第二种是控制对版权客体进行复制的技术措施,如连续拷贝管理系统(SCMS, serial copy management system)。路由控制技术能有效阻止他人直接接触版权作品或者音像制品,即已采用加密措施的版权客体,在未被解密前,播放设备或者录制设备不可能直接接触到保护对象,但是终端用户却能够借助解密设备进行收听收看。这种解密不可能偶然发生,因此未经授权的解密行为就构成了对法律禁止性规定的破坏。控制版权复制技术,如复制控制标记(copy control flags),能够阻止一般的复制设备或者播放设备读取并解开被保护对象而复制。一旦这种控制标记被破坏或者避开,播放设备就不能找到这种标记,那么被播放的内容就处于无保护状态,从而受到非法复制。未经授权擅自破坏或者避开这种复制控制标记的,就可能构成对此权利的侵犯。

此外,还有其他的一些技术措施,也可以用来保护著作权人或者录音录像制作者不受非法侵犯。这样的技术具有保护作用,未被避开或者破坏前,其他人就无法直接接触被复制、播放作品或者录音录像制品。但是,著作权人或者录音录像制作者能够设置技术措施,其他人也能够避开或者破坏这种技术措施。本项规定就是禁止他人未经许可,擅自避开或者破坏这种技术措施的行为。

(7) 删除或者改变权利管理电子信息的行为,即未经著作权人或者与著作权有关的权利人许可,故意删除或者改变作品、录音录像制品等的权利管理电子信息的行为。

权利管理电子信息,是著作权人或录音录像制作者为了表明自己的身份、指明作品或者录音录像制品的权利状况而为之设计并使用其上的电子信息。这样的电子信息一旦被除去或者改变,就有可能使人误认为相关的作品或者录音录像制品已处于公有领域,不再受法律保护。因此,任何人未经著作权人或者录音录像制作者许可,不得删除或者改变之,否则即构成侵权。

(8) 侵犯他人免受作品之虚假署名的权利的行为,即制作、出售假冒他人署名的作品的行为。

任何自然人都享有免受作品之虚假署名的权利。对于这样的权利,《英国版权法》第 84 条第 1 款作了明确规定,即任何人都有权利使自己:免于被虚假地署名为某一文学、戏剧、音乐或艺术作品的作者,以及免于被虚假地署名为某影片的导演。我国《著作权法》虽然没有从正面作此规定,但此项规定即是从反面规定了免受虚假署名的权利。

这种侵权行为的具体表现有:第一,公开发行含有虚假署名之描述的作品的复制件;第二,公开展览其上面或内容有虚假署名的艺术作品或其复制件;第三,关系到文学、戏剧或者音乐作品时,将其作为某人的作品而公开表演、广播或收入广播电视节目中;第四,关系到影片时,将其作为某人导演之作品而公开放映、广播或者收入到广播电视节目中;第五,其他明示或暗示性地将某人当作某作品的作者或者影片的导演的行为。

此种行为所侵犯的不是自然人的姓名权,也不是自然人的署名权,而是其作者身份权,或者免受作品之虚假署名的权利。行为人虚假地在自己的作品或者其他人的作品上将某人署名为作者,目的主要是为了获取非法利益,同时该行为可能造成对被署名者之名誉、声誉、形象等的侵害,因此是一种侵权行为。

第二节　著作权侵权诉讼

一、受诉法院

著作权侵权行为发生后，著作权人或者相关权人可以通过协商、调解或者仲裁等途径解决，但较常见的解决方式是侵权诉讼。从级别管辖上看，根据我国《民事诉讼法》的有关规定，著作权侵权纠纷的第一审法院通常是中级人民法院，只有少数地区的基层人民法院（例如北京的海淀区人民法院、朝阳区人民法院，上海的浦东区人民法院等）可以作为一审法院。从地域管辖的角度看，第一审管辖法院可以是侵权行为发生地法院、侵权人住所或者营业所所在地法院。由先受理的法院进行审理。

二、诉前临时禁令

诉前临时禁令，是指著作权人或者相关权人有证据证明他人正在实施或者即将实施侵权行为，如不及时制止将会使其合法权益受到难以弥补的损害的，在起诉前请求有管辖权的人民法院采取的一种责令有关当事人停止正在实施或者即将实施的行为，最后由人民法院作出有关当事人停止其行为的裁定。

采取临时禁令措施应当符合以下条件：(1) 有关人员正在实施或者即将实施侵犯其权利的行为；(2) 如不及时制止该行为，将会使权利人的合法权益受到难以弥补的损害；(3) 权利人尚未向人民法院提起诉讼；(4) 权利人向人民法院提出采取责令有关人员停止有关行为的申请；(5) 申请人须向人民法院提供能够证明其申请成立的充分证据；(6) 人民法院依照法定程序作出责令有关人员停止有关行为的裁定。

三、诉前财产保全

诉前财产保全，是财产保全之一种。它是指在提起诉讼之前，法院根据利害关系人的申请，对被申请人的财产采取的强制性措施。

诉前财产保全是在提起诉讼前作出的，采取保全措施后原告是否一定会提起诉讼，或者提起的诉讼是否符合起诉条件都无法确定。因此，诉前财产保全应受到严格限制。我国《民事诉讼法》第 93 条规定的诉前财产保全须具备以下条件：(1) 具有采取财产保全的紧迫性；(2) 利害关系人提出财产保全的申请；(3) 申请人须提供担保。否则，法院只能驳回其申请。

我国《著作权法》第 50 条第 1 款规定，著作权人或者相关权人可以在提起诉讼前向人民法院申请采取财产保全的措施。这样的申请,应当适用我国《民事诉讼法》第 93—96 条和第 99 条的规定。

四、证据保全

无论在起诉前还是在诉讼过程中,都存在着证据可能灭失或者以后难以取得的情形。如被告一旦得知原告起诉,可能隐匿对其不利的证据,物证可能腐败变质等,会给证据的收集造成困难。为了防止证据日后无法收集或者难以取得,我国《民事诉讼法》第 74 条规定:“在证据可能灭失或者以后难以取得的情况下,诉讼参加人可以向人民法院申请保全证据,人民法院也可以主动采取保全措施。”

在著作权侵权纠纷中,我国《著作权法》第 51 条规定,为制止侵权行为,在证据可能灭失或者以后难以取得的情况下,著作权人或者与著作权有关的权利人可以在起诉前向人民法院申请保全证据。此规定与我国《民事诉讼法》第 74 条的规定基本一致。

人民法院接受申请后,应当在 48 小时内作出裁定;裁定采取保全措施的,应当立即开始执行。人民法院可以责令申请人提供担保,申请人不提供担保的,驳回申请。申请人在人民法院采取保全措施后 15 日内不起诉的,人民法院应当解除保全措施。

五、举证责任

民事诉讼中的举证责任,是指当法律要件事实在诉讼上处于真伪不明状态时,负有证实法律要件事实责任的当事人一方所承受的法官不利判断的危险。举证责任的存在,使得负担该危险的当事人为避免败诉,须向法院提供证据。举证责任发生的原因有三点:(1) 诉讼中客观上存在着法律要件事实真伪不明的现象;(2) 即便要件事实的真伪无法确定,法官仍然要对该案件作出判断;(3) 法官须根据证据认定案件事实,只能将真伪不明的事实视为不存在的事实。因此,举证责任直接影响诉讼的胜败。

如上所述,著作权侵权行为是一种一般民事侵权行为,而不是特殊侵权行为,因此适用一般民事侵权诉讼的规定。我国《民事诉讼法》第 64 条第 1 款规定:“当事人对自己提出的主张,有责任提供证据。”此条所规定的是民事诉讼中举证责任的一般原则,即“谁主张,谁举证”原则。根据该原则,在著作权侵权诉讼中,一般情况下,应当由原告对自己的主张负举证责任。

但是,我国《著作权法》第 53 条将几种特殊侵权行为的举证责任移转于被告,即“复制品的出版者、制作者不能证明其出版、制作有合法授权的,复制品的发行者或者电影作品或者以类似摄制电影的方法创作的作品、计算机软件、录音录像制品的复制品的出租者不能证明其发行、出租的复制品有合法来源的,应当承担法律责任”。具而言之,当著作权人或者相关权人对复制件的出版者或者制作者提起侵权诉讼时,原告不必证明被告的出版、制作行为无合法授权,而是由被告证明其出版、制作复制件具有合法授权。否则,被告就要承担法律责任。另一种情况是,原告如果起诉被告出租的作品或者制品的复制件是非法的,应当承担法律责任,但不必对此举证。如果被告能证明其出租的复制件有合法来源,则不承担法律责任;否则,就要承担相应的侵权责任。

第三节　著作权仲裁

一、著作权纠纷

著作权纠纷,是指著作权人或者相关权人与其他人因著作权或者相关权侵权、著作权许可使用合同、著作权转让合同、相关权许可使用合同、相关权转让合同、作者的认定或者作者身份的确定、著作权或者相关权的归属、著作权或者相关权的继承或继受等发生的纠纷。

显然,著作权纠纷比著作权侵权所包含的内容更丰富。

二、仲裁

仲裁,是仲裁机构根据当事人的请求,对其请求处理的事项,根据事实并依据法律规定,公平合理地作出具有法律约束力的裁决的方式。

著作权纠纷当事人向仲裁委员会就其纠纷申请仲裁的,应当有书面仲裁协议或者仲裁条款。仲裁协议包括合同中订立的仲裁条款和以其他书面方式在纠纷发生前或者纠纷发生后达成的仲裁协议。没有仲裁协议或者仲裁条款,当事人请求仲裁的,仲裁委员会不予受理。

三、仲裁的效力

仲裁实行一裁终局。裁决作出后,当事人就同一纠纷再次申请仲裁或者向人民法院起诉的,仲裁委员会或者人民法院不予受理。但是,仲裁裁决被人民法院依法裁定撤销或者不予执行的,当事人就该纠纷可以根据仲裁协议再申请仲裁,也可以向人民法院起诉。

第四节 著作权救济措施

按照我国《著作权法》的规定,著作权的救济方式包括以下几种:

(1) 停止侵害。著作权侵权行为具有连续性,因此著作权人或者相关权人通常采取的救济措施就是请求侵权行为人停止侵害,即请求人民法院强制性地裁定或者判决侵权行为人停止正在实施或者即将实施的侵权行为。

(2) 消除影响。采取这种救济方式的前提是,侵权行为给著作权人或者相关权人造成了不良影响,使著作权人或者相关权人的名誉、声望、形象等遭受了损害。该请求得到人民法院支持的,即最后生效的法律文件要求侵权行为人消除影响的,侵权行为就必须以生效的法律文件中指定的方式进行消除影响的救济。

(3) 赔礼道歉。作为一种法律救济措施的赔礼道歉,首先表示侵权行为人承认自己的行为侵害了他人的权利,其次表示对侵权行为的认错诚意,最后表示对著作权人或者相关权人的安慰,使其心理得到慰藉。

(4) 赔偿损失。该救济措施不仅是对著作权人或者相关权人经济损失的补偿,而且也是为了让侵权行为人无法因实施侵权行为而获取违法所得。

关于损害赔偿的数额,我国《著作权法》给出了三种可选择的计算标准:一是以权利人因侵权所遭受的实际损失为标准给予赔偿。这是首选标准。因为法律规定赔偿损失的主要目的就是补偿权利人因他人侵权而遭受的损失,如果权利人所受损失能够计算清楚,以此标准执行是合理的。二是如果权利人因侵权所遭受的实际损失难以计算的,则可以按照侵权行为人的违法所得给予赔偿。在执行以上这两种标准中的任何一种时,都应当将权利人为制止侵权行为所支付的合理开支计算在内。三是如果权利人的实际损失或者侵权人违法所得不能确定的,由人民法院根据侵权行为的情节,判决给予50万元以下的赔偿。这一赔偿标准是新加入的,也称定额赔偿制度,《知识产权协定》对此有明确要求。

如果侵权行为损害了公共利益,那么著作权行政管理部门还可根据法律规定,责令侵权行为人停止侵权行为,没收违法所得,没收、销毁侵权复制品,并可处以罚款;情节严重的,著作权行政管理部门还可以没收主要用于制作侵权复制品的材料、工具、设备等;构成犯罪的,依法追究刑事责任。就罚款而言,根据《著作权法实施条例》第36条的规定,实施《著作权法》第48条所列侵权行为,同时损害社会公共利益,非法经营额5万元以上的,著作权行政管理部门可处非法经营额1倍以上5倍以下的罚款;没有非法经营额或者非法经营额5万元以下的,著作权行政管理部门根据情节轻重,可处25万元以下的罚款。

当事人对行政处罚不服的,可以自收到行政处罚决定书之日起3个月内向人民法院起诉,期满不起诉又不履行的,著作权行政管理部门可以申请人民法院执行。

[思考题]

1. 试述著作权侵权行为的特征。

2. 著作权侵权行为的民事责任包括哪些内容?

3. 采取临时禁令措施必须符合哪些条件?

4. 根据我国《著作权法》的规定,著作权人被侵权后的救济方式有哪些?

第三编　专　利　权

第十章　专利制度概述

［**内容提要**］　本章述及专利制度的基本范畴及基本问题，包括专利、专利权、专利法的概念和基本特征，专利制度的发展概况，专利制度的社会功用。

［**关键词**］　专利　专利权　专利法

第一节　基本概念

一、专利

“专利”源于英文的“patent”一词，最初是指由国王亲自签署的带有御玺印鉴的独占权利证书。在没有成文法的时代，国王的命令就是法令，只有国王才能授予独占权。所以，这种特殊的权利证书带有法律色彩。国王的这种证书的发布通过信件传递，信件不像通常那样是密封的，而是一种“敞开封口的证书”，所经之路上的任何人都可以打开看，其意义是希望所有看到这一证书的人都知道所授予独占权利的技术内容。也可以说，这种证书的内容是公开的，享有的权利是垄断的。因此，“patent”的本意即有公开和垄断双重含义。

“垄断”和“公开”构成了专利的两个最基本的特征。所谓垄断，就是法律授予技术发明人在一定时期内享有独占使用的权利。所谓公开，是指发明人作为对法律授予独占使用权的回报，必须将自己的技术公之于世。让世人有机会充分知晓专利技术,一是为了让他人在使用这一技术时尊重权利人,二是为了帮助后人超越这一技术,避免重复的技术开发。

现代专利制度无处不体现“垄断”和“公开”合一的思想。

法律意义下,“专利”一词即是指专利权,它是国家依法授予发明创造人享有的一种独占权。实践中,“专利”一词有更广泛的使用。当讲到专利实施时,“专利”是指一种技术方案;当讲到专利检索时,“专利”是指专利文献;有时“专利”还可以是专利证书的简称。但是,“专利”最基本的含义还是指法律授予的专利权——一种完全公开的技术方案依法被授予的独占权,它同时具备“垄断”和“公开”两大基本特征。

二、专利法

专利法是调整因发明创造的产生、利用与保护等发生的各种社会关系之法律规范的总称。

专利法调整的这种社会关系决定了专利法的调整对象:

(1) 专利法调整因确认发明创造归属而产生的各种社会关系。发明创造是一种智力劳动成果,属无形财产,专利法规定了专利申请权以及专利权的归属原则,这是对发明创造给予法律保护的重要前提。根据发明创造性质的不同,专利法对于职务发明、非职务发明、合作发明和委托发明等都规定了不同的权利归属原则。

(2) 专利法调整因授予专利权而产生的各种社会关系。专利法的宗旨是保护发明创造专利权。围绕着如何进行专利申请、审查、授权,必然会产生诸多社会关系,这是专利法调整对象中最重要的一部分内容。

(3) 专利法调整因保护专利权而产生的各种社会关系。保护专利独占权必须明确权利保护的期限、范围、内容及其限制,明确侵权的认定原则和承担的责任以及权利人采取法律救济的手段和途径等。由此产生的社会关系的调整决定一部专利法保护水平的高低,保护力度的强弱。

(4) 专利法调整因利用专利权而产生的各种社会关系。保护专利权,旨在利用发明创造,使其最大范围地为社会所用,促进科学技术的发展。一项发明创造也只有应用于实际生产,才能显示其价值;同时,专利权人也才能从发明创造中受益。专利权的利用有多种形式,如专利权的转让、许可使用、自行实施等。特别是在专利的许可证贸易中,专利权人可以通过运用有效管理与策略,谋求最大范围的实施和许可受益。而专利法之于专利的利用,必须在考虑专利权人的利益的同时,防止专利权人滥用权利限制公平竞争,以保护专利实施过程中的公众利益。因此,对专利权人权利行使的法律限制同样是专利法的重要任务。

专利法律关系的构成同其他法律关系一样包括主体、客体和内容三要素。

专利法律关系的主体,是指法律关系的实际参加者,也就是在具体法律关系中享有权利并承担义务的人或组织。我国专利法赋予自然人、法人和其他组织以取得专利权的主体资格,具体是指发明创造完成人、专利申请人、专利权人;而社会上的任何单位和自然人也是专利利用过程中的行为主体。

专利法律关系的客体是指行为主体的权利义务所指向的对象,也就是专利法所保护的发明创造,具体是指发明、实用新型和外观设计三类发明创造。

专利法律关系的内容是指权利主体依法享有的权利和承担的义务。我国专利法规定了发明人、设计人、专利申请人和专利权人应享有的各种权利,同时也规定了他们应尽的义务,以保持权利的有效性,保护社会公众的利益。

三、专利权

专利权是专利法的核心内容,它是国家专利主管部门依据专利法授予发明创造人或合法申请人对某项发明创造在法定期间内所享有的一种独占权或专有权。未经专利权人许可,他人不得利用该专利技术。具体来说,发明和实用新型专利权被授予后,任何单位或者个人未经专利权人许可,都不得实施其专利,即不得为生产经营目的制造、使用、许诺销售、销售、进口其专利产品,或者使用其专利方法以及使用、许诺销售、销售、进口依照该专利方法直接获得的产品。外观设计专利权被授予后,任何单位或者个人未经专利权人许可,都不得实施其专利,即不得为生产经营目的制造、销售、进口其外观设计专利产品。专利权的内容根据专利种类的不同在表述上有所区别。此外,专利权还包括转让权、许可使用权、标记权等。

专利权具有知识产权最基本的特性,这也是世界知识产权组织在其相关的知识产权论述中给予确定的:

(1) 专有性,也称独占性、排他性、垄断性。它是指对于同一内容的发明创造,国家只授予一项专利权,即使是不同主体不谋而合产生的同一发明创造也只能被授予一项专利权。从这一点上看,授予专利权并不是完全从公平角度出发的,而是从鼓励创新、激励竞争的角度出发的。由于对那些完全是自己独立研发出的技术成果没有获得专利权,其发明创造人有可能丧失使用的权利,甚至构成侵权。专利一经授权,他人未经专利权人许可不得进行商业性利用;而经过授权,专利又可以在同一时间由多个主体同时利用并获得收益。可见,专利权的“专有性”与有形财产的“专有性”是有区别的:第一,在同一时间内,专利权所指向的一个无形财产,经过授权可为多人同时利用并收益。专利的普通许可就是就同一项发明创造许可多人使用的情况。而同一个有形财产同一时间内只能为一个主体占有和利用。第二,相同的发明创造对应的无形财产只能有一项专利权,而对于物理上相同的有形财产可以由多人分别享有独占权,并不排斥不同的权利主体对物理上相同的有形财产的占有。

(2) 地域性。专利权的效力具有地域范围,一个国家授予的专利权,仅在该国地域内有效,在其他国家没有法律效力。专利权的地域性是由专利法的国内法性质决定的。一件发明若要在其他国家得到保护,必须依该国专利法进行专利申请而取得专利权。显然,未在一个国家取得专利权的发明创造,就不能得到这个国家法律的当然保护。从这个层面上讲,人们利用那些不受本国保护的外国专利,并不会产生侵权的问题。但是,一旦产品出口到受保护的国家就会有侵权的风险。同时,专利权人常常会利用专利的国际申请,在有市场应用价值的国家都申请专利,所以某项发明创造在当时看来在某个国家没有申请专利,仍然可能在日后有“潜水艇”专利的出现。随着国际公约覆盖的国家和地区越来越广泛,《专利合作条约》以及《专利法条约》的实施,专利的地域性开始淡化。有些发达国家甚至主张建立世界专利体系。一旦该体系建立,专利的地域性将不再依本国法产生,而是依国际公约确定。即便未能建立,如果几个主要国家的专利局之间达成合作,也极有可能覆盖世界上的主要贸易区,达到实质上的专利授权国际化。

(3) 时间性。专利权有法定的保护期限,在保护期限内,专利权人享有独占权。法律对专利技术的垄断权给予时间限制,是为了平衡专利权人和社会公众利益。在保护期内,专利权人可以最大可能地利用专利获取利益,从而保证了专利权人对发明创造的利益。一旦期限届满或因故提前终止,该专利技术即进入公有领域,任何人都可以无偿利用其发明创造。这样,专利的垄断就不会不当地阻碍社会进步。目前,世界各国均有大量超过保护期或因故提前终止的专利技术,它们可能仍有相当的利用价值。事实上,它们是一种巨大的公共财富,特别是为发展中国家提供了一定的创新和发展空间。

除上述特性外,专利权还具有法定性。专利权依法产生,尽管有些发明创造符合专利条件,但是如果不提出申请或者没有按照专利法的要求提出申请,也不能获得专利保护。专利法还排除了一些技术领域于专利保护之外,即使这些领域中符合专利条件的创新成果,比如动植物品种等,也不能取得专利。而对于各自独立完成的相同发明创造,法律不允许同时存在两个独立的专利。专利权的取得不仅要履行严格的申请审批程序,还要接受一些法定的限制条款。

专利权的商品特性也变得越来越明显。虽然权利的有偿转让在其他财产也有体现,但是随着贸易形式的转移,以专利权为标的的交易越来越成为国际贸易的主流。专利权的许可直接按照商品的价值规律进入市场。专利许可证贸易主导着高新技术领域的所有产品，有些公司已经专门从事研发，以“生产”专利权为经营模式，他们不需要车间、厂房、设备、制造基地，仅提供源源不断的专利许可证。

第二节 专利法的产生与发展

一、专利法的产生

专利法正式诞生于欧洲蓬勃兴起的工业革命时期。而对技术发明授予独占权在公元前的雅典时代就已开始。到了中世纪，一些西方国家的君主为了发展经济，赐予商人和能工巧匠在一定时期内免税并独家经营某种新产品的特权。这些特权当时尚不在国家法律制度下授予，而只是君主的个人意愿，所以还不能称其为专利。如 1331 年英王爱德华三世授予佛兰德工艺师约翰·卡姆比在缝纫和染织技术方面“独专其利”的权利。[①] 对发明授予专利最早出现在 1449 年，亨利六世授予生于佛兰德的约翰一种玻璃制造方法 20 年的垄断权。[②]

1474 年 3 月 19 日，威尼斯共和国颁布了世界上第一部专利法。该法规定：在 10 年期限内，未经发明人的同意和许可，禁止他人再制造与该发明相同及相似的装置。若仿制，将赔偿专利权人金币百枚，仿制品也将立即销毁。威尼斯专利法开始了以立法形式取代由君主赐予特权的制度。该法规定的三个基本原则，即“保护发明创造原则、专利独占原则、侵权处罚原则”为现代专利制度奠定了基础。

1624 年英国制定了《垄断法》，又称《专卖条例》。该法规定了发明专利的主体、客体、取得专利的条件、专利的有效期限、专利权的限制以及宣告专利权无效的条件。该法虽然很简单，但反映了现代专利法的基本内容：(1) 专利授予最先发明的人；(2) 专利权人在国内有权制造、使用其发明的物品和方法；(3) 专利不得引起价格上涨，不得有碍交易、违反法律或损害国家利益；(4) 专利保护期为 14 年。

英国专利法的制定，对当时的工业革命有巨大的推动作用，对其他国家专利法的制定也有很大影响。尽管最早的专利制度并非出现在英国，但是英国无疑是具备最悠久专利传统的国家。也可以说，英国专利法是世界专利制度发展史上的第二个里程碑，是现代专利法的始祖。

---

① 参见郑成思著：《知识产权法》，法律出版社 1997 年版，第 228 页。

② 参见英国专利局对英国专利发展的介绍：“Five hundred years of patents: Origins”, http://www.ukpats.org.uk/patent/history/fivehundred/origins.htm，2007 年 2 月 9 日访问。

英国专利制度是世界专利制度的基础,它在强调专利保护的同时,也对专利权的行使施加了限制,以防止利用专利限制竞争。可见,现代专利法从开始就与反垄断规制并行发展。

二、专利法律制度的普遍建立

17、18 世纪,资本主义经济迅速发展,现代化大生产出现了,这使得新技术的使用成了最有效的竞争手段。新技术的拥有者极力要求国家对自己的技术予以保护,专利制度也就在世界范围内广泛发展起来。

美国于 1776 年独立,1790 年制定了第一部专利法。法国 1791 年颁布了专利法。继后,俄国于 1814 年、荷兰于 1817 年、西班牙于 1820 年、印度于 1859 年、德国于 1877 年、日本于 1885 年都先后实行了专利保护制度。

专利制度形成初期,多数国家的专利法都采取不审查原则,只要申请登记就可以获得专利证书,其中许多都没有技术价值。因为登记制保证不了专利的质量,对专利法的实施产生了负面影响,所以这种登记制没有存在多长时间即被淘汰了。20 世纪初,多数工业发达国家采用了审查制或早期公开、延迟审查制,这两种制度一直沿用至今。第二次世界大战后,在技术革命的冲击下,国际技术、经济交流空前发展。为适应国际形势的需要,各国又纷纷修订或重订专利法,对扩大专利保护的范围、严格授予专利的条件、确定职务发明(雇员发明)等方面都作了规定。同时,修改了原有的国际条约,成立了专门的国际组织,专利制度出现了国际化的趋势。经过几百年的演变和充实,专利制度成为了一项比较完善、系统的法律制度。迄今为止,世界上已有一百六十多个国家和地区制定了专利法,专利制度在世界范围内成为最为广泛应用的制度之一。

三、专利制度的作用

(一)激励创造,推动科技进步

专利制度最重要的作用在于通过授予创新者在一定期限内的排他独占权,使得权利人可以通过转让、许可使用、实施生产等方式,获取经济利益、收回投资,这样才有继续研究开发的积极性和物质条件保证,从而进一步激励革新。此外,权利人的同行或竞争对手要想取得专利许可,往往要付出高额费用;而且在很多情况下,权利人也有权不许可竞争对手使用。这就促使希望取得市场竞争优势的同行或竞争对手努力去超越专利的限制,在已有专利技术的基础上进行再创新,并依法取得新的专利。这种站在现有技术上不断前进的循环往复,有力地推动了科技的进步与发展。

（二）创造无形财产，提升利益资源

专利许可证已经成为国际贸易的重要内容，几乎每一项货物贸易和服务贸易都包含有知识产权的贸易，专利许可也经常与商标的许可捆绑在一起加入贸易之中。专利技术作为无形的财产可以给专利权人带来巨大的利益，专利许可证贸易已经成为企业收益及国家经济的重要部分。

（三）利用专利文献，提高创新起点

专利的两大特点是垄断与公开。专利权人获得垄断权的前提是将发明创造的全部内容向社会公开。这些公开的技术信息，对再创造具有极为重要的作用。人们在科学研究之前，可以充分利用这些信息，准确把握国内外的发展现状，避免重复研究，节约费用。据世界知识产权组织介绍，全世界90%的新技术公开在专利文献中，专利文献是一个巨大的信息库。充分利用这一资源，可以提高研究与开发的起点和效率。

（四）保护投资，提升市场竞争力

科学技术的发展需要新的投入才能有新的突破。一项科技成果的取得，需要经过基础研究、应用研究、开发研究的复杂过程，需要大量的投入和付出艰辛的劳动。给专利以独占权，会吸引投资者对那些研发周期长、市场风险大的技术领域进行研发投入。例如，一种新药从研制开发到生产，需要花费十几年的时间和几亿美元的经费。而这种经济学上称为"易逝财产"的科技成果极易被仿制，难以控制。在信息时代的今天，这种现象就更严重，越是有市场前景的智力成果，就越容易被任意仿制或剽窃。因此，一个良好的专利法制环境可以保障投资人充分享有由此所产生的合法利益，维护有序的市场竞争优势。专利制度是规范产业竞争与利益分配的一种法律制度，也可以说它是既得利益者保护其市场地位的工具。

（五）先入为主，防御竞争对手

在全球经济模式下，拥有更多的专利已经成为跨国公司之间竞争的砝码。许多公司认为，专利的价值已不在于专利的许可获利，更重要的是，专利是与竞争对手抗衡的谈判砝码，是获得控制相关技术的垄断地位的工具。企业至少可以通过专利的交叉许可，避免与竞争对手的专利冲突，降低专利侵权风险。专利的先申请原则也被利用来部署防卫性专利，而且防卫性专利已经成为企业专利战略的重要部分。

四、对专利制度的讨论

专利制度可以促进发明创造，推动技术进步，提高企业在市场竞争中的优势，这已成为不争的事实。专利的竞争已是国际科技竞争和经济竞争的一个战略制高点。拥有专利权的数量和质量以及运用专利制度的能力和水平,已是衡量一个企业乃至一个国家或地区综合实力的重要指标,成为建立市场竞争地位的重要基础。

回顾过去数百年的历史,可以得出一个肯定的结论:世界上最进步的国家无一不是技术力量强大的国家,而这些国家无一例外地通过专利制度对发明创造活动提供强有力的保护和激励。18、19世纪的英国是近代工业革命的发源地,其工业化水平远超当时欧洲大陆的其他国家,而那时专利制度已经在英伦三岛植根近三百年。美国是现在最强大的经济、技术大国,和这一地位相匹配的是它那被誉为世界最为先进的专利制度,以及那些罕见的将激励发明创作的专利制度纳入制宪议题和写入宪法的远见卓识。日本在短短的时间里创造性地移植了西方世界的专利体系,在第二次世界大战后快速进入发达国家的行列。可以说,当今世界上最发达的国家,是专利制度充分发挥作用的国家。

专利制度固然作用巨大,但并不是所有建立专利制度的国家都能实现科学技术的高速发展。马来西亚比日本的专利立法还早,可在科技方面却远不如日本。我国专利立法也有近二十年的历史,但企业主动受益的效果并不明显,更多的是在被动应诉中才觉悟到专利保护与利用的重要性。可见,专利制度本身并非一定能够推动一个国家的技术进步。事实上,只有通过有效的利用机制,专利制度才能实现制度设计的目标。而专利制度的利用,存在国家、政府和企业等多层面多角度的问题,还有许多应用技巧和战略需要研究。从这一角度看,专利制度本身并非是一个社会追求的目标,它仅是促进国家技术进步、提高民族工业实力和增进社会财富的一种手段而已。一个结构完整的法律文本、一个与国际最新最高标准接轨的专利制度并不足以成为衡量一国专利制度优劣的标准。只有当它紧密地与本国科技发展水平、经济发展水平保持协调,并成为维护本国产业经济发展和促进产业技术水平提高的制度时,它为民族经济而存在的价值才能得到最终的体现。

尽管专利制度对国家发展的巨大推进作用已被世界公认,但是在专利制度发展的历史上还是有过很多不同的声音。英国曾经出现过“放弃专利制度”的回流,许多著名的法学家对“专利制度促进发展”提出过质疑;而且经济学家通常是批判地看待知识产权,他们更多的是考虑“交易成本”。建立专利体系的立法、执法结构对于政府来说成本昂贵,包括专利申请和审查机制的建立、对侵权诉讼进行裁判、行政执法等。而对专利制度所服务的对象——企业来说,利用专利战略也是成本昂贵的,需要配备专业法务人员、专项管理资金、专项研究队伍等。无论是从人力资源还是从财政资源看,有效运作专利制度的成本都是高昂的。而专利权保护必然带来竞争限制和一定的市场垄断,对市场经济的发展也会有制约作用，同时可能对消费者和交易自由造成损害。所以，一个社会在构建专利制度时，必须充分考虑其利弊所在，谋求最大限度的受益。以下五位专家的观点可具代表性①：

艾笛斯·庞罗斯(Edith Penrose)1951 年在《国际专利制度经济学》(The Economics of the International Patent System)一书中讲到："任何国家，如果它在国内市场授予垄断特权，但却既不能提高供应商品质量，也不能降低供应商品的价格，还不能发展本国的生产能力或者至少在其他市场得到对等的权利的话，则在国际专利制度下，它必定是失败者。再多的'世界经济一体化'的废话，都不能隐藏以下事实：如果一个国家仅有很少工业产品出口贸易，创新产品销售很少或没有，除了在其他方面可以避免不愉快的外国报复之外，它授予专利权给那些在外国已经实施、已经获利的技术发明，自身却不能够获得任何好处。这类国家包括农业国，以及努力工业化却仍主要出口原材料的国家……无论(专利制度)对这些国家而言存在任何好处……这都不包括授予或获得技术发明专利权相关的经济利益。"

美国普林斯顿大学学者弗林茨·马奇卢(Fritz Machlup)研究了美国的专利制度之后于 1958 年在《专利制度的经济学研究》(An Economic Review of the Patent System)一书中论述道："如果不知道一项制度……是好是坏，能给出的最安全的'政策结论'就是敷衍，即如果已经长期与之同在，就继续实施它；如果以前没有这样的制度，就不采用它。如果我们没有设立专利制度，则根据我们目前之于其经济学效果的知识，推荐建立专利制度，是不负责任的。但是由于我们已有专利制度很长时间了，则根据我们目前的知识，推荐废除它，也是不负责任的。后一论断指的是如美国这样的大国家——而不是一个小国家，也不是一个典型的非工业国家。"

经济学家莱斯特·瑟罗(Lester Thurow)1997 年在《哈佛商业评论》中撰文《建构新型知识产权制度的必要性》("Needed: A New System of Intellectual Property Rights")，写道："经济全球化需要一个全球化的知识产权制度，该制度既要反映发展中国家的需要，也要反映发达国家的需要。这一问题类似于在发达国家中，何种类型知识仍应当处于公共领域的问题。但是，第三世界对获得低成本药品的需求并不等同于其对低成本 CD 的需求。任何不加区分、等同对待这两种需求的制度，如当前的制度，都不是一项好的制度，也不是一项有生命力的

① 该五位专家的观点出自英国知识产权委员会 2002 年的《知识产权与发展政策整合报告》，英文原文见："Integrating Intellectual Property Rights and Development Policy, Report of the Commission on Intellectual Property Rights", London September 2002, http://www.iprcommission.org/graphic/documents/final_report.htm，2007 年 2 月 9 日访问。

制度。”

法学家拉里·莱斯格(Larry Lessig)1999年在《工业标准》中撰文“The Problem with Patents”,论及美国的专利制度时指出:“无疑,我们拥有专利制度比没有它要好些。如果没有政府的保护,许多研究和发明就不会发生。然而,即使一定程度的保护具有良好的效果,也并不一定意味着更多的保护会产生更好的效果……(专利)这种国家赋予的垄断是否有助于诸如互联网这样快速发展的市场,学者们的怀疑越来越重……经济学学者现在正质疑扩大的专利保护是否会产生积极的社会福利。当然,专利制度会使一些人变得非常富有,但这并不等同于促进了整个市场经济……就我们的传统而言,它并不是要授予没有限制的知识产权,相反,它重视‘平衡’,强调知识产权保护过强必然导致危害。现在,知识产权保护似乎已经超过了‘平衡’限度,取而代之的是一种不断增强的疯狂——这不仅发生在专利制度领域,而且在整个知识产权领域……”

经济学家杰夫里·萨茨(Jeffrey Sachs)2002年在《创新政策与经济》(Innovation Policy and the Economy)一书第三卷中讲到:“……现在有机会就世界贸易体制的知识产权制度与世界上最贫穷国家的关系进行重新审视。在乌拉圭回合谈判时,国际制药业努力推动专利的普遍保护,他们并不考虑(知识产权制度)对最贫穷国家的深远影响。很少有人怀疑新的知识产权协定会使最贫穷国家的消费者更难以得到关键性的技术,但是,我们却目睹了该协议对基本药物供应的冲击。WTO成员正在进行新一轮的多哈回合谈判,他们已经承诺根据公众健康优先的原则重新考虑知识产权问题,这是明智的。强化知识产权保护很可能会减缓技术向世界最贫穷国家的扩散速度,因为世界上最贫穷国家长期以来是通过仿制和反向工程获得技术扩散。这一不应该受到侵犯的技术扩散途径正在不断受到阻碍,而技术扩散对最贫穷国家的效果或许已经不当地被妨害了。(世界贸易体制的知识产权制度)这一领域还需要进一步的深入观察、政策关注和持续的研究。”

由于技术基础的悬殊,专利制度应用对发达国家和发展中国家所产生的社会效果是不同的。技术发达的国家认为,专利保护是刺激经济增长的必要因素,通过鼓励发明和新技术,能提高农业或工业的产量,提高国内和国外投资,促进技术转让以及提供充足的战胜疾病的药物。他们认为,对于发达国家起作用的专利体系,没有理由不对发展中国家产生相同的作用。而发展中国家则怀疑此种声称专利制度有如此大的正面促进作用的观点;也有相当多的发达国家的学者认为,由于缺少必要的人力和技术基础,专利制度对发展中国家鼓励发明所起的作用很小。专利制度不能有效地鼓励开发新产品以使穷人受益,因为即使产品已经研究出来,由于专利许可费使产品成本上涨,穷人还是买不起产品。同时,专利保护限制了发展中国家通过摹仿选择技术。获得专利权的外国公司可以通过输入专利产品供应该发展中国家的国内市场,而不在该国国内制造专利产品。也就是说,专利制度允许外国公司通过获得专利保护而摆脱发展中国家的国内竞争。而且,这些制度还提高了基本药物和农产品进口的成本,极大地影响了穷人和农民的利益。

除了受到专利制度制约创新的直接影响外,发展中国家可能还受发达国家专利保护体系的间接影响,比如被迫接受较高水平的保护、由专利许可合同意识欠缺导致的技术引进和授权许可谈判时的被动地位等。那些曾被工业先进国家统治过的殖民地,例如印度、马来西亚、菲律宾等,往往毫无选择地适用与遵守统治者的专利制度。而其他很多国家在建构专利制度之时,也受到外来势力的左右。发达国家的大公司常常在幕后推动弱小国家的政府,强迫他们制定或修改专利法,用以巩固他们的市场支配地位。

专利制度是一把双刃剑,对于发展中国家来说,如何充分运用这项制度适应本国经济发展,是专利制度实施的关键。从日、韩两国早期的专利弱保护和以“小专利”换“大专利”的外围专利战略,可以看到专利与发展的相互关系。

我国专利制度并不是在内在需要的驱动下建立的,它不像发达国家那样是基于社会经济发展到一定阶段时市场的自身需求。我国在计划经济时代不需要专利制度,1978 年改革开放之后,我国要开放国内市场、参与国际贸易,就必须按国际规则行事。我国 1985 年实施《专利法》时,更多地是为了适应当时的技术引进和开放市场的需求。而国内企业进行资本的原始积累时并不急需专利的保护,所以我国专利制度在建立时并没有引起更多中国企业的重视,也没有得到企业的充分利用。当那些完成原始资本积累的中国企业走向国际贸易时,它们才开始认识到专利的重要性,萌发自身的保护需求。

我国目前还属于发展中国家,专利技术的创新和应用能力都不是很强。在这样的情况下,不仅要考虑建立一套与国际接轨的专利强保护制度,也要考虑制定相应的专利应用战略。同时,我国也不是本土没有接受技术引进能力的国家,中国还是能够从专利制度的实施中受益的。为了实现《专利法》设定的“保护专利权人的合法权益,鼓励发明创造,推动发明创造的应用,提高创新能力,促进科学技术进步和经济社会发展”的立法宗旨,就要求专利制度所服务的对象——市场主体,必须学会充分利用专利制度:尊重他人的权利,也要保护自己的利益。

第三节　专利法的基本理论

尽管专利制度存在这样那样的缺点,但通过向发明人授予专有权来换取技术公开的制度设计,客观上推动了技术进步、促进了经济发展。科学技术革命和国际经济技术交流的广泛开展,更使得专利制度的这一积极作用为大多数国家所认同。目前世界上只有少数几个国家没有建立专利制度,这足以说明专利制度存在的优越性和必然性。

一、自然权利论

自然权利论是专利法产生初期占统治地位的一种理论。其主要观点是:人的创造性思想是一种精神财产,人们应对自己的这种思想、知识享有产权,这是作为人当然获得而不可剥夺的权利,因为技术创新是发明人的精神、智慧创造出来的成果。既然所有新颖的、独创的构思属于创造这种思想的人所有,则它的存在不取决于国家政权的承认,国家权力只应保障这种权利不受第三人的侵犯。因为,不管承认与否,它都是独立地、自然地存在着,专利权的授予只不过是国家权力认可发明人的这种自然权利而已。基于这一理论建立起来的专利制度的宗旨就是要保护发明人的利益,鼓励发明人的创造活动。自然权利论为美国、法国专利法的产生奠定了理论基础,对今天许多国家的专利法都有影响。专利权取得的“先发明”制度一定程度上反映了自然权利论。在美国,专利授予最早发明人,申请人必须是发明人。除非有特殊情况(如发明人死亡),发明人应签署正式文本,宣誓他是最早的发明人。公司要获得专利,需要通过专利权人的转让。如果是雇员的发明,则应当由发明人签署正式文本,否则公司将得不到专利申请权。

二、非物质财产论

非物质财产理论对德国模式专利制度的建立与发展有很大影响。这一理论在 20 世纪的后期得到了广泛的传播。该理论认为:发明作为精神产品,是一种非物质性的无形财产。一个发明人创造了这样或那样的发明,就好像将自己生命的一部分投入了此项发明。他人对此发明的任何侵犯都应视为对发明者个人权利的侵犯。非物质财产理论更强调发明劳动成果的思想性质和发明人权利的本质特征,从而区别了发明人的权利和成果所有人的权利,即将发明人的财产权利和人身权利清楚地划分开来。发明人的财产权可以转移;而人身权同发明人不可分割,永远属于他本人所有、不能转移的权利。

非物质财产论比自然权利论更进一步,它更清楚地反映出发明人权利的性质,更强调对发明人的精神劳动成果,应当给予与有形财产同等的法律保护。这为保护发明人权利提供了更为直接的理论基础。

三、专利契约论

契约论的实质可总括如下:思想是发明人的财产,但是单纯地占有思想,对于发明人来说是不够的,他应当能利用思想。然而思想不是物,如果将它公开,它可能被各种人加以利用。为了使发明人能够一个人利用它,发明人应当得到禁止他人利用其思想的权利。为此,发明人可与社会签订一项契约。根据此契约,发明人以公开其发明创造的技术为对价,换取社会给予的一定期间内独占使用该技术的权利。所以,按照契约论,专利是国家代表社会同发明人签订的一项特殊的契约。该契约服务于双方的利益。对发明人来讲,公开技术获得垄断权,可以补偿发明创造活动中支出的劳动和费用,还可以获得更大利益的回报。对社会而言,它增加了新的科技知识,而新增的科技知识将为科技的进一步发展准备良好的条件。专利权期限届满后,发明便成为社会的公共财富,公众可自由使用。反之,如果社会不保护这些技术,这些技术的发明人就会被迫保守发明的秘密——有些发明甚至会被发明人带进坟墓,社会获得新知识的渠道就会受到阻碍,科技研发就会在得不到最新情报的情况下,不得不重复大量的初级水平的劳动。因此,专利契约论鼓励一切有创造天赋的人去进行困难而充满风险的技术创新,鼓励创新成果的公开,它是专利权取得的"先申请"制度的理论基础之一。契约理论在许多国家的专利法中都有反映。

四、防止不正当竞争论

在以市场经济为主的社会里,市场竞争主导商品的分配,国家以开展竞争为主要手段调整经济。专利法也为经济服务,它脱离不了竞争机制。竞争的作用在于:及时排除落后的企业,淘汰过时的方法和产品,采用新方法生产新产品。竞争的形式不仅体现为市场上的价格、广告、产品的新颖与否、质量好坏,也包括为市场上的竞争做准备的科研和技术开发。随着现代科学技术的飞速发展,科研和技术开发已成为竞争过程中的决定性因素。专利制度是开展研发竞争的重要手段之一,它不仅促进竞争的开展,也保证竞争者的切身利益。尤其是研发周期长、发明起点高的领域,只有利用专利制度创建的这一竞争机制,用最新、最准确的专利技术情报指导研发和生产,及时淘汰过时的工艺和方法,才能够在该技术领域保持竞争优势。

五、利益平衡论

利益平衡论认为,专利法可以被看成在专利权人的垄断利益与社会公共利益之间的一种利益分配、法律选择和整合。专利法本身是为平衡知识产权人的垄断利益与社会公共利益而作出的制度设计，旨在谋求激励发明创造与社会利益之间的理想平衡。专利权人的私人利益与公共利益之间的利益平衡，是专利法律制度的基石。在专利法中，存在着专利权人对其发明创造享有的专有权与社会公众对知识产品的合法需求之间的矛盾，它应对具有公共产品和私人产品双重属性的知识产品的使用、分配和利益分享作出合理的安排，以实现其公平正义的价值目标。正是从此种意义出发，专利法中还规定了许多对专利权限制的条款，比如时间限制、合理使用、强制许可等。

六、产业政策论

产业政策论是被多数国家所接受的一种关于专利制度的理论。它的基本思想是，专利制度是促进技术和经济进步的手段，它强调专利制度是为了实现公众和社会的利益，从而把发明人的个人利益放在次要地位。产业政策论是从国家产业的发展而不是从个人权利的角度出发来阐释专利权的。它认为，保护发明人，赋予其排他性独占权，目的在于鼓励发明人从事发明创造，同时也鼓励发明人公开技术、传播技术。产业政策论将专利权视为促进技术和经济进步的制度手段，强调专利权的首要目的不是保护发明人的私有财产。它最主要的观点是：(1) 专利保护能刺激发明人从事发明创造的积极性，同时也能鼓励企业在技术开发和实施发明方面踊跃投资，从而推动社会的技术和经济进步；(2) 专利制度促使发明人将其最新技术公之于世，使社会尽快了解新技术、新知识，有利于技术情报的交流与传播，进而促进产业发展；(3) 如果对某些关系国计民生的领域授予专利权会造成“权利滥用”或桎梏本国工业的发展，那么可以暂时排除对这些领域的发明给予专利保护，待这些领域的科技水平提高后再放宽保护范围。

产业政策论从国家整体利益出发，把发明人的个人利益降低到次要地位。从专利法的诞生初衷看，专利制度就是一种发展社会的工具，它与其他民事权利的保护制度有本质的不同。它并不是简单地考虑权利人的利益，更重要的是要在维护权利人权利的同时，带给社会以利益。因此，必须根据国家产业的发展水平，给予适当的专利保护力度。正因为如此，才会有同是发明创造，有些技术却被排除在专利保护的范围之外的现象。也就是说，不同的国家根据其产业的不同发展水平，在专利保护的对象、专利保护期限的设立、权利要求的解释等方面有不同的规定。

上述诸多专利理论实际上并不互相排斥，纵观各国专利法，上述理论都有体现。只是在法律的实施上，每一种理论对应不同的价值取向，这让执法者有一个在基本原则之上的自由心证的空间，也为国家专利行政部门在专利审查时提供了政策上的灵活性。

[思考题]

1. 何谓专利？专利与专利权有什么区别？

2. 专利权有什么特征？

3. 专利制度有哪些作用？

第十一章　我国专利立法及修改

[内容提要]　本章介绍了我国专利法的发展历史，总结了我国专利法的特点，讨论了三次《专利法》的修改和背景及有待进一步完善之处。

[关键词]　《专利法》的第一次修改　《专利法》的第二次修改　《专利法》的第三次修改

第一节　我国专利法的历史演进及特点

一、旧中国的专利制度

我国最早有关专利的法规是1898年清朝光绪皇帝颁发的《振兴工艺给奖章程》，其中规定：对于不同的发明新方法及新产品，可以给予50年、30年、10年的专利。辛亥革命后，工商部于1912年公布了《奖励工艺品暂行章程》，规定对发明或者改良的产品，除食品和医药品外，授予5年以内的专利权或者给予名誉上的褒奖。1932年，一部比较完善的《奖励工业技术暂行条例》诞生了，该条例规定了奖励、审查、颁证的方式方法、条件、审查规定、承办机构等具体内容。1939年修改时，又增加了"新型"和"新式样"两种专利，即现在所说的"实用新型"和"外观设计"专利。

我国历史上第一部正式的专利法是1944年5月29日由当时的南京国民政府颁布的《专利法》。该法规定对发明、新型和新式样授予专利权，期限分别是15年、10年、5年。这部《专利法》在新中国成立前没有得到施行，后于1949年1月1日在我国台湾地区施行。该法经多次修改一直在我国台湾地区沿用至今。

二、新中国专利制度的建立

1950年8月，中央人民政府政务院颁布了《保障发明权与专利权暂行条例》。该条例采用了苏联的发明证书和专利证书的双轨制。1954年又批准颁布了《有关生产的发明、技术改造及合理化建议奖励暂行条例》。获得发明证书的，依条例颁发奖金。在1953—1957年期间，共批准了4件专利和6件发明人证书。1978年12月，上述条例被废止，国务院颁布了新的《发明奖励条例》，以发明奖励制度取代了发明保护制度。

1979 年 3 月，为适应改革开放形势的需要，我国开始专利立法的准备工作。1980 年 1 月，国务院批准了国家科委《关于我国建立专利制度的请示报告》，成立了国家专利局。1984 年 3 月 12 日，《中华人民共和国专利法》（以下简称《专利法》）经第六届全国人民代表大会常务委员会第四次会议审议通过，并于 1984 年 3 月 20 日公布，于 1985 年 4 月 1 日起正式施行。这部《专利法》的诞生，标志着我国专利制度的开始。

三、1985 年《专利法》及其特点

1985 年正式施行的《专利法》是新中国的第一部专利法，它是经济体制改革的必然产物，它的诞生是我国推动生产力发展、加速现代化建设的客观需要。该法第 1 条指出其立法目的是："为了保护发明创造专利权，鼓励发明创造，有利于发明创造的推广应用，促进科学技术的发展，适应社会主义现代化建设的需要。"

1985 年《专利法》借鉴了国外实行专利制度几百年的经验，同时也考虑了中国正处于从计划经济向商品经济过渡时期的国情，所以这部《专利法》是一部符合国际公约基本原则、具有中国特色的专利法。1985 年《专利法》的特点是：

（1）实行单一专利保护制度。原苏联及东欧社会主义国家大都采用与西方传统专利制度不同的双轨制，即发明人证书制和专利证书制。这种制度兼顾了社会主义公有制经济和市场经济，但是不利于国际交流。我国为适应国际惯例，加强中国专利制度与《巴黎公约》的协调关系，没有采取发明人证书制而采取了单一的专利保护制度，并分别规定职务发明和非职务发明的权利归属，兼顾了国家、集体和个人三者的利益。

（2）三种专利形式集于一法保护。1985 年《专利法》规定的发明创造有三种：发明专利、实用新型专利、外观设计专利。将这三种专利形式集中于同一部法律之中保护，在国际上是不常见的。一般国家的专利法仅涉及发明专利。对于那些称作"小发明"的实用新型的保护一般单独立法，或者不称为专利。对工业品外观设计或者新式样的保护，有些国家放在专利法中，也有单独立法保护的。考虑到我国《专利法》制定当时，科学技术水平普遍比较落后，小发明、小革新的数量在相当长的一段时间内会很多，为调动和保护人们发明创造的积极性，将这三种形式都放在专利法之中，都称为专利，这是中国专利法的特色。

（3）早期公开、延迟审查制和登记制并存。为使专利技术早日为社会所利用，使公众尽快地获取有关专利申请的信息，同时使申请人在申请过程中，有一段是否提出实质审查请求的考虑时间，减少国务院专利行政部门进行实质审查的工作量，我国《专利法》采取了德国专利法模式，对发明专利申请采取早期公

开、延迟审查制，即自申请日起18个月即行公开，然后由申请人提出请求，再进入实质审查程序；对实用新型和外观设计专利申请，采用登记制，只进行形式审查，通过后即授予专利权。这对小发明尽快为社会所用提供了方便，有利于专利技术的传播。

(4) 计划许可与强制许可并存。考虑当时存在的全民所有制和集体所有制等多种公有制形式，对这些单位所产生的重大职务发明创造，有关主管部门可以根据国家计划指定其他单位实施。而对于那些具备实施条件的单位以合理的条件请求专利权人许可实施其专利未能获得许可的情况，国务院专利行政部门根据申请单位的请求，可以颁发强制实施许可证。计划许可是中国特色，强制许可是国际规则。计划许可和强制许可并存，既不违反国际公约，也维护了国家的利益，防止了专利权的滥用，同时照顾了社会公众的利益。

(5) 行政执法与司法共同处理专利纠纷。1985年《专利法》考虑了我国的国情，即由政府部门对专利纠纷进行调处有时比法院更为有效，所以专门明确了专利管理机构的地位和职责，确立了专利管理机构的准司法地位。对于侵权行为，专利权人或利害关系人可以请求专利管理机构进行处理，也可以直接向人民法院起诉。1992年《专利法实施细则》对此还单列一章作了具体规定。这是我国专利法的一个特点，其他国家很少有这样的规定。

(6) 既符合国情又具有国际化特点。我国1985年《专利法》适应了发展中国家的科技发展水平，又吸收了各国专利制度的长处，使专利制度既能保护发明人、专利权人的利益，促进发明创造的积极性，又照顾了国家与社会的利益，能有效促进全社会的科技进步。同时，我国专利保护的基本原则符合《巴黎公约》的规定，也适应了专利制度国际化发展趋势。

第二节　我国《专利法》的修改

一、《专利法》第一次修改

我国《专利法》的实践以及专利制度国际化的发展趋势，使《专利法》的修改工作提前进行。1988年，伴随着中美知识产权谈判，我国开始考虑修改《专利法》。经过多次论证，1992年9月4日第七届全国人民代表大会常务委员会第二十七次会议通过了《关于修改〈中华人民共和国专利法〉的决定》，进行了《专利法》的第一次修改。修改后的《专利法》于1993年1月1日起施行。修改的内容及涉及的条款如下：

(1) 增加了进口权的规定。即专利权人有权阻止他人未经其许可，为生产经营目的进口其专利产品或进口依照其专利方法直接获得的产品。多数国家专利法都把进口权作为专利权的一项内容，但我国1985年《专利法》仅规定制造权、使用权和销售权，这对专利保护是不够充分的。修改后的《专利法》补充规定了进口权，提高了保护水平。

（2）将对方法专利的保护延及该方法直接获得的产品。原《专利法》对方法专利只规定了对方法专利的使用权，修改后的《专利法》将使用或销售依据专利方法直接获得的产品也列为方法专利权人的一项权利。

（3）扩大了专利保护的技术领域。原《专利法》第25条列举了7项不给予保护的技术领域，修改后的《专利法》去掉了其中第4、5项，将食品、饮料和调味品，药品和用化学方法获得的物质列入保护范围，使我国专利保护水平更接近国际标准。

（4）增设本国优先权。原《专利法》只给外国申请人在国外第一次申请后，又在我国提出申请以优先权。新法增加了“申请人自发明或者实用新型在中国第一次提出专利申请之日起12个月内，又向国务院专利行政部门就相同主题提出专利申请的，可以享有优先权”的规定。这里包括了国内优先权的内容。

（5）重新规定专利申请修改的范围。将原来的修改范围仅限于说明书扩大到了包括说明书和权利要求书。

（6）明确发明专利申请公布的时间。即自申请日起满18个月即行公布。原法规定在18个月内公布，公布时间不确定。对于申请人来说，在专利授权以前公开专利申请对其不利。既然法律规定的公开时间是18个月，最理想的公开时间是18个月的最后一日。

（7）将授予专利权的时间提前。新法去掉审定公告程序，在实质审查后没有发现驳回理由的，即作出授予发明专利权的决定，发给发明专利证书，并予以登记和公告。

（8）将授权前的异议程序改为授权后的撤销程序。去掉异议程序可以大大加快专利的审批，提高国务院专利行政部门工作的效率。增设撤销程序可以给社会公众更充分的监督专利权有效性的权利。

（9）增加专利复审的范围。对于国务院专利行政部门撤销或者维持专利权的决定不服的，也可以请求复审。

（10）延长专利权的期限。将发明专利原来的15年保护期限改为20年，实用新型和外观设计原来的5年加3年续展的保护期改为10年，不再续展。

（11）对无效宣告请求的时间及无效宣告的效力作了进一步限制。原《专利法》规定，自专利授权后任何时间都可以提出无效宣告请求。新法规定只能在授权6个月后提出。这是因为增加了撤销程序，专利授权后的6个月属于撤销申请期。

(12) 重新规定强制许可的条件。原《专利法》对强制许可证的发放时间和具体条件规定得较明确;新法借鉴了国际惯例,没有规定时间。

(13) 重新规定专利侵权诉讼中举证责任转移的条件。原《专利法》规定:在方法专利发生侵权时,侵权方应提供其产品制造方法的证明。新法在产品前加了一个"新"字,即应提供新产品制造方法的证明,这将方法专利举证责任转移的范围缩小了,但加强了对方法专利的保护。

(14) 增加对冒充专利产品或者方法的处罚。原《专利法》只规定了对假冒专利的处罚,但实践中,有许多情况,不是假冒他人专利的,而是将不可能实施的技术或伪劣产品冒充专利技术、专利产品,对这种欺世盗名、坑害社会的现象必须给予严惩。

可以说,我国《专利法》第一次修改的主要内容是在中美知识产权谈判的压力下完成的,匆忙之中的修改也留下一些未尽问题,特别是随后中国面临"复关"(进入 GATT),转而加入世界贸易组织的压力,都要求我国《专利法》与《知识产权协定》接轨,于是很快我国《专利法》的第二次修改提上了日程。

二、《专利法》第二次修改

2000 年 8 月 25 日,第九届全国人民代表大会常务委员会第十七次会议通过了《关于修改〈中华人民共和国专利法〉的决定》,于 2001 年 7 月 1 日起施行。从实质内容上看,这次修改主要是围绕着符合世界贸易组织《知识产权协定》的要求进行的。修改后的我国《专利法》符合了《知识产权协定》的基本要求。这次修改主要体现在:

(1) 明确专利立法"促进科技进步与创新"的宗旨。

(2) 引入合同优先原则,允许科技人员和单位通过合同约定发明创造的归属;明确对职务发明人应当给予"报酬"而不仅仅是"奖励"。

(3) 取消全民所有制单位对专利权"持有"的规定,国有企事业单位在转让专利申请权或专利权时不再需要经上级主管机关批准。

(4) 加强对专利权的保护。在专利权的内容上增加了有关许诺销售权的规定。

(5) 将善意使用或者销售侵权产品,由原来的不视为侵权改为不负赔偿责任。

(6) 增加了诉前临时措施。

(7) 增加了关于侵权赔偿额计算以及法定赔偿额的规定。

(8) 简化、完善了专利审批和维权程序。

（9）规定专利申请的复审和专利无效由法院终审，取消了专利复审委员会的终审权。

（10）取消了三种专利权的撤销程序。

（11）简化了转让专利权和向外国申请专利的手续。

（12）与国际条约相协调，明确了提交专利国际申请（PCT）的法律依据。

上述修改内容的主要出发点是要与《知识产权协定》保持一致，对于我国《专利法》实施15年来反映出的问题还未及认真考虑。特别是加入世界贸易组织后，我国企业在专利保护方面处于不利地位，面对不合理的专利壁垒，缺少法律层面的规制，加上我国《专利法》本身存在的制度问题，我国启动了《专利法》的第三次修改工作。

三、《专利法》第三次修改

《专利法》第三次修改的准备工作始于2005年，2008年12月27日第十一届全国人民代表大会常务委员会第六次会议通过了修改后的《专利法》，自2009年10月1日起施行。此次修改的出发点不是应对外界压力，更多地是出于满足我国经济科技发展的自身需求和以下考虑：

（1）专利保护已经成为国际竞争中的关键因素之一。一方面，在《知识产权协定》全面强化知识产权保护力度的基础上，发达国家正在极力推动知识产权国际规则的进一步变革，以维持和扩大其在知识产权保护方面的巨大优势；另一方面，广大发展中国家通过实施《知识产权协定》以来的种种事实，越来越深切地感受到知识产权保护的非对等性以及自己与发达国家相比的不利地位。近年来，围绕知识产权国际规则的变革，发展中国家与发达国家之间的矛盾和利益冲突比以往更加突出和尖锐。为了维护我国主权，防止我国在专利保护的国际规则制定上被边缘化，不仅需要我们积极参与有关知识产权国际规则的制定和形成，而且需要我们不断地完善国内的专利法律体系，建立优质高效、简捷方便、成本低廉、保护适度的专利制度，使之能够适应国际形势的发展，充满活力，具有吸引力和竞争力。

（2）为了捍卫发展中国家在公共健康领域中战胜流行性疾病、拯救人民生命的权利，落实《关于TRIPs与公共健康的多哈宣言》以及该宣言的主席声明，我国《专利法》及其实施细则中应有条款体现出相关精神。同时，在遗传资源、传统知识和民间文学艺术的保护方面，我国《专利法》及其实施细则中应补充有关内容。

（3）《知识产权协定》第7条规定的目标和第8条规定的原则，即“知识产权的保护和执法要有助于技术革新和转让，有助于权利和义务的平衡”，“成员国在制定法律和规章时,可以采取必要措施保护公共卫生和营养,促进对其社会经济和技术发展至关重要的领域的公共利益,可以采取必要措施防止知识产权权利人滥用其权利”,与我国的利益密切相关,需要我国再次权衡,补充《专利法》及其实施细则中的有关规定。

(4) 我国企业频繁地遭遇知识产权纠纷,已经越来越深切地感受到知识产权保护的重要性和严峻性。我国目前主要是依靠产品价格上的优势,而在新产品开发,尤其是具有高技术含量的创新方面明显不足。要保持我国的发展势头和后劲,就必须提升我国产生自主知识产权,尤其是高科技领域中的自主知识产权的能力,全方位地提高我国在知识产权的产生、实施、保护和管理方面的综合水平。

修改前的《专利法》共有 69 条规定,此次修改新增了 7 条,修改了 29 条,内容涉及立法宗旨、专利权的授权标准、涉外专利的申请及专利代理、专利权的保护、对专利权滥用的规制等方面。

四、对我国专利制度的评价

(一) 立法评价

我国现行《专利法》已经完全符合世界贸易组织《知识产权协定》的基本要求,专利保护水平也已经完全与国际接轨。但是,当初被动接受的专利立法,使得更多的注意力被放到了专利制度鼓励创新的进步性上,而忽视了专利垄断带来的限制竞争的可能性,国家没有相配套的反垄断法或反专利垄断的专门法规。自由竞争是市场经济的主要原则,它本质上绝对排斥垄断,任何垄断,包括市场垄断、技术垄断都被视为与自由竞争背道而驰;专利权的保护是国家反垄断的例外,属于国家允许的合法技术垄断。但是专利权具有的天然垄断性与市场经济中的自由竞争规则相违背,必须给予严格监控以防止其限制竞争。所以,几乎所有建立专利制度的国家,都使专利法与反垄断法相互配合。我国 2007 年 8 月 30 日第十届全国人民代表大会常务委员会第二十九次会议通过《反垄断法》,2008 年 8 月 1 日开始实施,在立法层面解决了《专利法》与《反垄断法》之间的配套问题。《反垄断法》执法机构的职能划分较为明确:国家工商总局负责垄断协议、滥用市场支配地位、滥用行政权力排除或限制竞争的反垄断执法(价格垄断协议除外)等方面的工作,国家发改委将负责依法查处价格垄断协议行为,商务部负责经营者集中行为的反垄断审查工作。《反垄断法》现已进入实质性运作阶段,相关配套规章陆续出台,但与适用该法有关的下位法、执法程序等问题尚待进一步明确。

(二) 实施评价

我国国务院专利行政部门受理的专利申请总量的增长速度非常快,我国已经跻身于专利受理大国之列，专利授权量也正在逐年增长。但具体分析申请和授权数字，则发现其中隐藏着诸多问题：我国三种类型的专利申请量和授权量发展明显不平衡，实用新型和外观设计专利居多，发明专利比例不高；在发明专利中，又有相当一部分属于外国企业、外资企业，在更小部分的属于国内的发明专利中还有相当一部分是非职务发明，非职务发明的实施对于提高一个国家的产业竞争力要比企业拥有的职务发明的实施所起的作用小得多，非职务发明比例高于职务发明的比例说明专利制度的实施并没有促进我国企业对专利制度利用的积极性。

（三）执法评价

专利法的执行是专利法制不可缺少的一部分。我国专利执法从一开始就有一个较高的起点，在司法审判中较早地在主要城市的中级人民法院建立了专业审判庭，在专利行政执法上也建立了一套世界上少有的快速解决专利纠纷的行政途径。大凡发展中国家，在专利执法上，都经历了一个水平由低到高的发展过程。而我国，在专利制度建立初期就给予较高的专利行政和司法保护，这一方面是迫于发达国家的贸易压力，另一方面也是过于强化保护、缺少正面引导的认识上的原因造成的。专利执法力度的提高，特别是专利行政执法力度的提高，应当以那些影响竞争秩序和公共利益的侵权行为为主，而不是在所有专利侵权纠纷中都可以动用国家的公权力来维护私权。专利行政执法力度的提高也意味着执法成本的增加，我国在这方面投入过高是否符合国情还值得商榷。

（四）应用评价

专利制度的良好运作，有待于市场主体对专利制度的有效利用。在《专利法》实施的二十多年中，作为我国创新主体的大专院校、科研机构没有与企业有机地合作，这导致国家将大量研究经费分配到大学和公共研究机构中，但是却没有产生出与研发投入相匹配的能够在产业中发挥作用的竞争性专利技术。而企业大多在进行资本的原始积累，不重视研发投入，只注重短期利益，在国际市场的竞争中屡屡遭遇挫折，在专利的战略运用上更是缺少能力。另外，我国专利制度的应用者——企业、大学和研究机构的专利保护与利用意识不强，这将会使我国在相当长一段时间内在参与国际贸易竞争中处于被动地位。

[思考题]

1. 简述我国《专利法》第一次修改的具体内容。
2. 简述我国《专利法》第二次修改的具体内容。
3. 简述我国《专利法》第三次修改的具体内容。
4. 试评我国现行专利制度。

第十二章　专利权的客体

［内容提要］ 专利权客体是专利制度的重要组成部分。本章重点介绍了发明、实用新型、外观设计三种专利的概念和授权条件以及专利保护的排除客体。

［关键词］ 发明　实用新型　外观设计

第一节　专利的种类

授予技术发明以专利权，首先要明确专利保护的对象，通常也称专利权的客体。就我国《专利法》而言，所保护的对象是发明创造，即发明、实用新型和外观设计。

一、发明专利

专利法所指的发明有特定的含义，它是指对产品、方法或者其改进所提出的新的技术方案。从发明的定义上看，它必须是一种技术方案。对于自然定律的发现、抽象的智力活动规则等不能算作发明，如陈景润的数学发现、史丰收的速算方法以及不可实现的永动机等都不能申请专利，因为它们都不是一种技术方案。专利法所说的技术方案不一定要达到至善至美的程度，有些在学术上暂时找不到依据、理论上暂时讲不清的发明，或者还没形成工业产品，但只要具备实施可能性的，即可申请专利。所以，专利法上所指的发明与通常人们理解的广义上的发明是有区别的。

根据发明的定义，可以将发明分为以下两类：

(1) 产品发明。产品发明是指人工制造的具有特定性质的可移动的有形体，如机器、设备、仪表、物质等发明。未经人的加工、属于自然状态的东西不能作为产品发明，如天然宝石、矿物质。产品发明取得专利后称为产品专利。产品专利只保护产品本身，不保护该产品的制造方法。但是产品专利可以排斥他人用不同方法生产同样的产品。

(2) 方法发明。方法发明是指把一种物品变为另一种物品所使用的或制造一种产品的具有特性的方法和手段。所说的方法可以是化学方法、机械方法、通讯方法及工艺规定的顺序来描述的方法。方法发明取得专利后，称为方法专利。

我国1985年《专利法》对方法专利的保护只涉及其方法本身，不延及用该方法制造的产品。1992年修改后的《专利法》把方法专利的保护延及用该专利方法直接获得的产品，即未经专利权人许可，他人不得使用其专利方法以及使用、许诺销售、销售、进口依照该专利方法直接获得的产品。

从另一角度对发明进行分类，还可以将发明分为下列各类：

（1）首创发明。首创发明又称开拓性发明。这是指一种全新的技术解决方案，在技术史上未曾有过先例，它为人类科学技术的发展开创了新的里程碑，如指南针、蒸汽机、白炽灯、电话、数字印刷等发明。

（2）改进发明。改进发明是指在现有技术的基础之上，在保持其独特性质的条件下，又改善了其性能、使之具有新的功效的改进技术方案。人类的进步总是离不开前人的成功经验，科学的发展也使得发明涉猎的知识越来越广。所以，多数发明都属于改进发明。如各种霓虹灯就是在日光灯基础上的改进发明。改进发明可以构成新专利，但是在利用改进发明时，需要经过在先的基础发明专利权人的授权。

（3）组合发明。组合发明是指将已知的某些技术特征进行新的组合，以达到新的目的的一种技术解决方案。如将发动机、轮胎、车厢、方向盘组合在一起，构成一种交通工具，使之产生了与原来各个特征完全不同的技术效果。组合发明中的不同组件可能都是已知的公开技术，但是组合之后会产生新的功能和效果从而具备专利性。

（4）应用发明。应用发明是指将某一技术领域的公知技术用于某一新的领域的发明。这种新应用产生意想不到的技术效果。如听诊器是用在人体上的诊断器具，如果某人将其用于树木的诊断，可以得知树木的年轮、病虫害等信息，这就是人们意想不到的应用发明。应用发明可能对现有产品没有任何改变，仅是应用领域和使用方法不同。

（5）选择发明。选择发明是指从许多公知的技术解决方案中选出某一技术方案的发明。这种发明一般是在很宽的专利保护范围内作出的某一点的选择发明，是在化学领域中，特别是在有关配方含量、温度、压力等数值范围的现有技术中比较常见的一种发明形式。例如，在温度50 ℃—100 ℃时，A物质的产量通常是恒定增加，但若在70.5 ℃时，A物质的产量有明显的大幅度增加，出现一个峰值，那么在这一点上可能构成选择发明，尽管还是在原来专利保护的数值范围之内，但是效果有了明显不同，可以构成新的专利。值得注意的是，有些申请人欲将自己的保护范围划得很宽，而又没有足够的实施例加以支持，就很容易被他人在原发明的基础上作出选择发明。或者原来的发明人已经得知这一效果明显突出的一点，但不希望通过专利公开，而是采用技术秘密的保护方式，将竞争优势留给自己，而他人通过研究找到了这一点，作出了选择发明，反而可使原来的专利权人丧失优势。

二、实用新型专利

专利法所称的实用新型是指对产品的形状、构造或者其结合所提出的适于实用的新的技术方案。实用新型专利在技术水平上略低于发明专利，所以人们又称之为“小发明”或“小专利”。世界上对实用新型的保护始于19世纪的英国，但首先将其作为一种单独的工业产权保护形式还是在德国。目前世界上对实用新型专利采取保护的国家不多，有德国、日本等。我国在立法之初，考虑到科学技术水平还较低，所以对这种“小发明”给予专利保护。

根据实用新型的定义，它应具备以下两个特征：

（1）它必须是一种产品，该产品应当是经过工业方法制造的占据一定空间的实体。方法发明创造、用途发明创造以及非经人制造的自然存在的物品都不属于实用新型专利的保护范围。

（2）它必须是具有一定形状和构造的产品。产品的形状是指产品具有的、可能从外部观察到的空间形状。没有固定形态的物质，像气体、液体、面粉、砂糖等都不视为具有形状。产品的构造是指产品的各个组成部分的安排、组织和相互关系。

在审查实践中，下列情况不能申请实用新型专利：

（1）各种方法、产品的用途；

（2）无确定形状的产品，如气态、液态、粉末状、颗粒状的物质或材料；

（3）单纯材料替换的产品以及用不同工艺生产的同样形状、构造的产品；

（4）不可移动的建筑物；

（5）仅以平面图案设计为特征的产品，如棋、牌等；

（6）由两台或两台以上的仪器或设备组成的系统，如电话网络系统、上下水系统、采暖系统、楼房通讯空调系统、数据处理系统、轧钢机、连铸机等；

（7）单纯的线路，如纯电路、电路方框图、气功线路图、液压线路图、逻辑框图、工作流程图、平面配置图以及实质上仅具有电功能的基本电子电路产品（如放大器、触发器等）；

（8）直接作用于人体的电、磁、光、声、放射或其结合的医疗器具。

三、外观设计专利

专利法所称的外观设计，是指对产品的形状、图案或者其结合以及色彩与形状、图案的结合所作出的富有美感并适于工业应用的新设计。

根据外观设计的定义,外观设计专利应具备下列条件:

(1) 与产品相结合。产品是指任何用工业方法生产出来的产品,不能重复生产的手工艺品、农产品、畜产品、自然物不能作为外观设计的载体。外观设计应是对产品外表所作的设计,它不是单纯的美术作品。

(2) 是关于产品形状、图案和色彩或其结合的设计。形状是指立体或平面产品外部的点、线、面的转移、变化、组合而呈现的外表轮廓。图案是指将设计构思所产生的线条、变形文字进行排列或组合并通过绘图或其他手段绘制的图形。色彩是指用于产品上的颜色或者颜色的组合。产品的色彩不能独立构成外观设计,它必须与产品结构和图案组合。外观设计可以是立体的,也可以是平面的。

(3) 富有美感。这首先意味着具有视觉可见性。至于何谓美感,由于不同人的生活环境、修养、爱好和习惯不同,其审美观也不同,故一般只要不违反社会公德,能为大家所接受即认为其具有美感。

(4) 适于工业上应用的新设计。外观设计是对工业产品的设计,不是艺术品,因此要求能够进行工业化批量生产。新设计是指该外观设计是一种新的设计方案,在现有技术中找不到与之相同或相近似的外观设计。

第二节　授予专利的条件

一、发明专利和实用新型专利的授权条件

发明专利和实用新型专利的授权条件有多方面的规定,主要的构成要件是新颖性、创造性和实用性,即所谓的"三性"标准。

(一) 新颖性

发明专利和实用新型专利对新颖性的要求是相同的。新颖性,是指该发明或者实用新型不属于现有技术;也没有任何单位或者个人就同样的发明或者实用新型在申请日以前向国务院专利行政部门提出过申请,并记载在申请日以后公布的专利申请文件或者公告的专利文件中。现有技术是指申请日以前在国内外为公众所知的技术。

新颖性的时间标准是以申请日划定的,凡是在申请日以前已经有相同的发明创造,由他人完成并公开或者发明人自己公开,如在新闻发布会、科研鉴定会、展览会上披露了其实质性内容,该发明创造便会丧失新颖性,不能再申请专利。但在申请日当天公开的技术不属于专利法所说的现有技术。

新颖性的地域标准按公开的方式可分为下列四种情况:

(1) 出版物公开。这是指那些在正式出版物上已经记载了同样发明创造的

情况。出版物公开的地域标准是全世界范围内的,属于“绝对新颖性”,不论在世界上哪个地方,只要在申请日以前找到相同发明创造在出版物上有过记载,该发明创造即不具有新颖性。这里所说的“出版物”,具有广泛的内容,它不仅指一般的书籍、杂志、专利文献、正式公布的会议记录和报告、报纸、产品目录及样本等纸件出版物,还包括缩微胶片、影片、照片、唱片、磁带、软盘、光盘等其他载体的出版物。一些标有“内部资料”字样的期刊,只要能为不特定的人获得,也被认为是公开出版物。

(2) 使用公开。如果由于使用导致一项或者多项技术方案公开或者处于任何人都可以使用该技术方案的状态,这种公开方式就称为使用公开。即使所使用的产品或者装置需要经过破坏才能得知其结构和功能,仍然属于使用公开。使用公开的地域标准也是全世界范围,属于“绝对新颖性”。这样的制度设计是为了防止出现在国外已经公开的技术仍可以在我国取得专利的法律后果,在市场竞争中不利于我国企业。

(3) 其他方式公开。这是指那些能为公众所知的其他公开方式。它主要是口头公开,如以口头交谈、报告、讨论会发言、广播或电视播放以及科研鉴定、科研总结、设计文件、图纸、橱窗展示、展览、展销广告等方式公开。这种方式公开的地域标准限于我国国内,在国外的这种公开方式不对新颖性构成威胁。

(4) 抵触申请。这主要是指他人在申请日以前已经以相同内容向国务院专利行政部门提出过申请,并在申请日之后公布的情况。出现抵触申请时,视先申请案为后申请案的现有技术,故后一申请不具备新颖性。但如果前一申请没有公开而中止申请,则不属于抵触申请。抵触申请仅指由他人在申请日以前提出的申请,不包括他人在申请日提出的申请,也不包括申请人本人在申请日以前提出的同样的申请。

我国专利制度一开始采用了混合型的新颖性标准,也就是对出版物类型的现有技术采用绝对标准,即专利申请日之前世界上任何地方的公开出版物均构成影响新颖性的现有技术;而对公知公用类型的现有技术采用相对标准,即专利申请日之前仅仅只有在中国发生的公知公用行为才构成影响新颖性的现有技术。现在,专利法国际协调的趋势是对两种类型的现有技术均采用绝对新颖性标准,我国现行《专利法》对新颖性标准的定义也采取了绝对新颖性标准。

(二) 创造性

发明专利和实用新型专利的主要区别就在于创造程度不同,所以专利法对发明专利和实用新型专利的创造性作了分别规定:与现有技术相比,该发明具有突出的实质性特点和显著的进步,该实用新型具有实质性特点和进步。两种专利创造性的区别就在于“实质性特点”是否突出以及“进步”是否显著上。

(1)“突出的实质性特点”是指发明与现有技术相比具有明显的本质区别，对于发明所属技术领域的普通技术人员来说是非显而易见的，不能直接从现有技术中得出构成该发明全部的必要技术特征，也不能够通过逻辑分析、推理或者试验而得到。“显著的进步”是指从技术效果上看，该发明与现有技术相比具有长足的进步，它表现在该发明解决了人们一直渴望解决，但始终未能获得成功的技术难题，或者克服了技术偏见，提出了一种新的研究路线，或者取得了意想不到的技术效果，以及代表某种新技术趋势。

(2)对于实用新型专利来说，它的创造性标准比发明要低，只要它与现有技术相比有所区别(即具备了实质性特点)并具有进步，即可被认为具备创造性。

我国专利法上的“现有技术”是指申请日以前在国内外为公众所知的技术，《专利法》关于创造性标准的规定方式与国际上普遍接受的规定方式有所不同。多数国家利用同领域的普通技术人员的“非显而易见性”来判断一项专利申请的创造性，我国国务院专利行政部门在创造性标准的实际掌握尺度上基本上与其他国家保持一致。

(三)实用性

实用性，是指该发明或者实用新型能够制造或者使用，并且能够产生积极效果。一般具备下列条件即被认为具有实用性：

(1)工业实用性。这里的工业是广泛意义上的概念，它包括农业、矿业、林业、水产业、运输业、交通业等各个行业。一项发明或实用新型只要在任何一个工业部门能够制造或使用，即具有工业实用性。相反，如果在申请文件中缺少全部或部分实施该发明创造的必要技术方案，或是违反自然规律的空想，便不具有这种实用性。

(2)重复再现性。这是指所属技术领域的技术人员，根据申请文件公开的内容，能够重复实施专利申请案中的技术内容，这种重复实施不依赖任何随机因素，并且实施结果是相同的。像南京长江大桥的整体建筑，这种在特定地理位置上的技术方案就不具有重复再现性。

(3)有益性。专利技术实施后应能产生积极效果，具有良好的技术、经济和社会效益。明显无益、脱离社会需要、严重污染环境、严重浪费能源或者资源、损害人身健康的发明创造不具备实用性。

实用性标准是各国争议较大的问题，焦点在于是否应当通过实用性标准排除一部分商业方法和生物遗传技术获得专利权的可能性。这一问题与可专利性问题彼此关联。

二、外观设计专利的授权条件

授予专利权的外观设计，应当不属于现有设计；也没有任何单位或者个人就同样的外观设计在申请日以前向国务院专利行政部门提出过申请，并记载在申请日以后公告的专利文件中。授予专利权的外观设计与现有设计或者现有设计特征的组合相比，应当具有明显区别。授予专利权的外观设计不得与他人在申请日以前已经取得的合法权利相冲突。从这一定义可以看出，外观设计专利应具备下列条件：

1. 与现有的外观设计不相同

现有设计是指申请日以前在国内外为公众所知的设计。这一条件实际上要求的是新颖性，判断新颖性的时间标准是申请日，地域标准则与公开的方式有关：对于出版物公开，是在世界范围内已有记载的相同的外观设计，属于"绝对新颖性标准"；对于使用公开，也采用了世界新颖性标准，即没有相同或相近似的实物公开销售或使用，属于"绝对新颖性标准"，这一点与发明专利和实用新型专利的规定一致。值得指出的是，外观设计是附着于产品的，其法律保护的效力也仅及于同类产品，用于不同类产品之上的相同设计，不被认为是相同的外观设计，只有产品相同设计也相同的才称为相同的外观设计。

2. 与现有的外观设计不相近似

这一条件实际上涉及的是创造性，是指与现有的外观设计相比具有明显的区别。"不相近似"的判断不是指申请外观设计的产品与已公开过的产品是否相近似，而且指与申请日以前公开过的产品的形状、图案、色彩所引起的美感或视觉是否相近似。这里不问外观设计产品的制造方法和内部结构是否相同或近似，仅指其整体外观和美感效果。这里的相近似，也是指在同一类产品基础上的形状、图案、色彩的相近似，在不同类产品上相近似的设计不属于相近似的外观设计。

3. 不得与他人在先取得的合法权利相冲突

这是我国《专利法》第二次修改后加入的内容。他人在先取得的合法权利，是指在外观设计专利申请日前，专利申请人以外的人已经取得的合法权利。在先取得的合法权利包括：商标权、著作权、企业名称权、肖像权、知名商品特有包装或者装潢使用权等。比如，专利申请人要把一件摄影作品申请为某产品的外观设计专利，那么这件摄影作品的著作权对该专利申请而言，就是在先取得的合法权利。如果未经著作权人许可而使用其作品申请外观设计专利，该外观设计申请与他人在先取得的合法权利就发生了冲突，根据我国《专利法》的规定，申请人将不会被授予这一外观设计专利权。我国《专利法》作这样的规定，是为了减少专利权与在先权利的冲突。

4. 不得是对平面印刷品的图案、色彩或者二者的结合作出的主要起标识作用的设计

这是我国《专利法》第三次修改后加入的内容。需要指出的是，这一规定主要是出于通过提高外观设计的授权标准而提高外观设计质量的考虑。从功能上看，主要起标识作用的设计与商品的包装、装潢存在一定重叠，如果对之予以专利法保护，实际上会造成双轨保护，造成法律对同一客体采取不平等的保护，容易引起法律适用上的混乱，并且偏离专利法鼓励创新的目标。

目前，我国国务院专利行政部门受理的外观设计专利申请的申请量已居世界第一，我国已经成为外观设计专利授权大国，外观设计专利权在我国的市场经济中发挥着重要作用。但是，关于外观设计专利的研究工作相对落后于发明和实用新型专利。通过多年的实践，在我国，关于外观设计专利的保护对象、能否对产品的部分外观提供保护、判断相同或者相似的参照基准、专利侵权判断的方式等，已经引起了广泛的关注和讨论。特别是在外观设计专利中有许多"垃圾专利"，或者将已有的公知产品外观申请了专利，已经影响到了企业之间的公平竞争。

三、丧失新颖性的例外

上述三种专利新颖性均以申请日作为时间划分的标准，但我国《专利法》对有些在申请日以前公开的情况，作出了不丧失新颖性的例外规定：

(1) 在中国政府主办或者承认的国际展览会上首次展出的发明创造，在展出之日起6个月内申请专利的，可认为不丧失新颖性。中国政府承认的国际展览会，是指国际展览会公约规定的在国际展览局注册或者由其认可的国际展览会。

(2) 在规定的学术会议或者技术会议上首次发表的发明创造，在发表后6个月内申请专利的，不丧失新颖性。这里说的学术会议或技术会议是指国务院有关主管部门或者全国性学术团体组织召开的学术会议或者技术会议，不包括省以下或者受国务院各部委或者全国性学会委托或者以其名义组织召开的学术会议或技术会议。

(3) 他人未经申请人同意而泄露发明创造内容的，申请人于泄露之日起6个月内申请专利仍可认为不丧失新颖性。他人未经申请人同意对发明创造所作的公开，包括他人未遵守明示的或者默示的保密信约而将发明创造的内容公开，也包括他人用威胁、欺诈或者间谍活动等手段，从发明人或者经其告诉而得知发明创造内容的任何其他人那里，得知发明创造的内容而后公开。上述情况的公

开都是违反申请人意愿的，是非法的公开。

第三节　专利保护的排除客体

并非所有符合新颖性、创造性和实用性要求的发明创造都能被授予专利，也并非像人们认为的那样，凡在科学技术方面取得重大进步的成果都可以取得专利权。这一点也体现出专利权与普通物权的区别，在专利权的保护对象的边界确定上更多考虑的是国家利益和产业发展现状。事实上，没有一个国家对所有的发明创造都给予专利保护。

我国《专利法》也规定了专利保护的排除客体，不授予专利权的发明创造可分为以下三类：

1. 有“公共秩序”问题的发明

对违反国家法律、社会公德或者妨害公共利益的发明创造，不授予专利权。

违反国家法律、社会公德或者妨害公共利益在法律上称为“公共秩序”问题，几乎所有国家的专利法都有类似的规定。我国《专利法》对有害于“公共秩序”的发明创造不授予专利权，因为这些发明创造对社会没有进步作用，违背了《专利法》的宗旨，有些甚至属于犯罪工具，会对人民群众的生命、财产构成威胁，如伪造货币的机器、赌博用具、盗窃用具等。

此外，为维护国家安全，任何单位或者个人将在中国完成的发明或者实用新型向外国申请专利的，应当事先报经国务院专利行政部门进行保密审查。这里所说的“在中国完成的发明或者实用新型”，是指技术方案的实质性内容在中国境内完成的发明或者实用新型。

专利申请涉及国防利益需要保密的，由国防专利机构受理并进行审查；国务院专利行政部门受理的专利申请涉及国防利益需要保密的，应当及时移交国防专利机构进行审查。经国防专利机构审查没有发现驳回理由的，由国务院专利行政部门作出授予国防专利权的决定。国务院专利行政部门认为其受理的发明或者实用新型专利申请涉及国防利益以外的国家安全或者重大利益需要保密的，应当及时作出按照保密专利申请处理的决定，并通知申请人。

国务院专利行政部门依照上述规定进行保密审查的，应当及时作出是否需要保密的决定，并通知申请人。保密专利申请经审查没有发现驳回理由的，国务院专利行政部门应当作出授予保密专利权的决定，颁发保密专利证书，登记保密专利权的有关事项。申请人未在其请求递交日起6个月内收到需要保密的决定的，可以就该发明或者实用新型向外国申请专利或者向有关国外机构提交专利国际申请。保密审查的程序、期限等按照国务院的规定执行。违反相关规定向外国申请专利的发明或者实用新型,在中国申请专利的,不授予专利权。违反规定向外国申请专利,泄露国家秘密的,由所在单位或者上级主管机关给予行政处分;构成犯罪的,依法追究刑事责任。

2. 不属于发明的项目

有些科研成果,不是技术方案,不属于《专利法》所说的发明创造,一般不具备创造性或实用性。

(1) 科学发现。这是指对自然界中客观存在的未知物质、现象、变化过程及其特性和规律的揭示。虽然这也是一种智力劳动成果,但它属于人们对物质世界的认识,不具有发明创造必备的技术性,不是对客观世界的改造提出的一种技术方案。例如,哈雷彗星的发现、牛顿万有引力的发现等。

(2) 智力活动的规则和方法。这是人的大脑进行精神和智能活动的手段或过程,不是自然规律的利用过程,更不是一种技术解决方案。例如,速算法、游戏方案、生产管理方法、比赛规则、情报检索法、乐谱等都不能获得专利权。但是,进行这类智力活动的新设备、新工具、新装置,如果符合专利条件,是可以取得专利权的。计算机程序是一种为了得到某种结果而由计算机执行的代码化指令序列,是一种科学算法的表达形式的集合,它所体现的是一种智力活动的规则,因而纯粹的计算机软件不能授予专利权。但是,如果把计算机程序输入计算机,将其软件和硬件结合运行之后,它就构成了一种技术方案,能够实现某种技术目的,达到某种技术效果,则可以被授予专利权。

(3) 疾病的诊断和治疗方法。这是直接以有生命的人体或动物作为直接实施对象,进行识别、确定或消除疾病的过程,无法在产业上进行制造或使用,不具备专利法所说的实用性。如西医的外科手术方法、中医的针灸和诊脉方法都不属于专利法所说的发明创造,但是诊断和治疗疾病的仪器设备可以申请专利。

3. 某些特定技术领域的发明

在专利法立法之初,考虑到我国的经济和科学技术水平,为保证国家、社会和人民的最基本的利益,我国 1985 年《专利法》第 25 条规定的不保护的技术领域比较多,共有四类:(1) 食品、饮料和调味品的发明;(2) 药品和用化学方法获得的物质;(3) 动植物品种;(4) 用原子核变换方法获得的物质。随着改革开放的深入,国际技术、贸易的日益广泛,专利制度向国际化发展,《专利法》扩大了专利保护的技术领域,缩小了不保护的技术领域,即放开了对食品、饮料、调味品、药品和用化学方法获得的物质等发明的保护,对动物和植物品种,用原子核变换方法获得的物质,对平面印刷品的图案、色彩或者二者的结合作出的主要起标识作用的设计,以及违反法律、行政法规的规定获取或者利用遗传资源,并依赖该遗传资源完成的发明创造不予保护。

(1) 动物和植物品种。动物和植物品种是有生命的物体,对动植物品种不给予保护,主要是基于“自然生成的动植物,是大自然的产物,不属于人类的发明创造”的观点。由于人工培育的动植物品种必须经过较长时间的、几代的筛选,品种的性状才具有显著性、稳定性,特别是植物,它们的繁殖受光照、温度、水土等自然条件的影响很大,专利审批困难,所以不适用专利法保护。国外一般采用专门法保护动物和植物品种。1997 年 10 月 1 日起,我国开始实施《植物新品种保护条例》,由国务院农业和林业行政部门共同负责植物新品种保护权的申请受理和审查授予工作。但是,微生物品种以及动物和植物品种的生产方法,可以依照我国《专利法》给予保护。

(2) 用原子核变换方法获得的物质。用原子核变换方法所获得的物质,主要是指用加速器、反应堆以及其他核反应装置生产、制造的各种放射性同位素。对这类物质,不但我国《专利法》不给予保护,世界其他各国一般也都不给予保护。这主要基于两点理由:一是变换核方法如果缺乏安全生产手段,会给国家和人民利益带来危害,而且也不具备专利法所要求的实用性;二是核物质可以用于制造核武器,直接涉及国家安全,为了发展本国的原子工业及防止国外原子武器的垄断,不宜给予专利保护。但是,实现核变换方法的各种设备、仪器及其零部件等,均可以被授予专利权。

(3) 利用遗传资源完成的发明创造。专利法所称遗传资源,是指取自人体、动物、植物或者微生物等含有遗传功能单位并具有实际或者潜在价值的材料;专利法所称依赖遗传资源完成的发明创造,是指利用了遗传资源的遗传功能完成的发明创造。对违反法律、行政法规的规定获取或者利用遗传资源,并依赖该遗传资源完成的发明创造,不授予专利权。我国是《生物多样性公约》的成员国,并且是生物资源和遗传资源非常丰富的国家,保护遗传资源事关国家利益。为了贯彻《生物多样性公约》,我国《专利法》规定了依赖遗传资源完成的发明创造的特殊条件,如果该遗传资源的获取或者利用违反有关法律、行政法规的规定,并依赖该遗传资源完成发明创造,则不授予专利权。

在专利保护排除客体的确定上最能反映专利制度的是产业政策论,当一个国家在某项产业领域处于薄弱地位时,国家可能会排除这一领域的专利授权。我国在 1985 年制定《专利法》时,化工医药产业非常落后,几乎完全依靠仿制技术,而在食品、饮料、调味品等方面品种单一,没有更多的市场选择,所以这两类技术领域都被列入排除专利保护的范围之中。

[思考题]

1. 什么是发明专利？其授权条件是什么？
2. 什么是实用新型专利？其授权条件是什么？
3. 什么是外观设计专利？其授权条件是什么？
4. 我国《专利法》规定了哪些专利保护的排除客体？

第十三章　专利权的主体及权利归属

[内容提要]　本章述及专利权主体的有关问题，包括专利权主体的类型、权利归属、专利权人的权利和义务等。

[关键词]　发明人　职务发明　专利权人的权利和义务

第一节　专利权主体的类型及专利权归属

可以申请专利并获得专利权的人被称为专利权的主体。我国《专利法》规定自然人、法人和其他组织都可以申请并获得权利，并根据发明创造的性质及权利主体的性质，分别规定了完成发明创造的人、专利申请人和专利权人。

一、发明人与设计人

任何发明创造只能由可以思维、有创造能力的自然人完成，这一自然人称为发明人或设计人。《专利法》规定，对发明创造的实质性特点作出创造性贡献的人是发明人或设计人。在完成发明创造过程中，只负责组织工作的人、为物质条件的利用提供方便的人或者从事其他辅助工作的人，诸如管理人员、实验员、描图员等不应当被认为是发明人或设计人。之所以对发明创造完成人有不同的称谓，是根据不同专利种类而进行的区别。对于发明专利，这种人称为发明人；对于实用新型专利和外观设计专利，这种人称为设计人。

发明人或设计人只能是自然人，不能是法人或其他单位。不能在专利的请求书中将发明人一栏填写为“某课题组”、“某单位”等。

发明人或设计人享有署名权、获得奖励权和获得报酬权。署名权是一种人身权，不能转让、继承，永远归属于发明人和设计人。发明人或者设计人有权在专利文件中写明自己是发明人或者设计人。发明人和设计人也可以请求国务院专利行政部门不公布其姓名。

如果发明创造是由两人或两人以上共同完成的，那么这些人就互为共同发明人或设计人。判断共同发明人或共同设计人的标准也是看其是否对发明创造的实质性特点作出了创造性的贡献。共同发明人或共同设计人的权利和义务是相等的，排名前后没有实质上的影响。

作为发明创造这一无形财产的创造者，发明人或设计人理应有权申请专利并获得专利权。但是,如果发明人或设计人的创造活动是在其为某个法人单位或其他组织履行其职务的过程中完成的,则该发明人或设计人不具备专利申请人资格。发明人或设计人作为申请人是有条件限制的,只有非职务(或非雇员)发明创造的发明人或设计人才能作为专利申请人。

二、专利申请人

(一) 非职务发明创造

所谓非职务发明创造,是指在本职工作或者单位交付的工作之外,完全依靠自己的物质技术条件作出的发明创造。对非职务发明创造申请专利的权利属于发明人或设计人。单个自然人完成的非职务发明创造的申请权由发明人或设计人自由行使;共同发明或共同设计的,则必须由全体发明人或设计人共同行使。专利申请权的共有人对权利的行使有约定的,从其约定。发明人或设计人也可以放弃或转让专利申请权。但共同发明人或设计人转让申请权,应征得其他共同发明人或设计人的同意。取得专利后,其中一人或数人可以转让他们在专利权中的经济收入的份额,这一份额也可以继承。中国单位或者个人向外国人、外国企业或者外国其他组织转让专利申请权或者专利权的,应当依照有关法律、行政法规的规定办理手续。

在中国有经常居所的外国人在中国申请专利,依照其所属国同中国签订的协议或者共同参加的国际条约,或者依照互惠原则,依中国专利法办理。无国籍的人不能在我国提出专利申请。

(二) 职务发明创造

职务发明创造也称为“雇员发明”。对这类发明创造来说,申请专利的权利不属于发明人或设计人,而属于其所在的单位。但是发明人或设计人的地位不会改变。

职务发明创造的发明人或设计人一般都与有权申请专利的单位有劳动雇佣关系。根据法律或企业的劳动合同,只要职工是受雇于某单位(不管是临时雇佣还是长期雇佣),只要单位给付了劳动报酬,雇佣关系就成立了。因而,雇员在履行职务中所作出的发明,都是职务发明,其申请专利的权利自然属于雇佣单位。

被授予专利权的单位可以与发明人、设计人约定或者在其依法制定的规章制度中规定专利法规定的奖励、报酬的方式和数额。无约定也未规定奖励的方式和数额的,应当自专利权公告之日起 3 个月内发给发明人或者设计人奖金。一项发明专利的奖金最低不少于 3000 元;一项实用新型专利或者外观设计专利的奖金最低不少于 1000 元。在专利权有效期限内,实施发明创造专利后,每年应当从实施该项发明或者实用新型专利的营业利润中提取不低于2%或者从实施该项外观设计专利的营业利润中提取不低于0.2%,作为报酬给予发明人或者设计人,或者参照上述比例,给予发明人或者设计人一次性报酬;被授予专利权的单位许可其他单位或者个人实施其专利的,应当从收取的使用费中提取不低于10%,作为报酬给予发明人或者设计人。

依我国《专利法》,执行本单位的任务或者主要是利用本单位的物质技术条件所完成的发明创造为职务发明创造。按照这一规定,可以得出职务发明的以下构成条件。

1.“执行本单位的任务”的三种情况

(1) 属于本职工作范围内的发明创造。本职工作的判断可以参照劳动合同、工作人员的职务、责任范围和工作目标,一般不考虑所学的专业。例如,某人是学无线电专业的,现行职务是无线电厂的厂长,他的职责是工厂的经营与管理,不是做产品设计,所以他做出的电子类发明创造并不一定都属于本职工作范围,要根据具体情况处理。

(2) 履行本单位交付的本职工作之外的任务所作出的发明创造。这一般是指单位短期或临时下达的工作任务,如合作开发、组织攻关、接受委托研究等。在这些工作任务完成中所产生的发明创造与单位的宏观指导、具体方案的制订、责任的承担以及必要的物质条件密切相关,所以应该属于职务发明创造。

(3) 退休、调离原单位后或者劳动、人事关系终止后1年内作出的,与其在原单位承担的本职工作或者原单位分配的任务有关的发明创造。实践中经常出现如何判断离开单位的时间以及如何判断发明创造完成的时间的困难。比如,某人从甲单位辞职到乙单位,提出辞职报告甲单位没有批准,该人不辞而别,到乙单位一年半后申请一件与原来在甲单位的工作任务相关的专利,但是甲单位在该人离开8个月后才将其除名。如果双方都不能证明该专利申请内容完成的时间,就只有将专利申请日视为完成日。于是,若按照甲单位除名时间计算,该人离开甲单位的时间距离完成日不足一年,该发明创造应当属于甲单位的职务发明;但若按照该人实际到乙单位工作的时间计算,则应当属于乙单位的职务发明。实践中判断是属于一年内还是一年外,还应根据发明创造完成的证据以及实际领取相应职务工薪的时间。在人才流动已经非常普遍的情况下,为了避免日后的纠纷,最好通过劳动合同明确约定相关条款。

2. 对“主要是利用本单位的物质技术条件”的理解

物质技术条件是指资金、设备、零部件、原材料或者不对外公开的技术资料等。其中,不对外公开的技术资料包括技术档案、设计图纸、新技术信息等。单位图书馆或资料室对外公开的情报、资料,不包括在内。上述物质技术条件应当是完成发明创造所不可缺少的条件。少量地利用或者对发明创造的完成没有实质性帮助地利用单位的物质技术条件,不应属于《专利法》规定的这种情况。对于利用物质条件达到什么程度,才算是对发明创造的完成起了“主要的”作用,还应根据具体情况作出判断。参考最高人民法院《关于审理技术合同纠纷案件适用法律若干问题的解释》,“主要利用法人或者其他组织的物质技术条件”包括职工在技术成果的研究开发过程中,全部或者大部分利用了法人或者其他组织的资金、设备、器材或者原材料等物质条件,并且这些物质条件对形成该技术成果具有实质性的影响。利用法人或者其他组织提供的物质技术条件,约定返还资金或者交纳使用费,或者在技术成果完成后利用法人或者其他组织的物质技术条件对技术方案进行验证、测试,则不属此类。

除此以外,若单位提供了学习、考察、进修机会等其他帮助,在实践中也应考虑它们是否与所完成的发明创造有直接关系,否则不应考虑。

如果仅仅使用了单位的物质条件,如实验室、仪器、设备等,且单位与发明人或设计人订有合同,对申请专利的权利和专利权的归属作出了约定,应从其约定。如果发明人或设计人向单位交付设备使用费的也有可能除外,一般依照合同约定。

“本单位”也包括临时受雇单位。

职务发明创造申请专利的权利归单位,单位也有权决定是否放弃专利申请。如果单位放弃申请权,原则上该发明创造也不能转为非职务发明,而应作为社会公共财富,为公众所利用。但许多单位在不懂专利法的情况下,放弃专利申请,并同意发明人或设计人将其作为非职务发明申请专利,这给日后带来许多不必要的纠纷,甚至损失。例如,发明人或设计人在取得专利权后将专利技术独占,单位欲实施还要向其交付费用;发明人或设计人将专利转让或许可他人实施后对原单位构成竞争威胁等。所以,对于职务发明创造,单位应该重视其申请权。

(三) 合作与委托发明创造

两个以上的单位或者个人合作完成的发明创造属于合作发明创造;一个单位或者个人接受其他单位或者个人委托所完成的发明创造属于委托发明创造。这两种情况,一般应当在协议中约定申请专利的权利。如果没有约定的,申请专利的权利属于完成或者共同完成的单位和个人,即属于对发明创造作出创造性贡献的一方。

第二节　专利权人的权利与义务

一、专利权人的权利

专利权人的权利也可以认为是专利权的内容。本节从主体的角度简要介绍专利权人的权利,具体各项权利的详细介绍,请见第十六章第一节“专利权的内容”。

专利权人的权利包含相互对应而密切联系的两个方面:(1)专利权人享有占有、使用、收益和处分其发明创造的权利,表现为独占权(包括制造权、使用权、许诺销售权、销售权、进口权)、许可权、转让权、放弃权、标记权等;(2)专利权人也有排除其他任何人,从而支配该专利的权利,表现为一种禁止权。

(一)独占权

我国《专利法》第11条规定:“发明和实用新型专利权被授予后,除本法另有规定的以外,任何单位或者个人未经专利权人许可,都不得实施其专利,即不得为生产经营目的制造、使用、许诺销售、销售、进口其专利产品,或者使用其专利方法以及使用、许诺销售、销售、进口依照该专利方法直接获得的产品。外观设计专利权被授予后,任何单位或者个人未经专利权人许可,都不得实施其专利,即不得为生产经营目的制造、许诺销售、销售、进口其外观设计专利产品。”这里,法律规定了禁止他人行为,从而保护了权利人享有的权利,即制造权、使用权、许诺销售权、销售权和进口权。由于发明、实用新型专利权同外观设计专利权的内容有所不同,专利权人的权利也有所区别。

独占权的内容主要有以下五个方面:

(1)制造权。这是指专利权人拥有自己生产制造专利文件中记载的专利产品的权利。在未经许可的情况下,只要他人生产制造的产品与专利产品相同,不论使用什么设备、装置或方法,也不管制造数量多少,只要结果相同,即构成侵权。制造类似的产品,如果其技术特征落入权利要求书中划定的保护范围,不论是否还有其他不同,也可能构成侵权。

(2)使用权。使用权包括对专利产品的使用权和专利方法的使用权。非经专利权人许可,任何人不得使用其专利产品或专利方法。专利的使用方式视具体情况不同而不同,如果一项产品专利是一种机器设备,它可以用于生产;如果是一个部件,可以用于机器的组装;如果是一种日用品,则可以用于消费。但是,专利权人的使用权有两种例外限制:一是专利权人自己制造或许可他人制造的产品首次销出后使用权就消失了,他人再销售或使用不视为侵权。使用权的效力只限于产品生产后的第一次使用(投入市场),即所谓首次销售,“权利用尽”。二是使用或销售不知道是未经专利权人许可制造的专利产品,且能证明产品合法来源的,不承担侵犯使用权的赔偿责任。

(3)许诺销售权。许诺销售是指销售前的推销或促销行为,包括通过广告、订单、发布消息等手段表示销售专利产品的行为。专利法意义上的许诺销售权比合同法上的“销售要约”的含义要广。销售要约当然属于许诺销售的范围,但有些不属于销售要约的行为,如发送价目表、销售展示等仍然属于许诺销售的范围。给专利权人以许诺销售权是世界贸易组织《知识产权协定》确定的原则,体现了对专利权的严格保护,对于尚未发生结果的行为也给予了禁止。我国在《专利法》第二次修改时才设立了这一权利,第三次修改时则将许诺销售权从发明专利和实用新型专利扩展到外观设计专利。

(4)销售权。销售权是指销售专利产品的权利。销售与通常意义的货物买卖一样,是将专利产品的所有权按市场价格从一个单位或者个人转移到另一个单位或个人。这种销售行为仅指实际发生的销售行为。专利权人的销售权也有一定的限制,不管是专利权人自己销售,还是许可他人销售,其第一次销售行为受法律保护,但产品首次售出后,则销售权用尽。

(5)进口权。进口权是指为生产经营目的将专利产品或由专利方法直接生产的产品由一国境外输入该国境内的权利。这就意味着,专利权人没有义务在专利的授权国制造实施该专利,他可以在国外制造产品,然后通过进口获得期望的专利利益。在国际贸易全球化的今天,设立进口权对那些在国外已有成熟产品的专利权人是很强的保护,并有利于消除贸易壁垒,促进国际交流。但也可能会导致专利产品价格过高。对于发展中国家而言,这会加重消费者的负担。

(二)许可实施权

许可实施权是指专利权人(许可方),通过签订合同的方式允许他人(被许可方)在一定条件下使用其取得专利权的发明创造的全部或者部分技术的权利。

在很多情况下,专利权人不愿或不能自己实施专利,而是通过许可他人实施来取得收益。许可他人利用专利技术,并非是将专利权出售给他人,而仅仅是将专利技术的使用权授予他人,专利所有权并没有发生变化。

任何单位或者个人实施他人专利的,应当与专利权人订立实施许可合同,向专利权人支付专利使用费。被许可人无权允许合同规定以外的任何单位或者个人实施该专利。在专利申请权或者专利权属于共有的情况下,专利申请权或者专利权的共有人对权利的行使有约定的,从其约定。没有约定的,共有人可以单独实施或者以普通许可方式许可他人实施该专利;许可他人实施该专利的,收取的使用费应当在共有人之间分配。专利权人的许可实施权受到一定的限制,比如强制许可和计划许可的例外规定。

专利实施许可的方式有多种,比如独占许可、独家许可、交叉许可、分许可和普通许可等,在技术贸易中专利许可证贸易应用广泛。采取哪种实施许可方式,如何签订实施许可合同,对许可方和被许可方来说至关重要,可以说专利法只能提供一些原则条款,实践中如何让双方获得最大的专利收益都是合同层面的操作。

(三) 转让权

转让权包括专利申请权的转让和专利权的转让,转让行为使权利主体发生了变更,从而使权利从原所有人转移到新所有人。

转让有两种形式:(1) 合同转让,这通常是自愿发生的,比如因买卖、交换、赠与、技术入股而进行专利权的转让;(2) 继承转让,这是因法定原因而发生的,当专利权人死亡后,专利权依继承法的规定而转移于有继承权的人。

转让必须履行法律规定的手续。中国单位或者个人向外国人、外国企业或者外国其他组织转让专利申请权或者专利权的,应当依照有关法律、行政法规的规定办理手续。转让专利申请权或者专利权的,当事人应当订立书面合同,并向国务院专利行政部门登记,由国务院专利行政部门予以公告。专利申请权或者专利权的转让自登记之日起生效。

(四) 标记权

标记权是指专利权人在其专利产品或者该产品的包装上标明专利标记或专利号的权利。通过标记,可以起到宣传作用,有助于扩大产品的销售。同时,也可以起到警示作用,使其他人了解这种产品是受到专利保护的,不能随意仿造。当然,专利权人不在专利产品或其包装上标明专利标记或专利号,并不意味着放弃专利保护,其他人仿造专利产品,仍应负侵权责任。不知道一项发明创造已受到专利保护而实施该项专利,也不能免于承担侵权责任。但是,如果故意隐瞒专利性质,设置“专利地雷”,也会造成不正当竞争。

二、专利权人的义务

权利与义务是相对存在的,专利权人享有权利,是在其履行义务的前提之下,专利权人不履行其义务,将给自己带来不利的法律后果,甚至丧失专利权。

(一) 缴纳专利费用

专利申请人在申请专利时要缴纳各种申请费用。在专利授权后,专利权人应当在国务院专利行政部门通知的日期内缴纳规定的年费。

年费的数额,按照专利类型的不同而不等。发明专利的年费数额较高,每三年累进一次;实用新型专利和外观设计专利的年费数额开始较低,以后每三年或两年累进一次。

让专利权人履行缴纳年费的义务,主要作用在于通过收取年费促使专利权人尽早放弃已无实际商业价值的专利,以调节专利权人与社会的利益关系。

若专利权人不履行交年费的义务,专利权将提前终止。

(二) 不得滥用专利权

专利权是一种合法的垄断权,如果发明创造已经被授予专利权,专利权人应促进专利技术早日为社会所用,为人类作贡献。所以,在具备实施条件的单位以合理的条件请求专利权人许可实施时,专利权人应该在合理长的时间内给予许可。如果新专利的技术的实施依赖于前一发明创造,则前一发明创造的专利权人更应该给予后一发明创造专利权人实施其专利的许可。拒绝许可可能构成专利权的滥用或者限制竞争行为,导致专利被强制许可。此外,利用专利进行限制或排除竞争的行为,还将受到《反垄断法》的规制。

[思考题]

1. 专利权人的权利包含哪些内容?
2. 专利权人负有哪些义务?
3. 如何确定职务发明创造的专利申请人?

第十四章　专利的申请与审批

［内容提要］　专利申请与审批，是关于专利权取得程序的法律制度。本章主要介绍了专利申请原则、专利申请前的论证工作、申请文件的种类和要求、撰写专利申请文件的要点以及专利申请审查的有关规定。

［关键词］　先申请原则　优先权　权利要求书　说明书

第一节　专利申请原则

一、书面原则

专利申请必须以书面形式提交到国务院专利行政部门，在以后整个审批程序中的所有手续，都必须以书面形式办理，不能以口头说明或提交实物来代替书面申请和对申请文件进行修改补正。

二、先申请原则

对于同样内容的发明创造，只能授予一项专利权。所以，两个以上的申请人分别就同样的发明创造申请专利时，专利权授予最先申请的人。如果是在同一天申请的，申请人应当在收到国务院专利行政部门的通知后自行协商确定申请人。

申请日是从专利申请文件递交到国务院专利行政部门之日算起。如果是邮寄的，以寄出的邮戳日为申请日。专利申请一旦被受理，国务院专利行政部门立即对该申请给一个编号，称为申请号。此号在专利授权后即作为专利号。“先申请原则”对于专利审查来说，可以节约时间和成本，但对商业竞争而言却是一个很残酷的竞争制度。它不考虑先发明人的利益，只保护先申请人的利益。在公平和效率的天平上，专利法于此更多地倾向后者。如果由于没有及时申请而丧失获得专利的机会，企业可能为此付出很大代价。

三、优先权原则

优先权的主要内容是，申请人自发明或实用新型在外国第一次提出专利申请之日起 12 个月内，或者自外观设计在外国第一次提出专利申请之日起 6 个月内，又在中国就相同主题提出专利申请的，依照该外国同中国签订的协议或者共同参加的国际条约，或者依照相互承认优先权原则，可以享有优先权。这种优先权也称为国际优先权。申请人自发明或实用新型在中国第一次提出专利申请之日起 12 个月内，又向国务院专利行政部门就相同主题提出改进的专利申请的，就第一次提出申请的内容可以享有优先权，这种优先权称为国内优先权。优先权是一种请求权，申请人要求优先权的，应当在提起申请时提出书面声明，并且在 3 个月内提交第一次提出的专利申请文件的副本；未提出书面声明或者逾期未提交专利申请文件副本的，视为未要求优先权。第一次申请被放弃或驳回时，其优先权仍然存在。优先权的意义在于，以第一次提出专利申请日为判断新颖性的时间标准。第一次提出申请的日期，称为优先权日。上述特定的期限，称为优先权期限。优先权可以随专利申请权一起转让。

申请人依照我国专利法规定要求外国优先权的，其提交的在先申请文件副本应当经原受理机构证明。依照国务院专利行政部门与该受理机构签订的协议，国务院专利行政部门通过电子交换等途径获得在先申请文件副本的，视为申请人提交了经该受理机构证明的在先申请文件副本。要求本国优先权，申请人在请求书中写明在先申请的申请日和申请号的，视为提交了在先申请文件副本。要求优先权的申请人的姓名或者名称与在先申请文件副本中记载的申请人姓名或者名称不一致的，应当提交优先权转让证明材料，未提交该证明材料的，视为未要求优先权。

申请人应当自专利申请进入中国国务院专利行政部门审查阶段之日起 2 个月内缴纳优先权要求费；期满未缴纳或者未缴足的，视为未要求该优先权。

四、主题单一性原则

主题单一性原则，也称一发明一申请原则，它是指一件发明或实用新型专利的申请应当限于一项发明或实用新型，一件外观设计专利的申请应当限于一种产品所使用的一项外观设计。由于专利分类极为详细，为保证审查质量，审查员分工也很细。不同的发明创造如果放在一件申请中提出，势必给审查工作带来极大的麻烦。而且办理申请、审批手续都需交费，把不同的发明创造作为一件申请提出，只缴纳一件的费用显然也是不合理的。

对于属于一个总的发明构思的两项以上的发明和实用新型或者用于同一类别并且成套出售或使用的产品的两项以上的外观设计，可以作为一件申请提出，称为合案申请，但是应当符合同一发明目的，并具有相同的技术效果。同一类别并且成套出售或者使用的产品的两项以上外观设计，是指各产品属于分类表中同一大类，习惯上同时出售或者同时使用，而且各产品的外观设计具有相同的设计构思。根据《专利法》及其实施细则的规定，虽然同样的发明创造只能授予一项专利权，但同一申请人在同日（指申请日）对同样的发明创造既申请实用新型专利又申请发明专利的，应当在申请时分别说明对同样的发明创造已申请了另一专利；未作说明的，依照《专利法》第9条第1款关于同样的发明创造只能授予一项专利权的规定处理。国务院专利行政部门公告授予实用新型专利权，应当公告申请人已同时申请了发明专利的说明。发明专利申请经审查没有发现驳回理由，国务院专利行政部门应当通知申请人在规定期限内声明放弃实用新型专利权。申请人声明放弃的，国务院专利行政部门应当作出授予发明专利权的决定，并在公告授予发明专利权时一并公告申请人放弃实用新型专利权声明。申请人不同意放弃的，国务院专利行政部门应当驳回该发明专利申请；申请人期满未答复的，视为撤回该发明专利申请。实用新型专利权自公告授予发明专利权之日起终止。

一件外观设计专利申请应当限于一项外观设计。同一产品两项以上的相似外观设计，或者用于同一类别并且成套出售或者使用的产品的两项以上外观设计，可以作为一件申请提出。将同一产品的多项相似外观设计作为一件申请提出的，对该产品的其他设计应当与简要说明中指定的基本设计相似。一件外观设计专利申请中的相似外观设计不得超过10项。

国务院专利行政部门经审查认为专利申请不符合单一性原则时，会通知申请人在规定的期限内将其专利申请分案，即分为几个申请。分案申请保留原申请日，可以修改，但不得超出原说明书记载的范围。

第二节　专利申请前的论证

专利申请提出后要经过一定时间方能获得专利权，在这一过程中要缴纳各种专利费用，并且申请专利意味着将其技术内容公之于世。因此，专利申请前，应当考虑到经济效益、时间和公开等多种因素，进行充分的论证。

一、专利申请的必要性分析

一项智力成果完成后，是否采用专利形式来保护，要根据具体情况而定。一般来说，发明人申请专利主要有经济效益和社会效益两方面的考虑。如果一项发明创造经过分析，预测实施后有较好的市场前景，能够获得较大的经济利益，则应尽快申请专利；反之，尽管是一项具有专利性的发明创造，但使用价值不大，难以进行许可证贸易，取得专利权也得不到必要的收益。有些发明创造，尤其是一些基础学科领域的研究成果，暂时得不到经济效益，或者不能直接获得实施后的利润，但是对社会进步有重大影响，对应用学科领域起到更新换代的作用，社会就应当承认发明人的贡献，发明人自己也希望获得精神利益的，如发明权、名誉权等，应及时申请专利。如果一项发明创造有必要利用专利来保护，但同时因公开技术内容会使该发明创造的应用受到威胁或破坏，则应权衡利弊作出决定。对于有些技术秘密(know-how)，与其申请专利公开技术秘密，不如通过保密措施或通过合同约定保密实施更为有利。

二、专利保护形式的选择

专利有三种形式。如果发明人认为自己作出的是一项重大发明创造，与现有技术相比，有突出的实质性特点和显著的进步，可以申请发明专利。发明专利的审批时间长，申请费用高，需经过严格的新颖性、创造性、实用性的审查。发明专利授权后，专利权的法律状态比较稳定，保护时间也较长。如果发明人认为自己作出的只是在现有技术之上的“小改革”、“小发明”，可以申请实用新型专利。实用新型专利的审批时间短，费用低，容易获得专利权，但授权后被撤销和宣告无效的几率也高，法律状态不够稳定，保护的时间短。如果发明创造是对产品的外观作出的富有美感的新设计，可以申请外观设计，同时还可以申请实用新型或者注册商标。对一些具有重大经济价值的实用美术作品，还可以采取著作权的保护方式。对于技术秘密，可以合同约定保护。

三、申请时机的选择

专利保护期是从申请日开始起算，一般情况下，越早申请对发明人越有利。但有些超前发明，先申请了专利，却不为社会所利用，还要缴纳专利申请费，所以及早申请也不一定是上策。电视机原理的发明是 20 世纪 20 年代的专利，直到专利保护期过后的五六十年代才开始被人们利用，七八十年代才开始普及。对电视机的发明专利权人来说，其专利为社会提供了新技术的信息资源，他本人却并未获得经济利益。

四、取得专利权可能性的初步判断

第一步，应判断一下所作出的发明创造是否有违反法律规定的情况以及是否属于专利法保护的对象；否则，即使提出申请，也不会被授权。第二步，应初步判断一下是否符合专利的三性标准。发明人对自己所从事的技术领域发展现状都比较了解，为防止重复申请，可以进行一下查新检索或调查一下同领域其他研究人员的研究状况，制定出对自己最为有利的专利申请策略。

五、市场预测

如果申请人想利用专利获取经济效益，专利技术开发后，他就应当进行市场预测。一件专利从申请到保护期满要缴纳许多专利费用，在没有经济效益的情况下，应当慎重。

同时，应当依据一国的市场前景决定专利国别的选择。一般情况下，应当提前三年左右的时间提出申请，那么刚好专利授权后就可以在该国市场上销售专利产品了。以我国市场为例，在我国入世谈判期间，许多欲到中国投资的跨国企业就开始进行专利布局。在入世后的两到三年里，我们已经看到这些专利慢慢地浮出了水面，在中国市场上显示出其竞争力。

第三节　申请文件的种类及要求

广义的专利申请文件包括在专利授权以前向国务院专利行政部门递交的所有文件，包括各种申请表格、审查员的通知及往来信件。通常所说的专利申请文件是狭义的申请文件，主要是指申请专利时，向国务院专利行政部门受理处递交的文件。根据《专利法实施细则》的规定，发明、实用新型或者外观设计专利申请的请求书应当写明下列事项：发明、实用新型或者外观设计的名称；申请人是中国单位或者个人的，其名称或者姓名、地址、邮政编码、组织机构代码或者居民身份证件号码；申请人是外国人、外国企业或者外国其他组织的，其姓名或者名称、国籍或者注册的国家或者地区；发明人或者设计人的姓名；申请人委托专利代理机构的，受托机构的名称、机构代码以及该机构指定的专利代理人的姓名、执业证号码、联系电话；要求优先权的，申请人第一次提出专利申请（以下简称在先申请）的申请日、申请号以及原受理机构的名称；申请人或者专利代理机构的签字或者盖章；申请文件清单；附加文件清单；其他需要写明的有关事项。

一、发明和实用新型专利申请的基本文件

（一）请求书

请求书是申请人表示请求授予发明或实用新型专利的愿望，是启动受理专利的法律程序的“按钮”。申请人在请求书中要写明发明或者实用新型的名称，发明人的姓名，申请人姓名或者名称、地址，以及其他事项。

发明创造名称应当简短，准确表明发明的技术主题，不应含有非技术词语，如人名、公司、名称、商标、代号、型号等，也不应有含糊不清的词语，如“及其他”、“及其类似装置”等。发明创造名称不得超过 25 个字；特殊情况下，如某些

化学发明，经审查员同意后可以增加到40个字。

发明人应当是个人，是对发明创造的实质性特点作出创造性贡献的人。

有共同发明人时应依次填写。

申请人可以是个人，也可以是单位。非职务发明的申请人是个人，应当使用本人真实姓名，不得使用笔名或假名。职务发明的申请人是单位，应当使用正式全称，不得使用缩写或者简称，申请文件中指明的名称应当与使用的公章名称一致。

委托专利代理机构办理的，应在代理机构一栏填写专利代理机构的全称、接受委托的具体专利代理人姓名及在国务院专利行政部门登记的编号。

请求书中涉及的地址应当符合邮件能迅速、准确投递的要求。

（二）权利要求书

权利要求书是申请文件中最重要也是最基本的文件，它的任务是指出发明创造中最关键的技术特征，它是确定专利保护范围的依据。权利要求书应当以说明书为依据，清楚、简要地限定要求专利保护的范围。

一份权利要求书中至少应包括一项独立权利要求，还可以包括从属权利要求。独立权利要求应当从整体上反映发明或实用新型的技术方案，记载为达到发明或者实用新型目的的必要技术特征。从属权利要求是对引用的另一项权利要求的进一步限定，指出要求保护的附加技术特征。

独立权利要求应当包括前序部分和特征部分，按照下列规定撰写：

（1）前序部分：写明要求保护的发明或者实用新型技术方案的主题名称和发明或者实用新型主题与最接近的现有技术共有的必要技术特征。

（2）特征部分：使用"其特征是……"或者类似的用语，写明发明或者实用新型区别于最接近的现有技术的技术特征。这些特征和前序部分写明的特征合在一起，限定了发明或者实用新型要求保护的范围。

发明或者实用新型的性质不适于用前述方式表达的，独立权利要求可以用其他方式撰写。

一项发明或者实用新型应当只有一个独立权利要求，并写在同一发明或者实用新型的从属权利要求之前。

发明或者实用新型的从属权利要求应当包括引用部分和限定部分，按照下列规定撰写：

（1）引用部分：写明引用的权利要求的编号及其主题名称。

（2）限定部分：写明发明或者实用新型附加的技术特征。

从属权利要求只能引用在前的权利要求。引用两项以上权利要求的多项从属权利要求，只能以择一方式引用在前的权利要求，并不得作为另一项多项从属权利要求的基础。

(三) 说明书

说明书是专利申请的核心文件,它应将发明创造的内容清楚、完整地公开出来,应使本领域普通技术人员阅读后,能够实施该发明创造。发明或者实用新型专利申请的说明书应当写明发明或者实用新型的名称,该名称应当与请求书中的名称一致。说明书应当包括下列内容:

(1) 技术领域:写明要求保护的技术方案所属的技术领域。

(2) 背景技术:写明对发明或者实用新型的理解、检索、审查有用的背景技术;有可能的,并引证反映这些背景技术的文件。

(3) 发明内容:写明发明或者实用新型所要解决的技术问题以及解决其技术问题采用的技术方案,并对照现有技术写明发明或者实用新型的有益效果。

(4) 附图说明:说明书有附图的,对各幅附图作简略说明。实用新型专利申请说明书应当有表示要求保护的产品的形状、构造或者其结合的附图。

(5) 具体实施方式:详细写明申请人认为的实现发明或者实用新型的优选方式。必要时,举例说明;有附图的,对照附图。

(四) 说明书附图

附图是对发明或实用新型具体方案的图形描述,它可以是电路图、结构图、流程图、各种视图、示意图等。

用文字足以清楚、完整地描述发明技术方案的,可以没有附图。实用新型专利必须有附图。

(五) 说明书摘要

摘要是对整个发明创造的概述,它仅是一种供有关人员迅速获知发明或实用新型内容的情报检索性文件,不具有法律效力,也不属于原始公开的内容,不能作为以后修改说明书和权利要求书的根据,也不能用来解释专利权的保护范围。它主要应写明发明或实用新型的名称,所属的技术领域,发明创造的要点、用途与现有技术相比所具有的优点与积极效果,并且附上一幅最有代表性的附图。摘要应简短,不分段,全文文字部分不应超过300字,不能使用宣传性用语。

(六) 其他文件

申请专利如果委托专利代理机构办理的,应当填写专利代理人委托书,写明专利代理机构的名称和具体的专利代理人姓名、编号、委托权项。单位委托时应当由法人代表签字盖章,个人委托由个人签字或盖章。

要求享受优先权的,应递交优先权的有关证明文件,包括第一次提出申请的国别、日期、申请号、发明创造名称及申请文本。

申请费用减缓的,应当填写费用减缓请求书。单位申请减缓应出具上级行政主管部门关于单位的年收入及经费情况的证明。个人申请减缓的,应出具非职务发明证明。

发明专利如果在申请时就请求实质审查,还应填写实质审查申请书。如果希望提前公开,也可以提出提前公开请求。

对于特殊领域的专利申请,比如微生物菌种、药品等的申请还要提供特殊文件。依赖遗传资源完成的发明创造,申请人应当在请求书中说明该遗传资源的直接来源和原始来源,并填写国务院专利行政部门制定的表格;申请人无法说明原始来源的,应当陈述理由。

二、外观设计专利申请的基本文件

申请外观设计专利的,应当提交请求书、该外观设计的图片或者照片以及对该外观设计的简要说明等文件。

(一) 请求书

首先应填写使用外观设计的产品名称。该名称应准确地表明请求给予保护的产品。该名称以2—7个字为宜,最多不得超过15个字。

产品名称应符合下述要求:

(1) 符合外观设计分类表中的产品名称。

(2) 与该外观设计的内容相符合。

(3) 避免使用人名、地名、公司名、商标、代号、型号或以历史时代命名的产品名称,避免使用概括、抽象、附有功能、构造的名称,不能使用附有产品规格、数量单位的名称。例如,“花王果茶饮料瓶”、“21英寸彩色电视机”,都不符合要求。

申请外观设计专利的请求书中的其他栏目的要求与发明和实用新型专利的请求书相同。

(二) 图片或照片

申请人提交的有关图片或者照片应当清楚地显示要求专利保护的产品的外观设计。申请产品的立体外观设计,应当递交正投影六面视图和立体图(或照片);申请产品的平面外观设计,应当递交两面视图。申请人提交的视图或者照片,应能清楚反映所要保护的外观设计产品的范围,是确定专利保护的依据,其法律作用与发明专利和实用新型专利的权利要求书的作用相同。

正投影六面视图的名称是:主视图、后视图、左视图、右视图、俯视图和仰视图。各视图的名称应当标注在相应视图下面。

(三) 简要说明

对于外观设计产品的主要创作部位要求特殊说明的,或者在请求保护色彩、省略视图等情况下,应递交简要说明。

外观设计的简要说明应当写明外观设计产品的名称、用途,外观设计的设计要点,并指定一幅最能表明设计要点的图片或者照片。省略视图或者请求保护色彩的,应当在简要说明中写明。对同一产品的多项相似外观设计提出一件外观设计专利申请的,应当在简要说明中指定其中一项作为基本设计。

简要说明不得使用商业性宣传用语,也不能用来说明产品的性能。

(四)其他文件

委托书等其他文件与发明专利和实用新型专利的要求相同。

三、专利申请文件的提交、修改与撤回

专利申请人提交专利申请文件时,可以直接提交或挂号邮寄给国务院专利行政部门,也可以直接提交或挂号邮寄给国务院专利行政部门指定的专利代办处。如果发明创造涉及国家安全或者重大利益的,则需要依照《专利法》中有关保密的规定进行。另外,如果申请专利的发明涉及新的生物材料,该生物材料公众不能得到,并且对该生物材料的说明不足以使所属领域的技术人员实施其发明的,申请人还必须按《专利法》规定办理特定的手续。

实践中,申请人往往将申请专利和办理其他专利事务委托依法设立的专利代理机构办理。对在中国没有经常居所或者营业所的外国人、外国企业或者外国其他组织来说,在中国申请专利和办理其他专利事务应当委托依法设立的专利代理机构办理。专利代理机构应当依法按照被代理人的委托办理专利申请或者其他专利事务,对被代理人发明创造的内容,除专利申请已经公布或者公告的以外,负有保密责任。

申请文件提交之后,由于种种原因,常常需要修改,其中包括由申请人主动提出的修改。但是为了确保申请秩序的稳定,保护其他申请人的利益,法律对修改的范围和时间作了限制。其中,对发明和实用新型专利申请文件的修改不得超出原说明书和权利要求书记载的范围,而且提出修改应该在提出实质审查请求之前或者在收到国务院专利行政部门发出的实质审查通知书中规定的期限内;提出修改外观设计专利申请文件,应在申请日起两个月内,且修改不得超出原图片或者照片表示的范围。

提交申请后,在被授予专利权前,申请人还可以随时撤回专利申请。撤回申请的声明应向国务院专利行政部门提出,并在国务院专利行政部门收到时生效,国务院专利行政部门应当停止对该申请的审批工作。但是,如果撤回专利申请的声明是在国务院专利行政部门做好公布专利申请文件的印刷准备工作后提出的,申请文件仍予公布,只是撤回声明应当在以后出版的专利公报上予以公告。

如果申请撤回时，技术已经公开，则会导致该技术丧失新颖性。

第四节　专利申请文件的撰写

专利申请文件是发明创造取得法律保护的基本条件。一方面它是向社会公众公布其发明内容的信息载体，另一方面它又是向国务院专利行政部门正式递交请求保护的文件。所以，专利申请文件的撰写在整个申请过程中占有重要地位。一份合格的申请文件可以加快专利审批速度，及早获得专利权，并可使申请人最大限度地得到应得的权利。而一份撰写质量低劣的申请文件，可以断送一项优秀的发明创造。

专利申请文件融技术、法律、情报、经济信息于一体，它不同于一般的学术论文、技术总结、产品说明书、科研成果鉴定书等，有其特殊的法律要求。

一、权利要求书的撰写

（一）以说明书为依据

权利要求书的基本构成是独立权利要求和从属权利要求。一份权利要求书中至少应包括一项独立权利要求，有时可以有多项独立权利要求，这要视发明性质而定。方法加装置或是产品加用途等发明，允许有两项以上的独立权利要求，在这种情况下应避免与单一性的要求相冲突，撰写时应慎重。在一份权利要求书中，一般都有从属权利要求，有时从属权利要求可多达十几项。不论有多少项权利要求，都应当得到说明书支持，即在说明书中对要求保护的必要技术特征有所表述。

以说明书为依据有两层含义：(1) 形式上的依据。这是说，至少在文字上，权利要求中的用语应在说明书中有反映，可以是完全重复的表述。一般情况下，独立权利要求书与说明书中的技术解决方案的文字应完全对应，从属权利要求与实施例中的文字应完全对应。(2) 实质上的依据。权利要求中记载的技术特征在说明书中有记载，尽管不是文字上的完全对应，但实质内容应是一致的。此外，权利要求中提到的上位概念在说明书中至少要有两个下位概念支持，较宽的取值范围应有上、中、下三个实施例支持。例如，权利要求中使用了“活泼金属”的上位概念，说明书中必须有具体的活泼金属的例证加以支持；否则，不得使用上位概念。

（二）清楚、完整地表达请求保护的范围

第一，权利要求的类型要清楚。发明专利申请的独立权利要求可以是：

(1) 产品 + 产品，方法 + 方法。

(2) 产品+制造该产品的方法。

(3) 产品+该产品的用途。

(4) 产品+制造该产品的方法+该产品的用途。

(5) 产品+制造该产品的方法+实施该方法的专用设备。

(6) 方法+实施该方法的专用设备。

实用新型的权利要求可以是两项以上的产品权利要求。

在分清权利要求的类型后,应按照不同类型的权利要求去撰写,不能在一项权利要求中既有产品特征又有方法特征。

第二,已知技术的特征(或称前序部分的特征)和特征部分的特征划界要清楚,应当使用"其特征是……"将两部分严格区别开来。

第三,保护范围的边界要清楚。产品发明应当用结构特征来限定,方法发明要用工艺流程、条件特征来限定,不能使用功能或效果来表述其要求保护的范围。如"一种电视机遥控装置,其特征是灵敏度高,体积小,使用方便",这就是一种功能和效果的表述。这样宽泛的要求缺少必要技术特征,将不会得到专利授权机关的支持。

第四,权利要求保护范围的层次要清楚。独立权利要求应当有一个比较宽的保护范围,从属权利要求是对独立权利要求中所述的技术特征的进一步限定。如果有多项权利要求,应当从宽范围到窄范围逐渐具体化,层层限定。

第五,用语要准确、清楚。权利要求是专利保护范围确定的基准,它划定的范围应当是能够确定的,所以在用语上应使用正面语言,是什么就写什么,不能使用"不是什么"、"非为某物"、"大约"、"左右"、"薄的"、"大的"、"节能的"等含糊不清的词。此外,也不能使用"如说明书所述"、"如图所示"等表述。每项权利要求只能用一个句号。

第六,完整地表达请求保护的范围是指应充分考虑到发明所具备的全部技术特征,包括现有技术特征和发明的必要技术特征,使之构成一个完整的技术方案。

(三) 遵循独特的撰写方法和步骤

权利要求书有独特的撰写方法和步骤,一般的经验是:

1. 起草独立权利要求

独立权利要求应当从整体上反映发明或实用新型的技术方案,记载为达到发明或实用新型目的的必要技术特征。

这种必要技术特征是通过独立权利要求的前序部分和特征部分反映出来的。在起草独立权利要求之前,应当进行下述工作:

(1) 分析技术方案,确定发明的技术领域和名称,找到发明原型或最相关的现有技术,研究共同特征,以确定权利要求的前序部分。前序部分应写明发明或者实用新型要求保护的主题名称和发明或实用新型主题与现有技术共有的必要技术特征。特别应指出的是,名称应当与请求书、说明书中使用的名称完全一致。如果是结构特征,还要写明各部件相互之间的位置关系或连接关系。

(2) 找出本发明的区别特征,确定特征部分。特征部分应使用“其特征是……”或者类似的用语,将欲申请的发明或实用新型的技术特征与现有技术特征区别开来,然后叙述本发明或实用新型的必要技术特征。也应注意各结构部件相互的关系。

特征部分的内容与前序部分写明的特征共同构成发明或实用新型的保护范围。

2. 起草从属权利要求

比较简单的发明,尤以实用新型为多,仅有独立权利要求即可充分、完整地限定专利保护范围。但多数情况下,除独立权利要求外,还要有从属权利要求。从属权利要求就是引用在前的权利要求,记载发明或实用新型附加的技术特征,反映发明或实用新型的具体实施方案。

从属权利要求的作用不容忽视:(1) 它可以起到层层设防的作用。独立权利要求有一个较宽的范围,从属权利要求作了进一步限定,一旦独立权利要求被驳回,从属权利要求可做“替补队员”,改写后可上升为独立权利要求,使发明或实用新型不至于被全部驳回。(2) 从属权利要求将最佳的实施例加以保护,起到支持独立权利要求中上位概念的作用。

从属权利要求分为引用部分和特征部分:(1) 引用部分写明被引用的在前的权利要求的编号,一般采用“如权利要求×所述的×××(名称)”。被引用的权利要求可以是独立权利要求,也可以是从属权利要求。(2) 特征部分写明发明或实用新型的附加技术特征,对引用部分的特征作进一步限定。

二、说明书的撰写

说明书有五个基本组成部分,如无特殊情况,一般应按照五部分的顺序依次撰写:

(1) 所属的技术领域。应写明发明或实用新型所记载的技术方案的具体技术领域,不是广义的或较大的技术领域。例如,不应将“电视机显像管”的发明写成属于电子工业领域,而应写明是对有关电视机显像装置的改进这一具体领域。

(2) 背景技术。就申请人所知,写明与发明或实用新型最相关的现有技术发展状况,引证对比文献,指出其缺点和不足,即申请人自己作为发明起点的依据。也可以针对现有技术的不足和缺陷,用简洁明快的语言提出本发明或实用新型的发明目的。

(3) 发明创造的内容。清楚、完整地写明发明或实用新型的技术解决方案。这部分是说明书的核心部分,也是发明或实用新型实际公开的内容。如果这部分揭示得不清楚、不完整,使所属技术领域的普通技术人员无法理解和实施,该项专利申请就可能由于公开不充分而被驳回。

在撰写这一部分时,可以与各项权利要求相对应,并作适当扩展,提供初步支持。一般按两个步骤去写:第一,使用与独立权利要求相一致的措辞,即以发明的必要技术特征总和的形式阐明发明技术解决方案。然后,用诸个自然段记载与诸从属权利要求附加特征相一致的技术特征。在发明简单的情况下,若附加特征在第五部分具体实施方式中有详细描述,此处也可以仅与独立权利要求相对应。第二,应对发明进行详细说明。说明每个技术特征的结构、取值范围。与权利要求相比,这部分应更详细、具体,有附图的,应对照附图加以说明。

(4) 附图说明。发明或实用新型如有附图,应在说明书中进行说明。附图只能依序排列在说明书后面,不能作为插图。说明书必须对附图进行简要说明,指出每幅图的主题,每一部件的名称。

(5) 具体实施方式。本部分应详细描述本发明或实用新型的优选实施方案,可以对照背景技术说明发明或实用新型的有益效果,对权利要求作进一步支持。若独立权利要求使用上位概念,在实施例中应至少有两个下位概念加以支持;若独立权利要求有一个较宽的取值范围,在实施方案中应至少有上、中、下三个取值点。此外,各下位概念或取值点还要与从属权利要求中的附加技术特征记载一致。对实施例的描述,应具有实施本发明或实用新型所需的一切条件、数据、材料、设备、工具以及必要的技术规格型号,使同领域的技术人员能够再现该发明或实用新型。

可以这样概括说明书的撰写原则:(1) 清楚,充分公开,语言明了;(2) 完整,以上部分缺一不可;(3) 支持,与权利要求语言统一、内容支持;(4) 实施,以同领域技术人员能够再现为准。

三、说明书附图和摘要

(一) 附图

附图是发明技术方案的最直观的描述,它可以是结构示意图、电路图、工艺流程图、化学式等。

附图的绘制要求清晰,能说明整体技术方案和每个具体的技术特征。图中除必要的关键词外不应有文字说明,每一结构部件应用一个阿拉伯数字标明。

电路图不能只有逻辑框图,要有具体的接线图。

附图应尽量垂直布置,如果图的横向尺寸明显大于竖向尺寸必须水平放置时,应将图的顶部置于图纸的左边。

(二) 摘要

摘要是整个专利技术的简要说明,它只是一种情报资料,没有任何法律效力,也不能对权利要求起到解释作用。

摘要应当包括:发明或实用新型所涉及的主题名称、所属技术领域、所需解决的技术问题、主要技术特征和用途以及与现有技术相比所具有的有益效果。

有说明书附图的,应当在其中选择一幅最有代表性的作为摘要附图。

摘要的文字不得超过300字。

四、关于"know-how"

申请人在申请文件中一般都不愿将发明全部公开,在能满足专利法要求充分公开的前提下,会尽可能地将自己技术中最关键的内容保留下来,以防他人仅依据专利说明书即可实施最佳的专利方案。留下的这部分技术便成为"know-how"。

所谓"know-how",中文译法有很多,有译作"技术秘密"的,有译作"专有技术"的,还有译为"技术诀窍"的,它的基本含义是指具有使用价值的没有公开的技术。按专利法的规定,在申请文件中没有公开的技术,不能得到保护,所以"know-how"不受专利法保护。由于它确实也属于一种智力劳动,也具有使用价值,有时甚至具有重大的经济效益和社会效益,所以他人在"know-how"所有人不情愿的情况下,用不正当手段获得即属违法。我国将其列为商业秘密,在《反不正当竞争法》中给予保护。实践中,采取的保密措施可以是技术措施,也可以是法律措施,即通过在合同中规定保密条款的形式来保护。

在撰写申请文件时,如何将"know-how"保留下来又不至于违反专利法充分公开的要求,涉及撰写技巧,应当视发明创造的性质而定。对于具有结构的产品专利,很难存在"know-how"技术,只要将结构画出,技术方案便一览无遗。如果勉强留下一部分内容不公开,结果可能是要么有公开不充分之嫌,要么在专利权人自己的专利产品上市后,他人很快就可以拆卸、测绘,然后仿造,而专利权人却不能对这一未在申请文件中公开的"know-how"要求任何权利。对于组合物或化合物产品专利,可保留一部分"know-how",尤其是化学物质的成分和药品的配方,在能够实施的情况下,加上一种新组分可能会有明显效果,而这新组分的确定又是普通技术人员很难通过实验获得的,这时就可将这一新组分作为"know-how"来保护。方法专利,尤其是工艺过程中温度、压力参数的选择,也有一个最佳值问题。如果这一最佳值通过一般实验很难得到,也可以作为“know-how”保护。但是,在撰写中一定要保证原技术方案的完整、可实施性,不能为了保留“know-how”而使得专利申请遭到驳回。

第五节　专利申请的审批

三种不同性质的发明创造在专利性的审查中,有共同的审查要求:

一、发明专利申请的审批

我国发明专利采用“早期公开、延迟审查”制度。国务院专利行政部门收到申请文件后经初审合格,在18个月时即行公开其申请文件,然后再根据申请人的请求进入实质审查程序。这种审查制度与有些国家的完全审查制相对。比如美国采用的就是完全审查制,专利申请提交后即进入实质审查,直到授权才会公开其说明书和权利要求书。如果审查没有通过,专利申请文件不会被公开,申请人完全可以根据自己的情况决定是否公开,也可能通过前面所说的“know-how”进行保护。我国采用“早期公开、延迟审查”制,主要考虑以下三点:(1)早期公开的专利申请文件可以让社会公众尽早得知发明创造的内容,这有利于科学技术信息的交流,促进他人的再创造;(2)可以给申请人自己作出选择的机会,如果申请人认为技术方案不是很完善,不想再维持这一申请,可以不提出实质审查请求,转而申请改进专利,利用在先申请作为获得优先权的基础;(3)给社会公众以监督审查专利申请的机会,一旦发现申请的发明创造不符合专利授权条件,可以尽早做好专利无效申请的准备或者放心利用,不担心日后构成侵权。当然,“早期公开、延迟审查”也有其弊端。专利申请人在授权前一般不愿意提前公开其技术方案,因为如果不能被授权,还可以将其作为技术秘密加以利用;否则,这一技术方案就进入公有领域,任何人都可以无偿使用。早期公开的另一不利之处是让专利申请人的竞争对手得以通过专利跟踪制定竞争对策,或在专利申请的基础上进行改进发明,制约专利申请人。总之,任何一项制度都有利有弊,不同的群体在利用上都有不同的利益取舍,人们应当根据具体情况利用之。

我国发明专利的审批流程如下:

受理申请→初步审查→公布申请(自申请日起18个月)→实质审查(自申请日起3年内)→授权公告→无效请求期及无效审查(自授权后任何时间)→专利权终止(自申请日起20年)

1. 受理申请

国务院专利行政部门收到发明专利申请的请求书、说明书(有附图的应包括附图)和权利要求书后,发出受理通知书,确定专利申请日,给予专利申请号。对于缺少上述必要文件或者有其他违反法律要求的情形的,国务院专利行政部门不予受理或要求其在指定期限内补交或补正。

2. 初步审查

国务院专利行政部门收到申请文件后,首先对申请文件的格式、法律要求、费用缴纳等情况作形式审查:

(1) 请求书中发明人、申请人的名称和地址是否填写清楚;

(2) 发明主题是否明显属于专利法不给予保护的范围或明显不符合单一性的要求;

(3) 是否明显不符合三性要求;

(4) 是否违反保密审查规定;

(5) 是否缴足申请费用。

初审不合格的,国务院专利行政部门发出通知,由申请人进行补正或陈述意见;如仍然不符合专利法要求的,予以驳回。初审合格后,进入公布程序。

3. 公布申请

发明专利申请初审合格后,自申请日起满 18 个月即行在《发明专利公报》上公布。

申请人如果希望提前公布,可以填写《提前公开请求书》,要求早日公布其申请。国务院专利行政部门在初审合格后,立即公布。

为了及时监督,防止不符合法定授权的发明专利申请被授权,自发明专利申请公布之日起至公告授予专利权之日前,任何人均可以对不符合专利法规定的专利申请向国务院专利行政部门提出意见,并说明理由。这一程序的设立类似 1985 年《专利法》中的异议程序,不同的是,异议程序启动后,国务院专利行政部门中止正常的审查,而转入异议审查;现行法规定的"提出意见",仅供审查员参考。这样就可以防止原来利用异议程序推迟授权或滥用异议程序阻挠授权的情况发生。

4. 实质审查

自申请日起 3 年内,国务院专利行政部门可以根据申请人随时提出的请求,对其申请进行实质审查。启动实质审查的主动权完全在于申请人自己。申请人可以根据专利申请的市场价值、经济效益、防御竞争对手的作用等多方面的因素考虑在何时提出实质审查,甚至不提出实质审查。

实质审查的主要内容有:

(1) 对发明主题的新颖性、创造性、实用性进行审查。不符合三性要求的,书面通知申请人或代理人在指定的期限内陈述意见,进行修改。

(2) 单一性审查。一件申请只允许涉及一项发明。只有在几项发明之间有一个总的发明构思且相互关联的情况下才被允许合案申请。对于不符合单一性要求的,应通知申请人或代理人作分案处理。

(3) 对说明书和权利要求书的审查。说明书应当清楚完整地说明发明的主要技术特征,充分公开,使同领域的技术人员能够实施,同时,还要对权利要求给予支持。权利要求书应当符合法律规定的撰写要求。修改后的文本,不得超出原始申请文件公开的范围;否则,应陈述意见,进行补正。

如果申请人在3年之内没有提出实质审查请求,该申请即被视为撤回。但由于不可抗力或其他正当理由没有及时提出实质审查请求的,可以出具证明,再提出请求。

5. 授权公告

在经过实质审查后,没有发现驳回理由的,国务院专利行政部门即作出授予发明专利权的决定,颁发发明专利证书,在《发明专利公报》上予以登记和公告。发明专利权自授权公告之日起生效。

二、实用新型和外观设计专利申请的审批

实用新型和外观设计的内容较发明简单,采用“初审登记”可以加快审批速度,使这些实用技术尽快为社会所用,进一步发挥专利的作用。而对于不符合专利法要求的实用新型和外观设计的“漏网之鱼”,可以通过事后的无效程序进行审查。

实用新型和外观设计的审批流程是:受理申请→初步审查→授权公告。其中每一流程中的工作内容与发明专利的审批相同,只是实用新型和外观设计授权公告的文件没有经过实质审查。

[思考题]

1. 何谓先申请原则?
2. 试述专利申请的优先权制度。
3. 权利要求书和说明书之间的关系如何?

第十五章　专利的复审、无效及终止

［**内容提要**］　专利复审、无效及终止是确认和终止专利权效力的有关制度。本章主要介绍了专利申请复审的有关规定、专利权无效宣告的法律效力和专利权终止的法律事由。

［**关键词**］　专利复审　专利无效宣告　专利权终止

第一节　专利申请的复审

一、请求复审的程序及审查

专利申请人对国务院专利行政部门驳回专利申请的决定不服的,可以自收到通知之日起3个月内,向专利复审委员会请求复审。专利复审委员会复审后,作出决定,并通知专利申请人。

请求复审也采取书面原则。向专利复审委员会请求复审应当提交复审请求书,说明理由,必要时还应当附具有关证明。专利复审委员会收到复审请求书后,应当首先进行形式审查,主要是对请求人的资格、请求期限、请求书的格式、缴纳复审费用等进行审查。请求人在提出复审请求或者在对专利复审委员会的复审通知书作出答复时,可以修改专利申请文件。但是,修改应当仅限于消除驳回决定或者复审通知书指出的缺陷。在完成形式审查后,复审委员会将受理的复审请求书转交国务院专利行政部门的原审查部门,进行前置审查。原审查部门根据复审请求人的请求,同意撤销原决定的,专利复审委员会应当据此作出复审决定,并通知复审请求人。

如果原审查部门经前置审查,坚持其原来的决定,专利复审委员会应对复审请求进行审查,并根据新的审查作出决定。专利复审委员会进行复审时应当针对驳回决定所依据的理由和证据进行审查。

二、复审决定的效力

复审委员会作出的复审决定有以下三种类型:

(1) 复审请求的理由不成立,驳回复审请求,维持原驳回决定;

(2) 复审请求理由成立,撤销原驳回决定;

(3) 若专利申请文件经复审请求人修改,克服了原驳回申请决定所指出的缺陷,则在新的文本基础上撤销原驳回的决定。

如果请求人对专利复审委员会的复审决定不服,可以自收到通知之日起3个月内向人民法院起诉。

第二节　专利权的无效宣告

专利授权后并不意味着专利权的绝对稳定。实用新型和外观设计专利申请,由于不经过实质审查,有可能不符合专利实质性条件而获得授权。即使经过实质审查而被授权的发明专利,也有可能存在"漏网之鱼"。专利制度中设置无效程序,就是给专利申请人以外的社会公众以监督权,用以启动对错误授权的专利进行再次审查的程序。

一、无效宣告请求的程序

自国务院专利行政部门公告授予专利权之日起,任何单位或者个人认为该专利权的授予不符合专利法有关规定的,可以请求专利复审委员会宣告该专利权无效。

提出无效请求的法定时间是自国务院专利行政部门公告授予专利权之日起任何时间,即使专利权终止后,也可以提出无效宣告请求。

无效宣告请求人的资格没有限制,可以是任何单位和个人,但一般一份请求中只能有一个请求人。这是考虑到在无效审理过程中可能会有调解,而不同请求人接受调解的条件会有不同;而且,在专利复审委员会作出无效决定后,可能会有行政诉讼,不同请求人就是否提出诉讼的考虑也可能不同。所以,就同一专利提出一份无效请求时,请求书中不能有多个请求人。

提出无效请求应当填写无效请求书,缴纳无效宣告请求费。

专利复审委员会作出决定之前,无效宣告请求人撤回其请求或者其无效宣告请求被视为撤回的,无效宣告请求审查程序终止。但是,专利复审委员会认为根据已进行的审查工作能够作出宣告专利权无效或者部分无效的决定的,不终止审查程序。

二、无效宣告请求的理由

无效宣告请求的理由,是指被授予专利的发明创造不符合我国《专利法》第2条、第20条第1款、第22条、第23条、第26条第3款与第4款、第27条第2款、第33条或者《专利法实施细则》第20条第2款、第43条第1款的规定,或者属于《专利法》第5条、第25条的规定，或者依照《专利法》第9条规定不能取得专利权。具体包括以下理由：

(1) 不符合专利的条件的“三性”标准；

(2) 说明书公开不充分，权利要求书得不到说明书的支持；

(3) 权利要求书没有说明发明创造的技术特征，独立权利要求没有从整体上反映发明或者实用新型的技术方案，没有记载解决技术问题的必要技术特征；

(4) 申请文件的修改超出原说明书和权利要求书记载的范围或原图片、照片表示的范围；

(5) 不属于专利法所称的发明创造；

(6) 不符合在先申请原则；

(7) 不符合单一性原则；

(8) 属于《专利法》第5条、第25条规定的不授予专利权的范围。

三、无效宣告请求的审理

一般情况下审理机构根据请求人的请求理由、范围和提供的证据进行审理时，不承担全面审查专利有效性的义务。必要时，可依职权对请求人未提及的理由进行审理。

在充分听取双方当事人的意见陈述后，可以作出审理决定，审理决定有如下几种：

(1) 宣告专利权全部无效；

(2) 宣告专利权部分无效；

(3) 维持专利权有效。

四、专利权无效宣告请求的审理决定的效力

对专利复审委员会宣告专利权无效或者维持发明专利权的决定不服的，可以在收到通知之日起3个月内向人民法院起诉，起诉的被告是专利复审委员会。

宣告无效的专利权视为自始即不存在。宣告专利权无效的决定，对在宣告专利权无效前人民法院作出并已执行的专利侵权的判决、调解书，已经履行或者强制执行的专利侵权纠纷处理决定，以及已经履行的专利实施许可合同和专利权转让合同，不具有追溯力。但是因专利权人的恶意给他人造成的损失，应当给予赔偿。在不返还专利侵权赔偿金、专利使用费、专利权转让费明显违反公平原则的情况下，应当全部或者部分返还。

按照我国现行《专利法》第46条的规定，对专利复审委员会宣告专利权无效或者维持专利权的决定不服而提起的诉讼为行政诉讼，同时法院应当通知无

效宣告请求程序的对方当事人作为第三人参加诉讼。经过多年的实践，已经有不少专家、学者对上述规定提出了不同意见，认为请求宣告专利权无效应当视为无效请求人与专利权人之间的纠纷，专利复审委员会是居间进行处理和审查，对专利复审委员会的决定不服而提起的诉讼应当是民事诉讼，由原双方当事人作为诉讼程序的原告和被告，专利复审委员会可以应法院的要求出庭，就有关问题作出说明。从日本、欧洲的做法来看，均没有将专利局作为专利无效诉讼程序的被告。对上述问题，有进一步研究的必要。

第三节　专利权的终止

一、专利权终止的概念

专利权终止，是指专利权因某种法律事实的发生而导致其效力消灭的情形。专利权的终止有广义的专利权终止和狭义的专利权终止。狭义的专利权终止，是指一项有效专利权因某种法律事实的发生而导致其效力消灭的情形，不包括专利权因无效宣告而致使其被视为自始不存在的情形，也不包括因专利权的转让而导致原专利权人丧失专利权的情形。广义的专利权终止，不仅包括有效专利权效力的消灭，而且还包括上述几种特殊情形。此处所说的"专利权终止"作狭义解释。实际上，专利权的无效宣告，只不过是通过法定程序使本不该存在的专利权恢复到原始状态而已，不是专利权终止。

二、导致专利权终止的法律事实

根据我国《专利法》的规定，以下几种情形可以导致专利权终止：

1. 专利权因期限届满而终止

一般而言，专利权的保护期限届满，专利权就终止其效力。但是，在某些特殊情况下，专利权在其保护期限届满时可能并不立即终止。例如，我国1985年《专利法》第45条第2款规定："实用新型和外观设计专利权的期限为5年，自申请日起计算，期满前专利权人可以申请续展3年。"根据该规定，如果实用新型或者外观设计专利权人，在其专利权保护期限届满前，向当时的国家专利局提出专利续展申请并被批准，那么，其专利权就不会在其保护期限届满时立即终止，而是再存续3年。现行《专利法》没有规定专利权续展制度，所以专利权保护期限一旦届满，该专利权便立即终止。

2. 专利权因放弃而终止

专利权是一种私权，法律允许专利权人依其意志对专利权进行处分。具而言之,在专利权保护期限届满前,专利权人可以书面形式向国务院专利行政部门声明放弃专利权。根据我国《专利法》第 44 条,专利权人以书面声明放弃其专利权的,专利权在期限届满前终止。专利权人主动放弃其专利权的,应当使用专利行政部门统一制定的表格,提出书面声明。专利权人放弃专利权时,只能放弃一件专利权之全部,不能声明只是放弃部分专利权。对于声明只是放弃部分专利权的,专利行政部门不予受理。对于已经与他人订有专利实施许可合同的专利权人,在放弃专利权时要与被许可方协商,原则上,在这种情况下是不能放弃专利权的。

专利权由两个以上专利权人共有的,放弃专利权的声明应当由全体专利权人同意。部分专利权人声明放弃专利权的,并不能导致该项专利权终止,只能导致放弃声明人所享有的部分权利丧失,只需要变更著录事项即可。

对于符合专利法规定条件的放弃专利权声明,专利行政部门应当予以批准,并将有关事项分别在专利登记簿上和专利公报上登记和公告。

3. 专利权因欠缴年费而终止

专利权被授予后,专利权人若想维持其专利权的有效地位,须依照法律的规定按时足额地缴纳专利维持费,也称专利年费。根据《专利法》第 43 条的规定,专利权人应当自被授予专利权的当年开始缴纳年费。在专利权的保护期限内,专利权人若没有按照法律的规定交纳专利年费,其专利权就将在下一个年度到来时终止。根据《专利法》第 44 条第 1 款第 1 项的规定,“没有按照规定缴纳年费的”,专利权在期限届满前终止。

专利权人未按时缴纳授予专利权当年后的年费或者缴纳的数额不足的,国务院专利行政部门将通知专利权人自应缴纳年费期满之日起 6 个月内补缴,同时缴纳滞纳金。滞纳金的数额按照每超过规定的缴费时间 1 个月,加收当年全额年费的 5% 计算;期满未缴纳的,专利权自应缴纳年费期满之日起终止。专利权终止日应为上一年度期满日。

对于专利权主体消灭后,其专利权若无人承受,是否导致该项专利权终止的问题,有些国家规定专利权终止[①],我国《专利法》对此没有规定。但是,从私权的角度看,无人继承的专利权应当终止,进入公有领域。

① 日本《专利法》(1999 年 12 月 22 日法律第 160 号和第 220 号最后修订,2001 年 1 月 6 日起施行)第 76 条规定:“在民法第 958 条规定的期间内,无人主张继承权时,专利权自行消灭。”参见《日本专利法》,杜颖、易继明译,法律出版社 2001 年版,第 35 页。

[思考题]

1. 如何理解专利复审决定的效力？
2. 如何理解专利无效宣告的效力？
3. 有哪些法律事实会导致专利权终止？

第十六章　专利权的内容与限制

[内容提要]　专利权内容及其限制是专利法的重要组成部分。本章主要介绍了专利权中各具体权项的内容,不视为侵犯专利权的行为以及专利实施许可的基本规定。

[关键词]　专利权内容　专利权限制

第一节　专利权的内容

由于发明、实用新型专利权同外观设计专利权的属性有所不同,我国《专利法》第11条对不同类型的权利也加以区别规定。

对于发明和实用新型专利,如果属于"产品专利",专利权人享有制造权、使用权、许诺销售权、销售权、进口权;如果是"方法专利",则专利权人的权利不仅及于对该方法的使用,还包括使用、许诺销售、销售、进口依照该专利方法直接获得的产品。未经专利权人的同意为生产经营目的(商业目的或营利目的)利用上述专利产品或方法,即构成对专利权的侵犯。

对于外观设计专利,专利权人享有制造权、许诺销售权、销售权和进口权。未经专利权人许可,任何单位或个人,为生产经营目的制造、许诺销售、销售或进口其外观设计专利产品,都是对专利权的侵犯。对外观设计专利权的规定,与发明和实用新型专利权的规定不同的是,外观设计专利权人没有使用权。

专利权具有独占性,专利权人除了自己实施专利技术外,除非有法律特殊规定,有权禁止其他任何人为生产经营目的实施其专利技术。在这里,"为生产经营目的"并不同于"营利目的",因为一些非营利事业的经营,例如环境保护、公交维修、气象预报等,也包含在生产经营的范围内。在这些领域中,同样不能未经专利权人许可而实施专利。

以下对产品专利享有的具体权利进行分析,其他专利种类享有的权利可以依此参照理解。

一、制造权

专利权人拥有自己生产制造专利文件中记载的专利产品的权利。只要他人未经许可而生产制造的产品与专利产品相同,不论使用什么设备、装置或方法,也不管制造数量多少,只要结果相同,即构成侵权。对于制造类似的产品,如果其技术特征落入权利要求书中划定的保护范围,尽管产品看似不完全相同,也可能构成等同侵权。

二、使用权

使用权包括对产品专利的使用权和对方法专利的使用权。一件产品可能有多种用途,所以,使用的方式也就不同。如果专利产品是一种机器设备,它可以用于生产;如果是一个部件,可以用于各种装置中;如果是一种日用品,则可以用于消费。但是,使用权有两种例外:(1) 专利权人自己制造或许可他人制造的产品,这种产品售出后使用权就消失了,即所谓“权利用尽”;(2) 为非生产经营目的的善意使用,即不知道是未经许可制造的专利产品,且其使用并非为生产经营目的的,不属于侵犯专利权人的使用权。

方法专利的使用权是指对其专利方法的使用以及使用、许诺销售、销售、进口依照该专利方法直接获得的产品的权利。我国 1992 年修改前的《专利法》对于方法专利权的保护仅限于专利方法本身,1992 年之后,扩展到对依照专利方法直接获得的产品。

三、许诺销售权

专利法上的许诺销售是指明确表示愿意出售一种专利产品的行为。对应的英文为“offering for sale”。“offering”的含义为合同法所指的“要约”,“offering for sale”即指为了将来的销售而提出要约。赋予发明专利和实用新型专利的专利权人独占性的许诺销售权是我国《专利法》根据《知识产权协定》第 28 条第 1 款的规定所作的修改补充。在实践中,一些企业制造或者从他人那里购得侵权产品后,为了销售这些产品,往往会进行一些销售前的推销或促销行为,如做广告、在展览会上展出等,这些推销或促销行为就属于许诺销售。按 2000 年修改前的《专利法》,当专利权人发现这一情况后,只有等到侵权人实际销售该侵权产品后才能主张权利,这就不利于及早制止侵权行为,防止侵权产品的扩散。为了充分保护专利权人的利益,《专利法》增加专利权人的许诺销售权是有必要的。

四、销售权

销售是指专利产品的销售行为,它与通常意义的货物买卖一样,是将产品的所有权按市场价格从一个单位或者个人转移到另一个单位或个人。这种销售不管是专利权人自己销售,还是许可他人销售,其第一次销售行为受法律保护。在第一次售出产品后,则销售权用尽,专利权人不能再干涉商品的流通。

五、进口权

进口权是指专利权人享有的自己进口，或者禁止他人未经允许、为生产经营目的进口由该专利技术构成的产品或进口包含该专利技术的产品或进口由专利方法直接生产的产品的权利。进口权是我国《专利法》1992 年修改后增加的，赋予专利权人以进口权，强化了对专利权的保护，符合国际惯例，并有利于消除贸易壁垒，促进国际交流。

六、许可实施权

许可实施权是指专利权人（称许可方），通过签订合同的方式允许他人（称被许可方）在一定条件下使用其取得专利权的发明创造的全部或者部分技术的权利。

在很多情况下，专利权人不愿或不能自己实施专利，而是通过许可他人实施来取得收益。许可他人利用专利技术，并非是将专利权出售给他人，而仅仅是将专利技术的使用权授予他人，专利的所有权并没有发生变化。

许可他人实施专利，应当按专利法的有关规定办理。我国《专利法》第 12 条规定："任何单位或者个人实施他人专利的，应当与专利权人订立实施许可合同，向专利权人支付专利使用费。被许可人无权允许合同规定以外的任何单位或者个人实施该专利。"

专利实施许可的种类有：

（1）独占许可。独占许可是指在一定地域内，被许可方在合同有效期间对被许可使用的专利技术拥有独占的权利，许可方自己不能在该地域内使用其专利技术，也不得把该技术再许可第三方使用，但专利的所有权仍属于许可方。这种许可方式不轻易被采用，它对专利权人限制太多。

（2）排他许可。排他许可是指在一定地域内，被许可方在合同有效期间对被许可使用的专利技术享有排他的使用权，许可方不得把该专利技术再许可第三方使用，但许可方自己有权在该地域内使用该项技术。

（3）普通许可。普通许可是指许可方允许被许可方在指定的地域内使用其专利技术，同时，许可方自己有权在该地域内使用该技术，也可以许可第三方使用。

（4）分许可。分许可是指许可方允许被许可方在指定的地域内使用其专利技术以及允许被许可方在一定条件下再许可第三方使用该技术。

（5）交叉许可。交叉许可也称相互许可，它一般发生在改进发明的专利权人与原专利权人之间。改进发明的专利权人若实施其技术，必须经原专利权人许可,原专利权人若实施新的专利技术,也必须经改进专利权人的许可。在这种情况下,双方一般采用相互交换专利使用权的方式来代替相互支付专利许可使用费。

七、转让权

转让权包括专利申请权的转让和专利权的转让。转让使权利主体发生了变更,从而使权利从原所有人转移到新所有人。这种权利转移的结果是,原申请人或专利权人不再享有申请权或专利权。

转让有两种形式:(1) 合同转让,比如因买卖、交换、赠与、技术入股而进行专利权的转让;(2) 继承转让,这是因法定原因而发生,当专利权人死亡后,专利权依继承法的规定而转移于有继承权的人。

转让必须履行法律规定的手续,根据《专利法》第 10 条的规定,我国单位或者个人向外国人、外国企业或者外国其他组织转让专利申请权或者专利权的,应当依照有关法律、行政法规的规定办理手续。转让专利申请权或者专利权的,当事人应当订立书面合同,并向国务院专利行政部门登记,由国务院专利行政部门予以公告。专利申请权或者专利权的转让自登记之日起生效。

以专利权出质的,由出质人和质权人共同向国务院专利行政部门办理出质登记。

八、标记权

标记权是指专利权人在其专利产品或者该产品的包装上标明或者不标明专利标记和专利号的权利。行使标记权,可以起到宣传作用,也可以起到警示作用。当然,若专利权人不在专利产品或其包装上标明专利标记或专利号,并不意味着放弃专利保护,此时其他人若仿造专利产品,仍负侵权责任。不知道一项发明创造已受到专利保护而实施该项专利,不能免除侵权责任。

此外,专利权人认为自己不需要维持专利权时,可以书面声明放弃专利权,也可以不缴纳国务院专利行政部门规定的年费从而自动终止专利权。放弃专利权的专利技术进入公有领域,他人可以无偿使用。

第二节　专利权的限制

法律规定的专利的独占使用权并非绝对,它受到种种限制:首先,它受到时间的限制,即上述所讲的专利权只有在法定保护期限内有效力。其次,它受到空间的限制,即地域限制,只有在授权国国内才能行使专利权。此外,专利权的行使还依法要受到国家利益、公众利益的限制以及国际惯例的约束。

专利权是一种垄断性的权利，在某些情况下，专利权人可能会滥用其依法获得的独占权，对市场的正常竞争机制施加不良影响，甚至于阻碍科技创新。在科学技术高速发展的今天，取得先机的公司往往会利用专利谋取不正当的市场垄断地位，专利权的滥用问题就更容易发生。因此，在利用专利制度促进科技创新的同时，应当对专利权的行使进行必要的规制，防止和限制专利权的行使可能产生的负面影响。可以考虑在专利法中或者其他相关法律中增加防范专利权滥用的规定，以维护自由竞争机制，促进技术创新。

专利权的限制还表现在其他几种专利保护的例外情况中，包括先用权、专利权用尽、临时过境利用、为科学实验而利用、药品和医疗设备的专利权保护例外等。这些问题的处理关系到专利权人利益和公众利益的合理平衡，与国家整体利益紧密相关，目前国际上普遍关注而且争议较多。

以下从专利的计划许可、强制许可及合理使用来分析专利权的限制。

一、专利的计划许可

专利的计划许可，在有些国家的专利法中也被称作“国家征用”，它是国家行政机构在全面考虑国家利益的情况下，对某些重大发明创造有目的、有计划地安排实施，以迅速推广先进的专利技术。

我国《专利法》第 14 条规定：“国有企业事业单位的发明专利，对国家利益或者公共利益具有重大意义的，国务院有关主管部门和省、自治区、直辖市人民政府报经国务院批准，可以决定在批准的范围内推广应用，允许指定的单位实施，由实施单位按照国家规定向专利权人支付使用费。”这种计划许可有以下几种限制：(1) 不能随意决定，必须是重大的发明创造，而不是一般的专利技术。只适用于对国家利益或者公共利益具有重大意义的发明专利，不适用于实用新型和外观设计。(2) 计划许可须是国务院有关主管部门和省、自治区、直辖市人民政府报经国务院批准后决定，且推广使用的范围仅限于批准的范围。不是任何行政机关都有权调用专利。(3) 指定实施的单位必须是发放计划许可证机构的本系统或所管辖的全民所有制单位。尽管各省、自治区、直辖市有权决定计划许可，但不能越权将其他部门的专利计划给本部门的单位实施。(4) 发放实施许可证是有偿的，获得许可使用权的单位应向专利权人支付使用费，但费用的金额不是双方协商确定，而是按国家有关规定支付。

二、专利的强制许可

“强制许可”同“自愿许可”相对应。“自愿许可”是指专利权人自愿地允许其他单位或个人实施其专利,而"强制许可"是由一定的国家机关决定许可其他单位或个人实施该专利,这种许可违反专利权人的意志,所以也被称为"非自愿许可"。

对于发展中国家来说,强制许可制度是普遍实行的制度之一。我国在1985年《专利法》中就对强制许可作了规定,后来根据专利制度国际化的趋势,三次《专利法》的修改都对实施强制许可制度的条件作了相应的修改,进一步加强了这一制度的作用。

(一) 申请强制许可的条件

强制许可本身是与专利独占权相冲突的,只有在特殊情况下,才可以提出强制许可申请:

1. 专利权人不履行实施义务的强制许可

根据我国《专利法》第48条第1项的规定,如果专利权人自专利权被授予之日起满3年,且自提出专利申请之日起满4年,无正当理由未实施或者未充分实施其专利,国务院专利行政部门根据具备实施条件的单位或者个人的申请,可以给予实施发明专利或者实用新型专利的强制许可。未充分实施其专利是指专利权人及其被许可人实施其专利的方式或者规模不能满足国内对专利产品或者专利方法的需求。需要注意的是,这里申请强制许可应具备的条件是:第一,请求人必须具备实施条件,也就是具备生产、制造、销售专利产品或使用专利方法的基本条件;第二,专利权人没有实施或没有充分实施该专利且无正当理由;第三,自专利权被授予之日起满3年,且自提出专利申请之日起满4年之后才可以提出强制许可请求;第四,申请强制许可的单位或者个人应当提供证据,证明其以合理的条件请求专利权人许可其实施专利,但未能在合理的时间内获得许可。在满足前述4种条件的情况下,专利权人即不得阻止请求人实施其专利。在《专利法》第三次修改后将原来的"合理长时间"明确为专利权被授予之日起满3年且提出专利申请之日满4年,符合《保护工业产权巴黎公约》的规定。上述4种条件必须同时满足,国务院专利行政部门才能授予强制许可使用权。

2. 国家出现紧急情况或非常情况下的强制许可

在国家出现紧急状态或者非常情况时,或者为了公共利益的目的,国务院专利行政部门可以给予实施发明专利或者实用新型专利的强制许可。这是一种特殊的强制许可,没有时间限制和其他附属条件。

3. 依存专利的强制许可

我国《专利法》第51条规定:"一项取得专利权的发明或者实用新型比前已经取得专利权的发明或者实用新型具有显著经济意义的重大技术进步,其实施又有赖于前一发明或者实用新型的实施的,国务院专利行政部门根据后一专利权人的申请,可以给予实施前一发明或者实用新型的强制许可。在依照前款规定给予实施强制许可的情形下,国务院专利行政部门根据前一专利权人的申请,也可以给予实施后一发明或者实用新型的强制许可。"可见,我国《专利法》中依存专利强制许可的条件是:(1) 前后两个发明创造是已经取得专利权的发明或实用新型;(2) 在后发明创造同在前发明创造相比,具有显著经济意义的重大技术进步,而其实施又有赖于前一发明或者实用新型的实施;(3) 强制许可为国务院专利行政部门经专利权人的申请而给予;(4) 申请强制许可的单位或者个人应当提供证据,证明其以合理的条件请求专利权人许可其实施专利,但未能在合理的时间内获得许可。在这种情况下,首先申请强制许可的,一般为在后发明创造的专利权人,因为后一专利的实施必须依赖于前一专利。一般来说,前一专利权人只有在自己的专利技术被强制许可给后一专利权人使用后,才能申请使用后一专利技术的强制许可。这样规定,有利于先进技术的利用。

4. 反垄断的强制许可

尽管专利权是一种合法的垄断权,但是权利人行使专利权若产生限制或排除竞争的后果,就会造成权利人利益与公平竞争秩序之间的冲突。若是专利权人行使专利权的行为被依法认定为垄断行为,为消除或者减少该行为对竞争产生的不利影响,国务院专利行政部门则可以对该专利实施强制许可。

5. 药品专利的强制许可

根据我国《专利法》第 50 条的规定,为了公共健康目的,对取得专利权的药品,国务院专利行政部门可以给予制造并将其出口到符合中华人民共和国参加的有关国际条约规定的国家或者地区的强制许可。这里所称"取得专利权的药品"是指解决公共健康问题所需的医药领域中的任何专利产品或者依照专利方法直接获得的产品,包括取得专利权的制造该产品所需的活性成分以及使用该产品所需的诊断用品。

2001 年 11 月 14 日,在 WTO 第四届部长级会议上通过了《TRIPs 与公众健康宣言》。宣言中声称 TRIPs 不会也不应阻止成员方采取保护公共健康的措施。《关于 TRIPs 和公众健康的多哈宣言第六段的执行决议》规定,发展中成员和最不发达成员因艾滋病、疟疾、肺结核及其他流行疾病而发生公共健康危机时,可在未经专利权人许可的情况下,在其内部通过实施专利强制许可制度,生产、使用和销售有关治疗导致公共健康危机疾病的专利药品。虽然各国在不同程度上承认强制许可,但是很少真正启动强制许可。更多的时候,强制许可的意义表现为药品领域降低价格的手段。中国面对不容乐观的公共健康危机。所以,在我国肯定药品强制许可制度,是享受 WTO 赋予的该权利的一种表现。

在我国《专利法》实施的二十余年间,还没有提出过一起药品强制许可案。

(二) 强制许可的效力

取得实施强制许可的单位或个人仅仅获得了该项发明创造的使用权,这种使用权不是独占性的,专利权人有权再许可第三方使用。强制许可实施人也不享有分许可权。

强制许可是有偿的,取得实施强制许可的单位或个人应当付给专利权人合理的使用费。使用费的数额可先由取得强制许可的单位或个人与专利权人协商确定;协商不成,由国务院专利行政部门裁决。

强制许可仅限于发明专利和实用新型专利,不适用于外观设计专利。值得一提的是,尽管一些国家出于本国利益而规定了强制许可制度,但很少发布强制许可证。我国自 1985 年施行《专利法》以来,尚未发布一件强制许可证。

(三) 强制许可的程序与救济

请求给予强制许可的,应当向国务院专利行政部门提交强制许可请求书,说明理由并附具有关证明文件。国务院专利行政部门应当将强制许可请求书的副本送交专利权人,专利权人应当在国务院专利行政部门指定的期限内陈述意见;期满未答复的,不影响国务院专利行政部门作出决定。国务院专利行政部门在作出驳回强制许可请求的决定或者给予强制许可的决定前,应当通知请求人和专利权人拟作出的决定及其理由。国务院专利行政部门依照专利法作出给予强制许可的决定,应当同时符合中国缔结或者参加的有关国际条约关于为了解决公共健康问题而给予强制许可的规定,但中国作出保留的除外。

专利权人对国务院专利行政部门关于实施强制许可的决定不服的,专利权人和取得实施强制许可的单位或者个人对国务院专利行政部门关于实施强制许可的使用费的裁决不服的,可以自收到通知之日起 3 个月内向人民法院起诉。

(四) 关于国家强制性标准与专利权的关系问题

近年来,关于专利保护与国家标准之间关系的讨论引起了各方面的高度关注。根据我国《专利法》第 11 条的规定,任何人未经专利权人许可均不得实施其专利技术。一般情况下,企业有选择技术的自由,他可以征取专利权人的许可,从而实施专利技术;也可以实施其他技术,即使该技术比专利技术落后。然而,一旦某项有效的专利技术被纳入强制性国家标准,企业就不得不依法实施有关的专利技术。此时,需要合理平衡专利权人与公众的利益,规范专利权人的许可条件,保证公众能够以"合理且无歧视"的条件获得相应的许可。

三、专利的合理使用

专利的合理使用是指不用经过专利权人许可,也不用向其支付费用即可使用其专利技术。

（一）专利权用尽后的使用或者销售

对于专利产品或者依照专利方法直接获得的产品，由专利权人或者经其许可的单位、个人售出后，其专利权用尽，他人无需征得专利权人的许可，即可使用、许诺销售、销售、进口该产品。这一原则又称为“权利用尽原则”，它只适用于合法投入市场的专利产品。

（二）先用权人的利用

对于在专利申请日以前已经制造与专利产品相同产品的“先使用人”，或者使用相同方法或者已经做好制造、使用的必要准备的“先使用人”，他们可以在原生产规模范围内继续使用这一技术。“原有范围”包括专利申请日前已有的生产规模以及利用已有的生产设备或者根据已有的生产准备可以达到的生产规模。被诉侵权人以非法获得的技术或者设计主张先用权抗辩的，人民法院不予支持。有下列情形之一的，人民法院应当认定属于“已经做好制造、使用的必要准备”：已经完成实施发明创造所必需的主要技术图纸或者工艺文件；已经制造或者购买实施发明创造所必需的主要设备或者原材料。

先用权可以转让，但不能脱离原来的生产实体单独转让。先用权人在专利申请日后将其已经实施或做好实施必要准备的技术或设计转让或者许可他人实施，被诉侵权人主张该实施行为属于在原有范围内继续实施的，人民法院不予支持，但该技术或设计与原有企业一并转让或者承继的除外。

（三）临时过境的外国运输工具的使用

临时通过中国领陆、领水、领空的外国运输工具，因其自身需要在装置和设备中使用我国有关专利技术的，可以不经专利权人的许可。但这种使用仅限于与我国签有协议，或者共同参加国际公约，或者有互惠条约的国家的运输工具，并不面向所有国家。需说明的是，在临时过境运输工具上载有仿制专利的产品，不在此合理使用范围之内，应视为侵权。

（四）非生产经营目的利用

为科学研究和实验目的，为教育、个人及其他非为生产经营目的而使用专利技术的，可以不经专利权人的许可，不视为侵权行为。这里所说的在科学研究、实验、教育中使用他人专利技术，只能是小范围的非营利性质的使用。如果在整个教育系统内大量使用利用他人专利技术制作的教学用具，即便没有营利，但单位节省了大量购置教具的经费，也属间接营利，并且专利权人因失去这一主要消费市场而蒙受经济损失，因此，这种行为不属于合理使用的范围。

（五）医药审批的使用

为提供行政审批所需要的信息，制造、使用、进口专利药品或者专利医疗器械的，以及专门为其制造、进口专利药品或者专利医疗器械的，不属于专利侵权。

这是国际上通用的“药品和医疗器械实验例外”规则，该规则主要借鉴了美国的“Bolar豁免规则”。在Roche诉Bolar案中，Bolar公司为了赶在Roche公司药品专利权到期时推出其仿制品，在专利到期前从国外获取专利药品进行实验以收集仿制药品报批所需要的数据，法院认定其构成侵权。这一判决结果最终促成美国国会通过《药品价格竞争和专利期限恢复法案》，允许仿制药厂商在专利到期前进行临床实验和收集药品审批所需的数据，并不视之为侵权。在《专利法》第三次修改后，我国药品和医疗器械生产企业完全可以利用这一规则，在相关专利权届满之前，进行药品或医疗器械的实验和申请生产许可，在专利权到期时可立即推出替代产品。

“药品和医疗器械实验例外规则”在实践中如何适用还存在许多争议，如：是否要规定一个提前使用他人专利的时间期限？是否限制生产数量？是否允许专利权届满前进行报道或宣传？国外法律一般规定以专利期满前2—3年的时间为限，并且仅允许少量生产，只能在专利期满后才可有商业行为。

四、其他限制专利权的情形

（一）现有技术抗辩

现有技术是判断专利新颖性和创造性的重要参照对象。在专利侵权纠纷中，如果被控侵权人有证据证明其实施的技术或者设计属于现有技术或者现有设计的，不构成侵犯专利权。

（二）善意侵权

对于善意使用或销售的，即为生产经营目的使用、许诺销售或者销售不知道是未经专利权人许可而制造并售出的专利侵权产品，我国《专利法》规定，如果当事人能够证明该产品的合法来源，则不承担赔偿责任。需要指出的是，对于善意使用或销售专利产品或依专利方法制造的产品的行为，现行专利法不再认为是不侵犯专利权的行为，换言之，这种行为属于侵犯专利权的行为。对于能证明其产品合法来源的，法律规定其可不承担赔偿责任，但仍需承担其他法律责任，如停止侵害等；而不能证明其产品合法来源的，则要承担完全的侵权责任。

[思考题]

1. 专利权人享有哪些权利？
2. 专利权受到哪些限制？
3. 专利强制许可需要满足哪些条件？

第十七章 专利权的保护

[内容提要] 本章主要介绍了专利权的期限,专利权范围的确定依据和原则,专利侵权行为认定方法,专利司法与行政保护的规定。

[关键词] 专利权保护期 专利范围确定原则 专利侵权

第一节 专利权的期限

专利权的保护期是指专利权人享有权利的合法期限。规定合理的保护期,一方面可以激发发明人、专利权人发明创造的积极性,促进科学技术水平迅速提高;另一方面能够尽可能多地使专利权人回收在开发、研制发明创造过程中的风险投资,取得相应的经济效益。

多数国家发明专利的保护期都规定为14—20年,实用新型专利和外观设计专利的保护期相对较短。我国现行《专利法》规定发明专利权的期限为20年,实用新型专利权和外观设计专利权的期限为10年,均自申请日起计算,即自在中国提出申请之日起计算。有些国家专利的期限自授权之日起计算,在有些实行完全审查制的国家,公布之日也就是授权日,这种专利权的保护期限比较明确,专利权的法律状态相对稳定。

专利权期满,专利权即行终止,专利技术进入公有领域,社会上任何人都可以无偿使用。

有些发明创造所需的科研投资高,周期长,实施后的经济效益好,需要保护的时间长,专利权就可以一直维持到保护期届满。如果外观设计专利权期满后,仍需要得到保护,还可以通过其他法律再加以保护。比如外观设计在专利保护期满后,可能仍受著作权的保护。有些外观设计还可以申请商标注册。如美国可口可乐公司的饮料瓶外观设计,在专利权期满后又采取商标保护,至今公司仍然享有专有使用权。但是,外观设计如果是三维标志,而该三维标志是仅由商品自身的性质产生的形状,或者为获得技术效果而需要的商品形状或者使商品具有实质性价值的形状的,则不能注册商标。

现代社会技术更新速度加快,许多发明创造的寿命只有十几年或几年的时间,而维持专利权的年费逐年增多,申请人很可能认为没有必要花费较高专利年费去维持一件没有太大经济效益的专利权。所以,多数专利权没有到保护期满即终止。

第二节　专利权的保护范围

一、保护范围确定的依据

专利权的保护范围,是指专利权法律效力所涉及的发明创造的范围。发明或者实用新型专利权的保护范围以其权利要求的内容为准,说明书及附图可以用于解释权利要求的内容。外观设计专利权的保护范围以表示在图片或者照片中的该产品的外观设计为准,简要说明可以用于解释图片或者照片所表示的该产品的外观设计。

对于权利要求,可以运用说明书及附图、权利要求书中的相关权利要求、专利审查档案进行解释。说明书对权利要求用语有特别界定的,从其特别界定。以上述方法仍不能明确权利要求含义的,可以结合工具书、教科书等公知文献以及本领域普通技术人员的通常理解进行解释。对于仅在说明书或者附图中描述而在权利要求中未记载的技术方案,权利人在侵犯专利权纠纷案件中将其纳入专利权保护范围的,不予支持。专利申请人、专利权人在专利授权或者无效宣告程序中,通过对权利要求、说明书的修改或者意见陈述而放弃的技术方案,权利人在侵犯专利权纠纷案件中又将其纳入专利权保护范围的,不予支持。

二、发明专利和实用新型专利的保护范围

发明专利和实用新型专利授权后,受法律保护的权利范围以专利申请人向国务院专利行政部门提交的权利要求书中的权利要求为准,说明书和附图可以用于解释权利要求。这就是说,权利要求是确定发明或者实用新型专利权保护范围的直接依据,处于主导地位。说明书和附图处于从属地位,一项技术特征如在权利要求中叙述不清,可以通过说明书和附图加以理解;必要时,可以依说明书和附图公开的内容去修改。但在权利要求中没有记载的技术特征,不能受到法律保护,说明书本身不能确定保护范围。

根据发明创造性质的不同,其保护范围也有所区别,或者说,专利权的效力也不同。对于产品发明,专利权的效力涉及具有同样特征、结构和性能的产品,而不问产品是用什么方法制造的。对产品的保护不应局限于说明书所说明的方法,任何通过其他方法制造的同样产品都属于侵权。实用新型都属于产品专利。对于方法发明,专利权的保护范围是使用该方法以及使用、许诺销售、销售或进口依该方法直接获得的产品。

三、专利保护范围的确定原则

在确定发明和实用新型专利的保护范围时，对权利要求文字所描述的范围的解释是关键问题。站在不同立场、依照不同的解释原则，保护范围的大小存在差异。

（一）中心原则

权利要求书是确定专利保护范围的依据，但是在解释权利要求书时，应该不拘泥于权利要求书的文字记载，而要全面考虑发明创造的目的、性质以及说明书和附图所表达的技术方案，即以权利要求书的文字表达为中心，以说明书和附图所述的整体技术方案为半径来确定专利的保护范围。这就是所谓的中心确定原则。这种做法给专利权人提供了充分的保护，但对第三人而言，专利权的保护范围处在不明确的状态，不利于公平竞争。

（二）周边原则

按照专利法的基本原理，专利权的范围是申请人请求的，应当严格依照权利要求书的字面含义进行解释，说明书和附图不能成为确定专利权保护范围的依据。只有在权利要求的文字记载不明确的情况下，才能对保护范围作限制性解释。这种依权利要求书的文字描述确定保护的边界的原则成为周边原则。严格的字面解释，对社会公众有利，只要对专利技术略作改进，就可能超出专利保护的范围。但是，这种原则不利于真正保护专利权人的利益，对权利要求书的撰写也提出了很高的要求。在专利申请实践中，寻求准确而恰当的文字表达以界定出较宽的上位概念是比较困难的。

（三）折中原则（解释原则）

上述两种原则各有弊端，考虑到专利权的范围应当有一个公平合理的界定，应根据权利要求所表示的实质内容加以确定。在对权利要求所表示的技术特征有疑义时，可以引用说明书和附图进行解释。《欧洲专利公约》及其成员国和我国都采用了这一原则。这一原则确立的专利权的范围介于依上述两项原则确立的专利权范围之间，故称为折中原则。

第三节　专利侵权及其认定

一、侵权行为的构成

专利侵权行为是指我国《专利法》第60条所称的未经专利权人许可实施其专利的行为。这里的实施是指制造、使用、许诺销售、销售、进口其专利产品或者使用其专利方法以及使用、销售、许诺销售、进口依该方法直接获得的产品。

侵权行为的构成必须具备下列要件：

(1) 侵害的对象为有效的专利。构成专利侵权必须以有效存在的专利为前提，实施已经被宣告无效、被放弃的专利或者专利期限已经届满的技术，不构成专利侵权。

(2) 必须有侵害行为的发生。即存在未经专利权人许可实施其专利的行为。一般来说，损害行为与损害结果相伴而生。在特殊情况下，例如许诺销售，虽没有损害结果发生，但是仍构成侵权。根据最高人民法院《关于审理侵犯专利权纠纷案件应用法律若干问题的解释》，将侵犯发明或者实用新型专利权的产品作为零部件，制造另一产品的，应认定属于专利法规定的使用行为；销售该另一产品的，应认定属于专利法规定的销售行为。将侵犯外观设计专利权的产品作为零部件，制造另一产品并销售的，应认定属于专利法规定的销售行为，但侵犯外观设计专利权的产品在该另一产品中仅具有技术功能的除外。对于上述情形，被诉侵权人之间存在分工合作的，应认定为共同侵权。

(3) 侵权行为人是以生产经营为目的而实施侵权行为。我国《专利法》第11条规定："发明和实用新型专利权被授予后，除本法另有规定的以外，任何单位或者个人未经专利权人许可，都不得实施其专利，即不得为生产经营目的制造、使用、许诺销售、销售、进口其专利产品，或者使用其专利方法以及使用、许诺销售、销售、进口依照该专利方法直接获得的产品。外观设计专利权被授予后，任何单位或者个人未经专利权人许可，都不得实施其专利，即不得为生产经营目的制造、许诺销售、销售、进口其外观设计专利产品。"这里强调了侵权行为必须具有生产经营的目的。

(4) 侵权行为人主观上无须有过错。依照我国《民法通则》，承担民事责任一般应该有主观过错，对于无过错的责任只适用于几种法律规定的特殊情况。主观过错包括故意和过失。故意是指行为人明知而为侵权行为；过失则指行为人因疏忽或者过于自信而为侵权行为。在专利侵权纠纷处理中，专利权人无须承担被诉人具有主观过错的举证责任，专利侵权以无过错责任为原则。知识产权的时间性、地域性以及知识产品的无形性，使得他人无意闯入权利范围的可能性比其他民事权利大得多。考虑到无过错给他人知识产权造成损害的普遍性，以及原告证明被告有过错的困难和被告证明自己无过错的容易，知识产权侵权归责原则采用了特殊规定。但是也有观点认为，不知道他人享有专利权而实施其专利的行为，本身就没有履行充分注意的义务，是有过错的，因为专利授权公告是完全开放的，任何人都能够得知。

二、专利侵权的种类

根据侵权行为是否由行为人本身的行为所造成，将专利侵权行为划分为直接侵权行为和间接侵权行为。

（一）直接侵权行为

1. 未经专利权人许可实施其专利的侵权行为

这里所说的“实施”相对于不同性质的专利，含义也有所不同。对于发明和实用新型中的产品专利，是指为生产经营目的的制造、使用、许诺销售、销售和进口。对方法专利来说，是指对其专利方法的使用以及使用、销售、许诺销售、进口依照该专利方法直接获得的产品，不是直接用专利方法所获得的产品不属于此列。对于外观设计专利，实施是指为生产经营目的制造、销售、进口其外观设计专利产品。这一“产品”仅指申请外观设计时所指定的产品。

直接侵权中还有所谓的“善意侵权”，它指为生产经营目的使用、许诺销售或者销售不知道是未经专利权人许可而制造并售出的专利侵权产品的行为。善意侵权，依照我国《专利法》第 70 条的规定，若能证明其产品合法来源的，不承担赔偿责任。因此，又有学者称其为“免除赔偿责任的侵权行为”。

2. 假冒专利

假冒专利是指在非专利技术产品上或广告宣传中标明专利权人的专利标记或专利号，使公众误认为是他人的专利产品的行为。具体行为类型如下：在未被授予专利权的产品或者其包装上标注专利标识，专利权被宣告无效后或者终止后继续在产品或者其包装上标注专利标识，或者未经许可在产品或者产品包装上标注他人的专利号；销售前述产品的；在产品说明书等材料中将未被授予专利权的技术或者设计称为专利技术或者专利设计，将专利申请称为专利，或者未经许可使用他人的专利号，使公众将所涉及的技术或者设计误认为是专利技术或者专利设计；伪造或者变造专利证书、专利文件或者专利申请文件；其他使公众混淆，将未被授予专利权的技术或者设计误认为是专利技术或者专利设计的行为。

假冒专利的行为直接危害到专利权人的利益，欺骗消费者，搅乱了专利管理秩序，它比上一种专利侵权行为的情节更为严重，因此制裁措施也比较严厉。我国《专利法》第 63 条规定：“假冒专利的，除依法承担民事责任外，由管理专利工作的部门责令改正并予公告，没收违法所得，可以并处违法所得 4 倍以下的罚款；没有违法所得的，可以处 20 万元以下的罚款；构成犯罪的，依法追究刑事责任。”查处假冒专利行为由行为发生地的管理专利工作的部门负责。管理专利工作的部门对管辖权发生争议的，由其共同的上级人民政府管理专利工作的部门指定管辖;无共同上级人民政府管理专利工作的部门的,由国家知识产权局指定管辖。

销售不知道是假冒专利的产品,并且能够证明该产品合法来源的,由管理专利工作的部门责令停止销售,但免除罚款的处罚。

专利权终止前依法在专利产品、依照专利方法直接获得的产品或者其包装上标注专利标识,在专利权终止后许诺销售、销售该产品的,不属于假冒专利行为。

(二) 间接侵权行为

我国现行《专利法》只规定了对专利直接侵权行为的法律制裁,没有规定对专利间接侵权行为的法律制裁。从我国的现实情况来看,不制止间接侵权行为不利于为专利权人提供充分有效的法律保护。目前,我国有关法院在专利纠纷案件的处理过程中,已经作出了一些认定专利间接侵权行为成立的判决,实践已经领先于法律,应当对此进行充分论证和研讨。

间接侵权是指鼓励或诱使别人实施侵害专利权的行为,行为人本身的行为并不构成专利侵权。常见的形态有:(1) 未经专利权人许可,以生产经营为目的制造、出售专门用于专利产品的关键部件或者专门用于实施专利方法的设备或材料;(2) 未经专利权人授权或委托,擅自许可或者委托他人实施专利。

间接侵权行为人有过错,对专利权人造成了损害,间接侵权促使和导致了直接侵权行为的发生,与直接侵权构成共同侵权。由于间接侵权的成立以直接侵权为前提,所以,只有确定了直接侵权的事实后,才能确认间接侵权。

三、专利侵权认定的适用原则

我国现行《专利法》中对专利侵权的认定没有作出详细规定。各级法院和专利行政部门在处理专利侵权纠纷时已经广泛采用的判断标准有以下几种:

(一) 全面覆盖原则

判断是否为专利侵权,法院应当将被控侵权产品或者方法和专利权利要求进行比较,如果被控侵权产品或者方法具备了权利要求里的每一项技术特征,或者说逐一要素相同,专利侵权就成立。这是法院判定专利侵权的基本方法,被称为全部技术特征原则或者全面覆盖原则,这种侵权行为也是最简单的专利仿制,或称为相同侵权。

(二) 等同原则

现实中,完全仿制他人专利产品或者照搬他人专利方法的侵权行为并不多见,常见的是对他人的产品或者方法及有关专利文件加以研究,对权利要求中的某些技术特征加以简单的替换或者变换,因此严格按照权利要求字面的含义来确定专利权的保护范围,可能导致不公平。

等同原则(doctrine of equivalents)正是为应对上述需要而出现的法律适用技术。等同原则认为,将被控侵权的技术构成与专利权利要求书记载的相应技术特征进行比较,如果所属技术领域的普通技术人员在研究了专利权人的专利说明书和权利要求后,不经过创造性的智力劳动就能够联想到的,诸如采用部件移位、等同替换、分解或合并等替换手段实现专利的发明目的和积极效果的,并且与专利技术相比,在目的、功能、效果上相同或者基本相同,则应当认定侵权成立。

等同原则最初出现在专利制度发达的美国。美国在专利权利解释上采用周边限定原则,严格按照字面意思解释。为了合理保护专利权人,避免第三人绕开权利要求书的字面、盗用技术构思,美国联邦最高法院在 1950 年的 Graver Tank & Mfg Co. 诉 Linde Air Products Co. 一案中,在解释权利要求时采用了等同原则,即权利要求中的技术特征在解释上包含等同技术特征在内。所谓等同技术特征,指与权利要求中表示的技术特征以实质上相同的方式,履行实质上相同的功能,并产生实质上相同的效果的技术特征。这一判断准则被称为"方式—功能—效果"准则。[①]

我国在司法实践中也确立了这一原则。最高人民法院2001 年颁布的《关于审理专利纠纷案件适用法律问题的若干规定》第 17 条规定:"'发明或者实用新型专利权的保护范围以其权利要求的内容为准,说明书及附图可以用于解释权利要求',是指专利权的保护范围应当以权利要求书中明确记载的必要技术特征所确定的范围为准,也包括与该必要技术特征相等同的特征所确定的范围。""等同特征是指与所记载的技术特征以基本相同的手段,实现基本相同的功能,达到基本相同的效果,并且本领域的普通技术人员无需经过创造性劳动就能够联想到的特征。"最高人民法院 2009 年颁布的《关于审理侵犯专利权纠纷案件应用法律若干问题的解释》进一步规定,判定被诉侵权技术方案是否落入专利权的保护范围,应当审查权利人主张的权利要求所记载的全部技术特征。被诉侵权技术方案包含与权利要求记载的全部技术特征相同或者等同的技术特征的,应当认定其落入专利权的保护范围;被诉侵权技术方案的技术特征与权利要求记载的全部技术特征相比,缺少权利要求记载的一个以上的技术特征,或者有一个以上技术特征不相同也不等同的,应当认定其没有落入专利权的保护范围。

一般情况下,运用等同原则判定被诉产品或者方法是否侵权有以下几种方式:

---

① 参见汤宗舜著:《专利法解说》,知识产权出版社 2002 年版,第 330 页。

（1）部件移位。将产品部件简单移位或者方法步骤顺序简单变换后，如果该产品或者该方法领域内的普通技术人员认为两者之间没有本质区别，与专利技术基本相同，则基本可认定该产品侵权。

（2）等同替换。如果权利要求书中记载有某个技术特征，在被控侵权的产品或者方法中也存在一个对应的技术特征，这两个技术特征在产品或者方法中所起的作用或者效果基本相同，并且在所属技术领域内的普通技术人员一般都知道这两个技术特征能够相互替换，那么法院可以认定被诉产品侵权。

（3）分解或者合并技术特征。分解，是指把被诉侵权产品或者方法的两个技术特征，代替被侵权产品专利的权利要求书记载的某一项技术特征；合并，是指把被诉侵权产品或者方法的一个技术特征代替被侵权产品专利的权利要求书中记载的某两项技术特征。如果通过合并或者分解后，本技术领域的普通技术人员不经过创造性的劳动，就能够实现专利技术的积极效果，法院可认定为等同侵权。

（三）禁止反悔原则

禁止反悔原则是对专利权保护范围的一种限定，也是对等同原则的一种限制。它主要指在专利审批、撤销或无效宣告程序中，专利权人如果为确立其专利的新颖性和创造性，通过书面声明或者文件修改，限制或者部分地放弃了权利要求的保护范围，并因此获得了专利授权，那么，在专利侵权程序中，法院适用等同原则确定保护范围时，禁止其将已被限制排除或者已经放弃的内容重新纳入专利保护范围。这一原则是诚实信用原则在专利侵权诉讼中的具体体现，并且已为多数国家专利审判实践所采用。

（四）多余指定原则

多余指定原则是指在专利侵权诉讼中，法院把权利要求的技术特征区分为必要技术特征和非必要技术特征（多余特征），在忽略非必要技术特征的情况下，仅以权利要求中的必要技术特征来确定专利保护范围，并判定被控侵权客体是否落入权利要求保护范围的原则。多余指定原则与全面覆盖原则性质刚好相反。

目前，我国专利制度尚不发达，专利代理水平不高。撰写权利要求书时，常出现将一些非必要技术特征写入独立权利要求的情况。如果按照全面覆盖原则判断侵权的话，只能得出不侵权的结果。这对发明创造人是不公平的。多余指定原则有助于矫正“全面覆盖”原则的这一弊端。但是，多余指定原则应当慎重使用，否则会给授权专利带来权利边界不清楚、误导使用者的可能，同时也会导致行政授予的专利权在司法中被扩大保护范围。

四、诉前措施

（一）诉前禁令

为了更好地保护专利权，我国《专利法》规定了“诉前临时禁止令”，即专利权人或者利害关系人有证据证明他人正在实施或者即将实施侵犯专利权的行为，如不及时制止将会使其合法权益受到难以弥补的损害的，可以在起诉前向人民法院申请采取责令停止有关行为的措施。

申请人请求颁布“诉前临时禁令”，在提出申请时，应当提供担保；不提供担保的，驳回申请。人民法院应当自接受申请之时起48小时内作出裁定；有特殊情况需要延长的，可以延长48小时。裁定责令停止有关行为的，应当立即执行。当事人对裁定不服的，可以申请复议一次；复议期间不停止裁定的执行。申请人自人民法院采取责令停止有关行为的措施之日起15日内不起诉的，人民法院应当解除该措施。为了防止当事人滥用诉权，对于申请有错误的，申请人应当赔偿被申请人因停止有关行为所遭受的损失。

在提出申请时，还应当提交下列证据：(1) 专利权人应当提交证明其专利权真实有效的文件，包括专利证书、权利要求书、说明书、专利年费交纳凭证。提出的申请涉及实用新型专利的，申请人应当提交国务院专利行政部门出具的检索报告。(2) 利害关系人应当提供有关专利实施许可合同及其在国务院专利行政部门备案的证明材料。未经备案的应当提交专利权人的证明，或者证明其享有权利的其他证据。排他实施许可合同的被许可人单独提出申请的，应当提交专利权人放弃申请的证明材料。专利财产权利的继承人应当提交已经继承或者正在继承的证据材料。(3) 提交证明被申请人正在实施或者即将实施侵犯其专利权的行为的证据，包括被控侵权产品以及专利技术与被控侵权产品技术特征对比材料等。

（二）诉前证据保全

为了制止专利侵权行为，在证据可能灭失或者以后难以取得的情况下，专利权人或者利害关系人可以在起诉前向法院申请保全证据。法院采取保全措施，可以责令申请人提供担保；申请人不提供担保的，驳回申请。法院应当自接受申请之时起48小时内作出裁定；裁定采取保全措施的，应当立即执行。申请人自法院采取保全措施之日起15日内不起诉的，法院应当解除该措施。

五、专利侵权的诉讼时效

专利侵权的诉讼时效为两年，从专利权人或利害关系人得知或应知侵权行为之日起计算；对于发明专利公布前至授权之间使用他人专利未支付费用的，自专利权人得知或应知该使用行为之日起计算,专利权人在授权前即已得知的,从其授权之日起计算。

基于连续并且正在实施的专利侵权行为已超过诉讼时效进行抗辩的,法院可以根据原告的请求判令侵权人停止侵权,但侵权损害赔偿数额应当自原告向人民法院起诉之日起向前推算两年计算。

如果自侵权人实施侵权行为终了之日起超过两年才提起诉讼的,专利权人将失去胜诉权。

六、专利侵权的责任

专利侵权的责任类型有民事责任、行政责任和刑事责任。

专利侵权纠纷涉及新产品制造方法的发明专利的,适用举证责任倒置原则,即制造同样产品的单位或者个人应当提供其产品制造方法不同于专利方法的证明。专利侵权纠纷涉及实用新型专利或者外观设计专利的,人民法院或者管理专利工作的部门可以要求专利权人或者利害关系人出具由国务院专利行政部门对相关实用新型或者外观设计进行检索、分析和评价后作出的专利权评价报告,作为审理、处理专利侵权纠纷的证据。

民事责任的方式主要有:诉前禁令、停止侵害、赔偿损失、消除影响。赔偿额的计算可以权利人的实际损失为准;也可以侵权人的非法所得为准;也可以是许可使用费的合理倍数。赔偿数额还应当包括权利人为制止侵权行为所支付的合理开支。权利人的损失、侵权人获得的利益和专利许可使用费均难以确定的,法院可以根据专利权的类型、侵权行为的性质和情节等因素,确定给予1万元以上100万元以下的赔偿。

行政责任主要有:责令改正并公告;没收违法所得;罚款。

刑事责任针对假冒专利行为。假冒他人专利构成犯罪的,依法追究刑事责任。

第四节　专利的管理

一、管理专利工作的部门的设立

经国务院批准,国家经委、国家科委、劳动人事部、中国专利局于1984年(在1985年《专利法》实施前)联合发出《关于在全国设置专利工作机构的通知》,要求国务院有关的业务主管部门和各省、自治区、直辖市设置管理专利工作的部门,根据其工作任务,可设置专利管理局或专利管理处。近年来,各部委和地方政府的专利管理职能都放在了知识产权局内，修改后的《专利法》又将专利管理机构改称为管理专利工作的部门。不论称谓上怎样变化，其职责都一样，都属于具有行政执法功能的专利行政管理机构。

随着专利管理工作的增多，在开放城市、经济特区以及各个地、市、州、县也设立了这类机构或者由知识产权局一并管理。

二、管理专利工作的部门的职责

管理专利工作的部门具有执法和管理双重职能，这是我国专利制度的特色之一。其他国家专利制度中一般都不设立这种具有执法功能的行政机构。

管理专利工作的部门的职责是：

(1) 制定本地区、本部门专利工作的规划和计划，国务院专利行政部门应当完整、准确、及时发布专利信息，定期出版专利公报；

(2) 组织协调本地区、本部门的专利工作并进行业务指导；

(3) 处理本地区、本部门的专利纠纷；

(4) 管理本地区、本部门的许可证贸易和技术引进中有关专利的工作；

(5) 组织专利工作的宣传教育和干部培训；

(6) 领导本地区、本部门的专利服务机构；

(7) 筹集、管理和使用专利基金，扶植专利申请和专利技术的开发实施。

三、管理专利工作的部门对专利纠纷的处理

管理专利工作的部门应当事人请求，对下列专利纠纷进行调解：(1) 专利申请权和专利权归属纠纷；(2) 发明人、设计人资格纠纷；(3) 职务发明的发明人、设计人的奖励和报酬纠纷；(4) 在发明专利申请公布后专利权授予前使用发明而未支付适当费用的纠纷。

对于第四项纠纷，专利权人请求管理专利工作的部门进行调解的，应当在专利权被授予之后提出。

管理专利工作的部门受理上述请求后，应及时对案情进行调查研究，收集证据，查清事实，作出纠纷处理决定。当事人对专利管理机关的决定不服的，可以在收到通知之日起 3 个月内向人民法院起诉；期满不起诉又不履行的，管理专利工作的部门可以请求人民法院强制执行。

请求管理专利工作的部门处理专利纠纷的时效为两年，自专利权人或者利害关系人得知或应当得知相关事实之日起计算。

对假冒专利的行为，由管理专利工作的部门责令改正并予公告，没收违法所得，可以并处违法所得 4 倍以下的罚款；没有违法所得的，可以处 20 万元以下的罚款。

第五节　专利纠纷的处理

我国对专利权的保护实行司法和行政机关“两条途径,协调运作”的模式。实践证明这一模式符合我国国情,行之有效。专利行政执法具有程序简单、便捷高效的特点,尤其对于处理假冒他人专利、冒充专利、群体侵权等侵权行为,更具有优势。但多年的实践证明,专利行政执法还存在执法手段不足的问题;对于跨地区的专利侵权案件,各地区行政执法部门之间还缺乏有效的协调机制。因此,需要在《专利法》及其实施细则中对专利行政执法的规定作进一步完善,强化专利行政执法的效能,建立一套更为有效的行政保护模式。

专利诉讼以及其他知识产权诉讼常常涉及十分复杂的法律问题和专业、技术问题,加之知识产权与其他有形财产权相比具有突出的不同特性,在我国现有司法审判体制下,难以对知识产权纠纷案件进行高效、统一的司法审判。目前,除美国、日本已经建立统一的专利上诉法院之外,欧盟和韩国都在积极筹备建立其统一的专利上诉法院。这充分表明建立统一的专利或者知识产权上诉法院是实施知识产权保护的必要措施。我国在《专利法》的第二次修改过程中,国家知识产权局与有关部门进行过这方面的探讨,但是没有取得进展。随着形势的发展,近年来越来越多的专家学者认识到建立统一的知识产权上诉法院的重要性。

一、专利纠纷的类型

(一) 专利申请权纠纷

一件发明创造完成后,究竟谁有权申请专利,要视发明创造的性质而定。

对于非职务发明创造,申请专利的权利归发明人或设计人。凡是对发明创造的实质性特点作出创造性贡献的人,都应成为发明人或设计人。

对于职务发明创造来说,发生申请权纠纷的,多是委托研究或合作研究并且事先没有合同约定申请权。这种情况应按照我国《专利法》第 8 条的规定来确定申请权人。

申请权纠纷最多的还是关于职务发明创造和非职务发明创造的确定。实践中主要存在以下几种情况:(1) 本来属于职务发明创造,却由发明人以非职务发明创造申请了专利,然后许可或转让给其他单位实施。这种专利技术“漏泄现象”在科技人员流动中或兼职服务中尤为普遍。(2) 单位不愿为在本职工作中完成的发明创造提供专利申请费用,放弃申请,发明人便申请了非职务发明创造。发明人取得经济收益后,与原单位发生纠纷。(3) 非职务发明创造的完成人在申请专利之初，考虑申请费用或与单位的关系，愿以职务发明创造申请，但在后续专利实施收益分配上，发明人只能以奖励的形式得到一小部分利益。这时，发明人要求重新确认申请权。

从上述三种申请权的纠纷来看，只要事先严格按照我国《专利法》的规定，划清发明人、申请人之间的界限，在委托和合作研究合同中明确规定双方的权利义务，这类纠纷是可以避免的。

（二）专利权归属纠纷

专利权归属纠纷是指在专利授权后，当事人之间因确认谁是真正权利人而发生的争议。

专利权属纠纷发生在授权之后，专利权的法律地位已经确定，专利权人可以行使法律规定的各种权利并履行规定的义务。一旦变更或增减专利权人，对专利的实施将产生重大影响。对于共同发明来说，尤其是在许可他人实施时，须经过全体专利权人的同意，变更或增减专利权人对专利实施尤其不利。因此，专利权归属状态不稳定，对许可方和被许可方都会产生负面影响。

专利权归属纠纷的形式有：(1) 共同专利权人之间的纠纷；(2) 职务发明和非职务发明界定的专利权归属纠纷；(3) 委托研究的专利权归属纠纷。

（三）专利合同纠纷

专利合同纠纷主要是指在专利申请权、专利权转让合同、专利技术许可实施合同、专利技术中介服务合同中，各方当事人就权利义务的履行、合同条款的解释等发生的争议。

1. 专利申请权、专利权转让合同和专利实施许可合同纠纷

引起这类纠纷的原因，可能在于专利权本身存在瑕疵（如权利归属处于不确定状态、权利已终止或无效），也可能是转让人不适格（如没经过其他共同专利人同意的转让），也可能是合同条款含糊、不详尽等。由于这些合同都属于《合同法》中的技术转让合同，其纠纷的解决直接适用《合同法》的规定。

2. 专利技术中介合同纠纷

专利技术中介合同属于《合同法》中技术服务合同的一种，它是专利代理机构、各种信息咨询机构、技术市场及个人为传递技术情报信息，组织工业化、商品化生产，促使专利权人和实施单位订立的一种合同。这种合同由三方共同签订或甲、乙双方分别与中介方单独签订。合同建立在甲、乙双方对中介方具有绝对信任的基础上，自愿通过中介机构进行实施活动。所以中介方应该对甲、乙双方各自的实际情况有充分了解，不能为了收取中介费而将虚假的技术推销给实施单位，或让不具备生产条件的单位接受专利技术，更不能进行欺骗或强迫性的中介服务。中介服务合同纠纷是甲、乙双方与中介方发生的纠纷，应按《合同法》

中的技术服务合同来确定各自的权利义务及违约责任。

(四) 专利行政纠纷

专利行政纠纷是指当事人对专利行政机关所作出的决定不服而引起的争议。专利行政机关是指国家知识产权局、专利复审委员会及专利管理机构。对这些机构作出的决定不服的情况有:

(1) 专利申请人对国务院专利行政部门在专利申请过程中作出的决定不服的;

(2) 专利权人对国务院专利行政部门作出的强制许可的决定以及有关使用费的裁决不服的;

(3) 专利代理机构和专利代理人对国务院专利行政部门作出的有关代理工作的处罚不服的;

(4) 任何人对国务院专利行政部门作出的行政行为认为侵犯其合法权益的;

(5) 对专利复审委员会作出的复审决定不服的;

(6) 对专利复审委员会作出的关于发明专利权无效、部分无效或维持专利权有效的决定不服的;

(7) 对管理专利工作的部门的行政决定不服的;

(8) 因各级专利行政机关工作人员徇私舞弊、严重失职的行为引起的纠纷;

(9) 对上述部门作出的其他行政决定不服的。

二、专利纠纷的解决方式

针对不同性质的专利纠纷有不同的解决方式,双方当事人可以自愿选择。

(一) 调解

不论是当事人与行政机关之间的纠纷,还是当事人之间的各种纠纷,都可以在双方自愿的基础上,由第三方从中调停,促使双方当事人和解。调解依据第三者即调停人的身份不同,可分为民间调解、行政调解、仲裁调解和司法调解。

民间调解可以是任何人或任何单位充当调解人。行政调解一般是由管理专利工作的部门进行的,只在本系统内对各方当事人进行调解。仲裁调解是仲裁机构在进行仲裁裁决之前的一种程序,如果双方当事人接受调解,可不再进行仲裁。司法调解是贯穿整个诉讼始末的一种法律程序。值得指出的是,仲裁调解和司法调解与民间调解和行政调解的性质不同,前两者作出的调解协议书,生效后具有法律约束力,当事人必须履行,否则,另一方当事人可以请求人民法院强制执行。

（二）仲裁

仲裁是指在当事人双方自愿的基础上，由仲裁机构以第三者的身份，依法对争议作出具有法律约束力的裁决。在专利纠纷中采取仲裁解决方式一般仅限于专利合同纠纷。

（三）行政处理

国务院有关主管部门或者地方人民政府设立的管理专利工作的部门对本系统内的专利权属纠纷、临时保护期使用费支付的纠纷、对职务发明创造发明人或设计人奖励的纠纷，可以作出行政处理决定。

管理专利工作的部门根据已经取得的证据，对涉嫌假冒专利行为进行查处时，可以询问有关当事人，调查与涉嫌违法行为有关的情况；对当事人涉嫌违法行为的场所实施现场检查；查阅、复制与涉嫌违法行为有关的合同、发票、账簿以及其他有关资料；检查与涉嫌违法行为有关的产品，对有证据证明是假冒专利的产品，可以查封或者扣押。管理专利工作的部门依法行使前述职权时，当事人应当予以协助、配合，不得拒绝、阻挠。对于假冒专利的，除依法承担民事责任外，由管理专利工作的部门责令改正并予公告，没收违法所得，可以并处违法所得 4 倍以下的罚款；没有违法所得的，可以处 20 万元以下的罚款。

请求管理专利工作的部门处理专利纠纷的时效为两年，自专利权人或者利害关系人得知或者应当得知相关事实之日起计算。对管理专利工作的部门的处理决定不服，可以向法院提起诉讼。

（四）诉讼

依照《民事诉讼法》、《行政诉讼法》和《刑事诉讼法》，专利纠纷可以通过司法途径解决。

1. 专利民事纠纷案件

专利权属纠纷、侵权纠纷和合同纠纷属于民事纠纷，由这些纠纷引起的诉讼由各省、自治区、直辖市人民政府所在地的中级人民法院和各经济特区的中级人民法院为第一审法院，各省、自治区、直辖市高级人民法院为第二审法院。人民法院依据有关法律规定，要求有关当事人承担以下民事责任：

(1) 停止侵害。禁止侵权人继续生产、使用、许诺销售、销售、进口侵权产品，使用侵权专利方法或销售、进口依该专利方法获得的产品。当事人要求诉讼保全的，可依法对侵权人的有关财物进行查封、扣押、冻结、责令提供担保等。

(2) 赔偿损失。对给当事人造成损害的，应责令赔偿损失，赔偿数额可按被侵权人的实际损失数额计算，也可按侵权人非法所得额或假设该项专利许可他人使用时可能得到的使用费数额计算。

(3) 消除影响。当事人可以采取各种公开的方式，如报刊、广播、电视、新闻发布会等向受害人赔礼道歉,改正错误,消除不良影响。

2. 专利行政纠纷案件

因对国家知识产权局或者专利复审委员会的决定或裁决不服引起诉讼的案件均由北京市中级人民法院作为第一审法院,北京市高级人民法院为第二审法院。这类案件的诉讼性质属行政诉讼,被告为国家知识产权局或专利复审委员会。对于专利复审委员会作出的复审决定或国家知识产权局作出的裁决不服的,必须在收到通知之日起3个月之内向人民法院起诉,逾期不起诉的,法院不予受理。

3. 专利刑事案件

根据我国《专利法》和《刑法》的规定,专利违法和专利侵权情节严重,构成犯罪的,应当承担刑事责任。主要包括:假冒专利构成犯罪的;向国外申请专利,泄露国家机密,构成犯罪的;从事专利管理工作的国家机关工作人员以及其他有关国家机关工作人员玩忽职守、滥用职权、徇私舞弊,构成犯罪的。

[思考题]

1. 试述专利权的保护范围。
2. 试述专利保护的期限。
3. 试述专利侵权行为的构成要件及其法律责任。
4. 专利纠纷的解决方式有哪些?

第四编　商　标　权

第十八章　商标及商标法概述

［**内容提要**］　本章述及商标的概念、特征与功能，主要介绍了商标的定义和功能、商标与相关商业标记的区别、商标的基本分类、商标制度史的一般知识和我国商标法的主要特点及修改内容。

［**关键词**］　商标　商标分类　商标功能　《商标法》的修改

第一节　商标及其功能

一、商标的概念和特征

“商标”一词为外来词，英文为“trademark”或“brand”；在中国，人们俗称其为“牌子”。商标是世界通用的法律用语，但各国对商标的表述不同。

《法国知识产权法典》对商标的定义为：“商标或服务商标是指用以区别自然人或法人的商品或服务并可用书写描绘的标记。”①

《英国商标法》对商标的定义为：“商标是指任何能够以图像表示的、能够将某一企业的商品或服务与其他企业的商品或服务区分开来的标记。”②

① 《法国知识产权法典》第 7 卷第 L. 711-1 条。

② 《英国商标法》第 1 条。

世界贸易组织的《知识产权协定》对商标的定义为："商标是指任何能够将一个企业的商品或服务区别于另一个企业的商品或服务的符号或符号的组合。"①

我国《商标法》第 8 条规定："任何能够将自然人、法人或者其他组织的商品与他人的商品区别开的标志，包括文字、图形、字母、数字、三维标志、颜色组合和声音等，以及上述要素的组合，均可以作为商标申请注册。"同时，根据该法第 4 条，《商标法》有关商品商标的规定，也适用于服务商标。

通过综合考察中外商标立法的规定，我们认为，商标是指商品的生产经营者在其商品或服务上使用的，由文字、图形、字母、数字、颜色、三维标志、颜色组合、声音或其组合构成的，具有显著特征、便于区别商品或服务来源的标记。

商标作为一种标记，其特征主要表现为：

第一，商标是区别商品或服务来源的标记。

这是商标最主要的功能。生活中使用的其他标记，如学校、社会团体的标章、徽记等也具有识别其他学校和团体的作用，但它们不能作为商标。另外，用在商品或服务上的标记并不一定都是商标，只有用以表明此商品或服务区别于他人同类商品或服务的标记才是商标。正是商标这种独特的个性，决定了它在标明商品或服务来源的同时，具有区别提供同类商品或服务的其他生产者或经营者的特征。

第二，商标是用于商品或服务上的标记。

商标具有依附于商品或服务的从属性，它与其所标志的商品或服务有紧密的联系，有商品或服务存在，才有商标存在。否则，"皮之不存，毛将焉附"？商标在商品或服务上使用的方式包括直接将商标粘贴在商品上，或者依附于商品的包装上或容器上。没有用于商品或服务上的标记，不能称之为商标，如交通标志、国际组织的徽记等。

第三，商标的构成要素应具有显著性。

商标的显著性是商标的本质属性，是商标能够获得注册的基本条件。商标的构成要素可以是词或词组、字母、数字、图案、名称、产品的形状或其外观、颜色的组合、声音以及上述要素或标志的组合。由此构成的商标应具有显著性，能够给人以强烈的印象，易认易记，使一般消费者能够通过商标来识别商品和选择购买商品。如"Kodak"模拟相机按动快门的声音，作为照相机的商标就具有显著性。如果一些标记过于简单或过于复杂，或使用单一颜色，或使用地名、数字等，就不具有显著性和识别性。

① 《知识产权协定》第 15 条第 1 款。

二、商标的沿革

商标作为商品的标记,是随着商品经济的发展而产生的。在自然经济条件下,人们生产的目的主要是自给自足,因此,谈不上商品交换,也就不可能出现商品的标记。随着社会生产力的提高,有了剩余财产,商品交换有了可能,商品经济开始出现。为了商业中交换的需要,人们开始在商品上使用标记。最初的标记,一般表现为生产者在其产品上标注一些不同的字母、符号,或者标注姓名,以区分不同的制造者。

我国的汉、唐时期,经济和文化比较发达,当时的首都长安,交通便利,经济繁荣,已成为世界贸易的中心,和中亚、西域、印度等国家和地区交易频繁。这一时期的商品上出现了各种不同的花纹、图案以及文字,起到了美化商品和吸引顾客购买的作用。同时,在一些商品上也出现了赞扬商品的文句。

伴随着商品经济的发展,在商品上使用标记,已经十分普遍。此时,也开始在商品上明码标价,标出了货名和产地等。这一时期的商品标记已具有了宣传广告的功能。

到了宋朝和元朝时期,商品经济有了更进一步的发展,生产者和经销者为了使自己的产品区别于其他的同类产品,更多地使用商标标记,树立自己商品的信誉,便于购买者认牌购货。这时的商标也逐步完备起来,不仅有文字商标、图形商标,而且还出现了文字和图形的组合商标。

我国发现最早、较完整的商标是北宋时期山东济南刘家功夫针铺所用的“白兔商标”。它是一个文字和图形的组合商标,商标中心是一只手持钢针的白兔,图形上方刻有“济南刘家功夫针铺”八个大字;左右分别有“认门前白兔儿为记”的字样;商标下方的文字为:“收买上等钢条,造功夫细针,不误宅院使用。客转与贩,别有家饶,请记白。”这个商标基本具备了现代商标的全貌。该商标的印刷铜板现陈列在中国历史博物馆,它是世界商标历史上珍贵的文物。

在13世纪的欧洲,经济有了较快的发展。当时行会十分盛行。几乎每个行业都有自己的组织,要求从事某一行业的人必须入会,而且入会者要在自己的商品上刻上标记。这样做的目的有二:一是可以对行会会员的产品质量进行监控,二是方便国家管理人员进行检查和追究责任。

我国明清时期,由于自然经济仍占据统治地位,商标的进步很缓慢。到了清朝,虽出现了“同仁堂”、“六必居”、“泥人张”等商号,也不过是汉唐以来商业性标记的延续。清朝嘉庆年间,北京的六必居酱菜园,在其酱菜篓子外面贴有“六必居”的标签,其意义在于向购买者说明,如发现有质量问题,六必居酱菜园负责调换或赔偿。该商标已具有质量保证和信誉保证的属性,同时兼具区别商品来源和广告宣传的功能。这种商标被认为是现代意义上的商标。同一时期的西方国家,由于商品经济的快速发展,商标的使用更为广泛,商标的作用更为突出,商标的形式也更为完备。

现代商标出现于19世纪之后。现代商标和早期商标相比,其特点主要有:商标已不仅仅是一种商品标记,它已成为一种无形资产;商标具有价值,可以转让买卖;商标是一种工业产权,受到法律的保护。

从19世纪中叶开始,西欧国家率先将商标纳入法律调整的范围,予以保护。商标作为一种专有权,在各国的《商标法》中得到确立。随着世界经济贸易的发展,商标的法律保护呈国际化的趋势。19世纪下半叶开始,国际社会先后缔结了保护商标的国际公约,并成立了相应的组织,商标进入了一个全面发展的时期。

三、商标的功能

商标的功能,是指商标在商品生产、交换或提供服务的过程中所具有的价值。在现代社会,商标已成为生产者创立信誉和开拓市场的重要工具,是生产者和消费者相互沟通的重要媒介,因此商标"被广泛视为降低信息成本和交易成本的工具"。①

(一) 来源区分功能

商标的基本作用是区别不同的商品生产者和服务提供者,标明商品的出处。在现代社会里,商标的这一功能尤为重要。因为市场上会有许多相同的商品和服务,这些商品或服务来自不同的厂商和经营者,各厂家的生产条件、制作工艺、产品和服务质量及管理方法和水平参差不齐,价格也会有所不同。企业要想在激烈的市场竞争中吸引消费者的目光,使他们能够选择自己的商品,就必须在其商品上有一个醒目的商标,让消费者容易识别。而通过不同的商标,消费者可以判断出商品或服务出自不同的企业,从而识别商品或服务的来源,作出自己满意的选择。如现在市场上的化妆品琳琅满目,有"羽西"、"大宝"、"小护士"、"玉兰油"、"雅芳"等,这些不同的商标,表示了同类商品的不同来源,从而把生产厂家区别开来。

(二) 品质表示功能

由于商标代表着不同的商品生产者和服务提供者,即使同一种商品、同一项服务,因生产者和服务者不同,其品质也会不同。如"Pierre Cardin"、"Cadillac"、

① Robert P. Merges, Peter S. Menel, Mark A. Lemley, Intellectual Property in the New Technological Age, Aspen Publishers, Second Edition, p.557.

"Haier"等商标,象征着高品质的产品。因此,商标标明商品或服务品质的功能比表示商品与服务的来源的功能更重要。对生产经营者而言,必须不断提高和改进其产品和服务的品质,以维护其商标的信誉,从而吸引消费者购买自己的商品。

（三）商品宣传功能

在市场竞争中,利用商标进行广告宣传,可迅速为企业打开商品的销路。由于生活节奏的加快,人们的消费活动逐步以广告和商标为依据,通过商标来了解商品或服务的来源及其品质。因此,商标被称为商品的"无声推销员"。通过广告宣传,使商标成为家喻户晓的标志,消费者可以记住商标,并通过商标记住商品,同时让消费者熟悉该产品并了解市场信息,这对于引导和刺激消费都能起到很好的效果。

（四）文化展示功能

企业的发展需要深厚的文化底蕴。一个企业商标的构成、表现形式以及宣传方式也在向社会传递着该企业的文化。如"春兰"空调,来自于一句古诗"春来江水绿如兰",让人们在盛夏能感到春天般的惬意和江水般的凉爽。耐克公司把"耐克"作为运动服装的商标,"耐克"(Nike)一词在希腊神话中为胜利女神,用在体育用品上很贴切。"桑塔纳"(Santana)作为德国大众汽车公司的商标,来源于在美国著名的大峡谷常年刮的一股旋风,该旋风以速度之快而闻名于世。这些商标不仅展现出历史、地理以及艺术方面的知识,也表现出了企业理念和企业文化。

第二节　商标的分类

了解商标的分类,对使用和设计商标有积极意义;同时,也有利于企业实施商标策略。

商标按不同的标准,从不同的角度,可作不同的分类。商标种类并不是一成不变的,随着市场经济的发展和完善还会出现新的商标种类。另外,从不同的角度来看,一个商标可同时扮演着几种商标的角色。如"绿色食品"标志,它既是文字和图形组合的平面视觉商标,又可以作为商品商标和服务商标;它既是一种证明商标,又是我国的著名商标。

一、视觉商标、听觉商标和味觉商标

视觉商标、听觉商标和味觉商标是根据商标的结构或者外观状态来划分的,这是许多国家的商标法中常用的一种划分方法。我国《商标法》目前尚未对味

觉商标提供保护。

(一) 视觉商标

视觉商标是指商标的构成要素为可视性的文字、图形、字母、数字、颜色、三维标志及其组合的标记。视觉商标包括平面商标和立体商标两种。

1. 平面商标

平面商标是指商品的标记均呈现在一个水平面上的商标。根据《知识产权协定》的规定,平面商标包括文字商标、图形商标、数字商标、字母商标、颜色组合商标以及上述标记的任意组合商标等。

(1) 文字商标。文字商标是指商标的构成要素为纯文字,不含其他图形成分的商标。除商品的通用名称和法律明文规定不得使用的文字外,申请人可以自由选择文字作为商标。文字分为汉字、少数民族文字、数字和外国文字等。两个以上的字母和两位以上的数字也可以作为商标使用。我国的文字商标以汉字为主,出口商品多为外国文字。文字商标的字体不限,文字的组合可以是杜撰的、无任何意义的字和词。如“琴岛—海尔”、“SONY”等商标。文字商标的优点是简洁明快,上口易记。如“红旗”汽车、“健力宝”饮料等。

(2) 图形商标。图形商标是指由纯图形要素构成的商标。图形商标包括抽象的,如没有任何意义的图形,也包括具体的,如山川、河流和动物等。图形商标的使用在我国要早于文字商标和组合商标。图形商标的优点是外观形象、生动,易于识别和记忆,而且不受语言的限制,不论是用何种语言的国家和地区的人们,只要会识别图形,就能了解商标的含义。如“小天鹅”洗衣机的图形商标等。图形商标的缺点是不便呼叫。

(3) 数字商标。数字商标是指由表述数目的文字或符号所构成的商标。如“555”香烟、“101”毛发再生精、“505”神功元气袋等。在我国的商标实践中,很早就有人申请注册数字商标。使用数字商标形象直观,便于识别和记忆。但是由于数字商标缺乏识别性,有些国家对其不予注册,所以我国企业在出口商品上要慎用数字商标。

(4) 字母商标。字母商标是指由外文字母或中文拼音字母等书写单位构成的商标。如“Nike”体育用品、“Microsoft”电脑软件、“Haier”电冰箱、“National”电器等。目前使用字母商标申请注册的比例呈上升的趋势,但使用字母商标一定要有创意,才便于消费者识别。如宝洁公司使用的字母商标“P&G”,在众多的字母商标中脱颖而出,具有显著特征,也容易获得商标的注册。

(5) 颜色商标。颜色商标是指由不同颜色为要素组成的商标。我国《商标法》2001年修改后,增加了颜色商标,但要求必须为两种以上颜色的组合才能申请商标注册。目前保护单色商标的国家和地区较少,主要有美国、意大利和韩国等。颜色组合商标是《知识产权协定》的最低要求。在现实生活中,颜色本身也可以起到识别商品或服务来源的作用,能带给消费者强烈的视觉冲击,从而有利于提高广告宣传的效果。颜色商标的独特作用是其他传统商标无法比拟的。

(6) 组合商标。组合商标是指由上述文字、图形、字母、数字、颜色等组合而成的商标。这种商标的使用比较广泛。

2. 立体商标

立体商标是指以产品的外形或产品的长、宽、高三维标志为构成要素的商标。

在实际生活中,像酒瓶、饮料瓶、香水瓶等容器及产品独特的外包装等具有立体标志的物品,可以申请立体商标。如可口可乐公司的汽水饮料的瓶形,设计独具特色,具有较强的识别性,在美国注册了立体商标。还有麦当劳的金色拱门标志、派克金笔的专用笔托造型、米奇林的轮胎人、海尔兄弟、肯德基的桑德斯上校等,都属于立体商标。

立体商标是经济和科学技术发展的产物。世界上越来越多的国家开始在本国的商标法中保护立体商标,如法国、英国、美国、德国、日本等国家均修改了其商标法,增加了立体商标的规定。《知识产权协定》中也要求各成员可以“将视觉可感知的标记作为注册的条件”。[①] 我国《商标法》在 2001 年修改后,增加了对立体商标的保护。

(二) 听觉商标

听觉商标又称音响商标、声音商标、非形状商标,是指以音符编成的一组音乐或以某种特殊声音作为商品或服务的标记。它可以是自然界中真实的声音,也可以是人工合成的声音。听觉商标是不能凭视觉辨认的,只有通过听觉才能感知,因此听觉商标又称非形状商标。

除了我国之外,听觉商标目前只在美国、法国、西班牙等少数国家得到承认。如《法国知识产权法典》L. 711-1 条规定:构成商标的要素包括音响标记,如声音、乐句。2001 年 7 月 31 日,西班牙新的商标法案被提交到议会进行讨论,该法案旨在使西班牙的商标法与《马德里协定》、欧盟关于协调信息社会的版权及相关权的指令以及《知识产权协定》的规定相一致,从而与其他欧盟国家的商标法更为融合。该法案允许注册音响商标,包括音乐、曲调、自然界的声音或其他声音;对于音响商标的保护与其他商标是相同的。

现在一些国家认为,在广播电台、电视台各节目播出前的乐曲或钟声,如具有识别意义,可作为音响商标来保护。如美国的全国广播公司节目开播时的三

① 《知识产权协定》第 15 条第 1 款。

声钟声，米高梅电影公司在电影片头出现的“狮吼”等。

根据我国《商标法》，声音商标可以作为商标申请注册。

（三）味觉商标

味觉商标又称气味商标，是指以某种特殊气味作为区别不同商品和服务项目的商标。这种商标不能通过视觉感知，所以又称非形状商标。如国外有一面包房的主人，将本店烤制的面包的独特香味作为味觉商标申请注册。

目前，味觉商标只在个别国家得到承认。如美国在20世纪90年代初，将一种用在缝纫线上的特殊香味作为味觉商标予以保护。① 澳大利亚1995年的《商标法》中也明确规定气味商标可以获得保护。我国《商标法》没有对味觉商标作出规定。

二、商品商标和服务商标

按商标的使用对象来划分，可将商标划分为商品商标和服务商标。这里重点介绍服务商标。

（一）商品商标

商品商标是指商品的生产者或经营者为了使自己生产或经营的商品与他人生产或经营的商品相区分而使用的标志。

这种商标是日常生活中最常见的一种商标，如使用在汽车上的“奔驰”、“宝马”等标记，用在体育用品上的“李宁”、“邓亚萍”等标记，均为商品商标。商品商标也是使用最广泛的商标。

（二）服务商标

1. 服务商标的含义

服务商标是指提供服务的经营者，为将自己提供的服务与他人提供的服务相区别而使用的标志。服务商标由文字、图形或者其组合构成。如用于宾馆业的“香格里拉”标记，用于金融业的“交通银行”标记，用于快餐业的“麦当劳”、“肯德基”标记，用于旅行社的“中国旅游”标记，用于航空运输业的“南方”航空公司标记等，均为服务商标。

服务商标是第三产业迅速发展的产物，早在1883年缔结的《巴黎公约》中就写进了保护服务标记的内容，但当时却没有把它放在与商品商标等同的位置，未要求成员国必须给服务标记以注册保护。所以，成员国国内法对于服务标记是可以自由确定保护方式的。

① 参见刘春茂主编：《知识产权原理》，知识产权出版社2002年版，第585页。

2. 服务商标的法律保护

1946年,美国第一次在其成文商标法《兰哈姆法》(Lanham Act)中把服务标记的保护放到与商品商标保护同等的地位。[①]

1958年里斯本会议上对《保护工业产权巴黎公约》作了修改,要求各成员国保护服务商标。此后,不少国家修订了本国的商标法,作出了对服务商标加以保护的规定。世界上现有一百多个国家办理服务标记注册。另外,在1891年缔结的《马德里协定》和1994年的《知识产权协定》中都确认了服务商标的法律地位。

我国于1985年、1989年分别参加了《巴黎公约》和《马德里协定》,此后,开始办理外国来华注册的服务商标。随着第三产业的迅速发展,为适应市场经济的需要,我国于1993年修改了《商标法》,增加了保护服务商标的规定,并于1993年7月1日开始办理国内服务商标的核准注册。服务商标的适用范围主要包括航空、铁路、旅店、餐饮、银行、广告、旅游等服务部门。

三、制造商标和销售商标

按商标的使用者来划分,可以分为制造商标和销售商标。

(一) 制造商标

制造商标又称生产商标,是指生产者在自己制造的商品上使用的标志。

这种商标的功能在于区别不同的生产厂家,是实际生活中使用最多的一种商标。如四川"长虹"电视机的商标、上海"光明"牛奶的商标,均为制造商标。制造企业用这种商标的目的,在于将其生产的商品与其他厂家生产的同类产品相区别,以利于企业进行市场竞争。

(二) 销售商标

销售商标又称商业商标,是指商品的销售者使用的标志。

这种商标的所有人一般是有较强经济基础的销售商,他们以自己的名义组织生产,在加工制造的商品上使用自己的销售商标。

使用这种商标的意义在于,宣传销售商的商业信誉,使自己经销的商品与其他同类商品相区别。使用这类商标的商品的制造商一般力量较薄弱,知名度小。而销售商享有盛誉,实力雄厚。如日本三越百货公司的"三越"商标,就是销售商标。[②]

① 参见美国《兰哈姆法》第45条。

② 参见金多才著:《商标策略》,河南人民出版社2002年版,第14页。

四、联合商标和防御商标

按使用目的来划分,商标又可分为联合商标和防御商标。在商标实务中,已经有企业申请注册了联合商标和防御商标。注册这两种商标的目的是为了保护其主商标,防止他人“影射”和“搭便车”。

(一)联合商标

1. 联合商标的概念和特点

联合商标,是指同一个商标所有人在同一种商品或类似商品上注册使用的若干个近似商标。在这些近似商标中,首先注册的或者主要使用的商标为主商标,其他的商标为该主商标的联合商标。

如杭州娃哈哈集团公司的中国驰名商标“娃哈哈”为 AD 钙奶的商标,为防止他人侵权,该公司又注册了“哇哈哈”“哈娃哈”、“哈哈娃”、“娃娃哈”、“Wahaha”等商标。其中,“娃哈哈”为主商标,其他的商标为“娃哈哈”的联合商标。再如红桃 K 集团为保护其“红桃 K”商标不受侵害,对“红心 K”、“黑桃 K”、“红桃 A”、“黑桃 Q”等 33 个容易使消费者误认的商标进行了联合注册。

注册联合商标的目的,不是使用每一个商标,而是保护主商标,防止他人注册或使用与主商标近似的商标。除此之外,注册联合商标也是企业发展和新产品开发的需要。对于有实力的企业,产品种类繁多,新产品不断涌现,在与旧商品类似的新商品上,使用与原注册商标有一定近似的商标,既可以利用老牌子促销,又展示了新产品的风采,此可谓一举多得。联合商标恰恰能起到这样的作用。

联合商标具有如下特点:

第一,联合商标不得分开转让。由于联合商标是相近似的若干商标的群体,它们只能属于一个商标所有人。因此,联合商标不得分开转让或分开许可使用,必须整体办理。

第二,联合商标不受 3 年不使用规定之限。要求商标必须注册和使用的国家,通常都规定,只要使用了联合商标中的某一个商标,就可视为整个联合商标都符合使用的要求。这样,就不会发生商标停止使用 3 年被撤销的问题。①

第三,联合商标的注册可起到积极的防卫作用。通过申请注册联合商标,可以阻止他人注册和使用与联合商标中的主商标相近的商标,使商标侵权者无隙可乘。

---

① 根据我国《商标法》第 49 条规定,注册商标没有正当理由连续 3 年不使用的,任何单位或者个人可以向商标局申请撤销该注册商标。

第四,联合商标可起到商标储备作用。联合商标具有储备功能,一旦市场需要,可调整商标策略,把备用商标调出来使用。

2. 国外对联合商标的保护

国外一些国家的立法对联合商标进行了保护。如《英国商标法》第 23 条第 1 款规定:注册为联合商标或依据本是属于联合商标的一些商标,只能作为整体而不能分开转让或转移。该法第 30 条还规定:任何注册的联合商标中,只要有一个商标在贸易活动中未中止使用,整个联合商标就都符合"使用"要求,保持有效;注册商标在 7 年之中未中止使用,也未受到争议或争议不能成立,就可成为无争议商标。

目前,在为联合商标提供注册保护的国家,大都不是不加区别地允许一切注册商标所有人取得这种特殊商标的注册。一般而言,只有驰名商标的权利人才会获准注册这种商标。近年来,为减少"注而不用"的商标,一些国家取消了"联合商标"制度。

3. 我国对联合商标的保护

联合商标在新中国成立前就有人使用。如当时的"永安堂"生产的"万金油"使用的是"虎"牌商标,为了防止他人侵权,该厂就将猪、马、牛、羊、猫、兔、狗、熊、豹、狼等 14 种动物作为"虎"牌的联合商标申请注册。

在我国的实践中,不少企业已意识到联合商标的价值,开始申请和注册联合商标。如山东海尔集团申请注册的"琴岛—利勃海尔"、"琴岛海尔"、"利勃海尔"、"Haier 海尔"等商标即为联合商标。又如金利来公司的所有人,在申请了"金利来"商标后,又申请了"银利来"、"铜利来"等商标作为金利来的联合商标。

尽管我国《商标法》对联合商标未作明确规定,但我们认为,《商标法实施条例》对联合商标作了间接规定。该条例第 25 条第 2 款规定:"转让注册商标的,商标注册人对其在同一种或者类似商品上注册的相同或者近似的商标,应当一并转让;未一并转让的,由商标局通知其限期改正;期满不改正的,视为放弃转让该注册商标的申请,商标局应当书面通知申请人。"转让的这种商标和联合商标的特点很吻合,可以视为联合商标。商标的使用,是指将商标用于商品、商品包装或者容器以及商品交易文书上,或者将商标用于广告宣传、展览以及其他商业活动中,用于识别商品来源的行为。然而,根据我国《商标法》规定,注册商标连续满 3 年不使用,任何单位或者个人可以向商标局申请撤销该注册商标。显然,实际生活中已注册的联合商标有可能因不使用而被撤销。如何解决这个矛盾?我们认为,企业可以采取广告的方式对这些商标加以"使用"。根据商标局的解释,只要在国家批准的正式出版的刊物上做了广告,那么,被广告的注册商标就视同已被"使用"。目前各国的商标立法和实务,均把联合商标作为保护驰名商标的防卫措施之一。

（二）防御商标

1. 防御商标的概念和特点

防御商标，是指驰名商标所有人在不同类别的商品或者服务上注册若干个相同的商标。原来的商标为主商标，注册在其他类别的商品或服务上的同一个商标为防御商标。

如青岛海尔集团不仅在冰箱、空调等产品上注册了“海尔”商标，在《商品和服务分类表》中的其他商品类别和服务类别上都申请注册了“海尔”商标。还有美国的“可口可乐”商标，只在饮料上使用，但也在其他商品和服务上申请注册了防御商标。

注册防御商标的目的，是保护其主商标（一般为驰名商标）。驰名商标会产生巨大的经济效益，给所有人带来可观的利益。但一般消费者并不知道驰名商标所有人的经营范围，如果他人在不同类别的商品上使用驰名商标，消费者会对产品来源发生误认，驰名商标所有人的信誉可能就会受到影响。

防御商标具有以下特点：

第一，防御商标的注册人一般为驰名商标的所有人。一般而言，只有驰名商标所有人才有权申请注册防御商标。那些不够驰名的商标要想超出其经营范围申请注册防御商标则要受到种种限制。

第二，防御商标的构成要素应特别显著。一般的花、鸟、龙、凤等图形和名称的商标在各个类别的商品和服务项目上都已注满，只有新颖、显著的商标才能插足。如日本索尼电气公司的商标“SONY”，设计独特，具有很强的识别性，该公司不仅在电器上申请注册了“SONY”商标，还在自行车、食品等商品上注册了“SONY”商标。

第三，防御商标的注册较困难。按照国际惯例，此种商标一般难以注册；但一经注册，不会因其闲置不用而被国家商标主管机关撤销。只要主商标在使用，防御商标也视为在使用。

2. 防御商标和联合商标的关系

防御商标和联合商标的功能相同：均为保护驰名商标不受侵害，防止他人影射。但两者存在着很大的区别：其一，防御商标与其注册的正商标为相同的商标；联合商标则是与其注册的主商标不同却近似的若干商标群。其二，防御商标的注册范围一般与主商标所核定适用的范围不相同，是在其他的商品类别和服务项目上；而联合商标的注册则是在与主商标核定使用的商品相同或类似的商品上。其三，防御商标的注册人一般为驰名商标的所有人，而且申请较难获准；联合商标的注册人不一定是驰名商标所有人。

3. 对防御商标的保护

目前只有部分国家或地区对防御商标给予保护。如《英国商标法》第 27 条第 1 款对防御商标作了规定。我国香港地区的《商标法》也提供对防御商标的保护，该法规定可申请注册的商标包括商品商标、服务商标、防御商标和证明商标，并规定，防御商标指的是不以使用为目的、在与其注册商标指定商品非类似的商品上注册的相同商标。只要原商标在使用，防御商标也视为使用。但也有一些国家在修改商标法后，删除了防御商标的规定。如牙买加从 2001 年 9 月 3 日起，开始施行新的《商标法》，该法删除了防御商标的规定。

我国现行《商标法》未对防御商标加以规定，但对防御商标的注册和保护在商标实践中早已开始，如上述提到的“海尔”商标和“可口可乐”商标等。本书认为，在市场竞争日趋激烈的今天，为更有效地保护我国企业的驰名商标，履行国际公约的义务，在修改我国《商标法》时应增加对防御商标的规定，允许企业申请和注册防御商标。

五、集体商标和证明商标

按照商标的功能来划分，又可分为集体商标和证明商标。

集体商标和证明商标是我国 2001 年修订的《商标法》中新增加的商标种类。根据我国《商标法》第 3 条第 4 款的规定，集体商标和证明商标注册和管理的特殊事项，由国务院工商行政管理部门规定。因此，这两种商标在我国的商标分类中是一项特殊的商标。

（一）集体商标

集体商标又称“团体商标”，是指以团体、协会或者其他组织的名义注册，以供该组织成员在商事活动中使用，表明使用者在该组织中的成员资格的标志。集体商标是以各成员组成的集体的名义申请注册和所有，由各成员共同使用的一项集体性权利，它具有“共有性”或“公用性”。集体商标与普通商标相比具有如下特点：

（1）申请注册人为某一组织体。

集体商标的申请人一般为工商业团体、协会或者其他组织，个人不能申请注册集体商标。普通商标的注册人范围较广，可以是自然人、法人或其他组织。

（2）使用范围有明确规定。

集体商标由该商标注册人的组织成员在商事活动中使用，不是该商标注册人的成员不能使用。普通商标可以许可组织以外的其他人使用。

（3）功能不同于一般商标。

集体商标与普通商标均表明商品或服务的经营者。但集体商标表明商品或服务来自某一组织,普通商标则表明商品或服务来自某一经营者。

(4) 申请注册时要提交使用管理规则。

申请集体商标注册的,必须提交使用管理规则,产品或服务要遵循统一的质量标准;申请普通商标则不必提交使用管理规则。

另外,集体商标准许其组织成员使用时不必签订许可合同,而普通商标许可他人使用时必须签订许可合同;集体商标失效后 2 年内,商标局不得核准与之相同或近似的商标注册,而普通商标只需 1 年,商标局就可以核准与之相同或近似的商标注册。

使用集体商标的意义在于不仅表明某种商品或服务具有共同的特征,来自于同一个组织成员,而且有利于取得规模效益,扩大市场份额和影响力。同时,有利于发挥集团优势,维护团体信誉,保护团体及成员的利益。

我国自 1995 年 3 月 1 日开始受理集体商标申请注册。随着我国企业股份制改造和企业集团的建立,越来越多的企业开始关注集体商标,并进行申请和注册。如上海市豆制品行业协会于 1998 年 7 月 30 日向原国家工商行政管理局商标局提出注册集体商标的申请。经审核,该集体商标于 2002 年 3 月 21 日在第 824 期《商标公告》中被予以公告,并于 2002 年 6 月 21 日被核准注册,有效期 10 年。这一集体商标的注册不仅有利于市民识别购买放心豆制品,扩大会员企业的市场份额,同时也有利于广大消费者进行监督,促进行业管理和加强行业自律,促进豆制品质量不断提高。

(二) 证明商标

证明商标又称“保证商标”,是指由对某种商品或者服务具有监督能力的组织所控制,而由该组织以外的单位或者个人使用于其商品或者服务,用于证明该商品或者服务的原产地、原料、制作方法、质量或者其他特定品质的标志。如“绿色食品”标志、“纯羊毛”标志、“真皮”标志等。

“绿色食品”标志由特定的图形来表示。绿色食品标志图形由三部分构成:上方的太阳、下方的叶片和中心的蓓蕾。标志图形为正圆形,意为保护、安全。整个图形描绘了一幅明媚阳光照耀下的和谐生机,告诉人们绿色食品是出自纯净、良好生态环境的安全、无污染食品,能给人们带来蓬勃的生命力。绿色食品标志商标作为特定的产品质量证明商标,已由中国绿色食品发展中心在原国家工商行政管理局注册。

使用证明商标的目的在于向消费者提供质量证明,有利于企业拓展商品的销路,增强竞争能力。同时,使用证明商标有利于保护我国的名优特产品。

证明商标和普通商标相比,具有以下特点:

(1) 申请人必须具有法人资格。

证明商标的注册人必须是依法成立,具有法人资格,且对商品和服务的特定品质具有检测和监督能力的组织。申请人一般为商会、机关或者有关团体。普通商标的注册申请人是自然人、法人和其他经营者。

(2) 能够证明商标的产品品质。

证明商标的功能在于证明该商品或服务的特定品质、原产地、原料、制作工艺和质量。普通商标只表明商品或服务出自某一经营者。

(3) 证明商标的注册人不能自己使用该证明商标。

证明商标准许他人使用必须履行相应手续,发给《证明商标准用证》。普通商标所有者必须在自己经营的商品或服务上使用自己的注册商标。普通商标许可他人使用必须签订许可合同。

(4) 证明商标的受让人有特殊要求。

证明商标与普通商标都可以转让。但证明商标的受让人必须是依法成立、具有法人资格且具有检测和监督能力的组织。普通商标的受让者包括个人、企业或其他组织。

另外,证明商标申请注册时必须提交证明商标的管理规则,普通商标则无须提交;证明商标失效后两年内商标局不得核准与之相同或近似的商标注册,普通商标失效后只需一年商标局就可以核准与之相同或近似的商标注册。

在我国,为了加强对证明商标和集体商标的注册管理,原国家工商行政管理局于 1994 年 12 月 30 日发布了《集体商标、证明商标注册和管理办法》(以下简称《办法》),对这两种商标的申请、注册、使用和管理作了具体规定。该《办法》于 1998 年 12 月 3 日作了修订。2001 年修订的《商标法》增加了对证明商标保护的规定。为配合《商标法》的实施,国家工商行政管理总局于 2003 年 4 月 17 日发布了新的《集体商标、证明商标注册和管理办法》。

我国于 1995 年 3 月 1 日开始办理证明商标的核准注册。由于证明商标对商品或服务能起到质量保证作用,所以对消费者有很强的吸引力,产品的生产者和经营者也逐渐意识到证明商标的价值。例如,重庆涪陵地区是榨菜的发源地和中国榨菜最大、最集中的产地,涪陵榨菜是我国历史悠久的名牌产品。为了加强对榨菜行业的管理,提高产品质量,维护涪陵榨菜声誉,涪陵区榨菜管理办公室向原国家工商行政管理局申请“涪陵榨菜”证明商标,并于 2000 年 4 月 21 日获得核准注册。自 2001 年 1 月 1 日起,“涪陵榨菜”证明商标正式使用。我们注意到,该地区许多商家在其生产的榨菜包装上同时使用了“涪陵榨菜”证明商标和自己的商标,以区别于同地区其他商家生产的榨菜,这是一种比较稳健的商标运营模式。

六、驰名商标和著名商标

按照商标的知名度来划分,可将商标分为驰名商标和著名商标。

(一) 驰名商标

驰名商标是指经过长期使用,在市场上享有较高信誉,并为公众所熟知的商标。驰名商标按照其知名的地域范围,又可分为世界驰名商标和全国驰名商标。

世界驰名商标是指知名度誉满全球的商标,如德国的"奔驰"汽车,美国的"麦当劳"汉堡包、"可口可乐"饮料,日本的"松下"电器、"富士"胶卷,瑞士的"雀巢"咖啡等;全国驰名商标是指知名度享誉一国范围的商标,如我国的"贵州茅台"酒、"张小泉"剪刀、"健力宝"饮料、"李宁"运动服、"青岛"啤酒、"光明"牛奶等。

早在1883年的《巴黎公约》中就有关于驰名商标的保护规定。《知识产权协定》把对驰名商标的保护又向前推进了一步。目前世界上许多国家的商标法均对驰名商标进行保护。

我国对驰名商标立法的保护进行得比较晚,在2001年修订《商标法》时才增加了对驰名商标的认定和保护条款,但我国在1985年加入《巴黎公约》后,在商标实务中,一直对驰名商标给予特殊保护。例如,"万宝路"是世界驰名商标,它曾被中国一家企业用在罐头食品上,作为产品的装潢使用。当地工商局根据《巴黎公约》的规定,认定该企业的行为侵犯了万宝路商标的专有权,并对此行为进行了查处。

(二) 著名商标

著名商标是指其知名度高于普通商标而低于驰名商标的商标。

在我国,著名商标主要是指各省、自治区和直辖市评选出的省级商标,如上海市著名商标"海鸥"照相机、"美加净"化妆品、"开开"羊毛衫等。

严格地讲,著名商标并不是商标法上的概念,法律对其没有特别保护的规定。著名商标的知名度没有驰名商标高,对它的保护力度和驰名商标不能相提并论。

第三节　商标与商业标记

商标与相关商业标记如商品名称、商品装潢、商号、商务标语等,都用于商品或服务上,能够起到识别商品或服务的作用。商标与相关商业标记既有联系又有区别。

一、商标与商品名称

商品名称是指用以区别其他商品而使用在本商品上的称号。它分为通用名称和特有名称两种。商品的通用名称，是指对同一类商品的一般称呼，如汽车、冰箱、电视等。商品的特有名称，是指表明某种特定商品的产地、性能的名称，如两面针药物牙膏、茅台酒等。商品特有名称与通用名称的功能不同，它是与某种具体产品联系在一起并以特定产品为指向对象。在实践中商品名称能够起到商标所具有的标识商品来源的作用。

对他人的注册商标，生产者和经营者不能将其作为商品的通用名称使用；商标注册人在进行广告宣传和日常的使用过程中也要防止自己的不当使用。如“氟利昂”、“吉普”、“阿司匹林”、“凡士林”等商标，因使用不当逐渐变为商品通用名称，从而导致商标权人丧失商标权。商标与商品名称的区别主要有：

（1）受保护的前提不同。构成商标的文字、图形或其组合应具有显著特征，便于识别，否则不能获得商标注册；而根据《商标法》的规定，商品的通用名称不能作为商标申请注册，如“自行车”牌自行车等。商品的特有名称如果符合《商标法》规定条件的，可以作为商标申请注册。

（2）受到的法律保护不同。商标一经注册，即受到《商标法》保护；对于商品名称而言，只有知名商品的名称才能受到《反不正当竞争法》的保护。

二、商标与商品装潢

商品装潢是指商品的包装物或其附着物上的装饰设计。使用商品装潢的目的是宣传、美化商品，刺激消费者的购买欲望。商标与装潢同时用于商品或包装上，服务于同一商品。商标与商品装潢的区别主要有：

（1）使用的目的不同。商标的使用目的是区别商品的来源，使消费者认知该商品；使用装潢的目的在于美化商品，吸引消费者。

（2）稳定性不同。商标申请注册后，即为注册人专有，非经变更申请，不得任意改变注册商标的文字、图形或其组合。因此，商标具有相对的稳定性，不能频繁地变动；而装潢则不同，它要随着市场的变化、人们消费心理的变化而变化，因此可以随时加以改进和变动。

（3）设计要求不同。根据《商标法》的规定，直接表示商品名称、质量、原料、功能以及用途等特点的文字和图形不能作为商标申请注册，如“防潮”不能作为油毡的商标；而装潢设计的内容要与商品的内容一致，使消费者通过装潢了解商品的内容，如“伊利”纯牛奶包装盒上的牛的图案即为该商品的装潢。

（4）受到的法律保护不同。注册商标受《商标法》保护；商品装潢可以作为美术作品受《著作权法》保护,同时,知名商品的装潢还可以受到《反不正当竞争法》的保护。

三、商标与商号

商号,又称厂商名称、企业名称,是指用于识别在一定地域内和一定行业中不同经营者的称谓。在实际生活中,很多企业的商号和商标是一致的。如扬子电器集团公司就以"扬子"作为企业的名称和商标。商标与商号的区别有:

(1) 功能不同。商标是区别商品来源的标记,商号是辨认企业的标记。

(2) 保护的方式不同。商标要按照《商标法》的规定进行注册,而商号则依照《企业名称登记管理规定》进行登记和保护。

(3) 法律效力的范围不同。商标注册后,取得商标专用权,在全国范围内有效;而商号专用权仅在一国的某一地域范围内有效。

(4) 受到的法律保护不同。注册商标受《商标法》保护,商号则由《民法通则》和《企业名称登记管理规定》来保护。

四、商标与商务标语

商务标语是指经销者为了经销自己的商品或服务而制作使用的广告用语和宣传口号。实际生活中,商务标语常常和商标一起出现,用在商品或服务的宣传材料上以及商品的包装上,如新飞电器集团公司的商务标语为"新飞广告做得好,不如新飞冰箱好",维维豆奶公司的商务标语为"维维豆奶,欢乐开怀"。可见,商标与商务标语两者联系较紧密。商务标语与商标的区别主要表现在:

(1) 稳定性不同。商标一经注册,所有人不得随意改变注册商标的文字、图形或其组合,具有相对的稳定性;但商务标语要随着市场的变化、消费者的追求和经销者营销方式的调整而随时改变。

(2) 专有性不同。商标注册后,其专有权由商标权人享有,他人未经权利人同意不得使用。一般的商务标语,如"质量可靠"、"物美价廉"等,不具有区别商品来源的功能,不能为某个人所专有和独占;有些商务标语,因其独特性,可以为某个企业所专有,如海尔空调的商务标语"海尔真诚到永远"。

(3) 受到的法律保护不同。商标注册后,受《商标法》保护;对特定的商务标语,如果符合《著作权法》规定的作品的条件,可以受《著作权法》保护,也可依据《反不正当竞争法》保护。

五、商标与特殊标志

特殊标志,是指经国务院批准举办的全国性和国际性的文化、体育、科学研究及其他社会公益活动中所使用的,由文字、图形组成的名称及缩写、会徽和吉祥物等标志,如奥运会标志、世界杯足球赛标志等。商标与特殊标志的区别主要是:

(1) 适用范围不同。商标适用于商品和服务项目上,特殊标志适用于文化、体育、科学研究和其他社会公益活动中。

(2) 受到的法律保护不同。注册商标受《商标法》保护。我国于 1996 年 7 月发布了《特殊标志管理条例》,对特殊标志进行保护。特殊标志的构成要求具有显著特征,不违反社会公共利益,而且不得损害他人的在先权。只有符合上述要求的特殊标志,才能受到法律保护。

(3) 受保护的期限不同。注册商标的保护期为 10 年,从核准注册之日起计算,期满可以申请续展,续展的次数不限,每次续展的时间为 10 年;特殊标志的有效期为 4 年,自核准登记之日起计算,提出延期申请的时间为期满前 3 个月内,延长的时间由国家工商行政管理总局根据实际情况和需要决定。

第四节 商标法概述

一、商标法律制度的沿革

商标法律制度的沿革经历了一个漫长的过程,它和不同时代经济的发展息息相关。商标法律制度最早发轫于西方工业发达国家。我国的商标法律制度产生于 20 世纪初。商标法是较早纳入国际保护体系的部门法之一,随着全球经济的快速推进,商标法的国际协调已不可避免。

(一) 国外商标法律制度的产生和发展

国外商标法律制度的产生和发展,经历了以下几个时期:

1. 19 世纪初期商标单行法规出现

19 世纪以后,商标作为一种私有财产得到法律的保护。工商业比较发达的一些西方国家先后制定了专门法律,以保护商标所有人的利益。

开创近代商标制度的法律是 1804 年法国《拿破仑法典》,该法首次肯定了商标作为无形财产与有形财产一样受法律保护。最早保护商标的单行成文法规,是 1803 年法国的《关于工厂、制造场和作坊的法律》,该法第 16 条把假冒商标视为私自伪造文件罪予以处罚。1857 年法国又制定了世界上最早的一部成文商标法,即《关于以使用原则和不审查原则为内容的制造标记和商标的法律》,确立了商标的注册制度。

2. 19 世纪中后期商标法律制度有了进一步的发展

紧随法国,英国于 1862 年颁布了《商品标记法》,于 1875 年颁布了《注册商标法》,美国于 1870 年制定了《商标法》,德国于 1874 年颁布了《商标保护法》,日本于 1884 年颁布了《商标条例》。这一时期商标保护的特点为:注册使用与不注册使用都可以取得商标的专用权。到了 19 世纪中后期,商标法律制度已经有了相当大的发展。

3. 19 世纪晚期以来商标的保护呈现国际化的趋势

现代的商标制度以 1883 年缔结的《巴黎公约》为起点,该公约把商标作为工业产权的保护对象,将其纳入了多边国际公约的保护范围,这标志着商标制度开始进入现代阶段。围绕着《巴黎公约》,又陆续签订了一些和商标有关的国际公约和协定,如 1891 年《马德里协定》,1891 年《制止商品产地虚假或者欺骗性标记马德里协定》,1957 年《商标注册用商品和服务国际分类尼斯协定》(以下简称《尼斯协定》),1958 年《保护原产地名称及其国际注册里斯本协定》(以下简称《里斯本协定》),1973 年《商标注册条约》及《商标图形国际分类维也纳协定》等。这些商标国际保护条约的缔结,标志着商标保护的国际化趋势。商标法律制度的发展进入一个新时期。

1994 年通过的世界贸易组织《知识产权协定》,对商标的保护提出了更高的标准,要求各成员一体遵守,商标权的保护进一步国际化。为适应世界经济的快速发展和对商标国际保护的要求,各国商标法也作了多次修改。这一时期商标保护的特点为:商标保护的国际化;注册才能取得商标的专用权;注册使用与不注册使用并行。

(二) 我国商标制度的产生和发展

虽然我国宋代就出现了商标,但由于我国长期处于封建社会中,商品经济不发达,作为商品标记的商标也没有被广泛使用,所以,国家保护和管理商标的立法也出现得很晚。

1. 旧中国的商标立法

旧中国的商标立法发展缓慢,概括起来,分为以下四个时期:

(1) 封建社会时期

至今尚未发现这一时期完整的商标立法的史料记载。到了明朝以后,商品生产和交换有了进一步的发展,商标的争议和纠纷案件也开始出现。

到了 1825 年,即清朝道光五年,绮藻堂布业总公所对使用的商标进行校勘,并订立“牌谱”。规定“名牌第一第二字,或第二第三字,不准有接连两字相同,并不准接连两字内有音同字异及音形相同,如天秦或天泰、大成或大盛等字样”。这样规定的目的是防止商标的混淆。此后各布局均以此办理,逐渐形成了一种惯例。

（2）清朝光绪时期的商标法令

我国正式使用“商标”一词，是在1840年鸦片战争后，中国开始进入半封建半殖民地社会时。当时，西方一些国家的商品纷纷涌入我国，为保护外国人的商标，防止假冒，各帝国主义国家要求清政府制定商标法，以保护他们的商标专用权。1902年、1903年和1904年，清政府分别和英国、美国、葡萄牙等国签订了双边条约，以保护其商标权。为了履行与各国签订的条约，清政府在1903年设立商部，并在商部内成立商标登录局，请当时掌管清政府海关的总税务司英国人赫德起草商标章程草案。在参照各国商标法后拟定《商标注册试办章程》，并于1904年批准实施。这是中国历史上第一部商标法规。该章程共计28条，细目23条；实行注册原则和申请在先原则；注册商标有效期为20年，期满可以续展；保护商标专用权。但该法规主要是外国人包办代订的，因此主要是保护外国人的利益。1904—1923年，商标注册共25900余件，几乎全为外国商标。这也反映出中国当时的半封建和半殖民地性质，无独立的主权可言。

（3）北洋政府时期的商标立法

1923年北洋政府颁布了《商标法》和《商标法实施细则》。该法实行注册原则、照顾在先使用；保护商标专用权；注册商标有效期为20年，可以续展；并规定了对侵权行为的处罚等。

（4）国民党政府时期的商标立法

国民党政府于1930年颁布了《商标法》和《商标法实施细则》。该法于1935年和1938年作了两次修改。1949年以后，我国台湾地区一直沿用该法，并进行了多次修改。1928—1934年，注册商标有24747件，其中，外国人商标为16969件，占68%。到1948年，我国注册商标大约有5万件。[①]

2．新中国的商标法律制度

中华人民共和国成立后，先后制定了三部商标法规：

（1）1950年的《商标注册暂行条例》

新中国成立后，1950年7月28日，政务院颁布了《商标注册暂行条例》，这是新中国第一部商标管理法规。同年9月29日，又批准实行了《商标注册暂行条例实施细则》。这一时期商标立法的特点为：采用自愿注册原则；注册取得商标专用权，有效期为20年；实行申请在先和审查原则；废除外国在中国的特权；规定前国民党政府商标局核准注册的商标应重新注册。《商标注册暂行条例》及其实施细则的实施，维护了生产者和经营者的利益，保护了注册商标专用权人

① 参见郑成思主编：《知识产权法教程》，法律出版社1993年版，第243页。

的利益，对促进我国国民经济的发展起到了一定的作用。

（2）1963年的《商标管理条例》

为加强商标管理，督促企业保证和提高产品质量，1963年国务院公布了《商标管理条例》。该条例的主要内容和特点为：商标实行全面注册制，要求生产经营者使用的商标都要注册，没有注册的商标一律不能使用；简化商标申请注册的审定手续，对注册商标的审定由两次公告注册改为一次公告注册；明确商标是商品质量的标志；强调商标的管理监督职能。同时，该条例在立法宗旨、主管机关、监督方式等方面作了具体规定，但没有对商标专用权的保护作出规定。

该条例的规定很简单，突出了商标管理的内容，有明显的时代痕迹。"十年动乱"期间，商标法制受到破坏，商标注册工作被迫停止，商标的使用处于混乱状态。

1978年，国务院决定成立国家工商行政管理局，下设商标局，并开始对全国商标进行清理整顿，恢复了商标的统一注册。随着改革开放方针的确立和国际国内经济形势的需要，国家开始着手制定新的商标法。

（3）1982年的《商标法》

1982年8月23日，第五届全国人民代表大会常务委员会第二十四次会议通过了《商标法》，该法自1983年3月1日起施行。这是新中国成立后，制定的第一部保护知识产权的法律。1983年3月10日，国务院又发布了《商标法实施细则》。我国《商标法》的主要内容和特点为：确立了对商标专用权的保护；申请在先和使用在先相结合；侵权纠纷实行行政处理与司法审判相结合；注意吸收外国的商标法律制度，如商标的转让和使用许可制、注册商标的有效期和续展、商标禁用条款的规定等。这部《商标法》主要立足于国内，有许多中国特色的法律规定，如对商标实行集中注册和分级管理制；通过加强商标管理，监督商品质量等。

《商标法》的制定与实施，使我国的商标活动有法可依，商标管理呈现制度化和法律化的特点；同时也标志着我国知识产权保护制度的建立和逐步完善。

20世纪80年代以来，我国相继加入了《建立世界知识产权组织公约》、《巴黎公约》，1988年11月1日起正式采用《商标注册用商品和服务国际分类》以及《商标图形要素国际分类》，1989年和1995年先后加入了《马德里协定》及其议定书。为了适应我国参加的国际条约的要求，加大对商标专用权的保护，1988年1月3日经国务院批准修订，原国家工商行政管理局颁布了修订后的《商标法实施细则》，1996年又发布了新的《商标印制管理办法》。我国政府在这一时期的一系列活动，使中国的商标法律制度与国际商标法律制度的衔接迈出了重要的一步。随着我国市场经济的深入发展，《商标法》分别于1993年、2001年和

2013年作了三次修订，修订后的《商标法》达到了我国参加的国际公约的商标保护水平。

二、商标法的概念和调整对象

（一）商标法的概念

商标法是指调整商标的构成、注册、使用、管理和保护等过程中所发生的社会关系的法律规范的总称。

商标法所包括的法律规范是指以商标法为主的所有调整商标法律关系的法律、法规、条例、细则和办法等的总和。

商标法的核心内容是保护商标专用权，围绕着商标权，规定了商标的构成、商标的申请注册、商标权的取得及利用、商标权的转让和使用许可、注册商标争议的裁定、商标使用的管理等内容。

（二）商标法的调整对象

商标法所调整的对象是因商标的注册、使用、管理和保护商标权而发生的各种社会关系。具体包括以下内容：

1．商标管理关系

商标管理关系，是指商标管理机关与商标注册申请人之间，在商标的注册、使用和管理过程中所发生的关系。具体包括：商标注册申请的核准关系；商标权的使用和转让关系；商标权的续展和保护关系；商标的印制关系，等等。

2．商标使用关系

商标使用关系，是指商标注册人与他人之间因注册商标的转让、许可使用和争议所发生的关系。具体包括：对初步审定、予以公告的商标有异议的异议人与被异议人之间的关系；对已核准注册的商标有争议的争议人与被争议人之间的关系；因商标的转让、许可和继承而发生的转让人与受让人、许可人与被许可人、继承人与被继承人之间的关系，等等。

3．商标管理机关内部的商标关系

商标管理机关内部的商标关系，是指国家工商行政管理部门与地方工商行政管理部门在商标管理中所发生的关系。主要表现在《商标法》对他们各自的职责所作的不同划分，如国家商标局负责对申请注册的商标进行审核；地方各级工商管理部门负责对商标侵权行为进行查处等。

4．商标保护关系

商标保护关系，是指商标权人与被侵权人之间因保护商标专用权而发生的关系。主要体现在商标的行政保护、商标的司法保护、侵权人应承担的法律责任等方面。

商标法通过调整上述关系实现其目标和任务，即保护商标专用权，促使生产者和经营者保证商品和服务质量，维护商标信誉，保护消费者利益。

三、商标法的基本原则和作用

（一）我国《商标法》的基本原则

我国《商标法》的基本原则是指在商标立法、执法、司法以及商标管理和使用中应遵循的基本准则。具体而言，《商标法》的基本原则主要包括：

1. 保护商标专用权与维护消费者权益相结合的原则

保护商标专用权是我国商标法的核心内容和重要环节，是我国《商标法》的立法宗旨之一。在保护商标权的同时，法律要求商标权人必须保证商品质量，维护商标信誉，以保障消费者的利益，促进社会主义市场经济的发展。

2. 注册取得商标专用权的原则

综观各国商标法，对商标专用权的确认主要采用两种不同的制度，分别为注册原则和使用原则。注册原则是指不论申请人是否使用过商标，只要经过商标主管机关的注册登记，申请人就能取得商标专用权。使用原则是指商标专用权归首先使用该商标的人，未经使用的商标不得注册。这是一种和注册原则相对应的商标确权原则。但是在实践中，判断一个商标谁先使用不太容易，所以，目前越来越多的国家采用注册原则来确立商标专用权。我国《商标法》也采用注册原则。①

3. 商标的申请在先原则

世界各国判定商标专用权归属的原则有两种，即申请在先原则和使用在先原则。申请在先原则是指按照商标申请时间的先后，来决定授予谁商标权。使用在先原则是指按照商标被使用的先后顺序，来决定授予谁商标权。两种原则相比，使用在先的原则实行起来较为困难，因为谁先使用不易举证。而申请在先的原则，容易造成抢注他人商标行为的发生。我国《商标法》采用申请在先为主，使用在先为辅的原则。②

4. 商标注册的审查原则

对于商标的注册申请能否给予核准注册，世界各国采用的原则有两种：审查原则和不审查原则。审查原则是指商标主管机关在授权之前，按照法律的规定，

---

① 我国《商标法》第 3 条第 1 款规定："经商标局核准注册的商标为注册商标，包括商品商标、服务商标和集体商标、证明商标；商标注册人享有商标专用权，受法律保护。"

② 我国《商标法》第 31 条规定："两个或者两个以上的商标注册申请人，在同一种商品或者类似商品上，以相同或者近似的商标申请注册的，初步审定并公告申请在先的商标；同一天申请的，初步审定并公告使用在先的商标，驳回其他人的申请，不予公告。"

对申请注册的商标,进行形式审查和实质审查,符合条件的,给予注册并公告。不审查原则是指商标主管机关对申请注册的商标,不进行实质审查,只对申请的文件、手续进行审查,符合条件的给予注册。采用这种原则的国家主要有瑞士、意大利、德国和土耳其等。我国采用审查原则。

5. 商标使用的自愿注册原则

对使用的商标是否注册,应由商标的使用人自己决定。在实行注册原则的国家里,商标只有注册才能取得专用权。未注册的商标,可以使用,但使用人不具有商标的专用权,不能禁止他人使用。和自愿注册原则相对应的是强制注册原则,要求凡是在商品上使用的商标都要进行注册。我国《商标法》采用自愿注册与强制注册相结合的原则,对国家规定必须使用注册商标的商品,必须申请商标注册,未经核准注册的,不得在市场上销售。

6. 实行统一注册分级管理原则

统一注册是指国家授权某一部门专门负责对商标的注册工作。根据我国《商标法》第 2 条的规定,国务院工商行政管理部门商标局主管全国商标注册和管理的工作,其他任何机构无权办理商标注册。统一注册有助于国家对商标工作的统一管理,防止地区或部门的条块分割,更有效地保护商标。分级管理是指由地方各级工商行政管理机关对本地区的商标使用、商标印制和商标侵权等依法进行管理和监督。

(二) 商标法的作用

我国《商标法》通过对上述各种社会关系的调整,对促进社会主义市场经济的有序发展,保护商标权人和消费者的合法利益,制止不正当竞争等都起着重要的作用,具体表现为以下几个方面:

1. 保护商标专用权

我国《商标法》的核心内容是保护商标权人的专用权,维护其合法利益。这也是商标立法的宗旨之一,为此,商标法针对商标专用权作了许多规定。如商标注册的申请、审查和核准;注册商标的续展、转让和使用许可;注册商标争议的裁定;注册商标专用权的保护;对于商标侵权行为,侵权人应承担的民事责任、行政责任和刑事责任;对侵权行为的法律制裁措施等。

2. 维护商标信誉

在激烈的市场竞争中,商标特别是驰名商标是企业信誉的象征,是产品高质量的代名词。为维护和提高自己商标的信誉,企业就要在争创驰名商标的同时,积极进行科技开发,采用先进技术,降低成本,不断提高产品质量和服务质量。针对注册商标的转让和使用许可,《商标法》还专门规定了质量保证条款,如受让人和被许可人应当保证使用该注册商标的商品的质量;许可人应当监督被许可人使用该注册商标的商品的质量等。

3. 保障消费者的利益

保障消费者的利益,是我国商标立法的宗旨之一。社会主义生产的根本目的,就是不断满足人们日益增长的物质和文化生活的需要。因此,对生产经营者而言,失去消费者和市场的需求,其生产经营活动的原动力就不复存在。为吸引更多的消费者,企业就要不断提高产品质量,推出更多更好的新产品,从而带动整个企业的发展,提升商标的信誉。对使用注册商标的商品粗制滥造,以次充好,欺骗消费者的,各级工商行政管理部门可以分别不同情况,责令限期改正,并可以予以通报或者处以罚款或者由商标局撤销其注册商标。

4. 加强商标的管理

为了保障社会主义市场经济的健康发展,我国《商标法》规定:各级工商行政管理机关通过商标管理,监督商品或服务质量,维护广大消费者的利益;通过对商标印制进行管理,保护商标权人的合法利益;通过查处商标侵权活动,打击假冒注册商标行为,维护正常的市场竞争秩序。

[思考题]

1. 简述商标的概念、特征和功能。
2. 联合商标和防御商标有何不同?
3. 商标和商品装潢有何不同?
4. 我国《商标法》保护的商标种类有哪些?
5. 我国《商标法》的基本原则有哪些?

第十九章　商 标 注 册

[内容提要]　商标注册是确定商标专用权的法律依据。本章主要介绍了商标注册的概念与基本原则，商标注册申请的条件，商标禁用条款和异议的概念，先申请原则的基本内容和申请注册的商标应具备的条件，商标注册的申请与审批程序。

[关键词]　商标注册的原则　商标注册的条件与程序　优先权

第一节　商标注册的原则

一、商标注册的概念

商标注册是指商标申请人为了取得商标专用权，将其使用和准备使用的商标，依照法定的条件、原则和程序，向商标局提出注册申请，经商标局审查核准，予以注册的法律制度。

在我国，只有经过注册的商标，才受法律保护。换言之，商标注册是确定商标专用权的法律依据。商标注册是整个商标管理工作的基础，通过严格的审核，规范商标关系，维持商标领域的秩序，保护商标权人和消费者的合法利益。

二、商标注册的原则

我国商标注册的原则主要有：

（一）注册原则

注册原则是指商标专用权通过注册取得。申请的商标符合法律规定的条件，商标局经过核准，申请人便取得该商标的专用权，受法律保护。未注册的商标虽然可以使用，但使用者不享有专用权。

（二）自愿注册和强制注册相结合的原则

自愿注册原则是指商标使用人根据需要，自行决定是否申请商标注册。愿意注册的就申请注册，注册后的商标受法律保护，商标权人享有商标专用权。未注册的商标不得与他人的注册商标相冲突。我国《商标法》规定，在实行商标自愿注册的同时，对少数商品上使用的商标实行强制注册，如烟草制品的商标必须申请注册,未经核准注册的,不得在市场上销售。[①] 可见,我国《商标法》实行的是自愿注册和强制注册相结合的原则。这种规定,一方面尊重了商标使用人的意愿,一方面又促使生产企业保证产品质量,便于商标管理机关进行监督。

(三) 申请在先和使用在先相结合的原则

申请在先原则是指以申请日期为依据,受理在先申请人的商标注册申请,驳回在后申请人的申请。这种原则在实践中容易操作,因此,实行注册制度的国家都采用申请在先的原则。我国《商标法》第 31 条规定:"两个或者两个以上的商标申请人,在同一种商品或者类似商品上,以相同或者近似的商标申请注册的,初步审定并公告申请在先的商标;同一天申请的,初步审定并公告使用在先的商标,驳回其他人的申请,不予公告。"由此可知,我国商标申请是以申请在先原则为主,同时以使用在先原则为补充。

第二节　商标注册的条件

申请商标注册,只有具备一定的条件才能获准注册,取得商标专用权。我国《商标法》对商标注册申请人和申请注册的商标,规定了其应具备的条件。

一、商标注册申请人

根据我国《商标法》及其实施条例的规定,商标注册的申请人包括以下几类:

(一) 自然人

根据《商标法》的规定,任何自然人在我国均可申请注册商标,而不必具有从事生产经营的资格。《商标法实施条例》第 14 条规定:"申请商标注册的,申请人应当提交能够证明其身份的有效证件的复印件。商标注册申请人的名义应当与所提交的证件相一致。"

(二) 法人

在我国申请注册商标的法人组织包括:(1) 企业法人;(2) 机关法人;(3) 事业单位法人;(4) 社会团体法人;(5) 联营法人。

(三) 其他组织

所谓其他组织是指不具备法人资格,但合法成立、具有一定组织机构和财产的组织。具体包括:(1) 私营独资企业、合伙组织;(2) 合伙型联营企业;(3) 中

① 根据《中华人民共和国烟草专卖法》第 20 条规定,卷烟、雪茄烟和有包装的烟丝必须申请商标注册,未经核准注册的,不得生产、销售。

外合作经营企业;(4) 社会团体;(5) 依法设立并领取营业执照的法人的分支机构等。

(四) 共同申请人

我国《商标法》第 5 条规定:"两个以上的自然人、法人或者其他组织可以共同向商标局申请注册同一商标,共同享有和行使该商标专用权。"该条规定,为解决我国由于历史问题而遗留的商标权的争执提供了一个可供操作的方案。由于商标本身具有的专有性的要求,商标共同申请通常是各方共同妥协的结果。对共同拥有的商标,共有方不仅应遵守财产共有的一般规定,同时针对商标的特性,还应注意一些特殊问题。如共有商标在转让、质押时,应征得每个共有人的同意等。根据我国《商标法实施条例》第 16 条的规定,共同申请注册同一商标的,应当在申请书中指定一个代表人;没有指定代表人的,以申请书中顺序排列的第一人为代表人。

申请人申请商标注册及办理其他有关事项的,可以委托国家工商行政管理总局认可的商标代理组织代理,也可以自己直接办理。

(五) 外国人或者外国企业

外国人或者外国企业在中国申请商标注册的,根据《商标法》第 18 条的规定,应当按照其所属国和中华人民共和国签订的协议或者共同参加的国际条约办理,或者按照对等原则办理;在中国申请商标注册和办理其他商标事宜的,应当委托依法设立的商标代理机构办理。

二、申请注册的商标应具备的条件

根据《商标法》的规定,申请注册的商标只有具备以下条件,才能获得注册:

(一) 必须符合法定的构成要素

我国《商标法》第 8 条对商标的构成要素作了明确的规定:"任何能够将自然人、法人或者其他组织的商品与他人的商品区别开的可视性标志,包括文字、图形、字母、数字、三维标志、颜色组合和声音等,以及上述要素的组合,均可以作为商标申请注册。"根据该规定,我国商标的法定构成要素主要是视觉商标,包括平面商标和立体商标以及颜色组合商标。其中,立体商标、颜色组合商标和听觉商标是《商标法》为适应我国参加的《知识产权协定》的要求,在修改后新增加的商标种类。我国《商标法》排除了味觉和电子数据传输等作为商标的构成要素。

(二) 具有显著性

显著性(distinctive character, distinctiveness),是指商标应具有可识别性和独特性,要求商标的构成要素立意新颖,独具风格。因为商标是区别商品的标志，如果它本身不具有显著性，就无法将企业生产的商品或提供的服务与其他企业的商品或服务相区别。如“SONY”、“Haier”以及宝洁公司的“P&G”等词语，就属于臆造的词，具有显著性而容易获得注册。

（三）不得和他人的在先权相冲突

这是我国《商标法》2001年修改后新增加的内容，规定申请注册的商标，“不得与他人在先取得的合法权利相冲突”。所谓在先权是指他人在先已经合法取得的权利，包括商号权、外观设计权、版权、地理标志权、姓名权和肖像权等。实践中，法院在处理相关纠纷时，已经注意保护在先权了。

（四）不得使用法律禁止使用的标志

1. 不得作为商标使用的标志

根据我国《商标法》第10条的规定，下列标志不得作为商标使用：

（1）同中华人民共和国的国家名称、国旗、国徽、国歌、军旗、军徽、军歌、勋章相同或者近似的，以及同中央国家机关的名称、标志、所在地特定地点的名称或者标志性建筑物的名称、图形相同的；

（2）同外国的国家名称、国旗、国徽、军旗等相同或者近似的，但该国政府同意的除外；

（3）同政府间国际组织的名称、旗帜、徽记等相同或者近似的，但经该组织同意或者不易误导公众的除外；

（4）与表明实施控制、予以保证的官方标志、检验印记相同或者近似的，但经授权的除外；

（5）同“红十字”、“红新月”的名称、标志相同或者近似的①；

（6）带有民族歧视性的；

（7）带有欺骗性，容易使公众对商品的质量等特点或者产地产生误认的；

（8）有害于社会主义道德风尚或者有其他不良影响的。

县级以上行政区划的地名或者公众知晓的外国地名，不得作为商标。但是，地名具有其他含义或者作为集体商标、证明商标组成部分的除外；已经注册的使用地名的商标继续有效。

2. 不得作为商标注册的标志

根据我国《商标法》第11条的规定，下列标志不得作为商标注册：

（1）仅有本商品的通用名称、图形、型号的标志。

---

① 根据我国《红十字标志使用办法》第18条的规定，红十字标志不得用于商标或者商业性广告以及药店、兽医站、商品的包装等方面。此外，随着1949年的《日内瓦公约》的《第三附加议定书》于2007年1月14日开始生效，该公约规定的“红水晶”标志具有与“红十字”和“红新月”平等的地位。据此，我们认为，从国际法层面看，“红水晶”标志不得作为商标使用。

如日本某工业株式会社向中国商标局申请在图章、印台上注册"原子印"商标。商标局经审查后认为,原子印系指一种灌入混合油印浆制成的多次连续使用的印章,我国有多家企业生产这种印章,都称自己的产品为原子印,故"原子印"一词在我国已成为商品通用名称,驳回了申请人的注册申请。[①]

(2) 仅直接表示商品的质量、主要原料、功能、用途、重量、数量及其他特点的标志。

(3) 其他缺乏显著特征的。

上述 3 种标志,如果经过使用取得显著特征,并便于识别的,可以作为商标注册。

(4) 根据我国《商标法》第 12 条的规定,以三维标志申请注册商标的,仅由商品自身的性质产生的形状、为获得技术效果而需有的商品形状或者使商品具有实质性价值的形状,不得注册。

(5) 与他人的注册商标相同或者近似的标志。

按照我国《商标法》的要求,申请注册的商标,同他人在同一种商品或者类似商品上已经注册的或者初步审定的商标相同或者近似的,由商标局驳回申请,不予公告。所谓相同商标,是指用于相同或类似商品上的商标,其文字、图形和读音相一致。所谓近似商标,是指在同一种或类似商品上,作为商标的文字、图形和读音等构成要素有相似的商标。实践中,如何判断两个商标是否相同或者近似,关键是看它们是否用于同一种商品或类似商品上。如果两个商标相同或者近似,但它们不是用在同一种商品或者类似商品上,也不影响该商标的注册申请,但驰名商标例外。

第三节　商标注册的申请

商标的注册申请,是取得商标专用权的前提。我国《商标法》对申请商标注册的要求和程序作了明确的规定。

一、申请商标注册的要求

申请注册的商标,应当遵循诚实信用原则并符合下列规定,才能取得注册:

(一) 按照商品分类表填报,实行"一件商标一份申请"

申请商标注册,应当按规定的商品分类表填报使用商标的商品类别和商品名称。也就是指,申请人在填写申请书时,应当指定在哪一类别的哪些商品上和

① 参见郑成思主编:《知识产权案例评析》,法律出版社 1994 年版,第 99 页。

服务项目上使用该注册商标;填报的依据是商品分类表。

所谓商品分类表,是指划分商品和服务类别的文件,根据商品的性质、用途、原料以及不同的服务将其分为若干类,每类又分若干种。按照这种归类方式划分的商标注册使用表,称为商标分类表。它是商标管理中的重要法律文件,是划分商品和服务类别,确定商品名称的主要依据。世界上许多国家采用的商品分类表不尽相同,有的采用本国制定的,有的采用国际商品分类表。

我国于1963年公布了《商品分类表》,该分类表以原材料为标准进行分类。随着经济的发展,新的商品没有相适应的类别,造成商标注册和管理的困难;另一方面,为适应我国企业到国外申请注册,从1988年11月,我国正式采用《尼斯协定》。该文件是1957年6月15日在法国尼斯签订的,它把商品分为34类,服务项目分为8类,共42类。《尼斯协定》的宗旨是建立一个共同的商标注册用商品和服务国际分类体系,并保证其实施。不仅所有尼斯联盟成员国都使用此分类表,而且,非尼斯联盟成员国也可以使用该分类表。有所区别的是,尼斯联盟成员可以参与分类表的修订,而非成员国则无权参与。目前世界上已有一百三十多个国家和地区采用此分类表。

我国于1994年8月9日加入了尼斯联盟。从我国采用国际分类的情况来看,这种分类方法是成功的,它不仅极大地方便了商标申请人,而且规范了商标主管机关的管理,密切了国际商标事务的联系。我国加入《尼斯协定》以来,积极参与了对尼斯分类的修改与完善,已将多项有中国特色的商品加入尼斯分类中。

商品与服务的国际分类,包括两个分类表,一个是《商标注册用商品和服务国际分类表》,此分类表共包括45类,其中商品34类,服务项目11类。另一个是按照字母顺序排列分类表,此分类表共包含一万多个商品和服务项目。申请人所需填报的商品及服务一般说来都被囊括其中。

国际商品分类是在总结、吸收了许多国家商标注册管理经验的基础上逐渐完善起来的,它为各国商标的检索、申请和档案管理提供了统一工具,为实现商标国际注册创造了条件。了解商品分类的依据,有助于确定申请注册的商品范围,避免过宽或过窄,例如,几种商品同属一类,只要申请一个商标就可以了。如果每个商标只允许申请一种商品,不利于扩大使用,但如果申请范围过宽,又会因有些商标不能及时使用而带来麻烦。

(二)同一申请人在不同类别的商品上使用同一商标的,应当按商品分类表提出注册申请

《商标法》的这一规定要求,申请人在填报一份申请书时,只能申请注册一件商标,但允许商标注册申请人通过一份申请就多个类别的商品申请注册同一

商标,即所谓“一标多类”。

（三）注册商标需要在核定使用范围之外的商品上取得商标专用权的,应当另行提出注册申请

因为注册商标的专用权,仅限于经商标局核准的商品上使用,商标权人要扩大使用范围的,如扩大到同类的其他商品或服务上,就应当重新提出注册申请,才能得到商标的专用权。

（四）注册商标需要改变其标志的,应当重新提出注册申请

商标一旦被注册,非经申请,在使用时,不允许变更其构成要素,否则,不仅有可能丧失其商标权,而且有可能侵犯他人的商标专用权。

（五）注册商标需要变更注册人的名义、地址或者其他注册事项的,应当提出变更申请

这一规定有助于对注册商标进行管理和保护。商标注册人名义的变更,会影响到商标专用权的归属,如果不办理变更手续,则商标权还归原来的商标所有人;如果地址变更了不及时办理变更手续,商标管理机关就会失去和商标权人的联系,无法进行管理和监督工作。

（六）商标申报的事项和提供的材料应当真实、准确和完整

申请人应当如实填报各种事项,提供的材料应当准确和完整,不得弄虚作假。对药品商标的申请注册,应当附送卫生行政部门发给的《药品生产企业许可证》或《药品经营企业许可证》;申请卷烟、雪茄烟和有包装的烟丝的商标注册,应当附送国家烟草主管机关批准生产的证明文件。

二、商标申请的优先权的规定

（一）优先权的概念

优先权是指《巴黎公约》成员国的国民,向一个缔约国首先提出申请后,可以在一定期限(发明和实用新型为12个月,外观设计和商标为6个月)内,向所有其他缔约国申请保护,并以第一次申请的日期作为其在后提出申请的日期。申请人第一次提出申请的日期为优先权日。

优先权是《巴黎公约》的一项重要原则,它主要体现在对工业产权保护的申请程序的特别规定上。优先权的主要作用在于,发明人和商标所有人在一国第一次提出申请后,根据自己的经营情况,有充分的时间(发明和实用新型为12个月,外观设计和商标为6个月)考虑还是否需要在《巴黎公约》的其他成员国进行申请,因为在这段时间内,他人不能再以相同的发明或商标在他国申请,即使有人申请,也会因优先权原则而被排除在外。这样,就有利于保护第一次提出申请的人的权利。

(二) 我国《商标法》关于优先权的规定

中国在1985年加入了《巴黎公约》,我国《商标法》第25条规定了优先权制度:“商标注册申请人自其商标在外国第一次提出商标注册申请之日起6个月内,又在中国就相同商品以同一商标提出商标注册申请的,依照该外国同中国签订的协议或者共同参加的国际条约,或者按照相互承认优先权的原则,可以享有优先权。依照前款要求优先权的,应当在提出商标注册申请的时候提出书面声明,并且在3个月内提交第一次提出的商标注册申请文件的副本;未提出书面声明或者逾期未提交商标注册申请文件副本的,视为未要求优先权。”

根据我国《商标法》的规定,要求商标优先权应当具备实质要件和形式要件。

1. 要求优先权的实质要件

(1) 要在规定的优先权期限内提出,即在外国第一次提出商标注册申请之日起6个月内,超过6个月,就有可能丧失优先权。

(2) 必须是同一商标使用在相同商品上。如果申请时是同一商标,但用于不同的商品上,或者是不同的商标使用在相同的商品上,都不能申请优先权。

(3) 申请国应当是《巴黎公约》成员国或者同中国签订有双边协议或按照互惠原则,才能申请优先权。

2. 要求商标优先权的形式要件

(1) 向中国提出商标注册申请时要提出书面声明;

(2) 要在3个月内提交第一次提出的商标注册申请文件的副本;未提出书面声明或者逾期未提交商标注册申请文件副本的,视为未要求优先权。

根据《商标法实施条例》第20条的规定,要求优先权的,申请人提交的第一次提出商标注册申请文件的副本应当经受理该申请的商标主管机关证明,并注明申请日期和申请号。

三、关于国际展览会的商标优先权

我国《商标法》第26条规定:“商标在中国政府主办的或者承认的国际展览会展出的商品上首次使用的,自该商品展出之日起6个月内,该商标的注册申请人可以享有优先权。依照前款要求优先权的,应当在提出商标注册申请的时候提出书面声明,并且在3个月内提交展出其商品的展览会名称、在展出商品上使用该商标的证据、展出日期等证明文件;未提出书面声明或者逾期未提交证明文件的,视为未要求优先权。”根据《商标法实施条例》第20条的规定,依照《商标法》要求优先权的,申请人提交的证明文件应当经国务院工商行政管理部门规定的机构认证;展出其商品的国际展览会是在中国境内举办的除外。

四、申请商标注册应提交的文件及交纳费用

按照《商标法实施条例》第13条的规定,申请商标注册,应当向商标局交送《商标注册申请书》、商标图样、黑白墨稿,附送有关证明文件并交纳费用。

(一)《商标注册申请书》

申请商标注册要填写申请书,具体要求有:(1) 一份申请一件商标。在一份申请书上只能填写一件商标,商标名称要与商标图样一致。一份申请书上可以包括若干个类别。对难于确定类别的商品和服务,应附加说明。(2) 商品的名称应当按照《商品分类表》中的商品名称来填写。如果是新商品,应当附加说明。(3) 申请人的名称,应当与营业执照上的名称一致。(4) 填写的地址,应当是申请人的实际的详细地址。(5) 委托商标代理机构办理的,应当提交一份《商标代理委托书》。

(二) 商标图样

申请人应提交商标图样的具体要求为:(1) 申请人应提交商标图样5份,图样的长和宽不大于10厘米,不小于5厘米。(2) 商标图样应当清晰,便于粘贴。用光洁耐用的纸张印制或者用照片代替。(3) 指定保护颜色的商标,应当交送着色图样5份,并附送黑白墨稿1份。(4) 以三维标志申请注册商标的,应当在申请书中予以声明,并提交能够确定三维形状的图样。以颜色组合申请注册商标的,应当在申请书中予以声明,并提交文字说明。商标为外文或者包含外文的,应当说明含义。

(三) 证明文件

在申请商标注册时,应提交的证明文件主要有:(1)《商标法》规定必须使用注册商标的商品以及一些特殊行业的商品所需要的证明文件。如烟草制品应附送相关部门批准的证明文件。(2) 国内的报纸、杂志申请商标注册的,应当提交新闻出版部门发给的全国统一刊号和报刊登记证。(3) 申请办理证明商标和集体商标的,还应提交证明商标和集体商标的申请人主体资格证明和商标使用管理规则。(4) 申请的商标为人物肖像的,应当提供人物肖像人的授权并经公证机关公证。

第四节 商标注册的审核

对符合商标法规定的商标申请,商标局应予以受理并开始对其进行审查。对商标申请进行审查,是商标能否核准注册的关键。核准注册是申请人获得商标专用权的法律依据。世界各国对商标的审查主要采取两种方式,一种为不审

查制，又称形式审查制；一种为审查制，即不仅要进行形式审查，还要进行实质审查。目前大多数国家采用审查制，我国商标法也采用审查制。根据我国《商标法》和《商标法实施条例》的规定，商标注册的审查和核准程序如下：

一、商标注册的形式审查

形式审查是指对商标注册的申请进行审查，看是否具备法定条件和手续，从而确定是否受理该申请。主要审查以下几方面的内容：

第一，审查申请人的资格和申请程序。

如果申请人不具备主体资格或超越了法人行为能力范围，则不能办理商标注册申请。

第二，审查申请文件。

审查申请人提交的文件是否齐全，所填写的内容是否符合要求，是否已交纳了有关费用。

第三，审查申请是否符合商标申请的有关原则。

审查申请人填写申请书时是否按照“一份申请一件商标”等原则进行。

第四，审查商标的申请日期，编写申请号。

根据《商标法实施条例》的规定，商标注册的申请日期，以商标局收到申请文件的日期为准。申请手续齐备并按照规定填写申请文件的，编写申请号，发给《受理通知书》；申请手续不齐备或者未按照规定填写申请文件的，予以退回，申请日期不予保留。申请手续基本齐备或者申请文件基本符合规定，但是需要补正的，商标局通知申请人予以补正，限其自收到通知之日起 30 日内，按照指定内容补正并交回商标局。在规定期限内补正并交回商标局的，保留申请日期；期满未补正的，视为放弃申请，商标局应当书面通知申请人。

根据《商标法实施条例》第 19 条的规定，两个或者两个以上的申请人，在同一种商品或者类似商品上，分别以相同或者近似的商标在同一天申请注册的，各申请人应当自收到商标局通知之日起 30 日内提交其申请注册前在先使用该商标的证据。同日使用或者均未使用的，各申请人可以自收到商标局通知之日起 30 日内自行协商，并将书面协议报送商标局；不愿协商或者协商不成的，商标局通知各申请人以抽签的方式确定一个申请人，驳回其他人的注册申请。商标局已经通知但申请人未参加抽签的，视为放弃申请，商标局应当书面通知未参加抽签的申请人。商标的使用，包括将商标用于商品、商品包装或者容器以及商品交易文书上，或者将商标用于广告宣传、展览以及其他商业活动中。

二、商标注册的实质审查

实质审查是指对申请注册的商标的构成要素是否符合法定条件,以及商标是否混同等进行的审查。实质审查是商标申请能否取得授权的关键环节。实质审查的内容主要有:

(1) 商标的种类和显著特征是否符合我国《商标法》的规定,如果不符合,则驳回申请,不予注册。

(2) 商标的构成要素是否违背我国《商标法》规定的禁用条款,违者予以驳回。

(3) 商标是否与他人在同一种或类似商品上注册的商标相同或相似。

三、初步审定并公告

对申请注册的商标,商标局应当自收到商标注册申请文件之日起9个月内审查完毕,凡是符合上述条件的商标,予以初步审定并公告。

初步审定是指商标局对申请注册的商标经过认真审查,认为符合我国《商标法》的有关规定,作出可以初步核准的审定。初步审定的商标不具有商标专用权,要先在《商标公告》上公之于众,广泛征求意见。

如果申请注册的商标不符合以上条件的,商标局发给《驳回通知书》;如果商标局认为商标申请书可以修正,则发给《审查意见书》,限其在收到通知之日起15天内予以修正;申请人未作出说明或者修正的,不影响商标局作出审查决定;未作修正、超过期限修正或修正后仍不符合《商标法》有关规定的,驳回申请,发给申请人《驳回通知书》。对驳回申请、不予公告的商标,商标局应当书面通知商标注册申请人。商标注册申请人不服的,可以自收到通知之日起15日内向商标评审委员会申请复审,由商标评审委员会作出决定,并书面通知申请人。当事人对商标评审委员的决定不服的,可以自收到通知之日起30天内向人民法院起诉。

四、异议及异议的复审

(一) 申请商标的异议程序

对初步审定公告的商标,自公告之日起3个月内,在先权利人、利害关系人认为违反《商标法》第13条第2款和第3款、第15条、第16条第1款、第30条、第31条、第32条规定的,或者任何人认为违反《商标法》第10条、第11条、第12条规定的,可以向商标局提出异议。经裁定异议成立的,不予核准注册。

所谓异议是指任何人对某一经过初步审定并公告的商标,在法定期限内,向商标局提出该商标不予注册的意见,即要求商标局在规定的3个月异议期满后不要核准该商标注册。设定异议程序的目的在于提高商标审查工作的准确性,有助于发现问题,纠正初步审定可能发生的错误。商标法限定提出异议的主体和理由,即不是任何人以任何理由均可提出异议,从而解决异议程序被滥用的问题。

异议程序的具体作用主要有:

(1) 保护商标在先注册人的利益以及商标初步审定人的在先申请权。

我国《商标法》第30条规定:"申请注册的商标,凡不符合本法有关规定或者同他人在同一种商品或者类似商品上已经注册的或者初步审定的商标相同或者近似的,由商标局驳回申请,不予公告。"当商标局将上述这些本应驳回的商标予以公告时,商标权人及其他人可以通过提出异议维护其合法利益。

(2) 防止申请人获得不应有的商标权。

当初步审定的商标公告后,如果该商标违反了禁用条款或缺乏显著特征时,任何人都可以提出异议,协助商标局把好关。

对初步审定、予以公告的商标提出异议的,商标局应当听取异议人和被异议人陈述事实和理由,经调查核实后,作出裁定。

(二) 异议的复审

商标局作出异议的裁定后,当事人不服的,可以自收到通知之日起15日内向商标评审委员会申请复审,由商标评审委员会作出裁定,并书面通知异议人和被异议人。当事人对商标评审委员会的裁定不服的,可以自收到通知之日起30日内向人民法院起诉。人民法院应当通知商标复审程序的对方当事人作为第三人参加诉讼。

五、商标的核准注册

对初步审定并公告的商标,公告期满无异议或者经裁定异议不能成立的,由商标局核准注册,发给注册证并予以登记和公告。经裁定异议成立的,不予核准注册。核准注册是申请人取得商标专用权的决定性环节。商标获准注册后,由商标局将核准的商标和核定使用的商品登记在《商标注册簿》上,并刊登在商标注册公告上,同时颁发《商标注册证》。自颁发《商标注册证》之时起,注册商标受法律保护,注册人享有商标专用权。

我国商标注册申请所需时间:(1) 自申请提出后30日左右,商标局发出受理通知书;(2) 自提出申请后9个月内,商标局发布初审公告并寄送申请人;(3) 公告之日起3个月后,无人提出异议,发正式的《商标注册证》。

[思考题]

1. 简述商标注册的概念和原则。
2. 申请注册的商标应具备哪些条件?
3. 如何确定商标申请的优先权?
4. 简述商标注册的审查与核准程序。
5. 设置申请商标的异议程序的目的是什么?

第二十章　注册商标的无效宣告

[**内容提要**]　注册商标的无效宣告制度是商标法上的一项重要制度。本章主要介绍了注册不当商标的表现形式及无效宣告程序、注册商标争议的条件及裁定的程序、注册商标无效的法律后果以及已经注册的不应注册的商标的裁定程序。

[**关键词**]　注册商标　无效裁决　撤销程序　法律后果

第一节　注册不当商标的无效宣告

一、注册不当商标的概念及其表现形式

注册不当商标，是指已经核准注册的商标违反《商标法》规定的禁用条款或者是以欺骗手段或其他不正当手段取得注册的商标。

对注册不当的商标，由商标局宣告该注册商标无效；其他单位或者个人可以请求商标评审委员会宣告该注册商标无效。根据我国《商标法》第 44 条有关规定，注册不当商标的表现形式有：

1. 使用了不得作为商标使用的禁用标志

我国《商标法》第 10 条明确规定了不得作为商标使用的标志，如果违反《商标法》的规定，使用了禁用性标志作为商标，应当依法宣告无效。

2. 使用了不得作为商标注册的禁用标志

我国《商标法》第 11 条规定了不得作为商标注册的标志。如果违反《商标法》的规定，使用不得作为商标注册的禁用标志进行注册的，就应当依法宣告无效。

不得作为商标注册的禁用标志具体包括：仅有本商品的通用名称、图形、型号的；仅仅直接表示商品的质量、主要原料、功能、用途、重量、数量及其他特点的；缺乏显著特征的。

3. 使用了申请立体商标注册禁用的标志

我国《商标法》第 12 条规定，以三维标志申请注册商标的，仅由商品自身的性质产生的形状、为获得技术效果而需要的商品形状或者使商品具有实质性价值的形状，不得注册。

4. 以欺骗手段或其他不正当手段取得注册

如虚构、隐瞒事实真相或者伪造申请书及有关文件，以欺骗手段进行注册的，应当依法宣告无效。

各国商标法均规定，不得使用禁用标志，这是商标获得注册的前提条件之一。在实践中由于商标主管部门在审查过程中的失误，造成了不该注册的商标取得了注册，则该商标的注册应是不合法的，属于注册不当的商标。根据有错必纠的原则，对这些注册不当的商标应按照法定的程序宣告无效。

二、注册不当商标的无效宣告程序

注册不当商标的无效宣告分为两种，即商标局依照职权宣告该注册商标无效和商标评审委员会依单位或个人的请求宣告该注册商标无效。两种无效宣告分别适用不同的程序。

（一）商标局宣告注册不当商标无效的程序

对商标局依照职权作出的宣告注册不当商标无效的决定，应当书面通知当事人。当事人对商标局的决定不服的，可以自收到通知之日起 15 日内向商标评审委员会申请复审。商标评审委员会应当自收到申请之日起 9 个月内作出决定，并书面通知当事人。有特殊情况需要延长的，经国家工商行政管理总局批准，可以延长 3 个月。

对上述商标评审委员会作出的宣告注册不当商标无效的决定，当事人如果不服的话，能否请求司法救济？根据《知识产权协定》第 41 条第 4 款、第 62 条第 5 款的规定，有关获得和维持知识产权的程序，以及国内法规定的程序、行政撤销及诸如当事人之间的异议、无效和撤销程序，诉讼当事人应有机会提交司法当局复审。[①] 据此，我国《商标法》中规定了司法审查程序："当事人对商标评审委员会的决定不服的，可以自收到通知之日起 30 日内向人民法院起诉。"

如果人民法院发生法律效力的判决维持了商标评审委员会作出的宣告注册商标无效的决定，就宣告该注册商标无效；如果人民法院发生法律效力的判决撤销了商标评审委员会作出的宣告该注册商标无效的决定，由商标评审委员会重新作出维持该注册商标的决定。

（二）商标评审委员会裁定宣告注册商标无效的程序

对已经注册的商标，违反《商标法》的规定，或者是以欺骗手段或者其他不正当手段取得注册的，在先权利人或者利害关系人可以请求商标评审委员会宣告该注册商标无效。

① 参见郑成思著：《WTO 知识产权协议逐条讲解》，中国方正出版社 2001 年版，第 211、219 页。

商标评审委员会收到宣告注册商标无效的申请后，应当书面通知有关当事人，并限期提出答辩。商标评审委员会应当自收到申请之日起12个月内作出维持注册商标或者宣告注册商标无效的裁定，并书面通知当事人。有特殊情况需要延长的，经国家工商行政管理总局批准，可以延长6个月。当事人对商标评审委员会的裁定不服的，可以自收到通知之日起30日内向人民法院起诉。人民法院应当通知商标裁定程序的对方当事人作为第三人参加诉讼。商标评审委员会在对无效宣告请求进行审查的过程中，所涉及的在先权利的确定必须以人民法院正在审理或者行政机关正在处理的另一案件的结果为依据的，可以中止审查。中止原因消除后，应当恢复审查程序。

法定期限届满，当事人对商标局宣告注册商标无效的决定不申请复审或者对商标评审委员会的复审决定、维持注册商标或者宣告注册商标无效的裁定不向人民法院起诉的，商标局的决定或者商标评审委员会的复审决定、裁定生效。

就宣告无效的法律后果而言，依照商标法被宣告无效的注册商标，由商标局予以公告，该注册商标专用权视为自始即不存在。

对上述被撤销的注册不当的商标，由商标局予以公告，原商标注册人应当在收到决定或者裁定通知之日起15日内，将《商标注册证》交回商标局。

第二节　已注册的不应注册的商标的无效宣告

一、已注册的不应注册的商标的表现形式

已注册的不应注册的商标的无效宣告，是指已经注册的商标违反《商标法》的有关规定，在一定期限内，商标所有人或者利害关系人可以向商标评审委员会申请裁定宣告该注册商标无效的一种制度。

根据我国《商标法》第44条的规定，已注册的不应注册的商标主要表现为以下几种形式：

1. 已注册的商标是复制、摹仿或者翻译他人未在中国注册的驰名商标

为了保护驰名商标所有人的合法权益，履行我国参加的国际公约的义务，我国《商标法》修改后，根据《巴黎公约》的要求，不仅增加了对驰名商标保护的条款，而且还规定了对复制、摹仿或者翻译他人未在中国注册的驰名商标的注册商标的无效宣告。这种规定，符合国际公约的要求，加大了对驰名商标保护的力度。

2. 代理人或者代表人未经授权以自己名义将被代理人或者被代表人的商标进行注册

为了保护被代理人或者被代表人的利益，制裁恶意注册他人商标的行为，

《商标法》规定，未经授权，代理人或者代表人以自己名义将被代理人或者被代表人的商标进行注册的，被代理人或者被代表人提出异议的，不予注册并禁止使用。就同一种商品或者类似商品申请注册的商标与他人在先使用的未注册商标相同或者近似，申请人与该他人具有前述规定以外的合同、业务往来关系或者其他关系而明知该他人商标存在，该他人提出异议的，不予注册。自该商标注册之日起5年内，商标所有人或者利害关系人可以请求商标评审委员会裁定宣告该注册商标无效。

3．已注册的商标使用了误导公众的地理标志

已注册的商标中有商品或服务的地理标志，而该商品或服务并非来源于该标志所标识的地区，误导公众的，自该商标注册之日起5年内，在先权利人或者利害关系人可以请求商标评审委员会宣告该注册商标无效。[①]

4．已注册的商标损害了他人现有的在先权利

现有的在先权利包括商品的外观设计专利权、公民的肖像权、姓名权、著作权、企业名称权、原产地名称权等。根据《商标法》的规定，已注册的商标损害了他人现有的在先权利，自该商标注册之日起5年内，在先权利人或者利害关系人可以请求商标评审委员会宣告该注册商标无效。这里的在先权不包括商标的在先权，商标在先权的争议是在异议程序和注册商标争议程序中解决的。

5．已注册的商标是以不正当手段抢先注册他人已经使用并有一定影响的商标

这种行为应具备三个要件：(1) 已注册商标是以不正当手段抢注的；(2) 抢注商标是他人已经使用的商标；(3) 抢注商标是有一定知名度的商标。对符合上述三个要件的已注册的商标，商标所有人或者利害关系人可以自该商标注册之日起5年内，请求商标评审委员会宣告该注册商标无效。

二、已注册的不应注册的商标的裁定程序

与注册不当商标的无效宣告程序相比，已注册的不应注册的商标的裁定程序有自己的特点，其具体程序如下：

1．申请

这种程序的申请人有一定范围的限制，只允许商标所有人或利害关系人提出申请。而对注册不当商标的撤销，任何单位或个人都可以提出申请。对违反上述规定已注册的商标申请裁定有时间的限制，即自该商标注册之日起5年内。而对申请注册不当商标的裁定没有时间要求，可以随时提起。但对驰名商标所

① 参见我国《商标法》第45条第1款。

有人而言,如果他人是恶意注册的,则不受5年的时间限制。

2. 受理

对已注册的不应注册的商标,由商标评审委员会受理并裁定撤销该注册商标。而有权撤销注册不当商标的不仅有商标评审委员会,还包括商标局。

3. 答辩

商标评审委员会收到撤销已注册的不应注册的商标的裁定申请后,应当通知有关当事人,并限期提出答辩。

4. 裁定

商标评审委员会根据双方当事人的事实和理由,作出维持或者撤销注册商标的裁定后,应当书面通知有关当事人。当事人对商标评审委员会的裁定不服的,可以自收到通知之日起30日内向人民法院起诉,人民法院应当通知商标裁定程序的对方当事人作为第三人参加诉讼。

第三节　注册商标争议的裁定

一、注册商标争议的概念

注册商标的争议是指商标注册人之间因注册商标相同或近似而发生的商标权的争执。换言之,注册商标的争议,是指在先注册的商标权人,对在后注册的与其在同一种或者类似商品上注册的相同或者近似的商标提出的争议。

根据我国《商标法》的规定,申请注册的商标与他人在相同或者类似的商品或服务上已注册的或者初步审定的商标相同或者近似,商标权人或者在先申请人可以在该商标初步审定公告之日起3个月内提出异议。如果他们未在异议期提出异议,在审查过程中,审查员也未审查出来,商标局就会核准注册该商标。为了保护注册在先的商标权人的利益,与商标申请注册的异议制度相衔接,各国商标法均规定了注册商标争议的裁定制度。我国《商标法》对此也作了规定。

二、提出注册商标争议的条件

根据我国《商标法》第45条第1款及《商标法实施条例》第29条的规定,对注册商标提出争议应当符合以下条件:

1. 申请注册商标争议的人只能是在先权利人或者利害关系人

由于我国商标法实行申请在先原则和注册原则,因此,申请注册商标争议的人只能是在先权利人或者利害关系人。如果是在先使用商标人发现他人已将其在先使用的商标注册的，不能提出注册商标争议的申请；如果是在后的注册商标权人，也不能对抗他人的在先取得的商标权，不能提出注册商标的争议。申请争议人可以是拥有商标权的自然人、法人或者其他组织以及外国人、外国企业、商标权的继承人。

2. 争议裁定的申请应当在法定的期限内提出

我国《商标法》规定，申请争议裁定应当在被争议的商标核准注册之日起5年内提出。超出法定时间提出的争议将不予受理，在先注册人将丧失申请争议的机会。商标法将申请争议裁定的时间规定为5年，兼顾了申请人和在后注册人的利益，如果给予在先申请人无期限的争议权利，将会使在后注册人的商标权处于一种不稳定的状态。法律规定为5年时间，也有利于敦促注册商标争议人及时行使权利。

3. 争议的注册商标的文字、图形或者其组合相同或者相似

这是提起注册商标争议裁定申请的关键条件。如果在先注册的商标与在后注册的商标的构成要素不存在相同或近似的可能，就不会发生注册商标的争议。

4. 争议的注册商标所核定使用的商品或服务是同一种或类似商品或服务

这个条件也是申请争议裁定的关键条件。如果争议的注册商标所核定使用的商品或服务不是同一种或类似的商品或服务，即使争议的商标本身的构成要素相同或者近似，商标评审委员会也会不予受理或者驳回其申请。

需要指出的是，提出注册商标争议申请时，上述条件应当全部满足，商标评审委员会才会接受。

核准注册前已经提出异议并经裁定的商标，不得再以相同的事实和理由申请裁定。

三、注册商标争议裁定的程序

商标注册人对他人已注册的商标提出争议的，应当按照下列程序进行：

1. 提出申请

申请人要在争议的商标核准注册之日起5年内提出，并向商标评审委员会提交《注册商标争议裁定申请书》一式两份，说明争议理由，同时附送有关材料和证据及评审费用。

2. 初步审查

商标评审委员会收到注册商标的争议裁定申请后，应首先进行审查。审查内容包括：(1) 注册商标争议人是否为在先权利人或者利害关系人；(2) 注册商标争议人申请裁定是否在法定期限内；(3) 注册商标争议人是否在该商标核

准注册前已提出过异议,并经商标局裁定,又以相同的事实和理由申请裁定;(4)注册商标争议人是否交纳了评审费用,是否按照规定的格式填写《注册商标争议裁定申请书》。如上述内容审查不合格,商标评审委员会发出退补通知,要求注册商标争议人补齐有关文件;无正当理由逾期不补齐的,将不予受理。

3. 答辩

商标评审委员会将《注册商标争议裁定申请书》副本交给被争议人,并限期作出书面答辩。逾期不答辩的或拒绝答辩的,不影响评审工作。

4. 实质审查并裁定

商标评审委员会对注册商标争议的内容进行实质审查。商标评审委员会应当自收到申请之日起12个月内作出维持注册商标或者宣告注册商标无效的裁定,并书面通知当事人。有特殊情况需要延长的,经国家工商行政管理总局批准,可以延长6个月。商标评审委员会在依法对无效宣告请求进行审查的过程中,所涉及的在先权利的确定必须以人民法院正在审理或者行政机关正在处理的另一案件的结果为依据的,可以中止审查。中止原因消除后,应当恢复审查程序。

在充分考虑争议双方事实与理由的基础上,确定双方的注册商标是否是在同一种或类似商品、服务上使用的相同或近似的商标。争议理由成立,裁定宣告被争议的商标无效;争议理由不成立,裁定维护被争议的商标。商标评审委员会作出的裁定,应当书面通知有关当事人。

5. 对裁定不服的起诉

法定期限届满,当事人对商标局宣告注册商标无效的决定不申请复审或者对商标评审委员会的复审决定、维持注册商标或者宣告注册商标无效的裁定不向人民法院起诉的,商标局的决定或者商标评审委员会的复审决定、裁定生效。

如果当事人对商标评审委员会的裁定不服,可以自收到通知之日起30天内向人民法院起诉,人民法院应当通知商标裁定程序的对方当事人作为第三人参加诉讼。宣告商标无效的,被争议人限期交回《商标注册证》,由商标局办理手续并予以公告。

第四节 注册商标无效宣告的法律后果

依照商标法被宣告无效的注册商标,其商标专用权视为自始即不存在。有关宣告注册商标无效的决定或者裁定,对宣告无效前人民法院作出并已执行的商标侵权案件的判决、裁定、调解书和工商行政管理部门作出并已执行的商标侵权案件的处理决定,以及已经履行的商标转让或者使用许可合同,不具有追溯力；但是，因商标注册人的恶意给他人造成的损失，应当给予赔偿。不返还前述商标侵权赔偿金、商标转让费、商标使用费，明显违反公平原则的，应当全部或者部分返还。我们认为，应从以下几个方面理解上述规定的内容：

一、宣告无效的注册商标的专用权视为自始即不存在

按照我国《商标法》第 44 条的规定，以下三种商标会被宣告无效：出现争议的注册商标、不当注册商标、违反法律规定的不应注册的注册商标。这三种注册商标由商标局宣告无效。宣告无效后，其商标专用权视为自始即不存在。这是法律对上述三种注册商标被宣告无效的效力所作出的一般规定。根据权利无效的原则，“其商标专用权视为自始即不存在”，宣告其注册商标专用权无效的决定或裁定具有溯及既往的效力，原来商标权人所获得的利益应当返还或恢复原状。

二、特殊情况下被宣告无效的注册商标的决定或裁定不具有追溯力

在实际生活中，商标被核准注册后，商标权人会依据当时合法享有的商标权利用自己的商标，如与他人签订商标使用许可合同或商标转让合同等。如果发生侵权，商标权人会向人民法院或地方工商行政管理部门请求保护，人民法院或工商行政管理部门会依法作出判决或处理决定并执行。那么，已经履行的商标使用许可合同或商标转让合同，已经作出并已执行了的判决或决定有无追溯力？根据我国的国情，从当事人财产的稳定、社会交易的安全、行政执法部门和司法部门的威信以及法律的尊严等方面考虑，《商标法》作出了明确规定：有关宣告注册商标无效的决定或者裁定，对在商标无效宣告前人民法院作出并已执行的商标侵权案件的判决、裁定、调解书和工商行政管理部门做出并已执行的商标侵权案件的处理决定，以及已经履行的商标转让或者使用许可合同，不具有追溯力。

三、因商标注册人的恶意给他人造成损失的，应当予以赔偿

因商标注册人的恶意给他人造成损失的，应当予以赔偿。例如，恶意侵犯他人商标权，造成他人经济损失的行为；明知自己的商标权有可能被宣告无效，仍然有偿转让给他人的行为。另外，在商标使用许可合同和商标转让合同中，如明显违反公平原则的，商标侵权赔偿金、商标使用费和转让费应当返还部分或者全部。

[思考题]

1. 注册不当的商标有哪些表现形式?
2. 简述注册商标的争议及提出条件。
3. 已注册的不应注册的商标的表现形式有哪些?
4. 注册商标无效宣告会导致什么法律后果?

第二十一章　商标权的内容、取得与终止

［内容提要］ 商标权是商标法律制度的核心概念。本章主要介绍了商标权的概念、内容与商标权的期限，商标权取得的基本方法及商标权终止的基本原因，注册商标的续展条件、程序与法律后果。

［关键词］ 商标权　注册原则　使用原则　续展

第一节　商标权的概念、内容及特征

一、商标权的概念

商标权是商标所有人依法对其商标所享有的专有使用权。我国与世界上绝大多数国家一样，实行注册在先原则，即商标权的取得根据注册原则确定。我国《商标法》第 3 条第 1 款明确规定："经商标局核准注册的商标为注册商标，包括商品商标、服务商标和集体商标、证明商标；商标注册人享有商标专用权，受法律保护。"由此可见，在我国，商标权实际上是指注册商标专用权。

注册商标与未注册商标具有不同的法律地位。注册商标是指经国家商标主管机关核准注册而使用的商标。未注册商标，又称为非注册商标，即未经核准注册而自行使用的商标。两者在法律上的区别主要表现在以下几个方面：首先，注册商标的所有人可以排除他人在同一种商品或类似商品上注册相同或近似商标；未注册商标所有人如自己不申请注册，他人就有可能先申请注册并取得专用权。其次，他人假冒使用注册商标，即构成对权利的侵害，非法使用人应承担法律责任；而未注册商标不得对抗其他人的使用，先使用人没有依商标法请求诉讼保护的权利。再次，在核定使用的商品上使用核准注册的商标，是商标所有人的权利，不涉及他人商标专用权的问题；而未注册商标的使用，一旦与他人的注册商标构成了混同，即可能构成侵权。

总之，在未注册商标中，除驰名商标依《巴黎公约》的规定受法律特别保护外，其商标使用人不享有法律赋予的专有使用权。但是，这并不意味着未注册商标不受任何法律保护。在知识产权法体系内，未注册商标至少可受到两方面的保护：一是反不正当竞争法的保护，如我国《反不正当竞争法》第 5 条第 2 项将"擅自使用知名商品特有的名称、包装、装潢，或者使用与知名商品近似的名称、

包装、装潢，造成和他人的知名商品相混淆，使购买者误认为是该知名商品"的行为作为不正当竞争行为予以禁止；二是商标法的有限保护，虽然我国《商标法》未授予未注册商标以专用权，但第32条规定"不得以不正当手段抢先注册他人已经使用并有一定影响的商标"，第45条进一步规定，已经注册的商标违反《商标法》第13、15、16、30、31和32条规定的，自商标注册之日起5年内，在先权利人或者利害关系人可以请求商标评审委员会裁定宣告该注册商标无效。但从《商标法》上看，未注册商标使用人并没有禁止他人使用的权利。

因此，尽管法律允许使用未注册商标，但未注册商标并不享有专用权。商标使用人在使用商标时应根据本企业产品的生产规模、稳定程度和销售量等来决定商标是否申请注册。如果企业生产的是大批量的、质量稳定的商品，一般应使用注册商标；如果生产的是未定型的或随时准备转产的商品，则可考虑使用未注册商标。

二、商标权的内容

商标权包括使用权和禁止权两个方面的内容。使用权即是商标权人对其注册商标享有充分支配和完全使用的权利。商标权人可以在其注册商标所核定的商品上独自使用该商标，并取得合法利益，也可以根据自己的意愿，将注册商标转让给他人或许可他人使用。禁止权是指商标权人禁止他人未经其许可擅自使用其注册商标的权利。商标权具有与财产所有权相同的属性，即不受他人干涉的排他性，具体表现为禁止他人非法使用、印制注册商标及其他侵权行为。由此可见，使用权和禁止权是商标权的两个方面。

但是，一些学者对上述概括存有异议。有的认为，未注册商标与注册商标一样，也具有使用权。还有的认为，商标权就其本质属性来说就是一种专有使用权，所谓专有使用权即是一种排他权。因此，他们认为没有必要将商标权再抽象为两方面的权能。

我们认为，根据我国《商标法》规定的精神，将商标权的权能作出上述划分是有意义的。应该看到，未注册商标的"使用权"是不完整、不充分的。当同一种商品或类似商品上所使用的未注册商标与他人的注册商标相同或近似时，依照我国《商标法》的规定，未注册商标将不能继续使用，而注册商标的专用权则得到保护。这说明，在未注册商标中，使用只是一种自然的事实；而对注册商标来说，使用是一种充分、完全、独立的权利。从两者的法律地位看，权利优于事实，在注册商标与未注册商标发生冲突时，法律只能保护前者的权利。与未注册商标的"使用权"不同，注册商标的使用权是一种法定的权利，既具有一般使用权，又具有独占使用权，还具有转让或授权使用的处分权。

使用权与禁止权的区别,在于两者有着不同的效力范围。使用权涉及的是注册人使用注册商标的问题,禁止权涉及的是对抗他人非法使用注册商标的问题。根据我国《商标法》的规定,注册人的专有使用权以核准的注册商标和核定使用的商品为限。这就是说,注册人行使使用权时受到两方面限制:第一,只限于商标主管机关核定使用的商品,而不能用于其他类似的商品;第二,只限于商标主管机关核准注册的文字、图形,而不能超出核准范围使用近似的文字、图形。但是,禁止权的效力范围则不同,注册人对他人未经许可在同一种商品或类似商品上使用与其注册商标相同或近似的商标,均享有禁止权。这就是说,禁止权的效力涉及以下四种情形:第一,在同一种商品上使用相同的商标;第二,在同一种商品上使用近似商标;第三,在类似商品上使用相同商标;第四,在类似商品上使用近似商标。

三、商标权的特征

(一)商标权与专利权和著作权的区别

商标权与专利权、著作权统称为知识产权,商标权具有知识产权的一般属性和特征,即专有性、时间性和地域性。但商标权与专利权、著作权相比,三者有较大的区别。

1. 商标权与专利权的区别

商标权与专利权统称为工业产权,两者有许多共性,如权利取得的方式相同,都由国家授予;财产权有保护期等。但两者的区别在于:

第一,权利授予的机关不同。专利权由国家知识产权局授予,商标权由国家商标局授予。

第二,保护的条件不同。专利权要求授予最先申请人,对申请专利的发明创造要求具有"首创性";商标是由文字、图形、字母、数字、颜色或其组合、声音等要素构成的,除声音商标外,商标获得注册的前提条件是具有"识别性"。

第三,保护的对象不同。专利法保护的是具有可专利性的技术方案;商标法保护的是注册商标,包括商品商标、服务商标、立体商标、颜色组合商标、集体商标和证明商标等。

第四,权利的保护期不同。发明专利的保护期为20年,实用新型和外观设计的保护期为10年,自申请之日起计算。保护期届满发明创造进入公有领域,任何人都可无偿使用。商标权的保护期为10年,期满可以续展,续展的次数不受限制。

2. 商标权与著作权的区别

商标权与著作权同属于知识产权,两者有很多共性,如对财产权保护期的限

制,有地域的限制等。两者的区别如下:

第一,权利属性不同。著作权具有人身权与财产权的双重属性。其财产权超过法定期限进入共有领域,人人可以使用,但著作权人的人身权即署名权、修改权和保护作品完整权仍可享有。著作人身权具有不可剥夺性、不可扣押性和不可强制执行性。商标权只是一种财产权,不具有人身权的属性。它可能因超过法定期限不续展而灭失,也可因商标权人的违法行为而被撤销。商标权作为一种财产权,具有可强制执行性,一旦商标权人不能偿还债务,人民法院可以拍卖商标权,用来偿还债务。此外,商标权还可出质,作为质押的标的。

第二,要求保护的条件不同。著作权法保护的作品要求具有独创性,禁止抄袭和剽窃他人的作品。商标是区别同类商品和服务的标志,申请注册的商标要具有识别性,并不考虑商标是由谁创作的。

第三,权利取得的方式不同。著作权的产生一般是自作品完成后自动产生,无须登记注册。商标权的产生,要由申请人提出申请,经商标局核准后,发给注册证并予以公告,申请人才取得商标专用权。

第四,适用领域不同。著作权法保护的作品适用的领域较广泛,主要涉及文学、艺术和科学领域。商标权主要发生在工农业和商业领域中,与产品的生产和经营活动有关。

第五,权利的保护期不同。著作权的财产权和人身权中的发表权的保护期为作者终生加上死后 50 年,期满该作品进入公有领域。商标权的保护期为 10 年,期满可以续展,续展的次数不受限制。

(二) 商标权的特征

商标权的特征表现为:

(1) 国家授予性。

商标权经过申请人的申请,在国家主管机关审批、核准公告之后才能获得。商标权是国家授予的,不是自动取得的。

(2) 权利内容的单一性。

商标权尽管是一种民事权利,但其权利内容比较单一,没有人身权,只有财产权;关于商标的设计而产生的人身权利,属于著作权法调整的范畴。

(3) 时间的相对永久性。

商标权是一种知识产权,其保护期也有时间的限制。但这种限制不同于专利权和著作权。按照商标法的要求,商标权人只能在注册商标的有效期内享有商标专用权。商标有效期届满,应当进行续展注册,否则,该商标就不再受法律保护。对商标权人而言,只要每次有效期届满前及时申请商标续展,该注册商标就可能永远被保护。但专利权和著作权的保护期一旦届满,其智力成果就进入公有领域，权利人丧失专用权。与专利权和著作权相比，商标权可以说在时间上是一种相对永久权。

第二节　商标权的取得

商标权的取得，是指根据什么原则和采用什么方式获得商标权。各国商标法对此规定不尽相同，总的来讲，商标权的取得有两种形式：原始取得和继受取得。

一、商标权的原始取得

原始取得又称直接取得，是指商标所有人对其商标所享有的商标权，是首次产生的，不以他人既存的权利和意志为依据而取得的权利。

商标权的原始取得主要有三种原则：注册原则、使用原则和混合原则。我国商标权的取得采用注册原则。

（一）注册原则

注册原则是指商标权的取得必须通过注册方式才能获得。目前世界上多数国家的商标法都规定，商标必须经过注册才能取得商标专用权，即商标注册是取得商标权的必经程序，商标权属于首先注册的人所有。

采用注册原则的国家在实践中又分为两种情形：自愿注册和强制注册。大多数国家实行自愿注册，即商标的注册与否，由申请人自己决定；少数国家，采取强制注册原则，即规定所有的商标必须依法注册，不注册的商标不允许使用。实行注册原则，不仅有助于敦促商标所有人及时申请注册，防止他人抢注，而且一旦发生权利纠纷时，有利于确定权利的归属，保护商标权人的合法利益。因此，注册原则为大多数国家所采用。我国《商标法》也实行商标注册原则。

应当注意的是，采用注册原则确定商标权的归属，并不排除商标使用作为确认注册申请的依据。如我国《商标法》规定，当两个或两个以上的申请人，在同一种商品或类似商品上，以相同或近似的商标申请注册，初步审定并公告申请在先的商标；同一天申请的，初步审定并公告使用在先的商标，驳回其他人的申请，不予公告。另外，许多国家的立法也规定，驰名商标的使用可以对抗注册商标的专用权。由此可见，注册原则并不绝对排除商标使用的事实在一定条件下的意义。

（二）使用原则

使用原则是指商标权必须通过商标的使用而获得。在确定商标权的归属时，是以商标使用的先后顺序来认定的。最早使用商标的人可以获得商标权，受法律保护，并可请求撤销在后使用人已经注册的相同或近似的商标。按照使用原则，商标只要是在商品或广告上使用过一段时间，即使不经注册，也可以获得商标专用权。

采用使用原则，有利于保护商标的首先使用人，但是一旦发生争议，不易查明谁是最早的使用人，而且容易使注册商标长期处于不稳定状态。因此，目前采用这一原则的国家较少。在实行使用原则的同时，这些国家也受理商标注册的申请。使用人也可以申请商标注册，但这只是为了强化商标权的效力，起不到确定商标权的功能，商标权的取得仍然是以商标是否实际使用作为其基础和前提。

（三）混合原则

混合原则是指注册原则和使用原则并行，通过两种途径都可以获得商标权。按照混合原则，商标注册后受法律保护，获得商标权，但在一定期限内，先使用人可以主张权利，申请撤销与自己商标相同或近似的注册商标。换言之，注册商标只有经过一定时间后，没有先用人主张权利，该注册商标的专用权才会稳定。总之，法律在确认注册人获得商标权的同时，也允许先使用人在没有办理注册登记时继续使用该商标。如英国商标法规定，商标的首先注册人对其注册商标享有权利，但无权禁止商标的首先使用人继续使用该商标。实践中对商标的先用权人的权利有所限制，如只能在原有范围内使用该商标、不能单独转让该商标等。

我国商标权的取得采用注册原则，但申请注册和使用商标同样应当遵循诚实信用原则。现实中存在商标恶意申请的情形，即违背诚实信用原则，以攫取或不正当利用他人商标商誉，损害他人在先权利，或侵夺公共资源为目的进行的商标注册申请行为。此类行为不仅损害了商标权利人和消费者的合法权益，也浪费了商标标识资源。商标法禁止恶意抢注已在先取得并使用的商标。

二、商标权的继受取得

继受取得又称传来取得，是指商标所有人在原来商标权的基础上取得商标权，而不是最初的直接获得。继受取得有以下两种方式：

(1) 受让人根据商标权转让合同而取得。

商标所有人作为出让人和受让人依法签订注册商标转让合同，受让人从出让人处获得商标权。这种转让可以是有偿的，也可以是无偿的。

(2) 继承人根据继承法的规定而取得。

商标权是一种无形财产权，属于继承的范围。根据继承法的要求，按照继承程序，由合法继承人继承被继承人的商标权。

根据我国《商标法》的规定，商标权的原始取得，应当按照商标的申请注册程序办理；商标权的继受取得，也应当按照注册商标转让程序办理，只有这样才能取得商标专用权。

第三节　商标权的期限与注册商标的续展

一、商标权的保护期限

商标权的保护期限，是指注册商标所有人享有的商标专用权的有效期限。规定注册商标的保护期限的原因在于，商标的功能是使人识别出商品或服务的来源，当注册商标具有此功能时应让其继续存在下去，当注册商标失去此功能时不应让其继续存在。此外，规定注册商标的保护期限，便于商标的所有人根据实际情况决定保护期满后是否继续使用该商标。

各国商标法对注册商标的有效期都有规定，但时间的长短不一，如欧洲大陆的一些国家规定商标权的保护期为 10 年，从申请日起计算；在英国及沿袭英国制度的一些国家，商标权的保护期为 7 年，从注册之日起计算；美国则为 20 年。

我国《商标法》第 39 条规定：注册商标的有效期为 10 年，自核准注册之日起计算。在规定商标权保护期限的同时，我国《商标法》又对注册商标的续展作了规定。

二、商标权的续展

商标权的续展，是指注册商标所有人为了在注册商标有效期满后，继续享有注册商标专用权，按规定申请并经批准延续其注册商标有效期的一种制度。

由于商标是区别商品和服务来源的重要标志，所以保持商标专用权长期有效，是生产者、服务者及消费者利益所在，也有利于进行商标管理、维护市场竞争秩序。商标所有人可以通过商标的续展延长注册商标专用权的保护期限，也可以通过不续展的方式自动放弃某些价值不大的商标专用权。对商标管理机关而言，也可借此加强对注册商标的管理。

（一）商标权续展的规定

我国《商标法》第 40 条规定："注册商标有效期满，需要继续使用的，商标注册人应当在期满前 12 个月内按照规定办理续展手续；在此期间未能办理的，可以给予 6 个月的宽展期。每次续展注册的有效期为 10 年，自该商标上一届有效期满次日起计算。期满未办理续展手续的，注销其注册商标。商标局应当对续展注册的商标予以公告。"根据《商标法实施条例》，续展注册商标有效期自该商标上一届有效期满次日起计算。

上述规定表明，在注册商标有效期满前后的一段时间里，商标所有人都可以申请续展注册，续展的次数不受限制。

由此可以看到，注册商标的续展，实际上是商标权期限的延长，只要商标权人按照规定及时办理续展注册手续，商标权就可永远存在，换言之，商标权就成为一种相对的永久权。

（二）商标权续展的条件

按照《商标法》及其实施条例的规定，申请注册商标续展的条件和时间要求如下：

（1）续展注册申请人必须是商标注册人；

（2）提出的时间必须是在其注册商标有效期满前12个月，或者期满后6个月内；

（3）应向商标局交送1份《商标续展注册申请书》、5份商标图样，并交回原《商标注册证》；

（4）交纳申请费和注册费。

关于申请注册商标续展的时间，《商标法》规定，应当在期满前12个月内按照规定办理续展手续；在此期间未能办理的，可以给予6个月的宽展期。根据法律的要求，续展申请如提前提出的，商标局将不予受理，只能在商标权届满前12个月内提出；如果因其他情况导致申请人在此期间未能提出续展申请的，可以在商标权期满后6个月内提出申请。在这6个月的宽展期内，商标权依然受法律保护。

商标局在收到续展注册申请后，经过审查，认为符合商标法规定的，予以核准，将原《商标注册证》加注发还，并予以公告。经审查认为不符合法律规定的，商标局以《驳回通知书》的形式告知申请人，并退还续展注册费。

被驳回的理由主要有以下几点：（1）注册商标的续展申请过了宽展期；（2）自行改变了注册商标的文字、图形或其组合；（3）自行扩大了注册商标核定使用的商品范围；（4）其他违反商标法规定的行为。对驳回续展注册申请不服的，可以在收到通知之日起15天内，向商标评审委员会申请复审。

注册商标期满不再续展的，自注销之日起一年内，商标局对与该商标相同或者近似的商标注册申请，不予核准。

第四节　商标权的终止

商标权的终止，是指由于法定原因导致商标权的丧失，不再受法律保护。

根据我国《商标法》的规定，导致商标权终止的原因主要基于注销、撤销和无效宣告这三种情形。

一、商标的注销

商标的注销,是指商标权所有人自愿放弃注册商标而被商标局终止其商标权的一种形式。商标权作为一种私权,法律允许商标注册人依法处分自己的权利。

根据《商标法》的规定,导致商标注销的情况有:

第一,注册商标所有人自愿放弃其商标权。

商标法尊重个人自愿注销商标权的意愿。根据《商标法实施条例》第 46 条的规定,商标注册人申请注销其注册商标或者注销其商标在部分指定商品上的注册的,应当向商标局提交商标注销申请书,并交回原《商标注册证》。商标注册人申请注销其注册商标或者注销其商标在部分指定商品上的注册的,该注册商标专用权或者该注册商标专用权在该部分指定商品上的效力自商标局收到其注销申请之日起终止。

第二,商标注册人消亡,在法律规定的期限内无人要求继承注册商标的,商标局注销其注册商标。

主体消亡并不能当然导致商标权的消失,有关的自然人和法人在履行相应的法律手续后可以继受该商标。在实践中为避免无主商标占用注册簿,《商标法实施条例》第 47 条规定,商标注册人死亡或者终止,自死亡或者终止之日起 1 年期满,该注册商标没有办理移转手续的,任何人可以向商标局申请注销该注册商标。提出注销申请的,应当提交有关该商标注册人死亡或者终止的证据。

第三,申请注册有效期届满。

注册商标的有效期届满,且宽展期已过,注册人未提出续展申请,或续展申请未被批准的,该注册商标权自有效期届满之日起丧失。

二、商标的撤销

商标的撤销,是指商标主管机关对违反商标法有关规定的行为给予处罚,终止其原注册商标权的一种行政制裁手段。按照《商标法》第 49 条的规定,导致商标撤销的事由主要有以下情形:

(1) 自行改变注册商标;

(2) 自行改变注册商标的注册人名义、地址或者其他注册事项;

(3) 注册商标成为其核定使用的商品的通用名称的;

(4) 没有正当理由连续 3 年不使用。

注册商标成为其核定使用的商品的通用名称或者没有正当理由连续 3 年不使用的,任何单位或者个人可以向商标局申请撤销该注册商标。商标局应当自收到申请之日起9个月内作出决定。有特殊情况需要延长的,经国家工商行政管理总局批准,可以延长3个月。

被撤销的注册商标,由商标局予以公告;该注册商标专用权自商标局的撤销决定作出之日起终止。注册商标被撤销或者被宣告无效的,自撤销或者宣告无效之日起一年内,商标局对与该商标相同或者近似的商标注册申请,不予核准。

对商标局撤销注册商标的决定,当事人不服的,可以自收到通知之日起15日内向商标评审委员会申请复审,由商标评审委员会作出决定,并书面通知申请人。当事人对商标评审委员会的决定不服的,可以自收到通知之日起30日内向人民法院起诉。

三、商标注册不当的无效宣告

商标注册不当,主要是针对《商标法》第44、45条规定的行为,具体内容参见本书第二十章“注册商标的无效宣告”。

[思考题]

1. 简述商标权的概念和特征。
2. 简述商标权的内容。
3. 简述商标权的取得。
4. 试述我国商标法规定的商标保护期限。
5. 何谓商标续展?应满足什么条件?有什么法律后果?
6. 何谓商标权的注销、撤销和无效宣告?三者有何不同?

第二十二章　商标权的利用

［内容提要］ 商标权的利用是商标法律制度中的一项重要制度,也是商标权的私权属性的一种体现。本章主要介绍了关于商标权的使用、许可和转让的法律规定,我国商标权投资和质押的相关要求。

［关键词］ 商标权使用　商标权许可　商标权转让　商标权投资　商标权质押

第一节　商标权的使用

一、商标权使用的意义

商标权人自己使用商标,是商标权利用中最常见的形式。其他知识产权的利用,如专利权的利用主要是出售专利许可证,许可有生产能力的人使用;著作权的利用主要是转让给他人或者许可他人使用。与专利权和著作权的利用方式不同,商标权利用的主要方式是注册人自己在生产和经营过程中使用。通过不断的使用,商标才会显示出其价值,体现出其权利的存在,并为商标注册人带来经济利益。如果商标权人长期不使用其注册商标,不仅该商标得不到社会的承认,“远在深山无人知”,而且注册商标的功能和作用也无从实现。

从世界范围来看,不论是主张注册原则的国家,还是实行使用原则的国家,都在商标法中规定注册后必须使用。

美国要求在注册后 5 年内要提供使用商标的证明,如果没有提供证明,又无未使用的正当理由,则商标局撤销其注册商标。菲律宾要求的时间为 6 年。有些国家要求时限是 2 年,如巴西、委内瑞拉等。有些国家的期限为 1 年,如韩国、洪都拉斯等。

我国《商标法》和《商标法实施条例》规定,注册商标没有正当理由连续 3 年不使用的,任何单位或者个人可以向商标局申请撤销该注册商标,并说明有关情况。商标局应当通知商标注册人,限其自收到通知之日起 2 个月内提交该商标在撤销申请提出前使用的证据材料或者说明不使用的正当理由;期满不提供使用的证据材料或者证据材料无效并且没有正当理出的,由商标局撤销其注册商标。商标局应当自收到申请之日起 9 个月内作出决定。有特殊情况需要延长的,经国家工商行政管理总局批准,可以延长 3 个月。

按照我国《商标法》的规定,对注册商标的使用既是商标权人的权利也是其义务。因为如果将注册商标长期搁置不用,不仅其本身的作用无法体现,而且还会对他人在同类商品上申请注册相同或近似的商标造成困难。

二、商标权使用的方式

注册商标的使用方式很多,如在商品或其外包装上使用,在商业文件、发票、说明书上使用,在商品的广告宣传上、展览会上或其他业务活动中的使用等。在商标权的利用过程中,许可他人使用注册商标的行为也是商标使用的方式之一。应当指出,注册商标的使用具有公开性,即必须在市场上使用,为消费者所知晓,而不是仅在企业内部使用。

第二节　商标权的许可

一、商标权许可的概念

商标权的许可,是指商标权人通过签订使用许可合同,许可他人使用其注册商标的行为。在使用许可关系中,商标权人为许可人,获得注册商标使用权的人为被许可人。许可他人使用其注册商标,被许可人只取得了注册商标的使用权,注册商标的所有权仍归属于商标权人。

许可他人使用注册商标是商标权人的一项重要权利,也是国际通用的一项法律制度。同时,商标权的许可,是现代商标法所规定的重要内容之一。通过签订商标使用许可合同,商标权人可以获得商标使用许可费,被许可人可以获得注册商标的使用权,利用该注册商标打开自己产品的销路,占领市场获取利益。因此,商标权的使用许可制,适应了市场经济发展的需要,我国《商标法》第 43 条也对此作了规定。

二、商标权许可的种类

根据 2002 年 10 月 12 日最高人民法院公布的《关于审理商标民事纠纷案件适用法律若干问题的解释》第 3 条的规定,商标权使用许可的形式有以下三种:独占使用许可、排他使用许可和普通使用许可。

(一)独占使用许可

独占使用许可是指商标注册人在约定的期间、地域和以约定的方式,将该注册商标仅许可一个被许可人使用,商标注册人依约定不得使用该注册商标,也不得许可他人在该约定地域和时间使用该注册商标。

独占使用许可具有排他性；同时被许可人还可以行使禁止权，他人如果实施了侵犯商标权的行为，被许可人可以要求停止侵权并赔偿损失。

（二）排他使用许可

排他使用许可，是指商标注册人在约定的期间、地域和以约定的方式，将该注册商标仅许可一个被许可人使用，商标注册人依约定可以使用该注册商标，但不得另行许可他人使用该注册商标。

（三）普通使用许可

普通使用许可，是指商标注册人在约定的期间、地域和以约定的方式，许可他人使用其注册商标，并可自行使用该注册商标和许可他人使用其注册商标。

根据上述规定，商标使用许可分为三种形式。这三种许可的情况在实践中大量存在。因三种许可的方式所涉及的权利和义务内容有所差别，当事人在订立商标使用许可合同时，应当对许可的种类、期限、地域和方式等作出具体的约定，以免日后合同履行过程中出现纠纷。

三、商标权许可人的诉讼地位

根据最高人民法院《关于审理商标民事纠纷案件适用法律若干问题的解释》第 4 条的规定，《商标法》第 60 条规定的利害关系人，包括注册商标使用许可合同的被许可人、注册商标财产权利的合法继承人等。在发生注册商标专用权被侵害时，独占使用许可合同的被许可人可以向人民法院提起诉讼；排他使用许可合同的被许可人可以和商标注册人共同起诉，也可以在商标注册人不起诉的情况下，自行提起诉讼；普通使用许可合同的被许可人经商标注册人明确授权，可以提起诉讼。

由于上述三种商标使用许可方式中合同双方的权利义务不同，被许可人在商标侵权诉讼中的诉讼地位也会有所不同。最高人民法院《关于审理商标民事纠纷案件适用法律若干问题的解释》明确规定了商标侵权诉讼中的利害关系人的范围和被许可人的起诉条件，对统一司法和执法标准具有指导意义。

独占使用许可合同的被许可人，因独家使用注册商标，他人的侵权行为直接侵害了独占被许可人的利益。因此，独占被许可人依法可以作为原告向人民法院提起诉讼。

在排他使用许可合同中，商标注册人与被许可人都可以使用该注册商标，如果侵权行为发生时，他们可以作为共同原告提起诉讼；如果商标注册人因某种原因不提起诉讼，应当允许排他使用许可人自行提起诉讼。

普通使用许可合同的被许可人经商标注册人明确授权，可以提起诉讼。

四、商标使用许可合同的内容

商标权人许可他人使用其注册商标,应当签订书面合同。合同内容应包括:

(1) 双方当事人的名称、地址和法定代表人的姓名。被许可人的主体资格要符合商标法的规定,即必须是依法成立的企业、事业单位、社会团体、个体工商户、个人合伙、自然人以及符合商标法规定的外国人或者外国企业。

(2) 许可使用的注册商标的名称、注册证号码、使用商品的种类和名称、使用的期限。被许可使用的商标,必须与核准注册的商标一致;被许可使用的商品,必须是核定使用的商品;许可使用商标的期限,不能超过注册商标的专用权期限。

(3) 许可使用商品的质量标准。

(4) 许可人监督商品质量的措施。根据我国《商标法》第 43 条的规定,许可人应当监督被许可人使用其注册商标的商品质量。在合同中应当约定许可人监督商品质量的具体措施。

(5) 被许可人保证商品质量的措施。我国《商标法》第 43 条明确规定,被许可人应当保证使用该注册商标的商品质量。在合同中应当约定被许可人保证商品质量的具体措施,并在其商品或包装上标明被许可人的名称和商品产地。

(6) 商品销售的价格、销售区域。

(7) 商标许可使用费的计算方法和付费方式。

(8) 违约责任。

(9) 合同发生纠纷后的解决方法。发生纠纷后的解决方法包括协商、调解、仲裁、诉讼等方式,双方当事人在合同中可进行选择。

(10) 许可使用的商标被侵权后的处理方式。因商标使用许可的方式不同,被许可人的禁止权的范围也不同。许可人应维护被许可人的使用权,当有侵权行为发生时,许可人应当及时采取有效措施予以制止,被许可人应当协助许可人进行调查等。

(11) 其他事项。

通过签订商标使用许可合同,可以明确使用双方的权利和义务:对许可人来讲,在合同的有效期内,不得放弃续展,不得申请注销其注册商标,不得向第三人转让,以保持注册商标的有效性。如果因上述行为给被许可人造成损失的,许可人应承担相应的责任。对被许可人来讲,未经许可人的书面授权,不得将商标使用权转让给第三人,同时要按照合同的约定支付商标使用许可费。

五、商标使用许可合同的备案

根据我国《商标法》第 43 条的规定,商标使用许可合同应当报商标局备案。

根据该条,许可他人使用其注册商标的,许可人应当将其商标使用许可报商标局备案,由商标局公告。商标使用许可未经备案不得对抗善意第三人。

但在实际生活中,还存在着一些商标使用许可合同不备案的情形,一旦发生纠纷,对方当事人往往以许可合同未经备案为由主张该合同无效。针对这种情况,最高人民法院《关于审理商标民事纠纷案件适用法律若干问题的解释》第 19 条第 1 款规定:“商标使用许可合同未经备案的,不影响该许可合同的效力,但当事人另有约定的除外。”由此可见,人民法院在办理这类案件时,不因商标许可合同未办理备案手续而确认该合同无效;但当事人在合同中有约定的,应当按照约定来处理。

在现实社会里,商标使用许可合同的备案手续,对一些和该商标权人进行交易的善意第三人来讲,意义重大。因为,通过商标使用许可合同的备案,他人可以了解该商标许可的状况,从而保障交易安全。对此,最高人民法院《关于审理商标民事纠纷案件适用法律若干问题的解释》第 19 条第 2 款规定:“商标使用许可合同未在商标局备案的,不得对抗善意第三人。”所谓善意第三人,是指该商标使用许可合同当事人以外的第三人,与商标权人就涉及该商标进行交易,对该商标使用许可未备案不知情的人。如在先的商标使用许可合同当事人约定为独占使用许可合同,但没有备案,在后订立的商标使用许可合同的被许可人对前一个合同并不知情,属于善意第三人。在这样的情况下,在先的被许可人不得因自己是独占被许可人而请求确认在后的被许可人的合同无效。其立法的目的在于保护善意第三人的合法利益。

商标使用许可合同备案的具体程序是:自使用许可合同签订之日起 3 个月内,将许可合同副本交送其所在地县级工商行政管理部门存查,由许可人报送商标局备案,并由商标局予以公告。商标局对上报合同进行审查,符合规定的,予以备案,并刊登在《商标公告》上。如果违反上述规定的,由许可人或者被许可人所在地工商行政管理机关责令限期改正。

第三节　商标权的转让

一、商标权转让的概念和形式

商标权的转让,是指商标权人依照法定程序,将其所有的注册商标转让给他人的行为。在转让关系中,商标权人为转让人,接受商标权的另一方为受让人。

商标权转让的实质是商标权主体的变更,它也是一种双方的法律行为,在自愿原则的前提下,转让人和受让人签订书面转让合同,并依法办理商标权转让的手续后,商标权的转让才发生法律效力。注册商标的转让权是商标权的一项重要内容,它是商标所有人行使处分权的具体体现。

商标的转让有两种形式:一是通过合同转让,二是通过继承转让。

所谓合同转让,是指主体之间通过签订合同所进行的商标权的转让。这种转让多为有偿转让。

所谓继承转让是指自然人通过继承、遗赠方式取得商标权的转让。

二、商标权转让的原则

各国商标法都规定了商标权的转让,但商标权转让的原则不尽相同。归纳起来,有两种原则:连同转让原则和自由转让原则。

(一) 连同转让原则

所谓连同转让原则,是指商标注册人在转让注册商标时必须连同使用该注册商标的企业一并转让,而不能只转让注册商标。

采用这种原则的国家主要有美国、瑞典等少数国家。实行连同转让原则的国家认为,商标的本质功能是区别商品的来源,是一种识别标记,因此,商标与使用该商标的企业或企业的信誉密切相连,当注册商标与其所属的企业分离时,会引起消费者的误认,可能会导致使用该商标的商品质量下降。

(二) 自由转让原则

所谓自由转让原则,是指注册商标人既可以把注册商标连同企业一起转让,也可以将注册商标与企业分离,单独转让其注册商标。

目前大多数国家的商标法采用自由转让原则,他们认为,商标权作为一种无形财产权,可以脱离企业经营而单独转让给其他企业。许多国家的商标法同时规定,在商标权人将注册商标与其企业经营分开转让时,受让人应当保证使用该注册商标的商品质量。我国《商标法》也采用自由转让原则,其第 42 条第 1 款规定:"转让注册商标的,转让人和受让人应当签订转让协议,并共同向商标局提出申请。受让人应当保证使用该注册商标的商品质量。"

关于注册商标的转让,《巴黎公约》第 6 条之四作了折中规定:如果按某一成员国的法律,商标的转让只有连同该商标所属的厂商或牌号同时转让方为有效时,则只需把该厂商或牌号在该国的部分连同带有被转让商标的商品在该国制造或销售的独占权一并转让给受让人,就足以承认其效力,而不必将位于国外的厂商或牌号同时转让。但是,这种转让应以不使公众对附有该商标的商品来源和品质发生误认为条件。《知识产权协定》则采用了自由转让的原则,其第 21 条规定,注册商标所有人有权连同或不连同商标所属的经营一道转让其商标。

三、商标权转让的程序

各国商标法都规定，注册商标的转让，必须按照法律规定的程序进行，其转让行为才能产生法律效力。根据我国《商标法》及其实施条例的有关规定，商标权的转让程序主要有：

1. 签订注册商标转让协议

转让注册商标，应由商标权人和受让人就转让事项达成协议，签订注册商标转让协议；同时，双方应当共同向商标局交送《转让注册商标申请书》一份，附送原《注册商标证》，并交纳申请费和注册费。如果转让使用于烟草制品等国家规定必须使用注册商标的商品上的商标，受让人还应当提供卫生行政部门、烟草主管部门等颁发的相关证明文件；受让人还必须具备商标法规定的主体资格。实践中，具体的申请手续由受让人办理。

2. 商标局对转让注册商标的申请进行审查

商标局审查的内容有：申请手续是否完备；转让的商标与使用的商品是否和原核准注册的商标以及核定的商品一致；双方使用的商品质量是否一致；是否交纳了相关费用等。通过审查后，商标局认为符合商标法规定的，予以核准，发给受让人相应证明，并予以公告，受让人自公告之日起享有商标专用权；对不符合规定的予以驳回。

3. 申请人对商标局驳回其注册商标转让申请的决定可申请复审

申请人对商标局驳回其注册商标转让申请不服的，可在收到驳回通知之日起 15 天内，提交《驳回转让复审申请书》一份，向商标评审委员会申请复审，同时附送原《转让注册商标申请书》，由商标评审委员会作出裁定。

四、商标权转让的限制规定

注册商标所有人虽然可以按照自由原则进行转让，行使其处分权，但由于商标权的转让涉及多方利益主体，因此我国《商标法》对商标权的转让也作了限制规定，主要表现在以下几个方面：

1. 在同一种或类似商品上注册的相同或近似的商标不得分开转让

实践中，如果对同一种或类似商品上注册的相同或近似的商标分开转让，就会形成两个以上的主体在相同或类似商品上使用同一或近似商标的情况，从而导致消费者误认，造成市场上商品来源的混淆。针对这种情形，我国《商标法》规定，转让注册商标的，商标注册人对其在同一种商品上注册的近似的商标，或者在类似商品上注册的相同或者近似的商标，应当一并转让。对容易导致混淆或者有其他不良影响的转让，商标局不予核准，书面通知申请人并说明理由。

2. 已经许可他人使用的注册商标不得随意转让

转让已许可给他人使用的注册商标的行为,会影响甚至损害到被许可人的利益。在商标所有人行使转让权时,必须征得被许可人同意,如果被许可人不同意,可以协商先行解除使用许可合同,再办理注册转让申请手续。受让人在取得被转让的注册商标后,也可以与原被许可人签订注册商标的使用许可合同。总之,商标权人转让已经许可他人使用的注册商标时,不得损害被许可人的合法利益。

3. 集体商标不得转让

集体商标是指由某一集体组织所有,其成员共同使用的商标。世界上许多国家的商标法都对集体商标进行保护。我国《商标法》第 3 条规定,经商标局核准注册的集体商标,注册人享有商标专用权,受法律保护。由于集体商标是一种特殊的商标,其商标权是由几个所有人共有,具有不可分割性。如果转让,会影响到使用该商标的其他集体成员的利益,因此我国禁止集体商标转让。

4. 受让人必须保证使用该注册商标的商品或者服务的质量

由于注册商标具有标志商品或者服务质量的功能,对消费者的消费行为具有重要的指导作用,因此,注册商标的受让人应当和转让人一样,重视并保证使用该注册商标的商品或者服务的质量,这也是我国商标法规定的受让人应承担的义务之一。

5. 商标权转让前商标使用许可合同的效力问题

转让注册商标经核准后,予以公告。受让人自公告之日起享有商标专用权。在实践中,商标权经转让后,一些新的商标权人不承认原商标注册人曾与他人订立的商标使用许可合同,向人民法院主张原来的商标使用许可合同无效。这样做显然会损害到被许可人的利益。因此,最高人民法院《关于审理商标民事纠纷案件适用法律若干问题的解释》第 20 条规定:"注册商标的转让不影响转让前已经生效的商标使用许可合同的效力,但商标使用许可合同另有约定的除外。"这样规定,一方面肯定了原商标使用许可合同的效力,另一方面,也体现了当事人约定优先的原则。如果原来的商标使用许可合同约定,因商标转让终结本商标使用许可合同的,应当按照约定办理。

第四节 商标权的投资

一、我国公司法规定的投资形式

我国《公司法》第 27 条第 1、2 款规定:"股东可以用货币出资,也可以用实物、知识产权、土地使用权等可以用货币估价并可以依法转让的非货币财产作价出资；但是，法律、行政法规规定不得作为出资的财产除外。对作为出资的非货币财产应当评估作价，核实财产，不得高估或者低估作价。法律、行政法规对评估作价有规定的，从其规定。”据此，在我国，公司股东出资的形式可分为货币出资和非货币出资两大类。

（一）货币出资

货币或现金是股东出资的最基本形式，也是构成公司资本最基本的财产形式。这是由货币作为商品等价物所具有的财产价值功能、价值计量功能、便于交易的功能，以及作为财产形式具有价值相对稳定性的特点所决定的。在公司成立时，货币资本有助于保障公司资本足额组织筹集；在公司成立后，货币资本是公司顺利开展经营活动必不可少的基本条件。为此，许多国家的公司法对公司资本中货币所应当占有的最小比例作了规定。如《意大利公司法》规定现金出资不少于公司资本的30%。我国《公司法》2005年修改后也规定全体股东的货币出资金额不得低于有限责任公司注册资本的30%。[①]

（二）非货币出资

非货币出资，也称现物出资，是指股东或发起人用货币以外的、法律允许的其他财产出资。非货币出资的财产同货币出资一样，是公司资本的组成部分。法律允许股东以非货币形式出资，主要是因为公司的经营活动不是只有货币一种财产形式就可以顺利进行。公司生产经营所需要的设备、场地、技术、工业产权等，都应当可以用作出资。如果不允许股东以这些财产直接投资，公司就只能以货币购买或以其他成本投入取得。这不仅不利于提高公司设立的效率，而且也对投资者增加了不必要的限制性条件。非货币出资的范围，根据2005年修改后的《公司法》的规定，包括实物、知识产权和非专利技术、土地使用权等。其中，知识产权和非专利技术是无形财产，在现代社会中，已成为股东投资的重要财产形式之一，其中就包括商标权的作价投资。[②]

二、商标权投资

将注册商标作价向其他企业投资，是在商标有一定知名度后继续扩大影响、提高覆盖面的较好办法。从国外来看，世界名牌企业向海外扩张，大体经历了产品输出、资本输出和品牌输出三个阶段。进行品牌输出，不必花费投资，便可以获得巨额利润，同时又将其品牌即商标侵入他国消费者心中。例如国外一些名

① 参见我国《公司法》第27条第3款。

② 参见沈贵明著：《公司法学》，法律出版社2006年版，第116页。

牌企业进入中国后,几乎无一例外采取合作手段,同中方举办合资企业,先将中国的具有知名度的商标作价入股,然后搁置不用,最终推出自己的名牌商标。美国的宝洁公司运用这种战略几乎占领了中国的名牌洗衣粉市场。我国企业在和外商合资时,要注意保护自己的驰名商标。

第五节　商标权的质押

一、商标权质押的概念

质押是一种物的担保方式。根据我国《担保法》第 75 条第 3 款的规定,可以转让的商标专用权可以用于质押。商标是一种无形资产,具有经济价值,特别是一些驰名商标的经济价值远远超过企业有形资产的价值。商标权人可以将注册商标用来质押,以获得更多的资金,更大地发挥商标的交换价值功能。

商标权质押,属于权利质权的范畴,在本书中主要是指商标权人将其注册商标向金融机构出质,用来贷款融资的一种法律行为。

将注册商标质押也是商标权利用的一种方式。注册权人通过将其注册商标质押,可以向金融机构申请贷款,盘活资金,加大对商品生产的投入,提高产品质量,改善经营管理,加大对产品和商标的广告宣传力度,以提升其注册商标的知名度,更好地为企业创造经济效益和社会效益。

二、关于商标权质押的法律规定

商标权人在将其注册商标质押时,应了解并遵守国家法律法规的规定。

目前和商标权质押相关的法律规定有:《担保法》、《企业动产抵押物登记管理办法》和《商标专用权质押登记程序》等。

在我国,根据我国《担保法》第 75、79 条的规定,以依法可以转让的商标专用权质押的,出质人和质权人应当签订书面合同,并向其管理部门办理出质登记,质押合同自登记之日起生效。为此,原国家工商行政管理局制定了《企业动产抵押物登记管理办法》,商标局制定了《商标专用权质押登记程序》,对商标专用权质押的有关问题作了明确规定。

商标专用权质押登记机关是国家工商行政管理总局。

三、商标权质押合同的内容

出质人与质权人应当订立商标专用权质押书面合同,向国家工商行政管理总局商标局申请登记。商标专用权质押登记的申请人应当是商标专用权质押合同的出质人与质权人。商标专用权质押合同应当包括以下主要内容：

(1) 出质人与质权人的名称(姓名)、地址；

(2) 质押的原因和目的；

(3) 出质的商标及质押的期限；

(4) 出质商标专用权的价值及国家工商行政管理总局指定的商标评估机构的评估报告；

(5) 当事人约定的与该质押商标有关的其他事项。

商标专用权质押合同自登记之日起生效。

四、申请商标权质押登记应当提交的文件

(1) 商标专用权质押登记申请书。该申请书应当包括下述基本内容:申请出质登记当事人的基本情况,如质权人名称、法定代表人、住所、联系方式等;申请质押原因;质押商标图样、注册号及商标有效期;质押商标权属状况;质押价值;质押期限等。

(2) 出质人及质权人企业营业执照复印件(须经发证机关确认盖章)。

(3) 质押合同副本(外文本应当附中文译本一份,以中文译本为准)。

(4) 质押商标《商标注册证》复印件。

(5) 委托代理人办理登记的,应当提交被代理人的委托书。

(6) 其他应当提交的材料。

上述证明文件如有不实,由申请人承担法律责任。申请人提交的文件不齐备的,登记机关应当要求申请人补正,不补正或补正不符合要求的,不予受理。对符合申请要求的,登记机关予以受理,受理日期即为申请日期。

[思考题]

1. 何谓商标权的使用?
2. 商标权许可的种类有哪些?
3. 简述商标权的转让。
4. 论述商标权的利用。
5. 简述商标权质押的意义。

第二十三章　商标权的保护

[内容提要]　本章是商标法的核心内容之一。商标法功能的有效发挥,关键在于对商标权进行有效的保护。本章主要介绍了商标侵权行为的表现形式以及在实践中认定侵权的标准,商标侵权应承担的民事、行政与刑事责任。

[关键词]　商标权　保护　侵权行为　即发侵权　法律责任

第一节　商标权保护概述

一、商标权的保护及其意义

商标权的保护,是指国家运用法律手段制止、制裁商标侵权行为和商标犯罪行为,以保护注册人对其注册商标所享有的专用权,维护国家商标管理秩序的制度。

我国《商标法》第1条明确规定:"为了加强商标管理,保护商标专用权,促进生产、经营者保证商品和服务质量,维护商标信誉,以保障消费者和生产、经营者的利益,促进社会主义市场经济的发展,特制定本法。"由此可见,保护商标专用权是我国商标法的立法宗旨,也是商标管理机关和司法机关的重要任务。保护商标专用权对发展社会主义市场经济具有重要的意义。

首先,它有利于保护商标所有人的合法权益。

随着经济的发展,企业越来越意识到商标的价值。一种驰名商标,可以使商品畅销、企业盈利。然而,一些不法分子为了同他人的优质名牌商品争夺市场,采取不正当手段损毁其他企业的商标信誉,假冒他人注册商标,以次充好,牟取非法利润。这些行为严重损害了驰名商标所有人的合法利益。

其次,它有利于拓展我国的对外贸易。

在国际市场上商品的竞争更为激烈,对进入国际市场的商品,应及时在国外取得商标注册,获得商标专用权,防止他人抢先注册。同时也要不断提高我国商标在国际上的信誉,引导和保护企业争创世界驰名商标。

再次,它有利于维护市场的竞争秩序。

商标侵权行为,不仅极大地损害了商标权人的合法利益,危害到消费者的生命健康和人身安全,也扰乱了正常的市场竞争秩序,因此,只有依法保护注册商标的专用权,才能制止不正当竞争,保护公平的竞争秩序。

二、商标权的权利范围和保护范围

应当注意的是,商标权的保护要分清两个概念:商标权的权利范围和商标权的保护范围。

(一) 商标权的权利范围

商标权的权利范围,是指注册人的权利范围仅以核准注册的商标和核定使用的商品为限。我国《商标法》第56条从以下两个方面为核准注册的商标的权利范围作了界定:

(1) 注册商标专用权,以核准注册的商标为限。

根据《商标法》的规定,注册人使用的商标应当与核准注册的商标在文字、图形、字母、数字、颜色组合、声音或其他构成要素上相一致,不得自行改变其注册商标。如果使用的商标与核准注册的商标不一致,会导致两个法律后果:一是不受商标法保护,二是有可能侵犯他人的商标权。

(2) 注册商标专用权,以核定使用的商品为限。

商标权人使用注册商标的商品应当和商标局核定使用的商品相一致,否则同样有可能造成上述两个法律后果。

(二) 商标权的保护范围

商标专用权的保护范围,是指商标权人有权禁止他人在与其核定使用的相同商品或者类似的商品上使用与其核准注册商标相同或者相近似的商标。

简而言之,商标权的保护范围就是商标权人行使禁止权的范围,它不同于商标权人的权利范围。为有效地保护商标权,各国商标法通常都规定,注册商标的保护范围要大于注册商标的权利范围。商标权的保护范围不仅包括核定注册的商标和核定使用的商品,而且还包括与注册商标相近似的商标和与核定使用的商品相类似的商品。这样规定有利于全方位地保护商标权人的商标专有权。

第二节　商标侵权行为的概念和种类

商标侵权行为,是指他人违反商标法的规定,在相同或类似的商品或服务上未经商标权人同意擅自使用与注册商标相同或近似的标识,损害商标权人合法利益的行为。

根据我国《商标法》第57条、《商标法实施条例》第50条以及最高人民法院《关于审理商标民事纠纷案件适用法律若干问题的解释》第1条的规定,商标侵权行为主要表现为以下几种形式:

1. 未经商标注册人的许可,在同一种商品或者类似商品上使用与其注册商标相同或者近似的商标

使用他人的注册商标,必须经商标权人同意,签订注册商标使用许可合同并在商标局备案。未经许可实施这种行为,不论主观上是出于故意还是过失,都构成对他人注册商标专用权的侵犯。这种行为会使商品的来源发生混淆,不仅损害了商标权人的利益,也损害了消费者的利益。

在实践中,这种侵权行为主要表现为以下四种情况:

(1) 在同一种商品上使用与他人注册商标相同的商标;

(2) 在同一种商品上使用与他人注册商标近似的商标;

(3) 在类似商品上使用与他人注册商标相同的商标;

(4) 在类似商品上使用与他人注册商标近似的商标。

分析上述行为可以看到,在认定侵权行为时,应具备两个特点:一是侵权人的商标所使用的商品与被侵权人的商品为同一种类或者近似种类;二是侵权人所使用的商标与被侵权人的注册商标相同或者近似。如果不同时具备这两个特点,使用人的行为就不会构成商标侵权,而是正常的商标使用行为。

如何界定商标相同或者近似、商品或服务相同或者类似?最高人民法院《关于审理商标民事纠纷案件适用法律若干问题的解释》对这些概念进行了定义。

商标相同,是指被控侵权的商标与原告的注册商标相比较,二者在视觉上基本无差别,即指从一般消费者的角度看,凭视觉判断所对比的商标大体上差别不大,就构成商标相同。[①]

商标近似,是指被控侵权的商标与原告的注册商标相比较,其文字的字形、读音、含义或者图形的构图及颜色,或者其各要素组合后的整体结构相似,或者其立体形状、颜色组合近似,易使相关公众对商品的来源产生误认或者认为其来源与原告注册商标的商品有特定的联系。

因商标近似而构成侵权的情况在生活中较为普遍,最高人民法院《关于审理商标民事纠纷案件适用法律若干问题的解释》第一次明确了商标近似的概念,统一了对商标近似的理解和适用,对指导审判实践意义重大。

根据最高人民法院《关于审理商标民事纠纷案件适用法律若干问题的解释》第10条的规定,人民法院依据《商标法》认定商标相同或者近似按照以下原则进行:

(1) 以相关公众的一般注意力为标准。这里的"相关公众",包括相关消费

---

① 参见最高人民法院《关于审理商标民事纠纷案件适用法律若干问题的解释》第9条。

者和特定经营者，以他们对商标相同或者近似的一般注意力为判断标准。在实践中要把握既不能以特定领域的专家所具有的注意力，也不能以粗心大意的消费者的注意力为判断标准。

（2）对比的原则。在认定商标侵权时，既要进行对商标的整体比对，又要进行对商标主要部分的比对，比对应当在比对对象隔离的状态下分别进行。

（3）判断商标是否近似，应当考虑请求保护注册商标的显著性和知名度。商标的显著性，是商标注册的构成要件，显著性越强的商标，其识别作用就越大，也比较容易界定他人搭便车的行为。以注册商标的知名度范围不同，可以分为驰名商标和著名商标。由于这两种商标具有巨大经济价值，消费者对其的认知程度很高，一些行为人就设计出和他人知名度高的注册商标相近似的商标进行使用，这就严重侵犯了注册商标权人的利益。因此，在判定商标近似时，应当考虑注册商标的显著性和知名度。

类似商品，是指在功能、用途、生产部门、销售渠道、消费对象等方面相同，或者相关公众一般认为其存在特定联系、容易造成混淆的商品。[①]

类似服务，是指在服务的目的、内容、方式、对象等方面相同，或者相关公众一般认为存在特定联系、容易造成混淆的服务。

人民法院在受理商标侵权案件中，判断是否为类似商品或类似服务时，以什么为标准？根据最高人民法院《关于审理商标民事纠纷案件适用法律若干问题的解释》第12条的规定，人民法院依据《商标法》，认定商品或者服务是否类似，应当以相关公众对商品或者服务的一般认识综合判断；《商标注册用商品和服务国际分类表》、《类似商品和服务区分表》可以作为判断类似商品或者服务的参考。"参考"一词意指前述分类表和区分表并非判断类似商品或者服务的唯一根据，法院仍需根据具体案情进行个案判断。

2. 销售侵犯注册商标的商品

生产假冒注册商标的商品要通过流通环节销售出去。因此，法律不仅要在生产环节上严厉打击假冒注册商标的行为，而且要在流通领域堵住假冒注册商标的商品的销售渠道。

根据我国《商标法》的规定，只要是客观上销售了侵犯注册商标专用权的商品，不管主观上是否明知或应知，都构成侵权，要受到法律的制裁。可见，我国《商标法》在认定侵权行为时，采用了"无过错责任原则"，即无论行为人主观上是否有过错，只要有侵害权利人的事实存在，在定性时均认定构成侵权。

---

① 参见最高人民法院《关于审理商标民事纠纷案件适用法律若干问题的解释》第11条。

3. 伪造、擅自制造他人注册商标标识或者销售伪造、擅自制造的注册商标标识

伪造他人注册商标标识,是指仿造他人的商标图案和物质载体而制造出的商标标识。商标标识是指由商标图案组成的、附着于商品之上的物质载体。如商标标牌、商标瓶贴、商标织带等。

擅自制造他人注册商标标识,是指未经商标权人的同意而制造其注册商标标识。

销售伪造、擅自制造的注册商标标识,是指未经商标权人同意,以其注册商标标识作为买卖的对象。

上述行为,不仅损害了商标权人的合法利益,也为侵犯商标专用权的行为提供了便利条件。因此,我国《商标法》以及《商标印制管理办法》都将此类行为视为侵权行为。

4. 未经商标注册人同意,更换其注册商标并将该更换商标的商品又投入市场

未经商标注册人同意,他人更换其注册商标并将该更换商标的商品又投入市场的行为,在国外被称为商标的反向假冒(inverse passing off)。[①] 这是我国《商标法》2001 年修改后新增加的一项内容。

商标的反向假冒,是指假冒者将他人带有注册商标的商品买来后,撤掉原来的注册商标,换上假冒者自己的商标,再把商品投向市场的行为。

目前,世界上许多国家都在其商标法中将反向假冒认定为商标侵权行为。如《法国知识产权法典》第 L. 731-2 条规定,注册商标权人享有正反两方面的权利,有权禁止他人未经许可使用与自己相同的或近似的商标,也有权禁止他人未经许可撤换自己依法贴附在商品上的商标标记。澳大利亚 1995 年《商标法》第 148 条明文规定,未经许可撤换他人商品上的注册商标或出售这种经撤换后的商品,均构成刑事犯罪。美国则将商标反向假冒行为分别规定在《商标法》与《反不正当竞争法》中,实行合二为一的保护方式。

5. 故意为侵犯他人商标专用权行为提供便利条件,帮助他人实施侵犯商标专用权行为

故意为侵犯他人注册商标的行为提供仓储、运输、邮寄、隐匿等便利条件的行为是一种间接侵权行为。这种行为虽然没有直接侵权,但在本质上对侵权行为起了帮助作用。应当注意的是,对于从事邮寄、运输、仓储等业务的单位,只有

① Hazel Carty, "Inverse Passign Off", European Intellectual Property Review (EIPR), N. 10, 1993, p. 370.

在故意为侵犯商标权人提供上述条件的情况下,才构成侵权。

6. 给他人的注册商标专用权造成其他损害的行为

这是一条弹性条款,因为社会生活纷繁复杂,商标法对商标侵权行为不可能一一作出规定。根据《商标法实施条例》第 50 条的规定以及最高人民法院《关于审理商标民事纠纷案件适用法律若干问题的解释》第 1 条的规定,下列行为属于我国《商标法》第 57 条第 7 项规定的给他人的注册商标专用权造成其他损害的行为:

(1) 在同一种商品或者类似商品上,将与他人注册商标相同或近似的标志作为商品名称或者商品装潢使用,误导公众的。

这种行为会造成两个方面的后果:一是商标的显著特征容易被冲淡,从而转化为商品的通用名称;二是容易使消费者产生误解,认为不正当使用者的商品与注册商标权人的商品为同一人的商品。

(2) 将与他人注册商标相同或者相近似的文字作为企业的字号在相同或者类似商品上突出使用,容易使相关公众产生误认的。

任何交易主体在市场的生产经营活动中都要使用自己的名称和字号。名称和字号具有标识的功能,对区分不同的交易者、生产者以及他们各自提供的商品或服务来源起着十分重要的作用。由于企业名称和字号由各地工商行政管理部门登记注册,因此各地区可能存在着相同或近似的名称字号。另外,现实生活中很多企业是把自己的名称字号注册为商标的。

这种侵权行为的构成要件包括:侵权人使用了和他人注册商标相同或相似的文字;侵权人将使用的文字作为企业的名称或字号;将名称或字号在与注册商标所标识的相同或类似商品上突出醒目地使用;造成了易使公众产生误认的结果。

(3) 复制、摹仿、翻译他人注册的驰名商标或将其主要部分在不相同或者不相类似商品上作为商标使用,误导公众,致使该驰名商标注册人的利益可能受到损害的。

我国《商标法》第 13 条第 3 款规定:“就不相同或者不相类似商品申请注册的商标是复制、摹仿或者翻译他人已经在中国注册的驰名商标,误导公众,致使该驰名商标注册人的利益可能受到损害的,不予注册并禁止使用。”根据最高人民法院《关于审理涉及驰名商标保护的民事纠纷案件应用法律若干问题的解释》第 9 条的规定,足以使相关公众对使用驰名商标和被诉商标的商品来源产生误认,或者足以使相关公众认为使用驰名商标和被诉商标的经营者之间具有许可使用、关联企业关系等特定联系的,属于“容易导致混淆”。足以使相关公众认为被诉商标与驰名商标具有相当程度的联系,而减弱驰名商标的显著性、贬损驰名商标的市场声誉,或者不正当利用驰名商标的市场声誉的,属于“误导公众,致使该驰名商标注册人的利益可能受到损害”。在实践中,一些行为人已经违法取得了注册,而且长期使用,对驰名商标权人的利益已经造成了损害。最高人民法院《关于审理商标民事纠纷案件适用法律若干问题的解释》根据行政执法部门的执法实践、人民法院的司法实践及学者们的意见,将此种行为明确界定为商标侵权行为,以保护驰名商标权利人的利益。在行文时,根据《巴黎公约》第6条规定的内容,最高人民法院《关于审理商标民事纠纷案件适用法律若干问题的解释》也使用了“驰名商标或其主要部分”的表述。在认定这种行为时,要注意和未注册商标保护的规定相区别。

这种行为的构成要件为:第一,违法行为具有阶段性。行为人首先复制、摹仿和翻译他人的注册商标等,而后开始使用。第二,复制、摹仿、翻译的对象是他人注册的驰名商标或驰名商标的主要部分。第三,行为人在不相同或不类似的商品上使用。第四,造成相关公众误认,并且使驰名商标所有人的利益可能受损。

(4) 将与他人注册商标相同或者相近似的文字注册为域名,并且通过该域名进行相关商品交易的电子商务,容易使相关公众产生误认的。

为对商标权进行全方位保护,最高人民法院《关于审理商标民事纠纷案件适用法律若干问题的解释》适应计算机技术和网络技术的发展,将商标权的保护延伸到网络世界。

认定这种侵权行为的构成要件有:第一,有将与他人注册商标相同或者相近似的文字注册为域名的行为。第二,通过该域名进行了相关商品交易的电子商务。这里的相关商品交易,是指在同一种商品或类似商品上的交易。第三,利用该域名进行电子商务易使相关公众产生误认。

(5) 其他的侵权形式。

在实践中还存在着多种侵权形式,如通过广告损毁他人注册商标的声誉、淡化他人注册商标的影响等。随着经济和科学技术的发展,还会出现新的商标侵权形式。

第三节　商标侵权行为的法律责任

根据我国《商标法》第60条及《商标法实施条例》的有关规定,对侵犯注册商标引起的纠纷,由当事人协商解决;不愿协商或者协商不成的,商标注册人或者利害关系人可以向人民法院起诉,也可以请求工商行政管理部门处理。这里的“利害关系人”在最高人民法院《关于审理商标民事纠纷案件适用法律若干问题的解释》第4条中被解释为注册商标使用许可合同的被许可人、注册商标财产权利的合法继承人等。在发生注册商标专用权被侵害时,独占使用许可合同的被许可人可以向人民法院提起诉讼;排他使用许可合同的被许可人可以和商标注册人共同起诉,也可以在商标注册人不起诉的情况下,自行提起诉讼;普通使用许可合同的被许可人经商标注册人明确授权,可以提起诉讼。

由此可见,我国处理侵权案件的机关为工商行政管理部门和人民法院。在注册商标专用权受到侵犯时,被侵权人或者任何人都可以向工商行政管理部门投诉或者举报;被侵权人也可以直接向人民法院起诉,要求追究侵权人的法律责任。

侵犯注册商标专用权的人,必须依法承担其相应的法律责任。根据我国《商标法》的规定,侵权人应承担的法律责任有民事责任、行政责任,侵权情节严重,构成犯罪的,要追究刑事责任。

一、商标侵权的民事责任

(一)商标侵权的民事责任及其方式

商标侵权的民事责任,是指人民法院依照商标法和有关的民事法规对侵权人的商标侵权行为所作出的、由侵权人承担的强制性处罚措施。

根据我国《民法通则》、《商标法》及其实施条例的有关规定,商标侵权行为承担民事责任的方式主要有以下三种:

(1)停止侵害。

停止侵害是指权利人要求人民法院对正在进行的侵害行为立即予以制止,以避免自身的权益遭受更大的损失。

(2)消除影响。

商标的侵权行为,不仅损害了商标权人的合法利益,而且使商标权人的商标声誉受到负面影响。因此,商标权人还可以要求侵权人承担消除因自己的侵权行为给其注册商标造成的不良影响的法律责任。实际生活中,一般是由人民法院责令侵权人通过电视台、报纸等媒体,公开表示道歉,以消除其侵权行为的不良影响。

(3)赔偿损失。

这是商标侵权人承担民事责任的主要方式。因商标侵权行为给注册商标权人的利益造成损失的,权利人有权要求侵权人赔偿损失。

关于赔偿损失的数额,我国《商标法》第63条作了明确的规定:侵犯商标专用权的赔偿数额,按照权利人因被侵权所受到的实际损失确定;实际损失难以确定的,可以按照侵权人因侵权所获得的利益确定;权利人的损失或者侵权人获得的利益难以确定的,参照该商标许可使用费的倍数合理确定。对恶意侵犯商标专用权,情节严重的,可以在按照上述方法确定数额的1倍以上3倍以下确定赔偿数额。赔偿数额应当包括权利人为制止侵权行为所支付的合理开支。人民法院为确定赔偿数额,在权利人已经尽力举证,而与侵权行为相关的账簿、资料主要由侵权人掌握的情况下,可以责令侵权人提供与侵权行为相关的账簿、资料;侵权人不提供或者提供虚假的账簿、资料的,人民法院可以参考权利人的主张和提供的证据判定赔偿数额。

如果权利人因被侵权所受到的实际损失、侵权人因侵权所获得的利益、注册商标许可使用费难以确定,由人民法院根据侵权行为的情节判决给予300万元以下的赔偿。

关于损害赔偿请求权的抗辩事由,《商标法》规定了两种情形:

一是商标权人连续3年未实际使用。注册商标专用权人请求赔偿,被控侵权人以注册商标专用权人未使用注册商标提出抗辩的,人民法院可以要求注册商标专用权人提供此前3年内实际使用该注册商标的证据。注册商标专用权人不能证明此前3年内实际使用过该注册商标,也不能证明因侵权行为受到其他损失的,被控侵权人不承担赔偿责任。

二是善意侵权,是指销售不知道是侵犯注册商标专用权的商品,能证明该商品是自己合法取得并说明提供者的,不承担赔偿责任。此种情况下,由工商行政管理部门责令停止销售。

(二) 商标侵权民事责任的适用

前述几种民事责任的承担方式,在具体应用中,可以单独适用,也可以合并适用。

根据最高人民法院《关于审理商标民事纠纷案件适用法律若干问题的解释》第21条的规定,人民法院在审理侵犯注册商标专用权纠纷案件中,依据《民法通则》《商标法》的规定和案件具体情况,可以判决侵权人承担停止侵害、排除妨碍、消除危险、赔偿损失、消除影响等民事责任,还可以作出罚款,收缴侵权商品、伪造的商标标识和专门用于生产侵权商品的材料、工具、设备等财物的民事制裁决定。罚款数额可以参照《商标法实施条例》的有关规定确定,如该条例第52条规定:"对侵犯注册商标专用权的行为,罚款数额为非法经营额3倍以下;非法经营额无法计算的,罚款数额为10万元以下。"工商行政管理部门对同一侵犯注册商标专用权行为已经给予行政处罚的,人民法院不再予以民事制裁。

(三) 人民法院的临时禁令和其他规定

为保证上述措施得以实现,我国《商标法》结合《知识产权协定》的要求,又增加了若干保护商标专用权的措施,例如人民法院的临时禁令、商标权人的"即发侵权”的制止权以及证据保全和担保的规定等。

人民法院的临时禁令，是指商标注册人或者利害关系人有证据证明他人正在实施或者即将实施其注册商标专用权的行为，如不及时制止，将会使其合法权益受到难以弥补的损害的，可以在起诉前向人民法院申请采取责令停止有关行为和财产保全的措施。

根据我国《商标法》第 65 条的规定，申请临时禁令的条件为：(1) 申请人为商标注册人或者利害关系人；(2) 申请人有证据证明他人正在实施或者即将实施侵犯其注册商标专用权的行为；(3) 对上述行为，如不及时制止，将会使其合法权益受到难以弥补的损害；(4) 申请人向人民法院申请采取责令停止有关行为和财产保全的措施；(5) 申请临时禁令的时间为起诉前。

所谓“即发侵权”是指即将发生的侵权行为。对这种侵权行为，我国《商标法》第 65 条规定，可以在起诉前向人民法院申请采取责令停止有关行为和财产保全的措施。这种规定，旨在保护商标权人的合法利益，将侵权行为扼杀在萌芽状态。

为配合临时禁令的实施，修改后的我国《商标法》还增加了证据保全制度和担保的规定。《商标法》第 66 条规定，为制止侵权行为，在证据可能灭失或者以后难以取得的情况下，商标注册人或者利害关系人可以依法在起诉前向人民法院申请保全证据。人民法院接受申请后，必须在 48 小时内作出裁定；裁定采取保全措施的，应当立即开始执行。人民法院可以责令申请人提供担保，申请人不提供担保的，驳回申请。申请人在人民法院采取保全措施后 15 天内不起诉的，人民法院应当解除保全措施。

(四) 商标权纠纷的诉讼时效和管辖地

根据最高人民法院《关于审理商标民事纠纷案件适用法律若干问题的解释》的有关规定，侵犯注册商标专用权的诉讼时效为 2 年，自商标注册人或者利害关系人知道或者应当知道侵权行为之日起计算。商标注册人或者利害关系人超过 2 年起诉的，如果侵权行为在起诉时仍在持续，在该注册商标专用权有效期限内，人民法院应当判决被告停止侵权行为，侵权损害赔偿数额应当自权利人向人民法院起诉之日起向前推算 2 年计算。商标注册人或者利害关系人在注册商标续展宽展期内提出续展申请，未获核准前，以他人侵犯其注册商标专用权提起诉讼的，人民法院应当受理。

因侵犯注册商标专用权行为提起的民事诉讼，由我国《商标法》第 13 条、第 57 条所规定侵权行为的实施地、侵权商品的储藏地或者查封扣押地、被告住所地人民法院管辖。侵权商品的储藏地，是指大量或者经常性储存、隐匿侵权商品所在地；查封扣押地，是指海关、工商等行政机关依法查封、扣押侵权商品所在地。对涉及不同侵权行为实施地的多个被告提起的共同诉讼,原告可以选择其中一个被告的侵权行为实施地人民法院管辖;仅对其中某一被告提起的诉讼,该被告侵权行为实施地的人民法院有管辖权。

二、商标侵权的行政责任

(一) 商标侵权的行政责任及其方式

商标侵权的行政责任,是指工商行政管理机关依照《商标法》和有关的行政法规对侵权人的商标侵权行为所作出的、由侵权人承担的强制性处罚措施。通过行政程序制裁侵权人,是目前商标权人为维护其注册商标权经常采用的措施。

根据我国《商标法》第 60、61、62 条的规定以及《商标法实施条例》的有关规定,商标侵权的行政责任主要有以下几种方式:

(1) 责令立即停止侵权。

(2) 收缴并销毁侵权商标标识。

(3) 消除现存商品上的侵权商标。

(4) 没收、销毁侵权商品和专门用于制造侵权商品、伪造注册商标标识的工具。

(5) 对侵犯注册商标专用权,尚未构成犯罪的,依照《商标法实施条例》第 52 条的规定,工商行政管理部门可视情节处以罚款。罚款数额为非法经营额 3 倍以下;非法经营额无法计算的,罚款数额为 10 万元以下。上述方式,可视具体情节,单处或者并处。

(二) 当事人对行政处理决定的司法救济

当事人对行政处理决定不服的,可以自收到处理通知之日起 15 天内依照《行政诉讼法》向人民法院起诉;侵权人期满不起诉又不履行的,工商行政管理部门可以申请人民法院强制执行。进行处理的工商行政部门根据当事人的请求,可以就侵犯商标专用权的赔偿数额进行调解;调解不成的,当事人可以依照《民事诉讼法》向人民法院起诉。

(三) 各级工商行政管理部门的职权

县级以上工商行政管理部门根据已经取得的违法嫌疑证据或者举报,对涉嫌侵犯他人注册商标专用权的行为进行查处时,可以行使下列职权:

(1) 询问有关当事人,调查与侵犯他人注册商标专用权有关的情况。

(2) 查阅、复制当事人与侵权活动有关的合同、发票、账簿以及其他有关资料。

(3) 对当事人涉嫌从事侵犯他人注册商标专用权活动的场所实施现场检查。

(4) 检查与侵权活动有关的物品;对有证据证明是侵犯他人注册商标专用权的物品,可以查封或者扣押。

工商行政管理部门依法行使上述职权时,当事人应当予以协助、配合,不得拒绝和阻挠。

三、商标侵权的刑事责任

对于严重侵犯他人注册商标专用权的行为,侵权者应承担刑事责任。

根据我国《商标法》第 57 条和《刑法》第 213、214、215 条的规定,侵犯注册商标专用权构成犯罪的主要有三种罪名,分别是:假冒注册商标罪、销售假冒注册商标商品罪和非法制造、销售非法制造的注册商标标识罪。这些犯罪行为严重地侵犯了商标权人的合法利益,破坏了正常的市场竞争秩序,必须严厉打击。

(一) 侵犯注册商标罪的构成要件

上述三种侵犯注册商标专用权的犯罪都和注册商标有关,一般把它们统称为侵犯注册商标罪。根据刑法的犯罪构成理论,侵犯注册商标罪的构成要件包括以下四个方面:

(1) 犯罪主体。侵犯注册商标罪的犯罪主体可以是自然人,也可以是单位。对单位犯罪的要处以罚金,并对直接负责的主管人员和直接责任人员依法追究刑事责任。

(2) 主观方面。侵犯注册商标犯罪的行为人主观上是出于故意,即明知自己的行为会产生危害社会的后果,以追求非法利益为目的而故意实施法律所规定的犯罪行为。如果行为人主观上出于过失而非故意,则不能按照假冒注册商标罪来追究刑事责任,可以让侵权人承担民事责任或者行政责任。

(3) 犯罪客体。侵犯注册商标的犯罪所侵害的客体是国家对商标的管理活动和注册商标权人的商标权。

(4) 犯罪客观方面。本罪的客观方面具体表现为行为人违反商标管理法规,未经商标权人许可,在同一种商品上使用与其注册商标相同的商标,情节严重的行为。

(二) 侵犯注册商标罪的具体罪名

1. 假冒注册商标罪

假冒注册商标罪,是指行为人未经注册商标权人的许可,在同一种商品上使用与其注册商标相同的商标,情节严重的行为。

如果行为人假冒他人注册商标,违法所得数额较小,没有给商标权人造成很大损失,没有给消费者带来严重的人身和财产方面的损害,那么,行为人的行为只能按照一般的商标侵权行为来处理,而不能追究其刑事责任。

对构成假冒注册商标犯罪的行为人，处3年以下有期徒刑或者拘役，并处或者单处罚金；情节特别严重的，处3年以上7年以下有期徒刑，并处罚金。

2. 销售假冒注册商标商品罪

销售假冒注册商标商品罪，是指行为人明知是假冒注册商标的商品而非法销售，销售数额较大的行为。

这里"销售数额较大"是认定本罪的必要条件。对犯罪行为人，处3年以下有期徒刑或者拘役，并处或者单处罚金；销售金额巨大的，处3年以上7年以下有期徒刑，并处罚金。

3. 非法制造、销售非法制造的注册商标标识罪

非法制造、销售非法制造的注册商标标识罪，是指行为人违反商标管理法规，伪造、擅自制造他人注册商标标识或者销售伪造、擅自制造的注册商标标识，情节严重的行为。

根据刑法的规定，犯本罪的，对行为人处3年以下有期徒刑、拘役或者管制，并处或者单处罚金；情节严重的，处3年以上7年以下有期徒刑，并处罚金。如果单位犯以上罪行，对单位判处罚金，对其直接负责的主管人员和其他直接责任人员，依照上述规定进行定罪量刑。

[思考题]

1. 何谓商标的反向假冒?

2. 简述商标侵权行为的表现方式。

3. 简述商标侵权行为的民事责任。

4. 下面三种行为哪些构成商标侵权?

(1) 深圳一公司将"海尔"商标作为该企业空调产品上的商品装潢使用；

(2) 广州一公司将"可口可乐"商标作为该企业的字号突出使用在一种新饮料产品上；

(3) 香港一公司将内地企业"Kelong"空调的商标，在互联网上注册为域名。

第二十四章　驰名商标的认定和保护

［**内容提要**］ 驰名商标的法律保护是一项比较特殊的商标法律制度，是商标法中的重要内容。本章主要介绍了驰名商标的概念、认定的机构和标准以及我国对驰名商标的保护，国际社会对驰名商标的认定和保护的情况。

［**关键词**］ 驰名商标　认定标准　相关公众　特殊保护

第一节　驰名商标概述

一、驰名商标的概念

（一）驰名商标的定义

驰名商标（well-known trademark），是指经过长期使用，在市场上享有较高声誉，并为公众所熟知的商标。它是一个国际通用的法律术语。

最早提出这一概念的是《巴黎公约》1925 年海牙文本第 6 条之 2 款。1934 年在伦敦、1958 年在里斯本对《巴黎公约》的这一条款作了两次修改。但迄今为止，国际社会还未对驰名商标有一个公认的定义。

（二）驰名商标的特征

驰名商标和一般商标相比，其特征主要有：

1. 驰名商标使用的时间比较长

驰名商标不管注册与否，其使用一般都有较长的历史，如“可口可乐”商标的使用已有百年时间，我国的“张小泉”商标也有很长的历史。

2. 驰名商标在市场上享有较高信誉

驰名商标的商品一般是质量稳定和可靠的、消费者认知程度很高的商品。商品的质量高，附着在商品上的商标自然为人们所称颂。如“海尔”电器，不仅商品本身质量优异，而且售后服务很及时，有很高的市场占有率。

3. 驰名商标为公众所熟知

由于驰名商标的所有者经营的商品或提供的服务信誉卓著，其产品或服务质量优异，具有较高的知名度，深得消费者信赖。人们会逐渐了解、熟知该商品的商标，这就逐渐形成了一个相对稳定的消费群体。

4. 驰名商标的构成要素更具有显著性

驰名商标的设计一般比较突出、醒目，消费者易认易记，有很强的识别性。如体育用品商标“Nike”（耐克），是希腊神话中胜利女神的意思，在其字母下面有一个钩形图案，共同组成了耐克的商标，让人印象深刻。

5. 驰名商标的保护有其特殊性

各国立法都对驰名商标实行特殊保护，不论驰名商标是否注册，商标所有人都有禁止他人使用和注册的权利。对已注册的驰名商标实行跨类保护。

二、驰名商标保护的意义

由于驰名商标和知名品牌巨大的商业价值和影响力，它们对一个国家和地区的经济发展意义重大，驰名商标的多寡也成为该国家或地区经济发展的实力象征。

毋庸置疑，驰名商标是企业在市场竞争中的有利武器和法宝。我国的驰名商标是中国民族工业的龙头，是中国未来经济发展的希望。对驰名商标进行保护意义重大。

1. 保护驰名商标是社会经济发展的客观需要

在市场经济条件下，驰名商标综合反映了企业的经营素质、技术状况、管理水平、营销技能、竞争实力。从某种意义上讲，驰名商标就是重要的生产力，就是市场，就是效益，保护驰名商标就是保护产生力。

2. 保护驰名商标是建立社会主义市场经济的内在要求

驰名商标所具有的高知名度、高市场占有率、高创利能力，易为不正当竞争者所觊觎，一些不法企业和个人为追求高额的不当利益，不择手段，从公然假冒驰名商标，发展到以他人驰名商标作为企业字号，抄袭驰名商标等手段，贬低、淡化驰名商标。根据有关资料分析，除少量因市场因素沉沦的以外，凡市场好、发展快的驰名商标，大多陷于被假冒、侵权的泥潭中。

市场经济是法治经济，其灵魂是公平、有序的竞争。要把驰名商标保护工作放到重要位置上，严厉打击各种侵害驰名商标的不法行为，扫清市场障碍，建立竞争有序的市场运行机制，为驰名商标的生存和发展创造良好的社会经济环境，这既体现了国家、企业和消费者的根本利益，也符合我国建立社会主义法治国家和市场经济体制的要求。

3. 保护驰名商标是加快我国参与国际竞争的重要条件

在现代市场经济中，国与国之间、地区与地区之间、企业与企业之间的经济竞争已集中表现为商标的竞争，市场向高信誉商标聚集，驰名商标瓜分市场成为一种经济现象。近几年来，随着国际统一大市场的形成和中国加入世贸组织，大批国际驰名商标迅速抢占中国市场。驰名商标的保护状况成为衡量一个国家知识产权保护水平的一个重要标志。随着我国对外开放水平的不断提高,经济与国际接轨的进程加快,客观上要求我国对驰名商标的保护工作也要不断加强。我们不仅要保护中国的驰名商标,也要保护外国的驰名商标,这是我国经济参与国际经济竞争的必然趋势,也有利于创造良好的投资环境,吸引更多的外资,推动中国经济快速发展。

三、我国关于驰名商标的立法规定

我国在1982年制定的《商标法》中没有关于驰名商标的规定。自1985年加入《巴黎公约》以后,在商标管理、商标保护工作中,商标主管机关对《巴黎公约》的成员国的驰名商标给予了应有的保护。

从1989年起,原国家工商行政管理局开始对国内的驰名商标进行认定。1995年2月,国务院知识产权办公会议制定了《有效保护及实施知识产权的行动计划》,对驰名商标的保护作出了明确的规定。为了规范驰名商标的认定与保护,原国家工商行政管理局在1996年8月14日发布了《驰名商标认定和管理暂行规定》。中国已加入世界贸易组织,为了和《知识产权协定》相衔接,2001年10月27日,全国人大常委会对《商标法》进行了第二次修改,增加了对驰名商标认定和保护的规定。国务院于2002年8月3日公布的《商标法实施条例》,也包含了对驰名商标保护的条款,该条例自2002年9月15日起施行。为配合修改后的《商标法》的实施,2003年4月17日国家工商行政管理总局又发布了《驰名商标认定和保护规定》,该规定自2003年6月1日起施行,《驰名商标认定和管理暂行规定》同时废止。对驰名商标进行保护的还有2001年7月17日最高人民法院公布的《关于审理涉及计算机网络域名民事纠纷案件适用法律若干问题的解释》、2002年10月12日最高人民法院公布的《关于审理商标民事纠纷案件适用法律若干问题的解释》、2006年11月12日最高人民法院的《关于建立驰名商标司法认定备案制度的通知》、2009年4月22日最高人民法院通过的《关于审理涉及驰名商标保护的民事纠纷案件应用法律若干问题的解释》等法律文件。2013年8月30日,全国人大常委会对《商标法》进行了第三次修改,再度增加了对驰名商标认定、保护和规范使用的规定。可见,目前我国对驰名商标的保护已进入正常的法制轨道且日益科学。

第二节　驰名商标的认定

驰名商标的认定,包括驰名商标的认定机构、认定标准和认定程序等三个方面的内容。

一、驰名商标的认定机构

对驰名商标的认定机构,《巴黎公约》作了原则性规定:驰名商标的认定必须由国家法律规定的机关进行。

我国目前对驰名商标的认定机构有两类:

(一)国家工商行政管理总局商标局及商标评审委员会对驰名商标的认定

根据我国《商标法实施条例》第5条的规定,在商标注册、商标评审过程中产生争议时,有关当事人认为其商标构成驰名商标的,可以相应向商标局或者商标评审委员会请求认定驰名商标,驳回违反《商标法》第13条规定的商标注册申请或者撤销违反《商标法》第13条规定的商标注册。有关当事人提出申请时,应当提交其商标构成驰名商标的证据材料。商标局、商标评审委员会根据当事人的请求,在查明事实的基础上,依照《商标法》第14条的规定,认定其商标是否构成驰名商标。在商标注册审查、工商行政管理部门查处商标违法案件过程中,当事人依照《商标法》第13条规定主张权利的,商标局根据审查、处理案件的需要,可以对商标驰名情况作出认定。在商标争议处理过程中,当事人依照《商标法》第13条规定主张权利的,商标评审委员会根据处理案件的需要,可以对商标驰名情况作出认定。

由此可见,在我国驰名商标的认定机关是国家工商行政管理总局商标局及商标评审委员会。通过民间组织或行业主管部门评选出来的"驰名商标",在我国没有法律效力,也得不到法律的特别保护。

根据我国《驰名商标认定和保护规定》的要求,驰名商标称号从2003年6月1日起不再由商标行政主管部门进行"批量"的评比认定,今后企业"驰名商标"称号的唯一作用是按照"个案认定"、"被动保护"的原则更好地解决商标侵权纠纷。

所谓个案认定,说明驰名商标并不代表某种产品的"终极结果",按照新规定,一个企业即使以前没有申请和获得过"中国驰名商标"的称号,当商标被抢注、复制、摹仿或者被登记成企业名称时,如果企业能够证明自己的商标驰名,就可以向商标局申请认定自己为驰名商标,撤销侵权方的注册商标或者登记的企业名称,从而保护自己的合法权益。

所谓被动保护,是指驰名商标只对某个被侵权企业的商标纠纷有意义,而不是针对全社会。驰名商标实质上是一种产品的客观市场声誉,它有许多量化的内在指标,如销售量、市场占有率等。由此可见,我国《驰名商标认定和保护规定》的实施将进一步明确政府的职能,即政府退出市场竞争领域,不再干预企业的市场行为,而是全力去创造一种保护驰名商标的法律环境。

(二) 人民法院对驰名商标的认定

根据《商标法》第14条,在商标民事、行政案件审理过程中,当事人依照《商标法》第13条规定主张权利的,最高人民法院指定的人民法院根据审理案件的需要,可以对商标驰名情况作出认定。在我国的司法实践中,人民法院对驰名商标的认定问题,是随着计算机网络域名案件的审理而日益凸现出来的。

2000年6月20日,北京市第二中级人民法院对荷兰英特艾基公司诉北京国网信息有限责任公司商标侵权及不正当竞争纠纷案作出一审判决:判决国网公司注册的域名"ikea. com. cn"无效。这是我国人民法院首次在审判中对驰名商标进行认定和保护的涉外域名和商标纠纷案件。①

2001年7月17日,最高人民法院公布了《关于审理涉及计算机网络域名民事纠纷案件适用法律若干问题的解释》(以下简称《解释》)。《解释》第6条规定,人民法院审理域名纠纷案件,根据当事人的请求以及案件的具体情况,可以对涉及的注册商标是否驰名依法作出认定。

法院在个案中对驰名商标作出认定,也是国际社会通常的做法。如1974—1991年,法国法院通过判决方式认定以下商标为驰名商标:Coca-Cola(饮料)、Michelin(橡胶产品、旅游指南及地图)、Bulgari(珠宝首饰)、Guerlain(香水)、Foker(果酱)、Sony(视听产品)、Chteau Latour(葡萄酒)、Chanel(皮包、香水、手表等)、Wrangler(牛仔裤)、Chteau Margaux(葡萄酒)、Anne de Solne(布类)。

在《解释》中还规定了人民法院对驰名商标认定的具体操作方法。对驰名商标的认定,实质上是对变化中的案件事实的确认,也是人民法院行使审判权查明案件事实的组成部分。该《解释》出台于中国加入世界贸易组织前夕,因为按照《知识产权协定》的要求,将司法裁判作为知识产权争议的最终解决方法,是该组织的一项基本规则。所以,实行驰名商标的司法确认权,也是我国加入世界贸易组织后的一项义务。为此,最高人民法院《关于审理商标民事纠纷案件适用法律若干问题的解释》第22条规定:"人民法院在审理商标纠纷案件中,根据当事人的请求和案件的具体情况,可以对涉及的注册商标是否驰名依法作出认定。认定驰名商标,应当依照《商标法》第14条的规定进行。当事人对曾经被行政主管机关或者人民法院认定的驰名商标请求保护的,对方当事人对涉及的商标驰名不持异议,人民法院不再审查。提出异议的,人民法院依照《商标法》第14条的规定审查。"

根据上述人民法院的司法解释,我们认为:

第一,人民法院有权认定驰名商标。

① 《知识产权大事记(2000年)》,载《电子知识产权》2001年第1期。

这种规定打破了只有国家工商行政管理总局才有权认定驰名商标的格局，符合国际惯例，而且有利于保护商标权人的合法利益。商标是否驰名，属于人民法院根据其职权需要对案件进行查明的事实问题。

第二，人民法院认定驰名商标采取被动认定、作为事实认定和个案认定的原则。

为相关公众所熟知的商标，持有人认为其权利受到侵害时，可以依照本法规定请求驰名商标保护。驰名商标应当根据当事人的请求，作为处理涉及商标案件需要认定的事实进行认定。即驰名商标的认定不能作为当事人的诉讼请求被提出，只能作为查证案件事实的过程中的一项事实被认定。此外，人民法院在审理具体的商标纠纷案件中，根据当事人的请求和案件的具体情况，对本案中的商标是否驰名进行认定。这种认定属于被动认定和个案认定。

第三，人民法院认定驰名商标的标准。

人民法院认定驰名商标时，应当按照《商标法》第 14 条的规定，对各项要素进行逐一审查，符合条件的，可以认定为驰名商标。

第四，对驰名商标是否要重新审查和认定。

对已被认定为驰名商标的，在商标侵权诉讼中，是否需要重新认定？实践中，商标是否驰名和商标注册人的经营状况及市场竞争密不可分，它是动态的，不是一成不变的，因此需要对该驰名商标进行再次认定。根据最高人民法院《关于审理涉及驰名商标保护的民事纠纷案件应用法律若干问题的解释》第 7 条，被诉侵犯商标权或者不正当竞争行为发生前，曾被人民法院或者国家工商行政管理总局认定驰名的商标，被告对该商标驰名的事实不持异议的，人民法院应当予以认定。被告提出异议的，原告仍应当对该商标驰名的事实负举证责任，人民法院依照《商标法》第 14 条的规定审查。这样规定，就简化了一部分认定程序，避免了重复劳动。同时也充分尊重了当事人的意愿，对提高办案效率也很有利。

第五，认定驰名商标的效力。

根据上述解释的精神，驰名商标的司法和行政认定的效力仅存在于个案中。在涉及驰名商标保护的民事纠纷案件中，人民法院对于商标驰名的认定，仅作为案件事实和判决理由，不写入判决主文；以调解方式审结的，在调解书中对商标驰名的事实不予认定。行政机关的认定和人民法院的认定效力相同。当事人对已经认定为驰名商标的商标有异议的，人民法院还要依照《商标法》第 14 条的规定进行审查。

二、驰名商标的认定标准

关于驰名商标的认定标准，即驰名商标的构成条件，《巴黎公约》未作明确规定。《知识产权协定》对驰名商标的认定标准只作了原则性规定。为了协调各国关于驰名商标的构成条件的认识,一些国际组织制定了认定驰名商标的标准。如国际商会1996年9月18日通过的《驰名商标保护决议案》;1999年9月,保护工业产权巴黎联盟及世界知识产权组织大会通过的《关于驰名商标保护规定的联合建议》(以下简称《联合建议》)等。

《联合建议》有几点内容值得我们重视:第一,重申了对驰名商标的保护只需要有较大的知名度,而并不要求在有关国家实际使用;第二,规定对驰名商标的保护同样适用于服务商标;第三,在某些方面突破了《巴黎公约》对驰名商标的保护。

结合上述国际社会对驰名商标的认定标准及我国的实践,《商标法》第14条规定了认定驰名商标应当考虑的因素:

（一）相关公众对该商标的知晓程度

这是构成驰名商标最基本的条件。根据《驰名商标认定和保护规定》的要求,应注意以下几点:

（1）这里的相关公众,包括与使用商标所标示的某类商品或者服务有关的消费者,生产前述商品或者提供服务的其他经营者以及经销渠道中所涉及的销售者和相关人员等。

（2）本规定中的驰名商标是指在中国为相关公众广为知晓并享有较高声誉的商标。在外国驰名的商标如果不为中国的相关公众知晓,不能认定为驰名商标。最高人民法院《关于审理涉及驰名商标保护的民事纠纷案件应用法律若干问题的解释》第1条与此相一致,规定驰名商标是指在中国境内为相关公众广为知晓的商标,对商标驰名的地理范围进行了限定。

（3）驰名商标要享有较高声誉。一个商标的知名度越高,其信誉越高,该商标会对消费者产生强大的吸引力,市场占有率也就越高。

（二）该商标使用的持续时间

商标使用的时间越长,证明该商标所标示的商品或服务质量优异,为广大消费者所认可。

世界驰名商标的持续使用历史均较长。如"索尼"、"万宝路"等,已使用几十年甚至上百年。在其他国家的案例中,也把商标使用的时间作为认定驰名商标的条件之一。如在1984年法国巴黎上诉法院判例中,法院认定"Liberty"商标为驰名商标,其主要根据之一就是,该商标自1893年就成功地获得了注册,并且从未中断过续展,从1962年起就在法国有名的商标事典上被记载。[①]

---

① 参见郑成思著:《知识产权法》,法律出版社2003年版,第185页。

（三）该商标宣传工作的持续时间、程度和地理范围

对商标进行宣传，是广大消费者知晓该商标及商品或服务的有效手段。宣传的力度越大，范围越广，消费者熟知的程度越高，商品的销售和覆盖面就越广泛，商标的信誉和知名度也就越高。如美国的“麦当劳”快餐，德国的“大众”汽车，因行销世界多国而闻名，其商标和商品的宣传程度和覆盖的地理范围是生产同类商品的其他企业无法比拟的。世界上一些国家也把商标的广告宣传力度和宣传的地域范围作为认定驰名商标的条件之一。

（四）该商标作为驰名商标受保护的记录

这也是认定驰名商标的条件之一。如果一个商标曾被国家工商行政管理总局认定为驰名商标，或者在诉讼中被人民法院认定为驰名商标而受到保护的，可以作为认定驰名商标的因素之一来考虑。

（五）该商标驰名的其他因素

这里的其他因素包括产品质量、销售量和区域等。

根据《驰名商标认定和保护规定》第10条的精神，商标局、商标评审委员会在认定驰名商标时，应当综合考虑上述各项因素，但不以该商标必须满足上述规定的全部因素为前提。换言之，只要具备上述条件中的任一个因素，就可能认定为驰名商标，并不要求必须符合上述所有条件。

三、驰名商标的认定程序

对驰名商标的认定有两种方式：主动认定和被动认定。

主动认定，是指商标主管机关根据法律规定的标准，对某商标是否为驰名商标的认定，这种认定，又称为事前认定。

被动认定，是指在发生商标权益纠纷之后，应申请人的请求，商标主管机关或人民法院对其商标是否为驰名商标依法作出的认定，这种认定，又称为事后认定或个案认定。

一般而言，商标行政机关的认定包括主动认定和被动认定。法院只采用被动认定方式。目前，西方国家普遍采用的是个案、被动认定方式。根据个案来认定驰名商标，这种认定具有很强的针对性，有利于解决已经发生的权利纠纷，当事人能够及时得到法律的救济。主动认定是行政机关认定驰名商标的主要方式，有利于申请人预防可能发生的纠纷。但主动认定不符合国际惯例。

我国从2003年6月1日起，对驰名商标的认定主要采用被动认定的方式。国家工商行政管理总局商标局或商标评审委员会为驰名商标的认定机构；人民法院在司法实践中，针对当事人的申请和个案的情况，也可以对本案中的商标是否驰名依法进行认定。为防止驰名商标认定被异化，针对该类案件的管辖权，最

高人民法院发布了专门通知。根据2009年1月6日最高人民法院印发的《关于涉及驰名商标认定的民事纠纷案件管辖问题的通知》,从通知下发之日起,涉及驰名商标认定的民事纠纷案件,由省、自治区人民政府所在地的市、计划单列市中级人民法院,以及直辖市辖区内的中级人民法院管辖。其他中级人民法院管辖此类民事纠纷案件,需报经最高人民法院批准,未经批准的中级人民法院不再受理此类案件。

企业商标权受到以下损害时,可以申请认定驰名商标:(1)他人将与申请人申请认定商标相同或者近似的标识在非类似商品或者服务上注册或者使用,可能损害申请人权益的;(2)他人将与申请人申请商标相同或者近似的文字作为企业名称的一部分登记或者使用,可能引起公众误认的;(3)申请人申请认定的商标在境外被他人恶意注册,可能对申请人在境外的业务发展造成损害的;(4)申请人申请认定商标的权益受到其他损害而难以解决的。[①]

各级工商行政管理部门要建立相应的监督机制,制定相应的监督制约措施,加强对驰名商标认定工作全过程的监督检查。参与驰名商标认定工作的有关人员,滥用职权、徇私舞弊、牟取不正当利益,违法办理驰名商标认定有关事项的,依法给予处分;构成犯罪的,依法追究刑事责任。

第三节　驰名商标的特殊保护

为保护驰名商标权人的合法利益,防止不正当竞争行为,国际公约和各国立法纷纷对驰名商标给予特殊保护。所谓特殊保护是指,尽管商标未在成员国注册,但只要其在该国驰名,就应有权禁止他人的注册和使用。

一、国际公约对驰名商标的保护

(一)《巴黎公约》对驰名商标的保护

最早在国际公约中对驰名商标进行保护的是1883年缔结的《巴黎公约》。

公约要求,任何成员国,在本国法律允许的条件下,对于其他成员国主管机关认为已成为驰名商标的该国商标,有义务给以保护。该公约第6条之二专门规定了对驰名商标保护的三项内容:第一,一个商标如经注册国或使用国主管机关认为是属一个享有本公约保护的人所有,用于相同或类似商品上,系已在该国驰名的商标的伪造、摹仿或翻译,易于造成混淆,本同盟成员国都要按其本国法

① 参见2000年4月28日原国家工商行政管理局商标局发布的《关于申请认定驰名商标若干问题的通知》。

律允许的职权,或应有关当事人的请求,拒绝或取消注册,并禁止使用。这些规定也适用于主要部分显系伪造或摹仿另一驰名商标易于造成混淆的商标。第二,自注册之日起至少5年内应允许提出取消这种商标的请求。本同盟成员国可自行规定请求禁止使用的期限。第三,不应对请求取消或禁止使用以欺诈取得注册的或使用的商标规定期限。

根据上述《巴黎公约》的规定,对驰名商标的特殊保护措施主要有:

第一,未注册的驰名商标的使用人享有禁止他人使用的权利。未注册的驰名商标的使用人有权禁止他人在相同或类似的商品上使用与该驰名商标相同或近似的商标。

第二,商标主管机关对抢注的商标可以拒绝或撤销注册。凡是被成员国认定为驰名商标的,该商标的使用人未注册的,他人在先申请注册的,商标注册国或使用国的商标主管机关可以依职权或者根据利害关系人的请求,拒绝对该商标给予注册;如果已经注册的,应宣告撤销该商标的注册。

第三,提出撤销注册商标的最低期限。驰名商标所有人对他人已注册的,自注册之日起至少5年内可以提出撤销该注册商标;如果该注册是恶意的,则请求撤销的时间不受限制。

(二)《知识产权协定》对驰名商标的规定

1994年生效的《知识产权协定》,也规定了对驰名商标的保护。和《巴黎公约》相比,《知识产权协定》对驰名商标的保护有所进步,主要表现在:

第一,将驰名商标的保护范围扩大到驰名的服务商标。《知识产权协定》第16条第2款规定:《巴黎公约》(1967年)第6条之二应比照适用于服务。

第二,拓展了驰名商标权利人的权利范围。《知识产权协定》把驰名商标所有人禁止权的范围扩大到不类似的商品或服务上。[①]

第三,对认定驰名商标的标准作了原则规定。《知识产权协定》第16条第2款规定:在确定一项商标是否驰名时,各成员国应考虑公众对该商标的知晓程度,包括该商标因宣传而在有关成员国为公众知晓的程度。可见,认定驰名商标的原则标准为相关公众对该商标的知晓程度以及商标的宣传程度等。

二、部分国家对驰名商标的保护

(一)美国对驰名商标的保护

美国系判例法国家,一方面采用立法对驰名商标进行保护,另一方面通过大量的判例形式对驰名商标予以保护。如"柯达"彩卷商标被禁用于自行车和打

① 参见《知识产权协定》第16条第3款。

火机;“罗尔斯·罗伊斯”汽车商标被禁用于无线电视等。

美国成文的立法,主要是依据州立的“反淡化法”。1947 年马萨诸塞州首先制定了《商标反淡化法》。随后各州开始仿效,纷纷公布了本州的商标反淡化法。1996 年,美国国会正式通过了《联邦反淡化法》。

“淡化”在实际中会造成对驰名商标的损害,主要表现为:

第一,丑化了驰名商标。如将食品用的商标稍加改动用在卫生用品上,就属于一种丑化行为。

第二,暗化了驰名商标。如把他人和商品相联系的具有显著性的驰名商标,用在其他商品或服务上:“万宝路”是用在香烟上的驰名商标,如果有人将其商标用在服装上并长久使用,“万宝路”商标的显著性和知名度会逐渐下降。这就属于暗化驰名商标的行为。

第三,他人的不当使用造成驰名商标成为商品的通用名称。故意以曲解的方式将驰名商标演绎为一种概念,如把“摩托罗拉”解释为手机,把“氟利昂”定义为制冷剂等,就属于对他人驰名商标的不当使用。久而久之,该驰名商标就逐渐演变为商品的通用名称,从而失去其显著性。

根据美国法律,只有驰名商标才有权禁止他人淡化。

（二）法国对驰名商标的保护

法国 1987 年颁布的《商标法》未对驰名商标进行规定。但法院判例早已对驰名商标给予了特殊保护。1974—1991 年,法院通过判决,确认了索尼、可口可乐等 11 个商标为驰名商标。法国对驰名商标的认定一般是由法院个案、被动地认定,即某个驰名商标需要受到特殊保护时,由法院予以认定。

1964 年法国的《商标法》增加了对驰名商标的保护条款。该法第 4 条第 2 款规定:合乎《巴黎公约》第 6 条之二的驰名商标权人,对于与其足以发生混淆的商标的注册,可以申请撤销。该请求权自后者善意注册之日起 5 年内不行使而消灭。这条规定和《巴黎公约》的内容是一致的。

（三）德国对驰名商标的保护

《德国商标法》明文规定了对驰名商标的保护。该法第 4 条第 2 款第 5 项规定,商标主管机关对于与驰名商标容易发生混淆的商标申请注册使用于同一商品或者类似商品的,应予以驳回。这一规定有三层法律意义:第一,商标的驰名性足以代替注册的优先性。驰名商标无须注册,便可受到商标法的保护。第二,商标的驰名性足以弥补显著性的缺陷。商标的显著性是取得注册的重要条件之一,如果商标缺乏显著性,则不予注册。但驰名商标例外,只要因使用而产生了知名度,具有了第二含义,就可以受到保护。第三,商标的保护范围因商标的驰名性而扩大。

三、我国立法对驰名商标的保护

我国《商标法》参照《巴黎公约》和《知识产权协定》的规定，规定了对驰名商标的法律保护，其保护范围基本上和国际公约一致。具体而言，我国立法对驰名商标的保护主要包括以下内容：

（一）对未在中国注册的驰名商标也给予保护

我国对驰名商标的保护已经不局限于注册商标，根据《商标法》的规定，在商标注册阶段，在相同或者类似商品上申请注册的商标，如果是通过复制、摹仿或者翻译他人未在中国注册的驰名商标，而且容易造成混淆的，商标局将不给予注册并禁止其使用。在商标使用阶段，为相关公众所熟知的商标的持有人认为其权利受到侵害时，可以依照本法规定请求驰名商标保护。根据最高人民法院《关于审理商标民事纠纷案件适用法律若干问题的解释》的规定，复制、摹仿、翻译他人未在中国注册的驰名商标或其主要部分，在相同或者类似商品上作为商标使用，容易导致混淆的，应当承担停止侵害的民事法律责任，但并不承担其他民事责任。

（二）扩大了对注册的驰名商标的保护范围

为了体现出对注册的驰名商标的特殊保护，我国《商标法》将对注册的驰名商标的保护范围扩大到"不相同或者不相类似商品上"，只要是复制、摹仿或者翻译他人已在中国注册的驰名商标，误导公众，使该驰名商标注册人的利益可能受到损害的，不予注册并禁止使用。对这种侵权行为，侵权人应承担包括赔偿在内的各种民事责任。显然，对已在中国注册的驰名商标的保护力度要大于未注册的驰名商标。这种以是否注册来区分不同责任的规定，不仅符合《巴黎公约》和《知识产权协定》对驰名商标保护的基本要求和国际上通行的做法，而且也符合中国国情。

（三）驰名商标所有人享有特殊期限的排他权

根据我国《商标法》第45条的规定，已经注册的商标，与驰名商标发生冲突的，自商标注册之日起5年内，在先权利人或者利害关系人可以请求商标评审委员会宣告该注册商标无效；对恶意注册的，驰名商标所有人不受5年的时间限制。

（四）禁止将他人的驰名商标作为企业名称使用

实践中存在将他人注册商标、未注册的驰名商标作为企业名称中的字号使用的行为。根据《商标法》，如果此种行为误导公众，构成不正当竞争行为，依照《中华人民共和国反不正当竞争法》处理。此外，《驰名商标认定和保护规定》第13条规定："当事人认为他人将其驰名商标作为企业名称登记，可能欺骗公众或者对公众造成误解的，可以向企业名称登记主管机关申请撤销该企业名称登记，企业名称登记主管机关应当依照《企业名称登记管理规定》来处理。”

对于请求禁止他人在不相类似商品上使用与其驰名的注册商标相同或者近似的商标或者企业名称的，法院应当根据案件具体情况，综合考虑以下因素后作出裁判：该驰名商标的显著程度；该驰名商标在使用被诉商标或者企业名称的商品的相关公众中的知晓程度；使用驰名商标的商品与使用被诉商标或者企业名称的商品之间的关联程度；其他相关因素。

四、企业自身对驰名商标的保护

尽管对驰名商标的保护已经有了立法依据，人民法院和行政执法机关也提供相应的司法和行政保护，但企业更要加强自身对其驰名商标的保护。和上述保护方式相比，这是一种较有效和低成本的保护方式。

（一）了解商标法对商标权的保护途径

根据《商标法》的规定，一旦发生侵权纠纷，权利人对商标权进行保护的途径有多种，如可以协商解决，不愿协商或者协商不成的，还可通过行政和司法途径对驰名商标进行及时的保护。侵权人不仅要承担民事责任、行政责任，情节严重的还要承担刑事责任。

（二）注册联合商标和防御商标

从国外的立法来看，允许商标权人注册联合商标和防御商标以保护自己的驰名商标。如日本的“SONY”商标，不仅在电器产品上注册，而且在其他产品和服务项目上也申请了注册。同时，索尼公司还将“SUNY”、“SONNY”、“SOHNY”等类似商标申请注册为联合商标，以对其注商标“SONY”进行保护。我国《商标法》对此虽未明确规定，但在商标实务和企业的商标保护策略中，不少企业已经注册了联合商标和防御商标，以期对自己的驰名商标进行全方位的保护。联合商标和防御商标的注册可起到积极的防卫作用，使商标侵权者无隙可乘。企业通过实施注册联合商标和防御商标策略，不仅保护了驰名商标，维护了消费者的利益，而且可以有效地防止他人在不同类别的商品或服务上使用其商标，防止消费者对商品的来源产生误认。

（三）及时行使异议权和撤销权

拥有驰名商标的企业应及时关注商标局发布的商标初审公告和注册公告，对和自己的驰名商标相同或近似的商标应及时行使异议权和撤销权，防止他人对驰名商标造成损害。

（四）将驰名商标在互联网上登记注册为域名

随着计算机的普及和国际互联网的迅速发展，企业之间的电子商务交易越来越多。企业要在这个市场上占有一席之地,必须首先要在互联网上注册一个域名。多数企业以自己的驰名商标、主商标或企业的名称作为域名登记注册,这样做不仅可以防止他人抢注,而且便于其他企业和消费者识别和记忆。如微软公司的域名为“microsoft. com”,耐克公司的域名为“nike. com”等。

(五) 将驰名商标与企业的广告用语以及企业的名称保持一致

注册商标、商务用语和企业名称三位一体,便于企业宣传,提升其整体知名度和认知度。一些驰名商标的企业名称和广告用语均是一致的,如青岛海尔电器的商标用语“海尔,真诚到永远”,瑞士雀巢公司的咖啡广告“雀巢咖啡,滴滴香浓”,四川长虹电视的广告用语“天上彩虹,人间长虹”,维维豆奶的广告用语“维维豆奶,欢乐开怀”等。这些都是对驰名商标实施保护策略的成功实例。

五、对驰名商标不规范使用行为的禁止

驰名商标是一个时间点的事实状态,并非是一个持续性状态,根据《商标法》,只有商标局、商标评审委员会及人民法院在具体案件审理过程中才能认定驰名商标。而在实践中,许多企业将其商标自封“中国驰名商标”并用于产品包装或者各种户外广告,把驰名商标当成荣誉称号进行片面宣传,旨在吸引消费者并获得优于同行的竞争优势。鉴于此类行为扰乱了市场秩序,构成了不正当竞争,不利于营造公平竞争的市场秩序,《商标法》第 14 条、第 53 条明确规定,生产、经营者不得将“驰名商标”字样用于商品、商品包装或者容器上,或者用于广告宣传、展览以及其他商业活动中。违者由地方工商行政管理部门责令改正,处 10 万元罚款。这些规定有利于引导驰名商标回归其立法本意,促使企业在尊重市场竞争规则的前提下加强商标培育,切实提升其商标的市场竞争力。

[思考题]

1. 驰名商标和一般商标相比有何特点?
2. 简述我国驰名商标的认定机构。
3. 我国对驰名商标的认定标准是什么?
4. 国际公约如何对驰名商标进行保护?
5. 论述我国对驰名商标的保护。

第二十五章　商标权的限制

[内容提要]　本章是商标法中的重点，主要介绍了商标权限制的意义和类型、商标合理使用的条件、商标先用权的含义和条件以及国内外关于商标平行进口的相关立法。

[关键词]　商标权限制　合理使用　连带使用　先用权　权利用尽

第一节　商标权限制概述

商标权的限制是指因商标权和他人的权利及社会公众利益发生冲突，为了平衡各方的利益，在某些情形下，法律对商标权人权利的行使和保护作出限制的规定。

任何权利都是有限制的。商标权同其他知识产权一样，不仅有地域性、时间性、专有性等限制，还应当从权利内容方面加以限制。如我国《专利法》和《著作权法》中均有对专利权和著作权的限制的规定。[①] 我国《商标法》对商标权的限制也作出了明确的规定。

纵观世界其他国家的商标法，在商标权的限制方面均有相应的规定，如英国1994年10月颁布的《商标法》第11条规定：一个人使用自己的名字或地址不侵犯他人的注册商标。[②]《法国知识产权法典》第L.713-6条规定，商标注册并不妨碍在下列情况下使用与其相同和近似的标记：第一，用公司名称、厂商名称或标牌，只要该使用先于商标注册，或者是第三人善意使用其姓氏；第二，标批商品或服务尤其是零部件的用途时必需的参照说明，只要不至于导致产源误认。但是，这种使用损害注册人权利的，注册人得要求限制或禁止其使用。

在国际公约中，《知识产权协定》第17条是关于商标权的例外规定：缔约方可以规定对商标所赋予权利的例外，例如善意使用描述性词语等，其条件是这样的例外应考虑商标所有者和第三方的合法利益。

通过分析上述立法，可以看到商标权的限制的类型大致包括以下几方面内容：商标合理使用、商标连带使用、商标先用权以及商标权的用尽等。在现实生活中，只要他人是善意正当地使用商标，商标权人就无权干涉。

---

① 参见我国《专利法》第48—51条和《著作权法》第22、23条。

② 参见卞耀武主编：《当代外国商标法》，人民法院出版社2003年版，第81页。

第二节　商标合理使用

一、商标合理使用的含义

商标合理使用(fair use)是指在一定条件下,使用他人的注册商标,不视为侵犯商标权的一种行为。同专利权和著作权的合理使用制度一样,商标合理使用是一种重要的侵权抗辩事由。

商标合理使用在许多国家的商标法中均有规定。如《法国知识产权法典》第L.713-6条、《欧共体商标条例》第6条、《德国商标法》第23条、《意大利商标法》第1条之二、《日本商标法》第26条等。以欧盟为例,其规定如下:商标所有人无权制止第三方在商业中使用自己的名称或地址,或者有关品种、质量、数量、价值、原产地等特点的标志,只要上述使用符合工商业中的诚实惯例。

二、我国关于商标合理使用的规定

我国《商标法》在2001年修改前未规定商标权的合理使用问题。原国家工商行政管理局根据多年的实践经验,于1999年12月29日发布了《关于商标行政执法中若干问题的意见》,其中第9条就规定了商标合理使用的内容,明确指出下列行为不属于商标侵权:(1)善意地使用自己的名称或者地址;(2)善意地说明商品或者服务的特征或者属性,尤其是说明商品或者服务的质量、用途、地理来源、种类、价值及提供日期。《商标法实施条例》第49条专门规定:"注册商标中含有的本商品的通用名称、图形、型号,或者直接表示商品的质量、主要原料、功能、用途、重量、数量及其他特点,或者含有地名,注册商标专用权人无权禁止他人正当使用。"根据2013年修改的《商标法》第59条,注册商标中含有的本商品的通用名称、图形、型号,或者直接表示商品的质量、主要原料、功能、用途、重量、数量及其他特点,或者含有的地名,注册商标专用权人无权禁止他人正当使用。三维标志注册商标中含有的商品自身的性质产生的形状、为获得技术效果而需有的商品形状或者使商品具有实质性价值的形状,注册商标专用权人无权禁止他人正当使用。

三、商标合理使用的条件

根据我国《商标法》的规定,商标合理使用必须符合以下条件:

1. 使用者主观上出于善意

他人在商业活动中善意使用自己的名称或者地址,主观上没有搭便车或侵权的动机。

2. 使用者未将其作为商标使用

使用者以善意的、正常的方式说明或表示自己的商品或服务的名称、种类、质量、产地等特点,不可避免地使用注册商标所含的文字、词语等,没有将其作为商标使用。

3. 使用者有自己的商标

在善意地使用他人的注册商标时,使用者同时也标注了自己的商标。

4. 使用行为不会造成混淆

使用者善意地使用他人的注册商标,不是出于不正当竞争的目的。使用他人的注册商标不会使人们产生使用者和商标权人存在某种关系的联想,或者造成相关公众的混淆和误认。

总之,符合上述条件的使用,客观上未引起混淆,主观上是善意使用,商标权人无权禁止。下述案例就是商标合理使用的一种情况:

"三株"商标由济南三株药业有限公司注册,享有商标专用权,使用在商品国际分类第五类药品、药酒、医用营养饮料、医用营养物品等商品上。江苏天宝药业有限公司在其"双歧天宝口服液"产品的包装上使用了"三株菌+中草药"等说明性文字。对此产品包装是否构成商标侵权,江苏省工商行政管理局的执法人员有两种意见:一种意见认为"三株"已经核准注册,他人不能在同类商品上将与他人注册商标相同的文字在商品装潢上使用;另一种意见认为,"三株"虽已注册,但他人在介绍产品主要成分时出现"三株菌+中草药"实质是在表述细菌构成,并且加了数词和量词,故应视为善意使用,其行为不构成侵权。江苏省工商行政管理局倾向于第二种意见,但同时也认为,为避免发生误认,今后在商品包装中叙述菌株数时最好使用阿拉伯数字。

江苏省工商行政管理局就此事向原国家工商行政管理局商标局请示。商标局认为,江苏天宝药业有限公司在第五类口服液商品包装上使用的"三株菌+中草药"文字,既不是商标,又不是商品名称,而是对该商品成分进行说明的文字,不构成侵犯"三株"及图形注册商标专用权。①

① 参见原国家工商行政管理局《关于"三株菌+中草药"文字是否构成商标侵权的批复》,商标案字[1997]505号。

第三节　商标连带使用

一、商标连带使用的表现形式

商标连带使用是指在商业活动中,使用者为了说明有关的真实信息,在产品或服务上使用他人商标的行为。在一定条件下,商标的连带使用如未引起消费者的混淆,则该行为是合法的,不构成商标侵权。

在实际生活中,商标连带使用的方式很多,如汽车生产商保留其采购的发动机的原有商标;比较广告中用他人的商标来说明被比较的产品;网络链接的标识通常也是商品或服务的商标等。具体的如戴尔公司生产的电脑内置英特尔公司的 CPU,并在电脑机身上标注“intel inside”。这种使用就是对 Intel 商标的连带使用,目的在于说明该电脑使用了 Intel 的 CPU。消费者并不会误认为该电脑是由 Intel 公司生产的;戴尔公司的这种行为也不会侵犯英特尔公司的商标权。

二、商标连带使用的国外立法及判例

商标的连带使用在一些国家的立法中也有规定,如《德国商标法》第 23 条第 3 款规定:“只要不与善良风俗相冲突,商标或商业标志所有人应无权禁止第三方在商业活动中使用:必须用该商标或商业标志表示一个产品或服务的用途,尤其是作为附件或配件。”欧盟《商标一号指令》也有相似规定:为标指商品或服务的用途,尤其是作为零配件所必需时,可以使用该商标。

美国的司法判例中也肯定了商标的连带使用不构成对他人商标权的侵犯。如在比较性的广告中使用他人商标以说明自己商品的质量或特性;或者在购买了商品后,重新包装有关商品,在带有原商标的情况下再次出售有关商品;或者是提供修理服务的厂家在获得了商标权人的授权后连带使用商标等。

“普里斯特尼茨”案是美国法院保护商标连带使用的典型案例。原告拥有香粉和香水的注册商标“Coty”。被告普里斯特尼茨购买了“Coty”香粉后,将其重新包装成块放在小盒子中销售。随后,又购买了“Coty”的大瓶香水,分装在小瓶中销售。由于被告的再销售中连带使用了原告的商标,原告提起诉讼要求被告停止使用自己的商标。联邦地方法院裁定,被告可以使用“Coty”商标,但前提是被告要在产品标签上说明自己与“Coty”无关,自己仅从事了该产品的压缩和重新包装。此案一波三折,第二巡回上诉法院推翻了地方法院的判决,下令被告不得在重新包装的商品上使用原告的商标。而最高法院则在判决中恢复了地方法院的裁定,认为“当商标的使用方式没有欺骗公众时,我们看不到相关的字眼

具有这样的神圣性，以至于不能用它来说明真实情况。它不是禁忌”。[1]

在商标的连带使用上，“普里斯特尼茨”案确立了一个“说明真实情况”(telling the truth)的标准。这一标准影响到后来的关于商标连带使用的一系列的判例。

三、我国关于商标连带使用的立法及实践

在我国汽车零部件销售行业和一些汽车维修站点，经常见到一些零售商店和维修点未经商标权人许可，擅自在其门面招牌上使用某些中外汽车的注册商标，如“××专卖”、“××专营”、“××专修”等字样，使消费者误认为他们和某汽车制造商有某种关联。这种行为就超出了商标连带适用的范围。同时，由于货源、专有技术、经营水平及店堂布局等方面的原因，其商品的真伪优劣及服务质量等也难以保证。这种行为，给商标注册人的商标专用权造成了一定侵害。

为了解决这个问题，原国家工商行政管理局在1996年6月10日下发的《关于禁止擅自将他人注册商标用作专卖店(专修店)企业名称及营业招牌的通知》中指出：

第一，未经商标注册人允许，他人不得将其注册商标作为专卖店、专营店、专修店的企业名称或营业招牌使用。

第二，商品销售网点和提供某种服务的站点，在需说明本店经营商品及提供服务的业务范围时，可使用“本店修理××产品”、“本店销售××部件”等叙述性文字，且其字体应一致，不得突出其中商标部分。

从上述规定可以看到，汽车零部件销售店和汽车维修商为了说明自己提供哪些车型的汽车部件销售和维修服务，可以在店外使用他人的注册商标，这种行为属于商标的连带使用，不构成侵权。但如果使用“特约维修点”、“指定专营店”等字眼，就超出了商标连带适用的范围，因为这种使用的结果容易使消费者对商品或服务来源产生误认。

第四节　商标先用权

一、商标先用权的含义

商标先用权是指在他人获得商标权之前已经使用该商标的人，享有在原有范围内继续使用该商标的权利。该权利的设置主要是保护那些已在市场上建立

---

[1] 参见李明德著：《美国知识产权法》，法律出版社2003年版，第310页。

一定声誉但未注册的商标所有人的利益。

商标先用权制度的存在有其一定的合理性。从商标法的历史发展来看，经历了由使用产生权利到注册产生权利的变迁。各国商标法在赋予商标注册权的同时，在一定程度上保留了商标在先使用人的权利。

为平衡注册商标权人与商标在先使用人之间的利益，一些国家和地区的商标法中规定了商标先用权制度，如法国、日本和我国的台湾地区。根据这些国家和地区的法律规定，商标的使用不会产生商标权。但如果在实践中没有商标先用权制度，在先商标使用人使用多年的商标就有可能被他人抢注。可见，商标先用权制度是为克服登记注册制度的缺陷而设计的一种补救措施。

二、商标先用权的条件

通过对一些国家商标法的比较研究，我们认为，商标先用权的产生和行使应具备以下条件：

(1) 使用在先。在他人申请商标注册前，就已有使用该商标的事实。

(2) 连续使用。在先商标使用人对该商标的使用是连续性的。

(3) 使用目的正当。在先使用人主观上是善意使用，非以不正当竞争为目的使用。

(4) 使用在相同或类似的商品或服务上。在他人商标申请注册以前，商标在先使用人已经在相同或类似商品或服务上使用该商标或类似商标。

三、商标先用权的内容和范围

如果商标先用权人具备上述条件，就有权继续使用该商标，不构成对注册商标权人的侵犯。但其使用的范围仅限于原来使用的商品和服务，不得扩大到类似的商品和商标上。因为法律保护的只是在先商标使用人的既存状态。

另外，《日本商标法》第 32 条规定：商标先用权人的业务继受人也可以享有商标的先用权；为防止商品发生混淆，商标权人或独占使用许可的被许可人可以要求先使用权人在使用其商标时应附加适当标志。①

我国《商标法》中也有关于商标先用权的规定。在修改和完善我国《商标法》的过程中，借鉴了其他国家立法的规定，确认商标在先使用人的先用权，在该商标被他人注册后，应允许在先使用人在原有范围内继续使用，当然这种使用应当符合一定的条件。我国《专利法》为了平衡在先发明人和专利权人的利益，

① 参见〔日〕纹谷畅男编：《商标法 50 讲》，魏启学译，法律出版社 1987 年版，第 237 页。

在其第 69 条第 2 项中规定了在先发明人的先用权。① 这种情况不构成专利侵权。毋庸置疑,专利权是知识产权中排他性最强的权利,而商标权的排他性相对较弱,从利益平衡的角度出发,更应当维护商标在先使用人的权利。为此,我国《商标法》第 59 条第 3 款规定,商标注册人申请商标注册前,他人已经在同一种商品或者类似商品上先于商标注册人使用与注册商标相同或者近似并有一定影响的商标的,注册商标专用权人无权禁止该使用人在原使用范围内继续使用该商标,但可以要求其附加适当区别标识。

第五节　商标权的用尽

一、商标权用尽的含义

商标权用尽,是指经商标所有人同意将带有商标的产品首次投放市场后,任何人使用或销售该产品,商标权人无权禁止。因为商标权人已经行使了其权利,从而导致其权利的穷竭或者用尽。该制度的意义在于促进贸易的顺利发展,保障商品的正常流通,防止商标权人利用商标控制市场,垄断价格。

二、平行进口

商标权的用尽和平行进口紧密联系。平行进口,又称"灰色市场"(gray market),是指在国外生产的带有本国商标的商品,未经本国商标权人同意而输入本国的行为。平行进口中的商品是通过合法渠道进来的"货真价实的正品",由于其不同于一般的假冒产品和走私商品,因此被称为"灰色市场"或"灰色市场产品"。

商标的平行进口是经济全球化发展不平衡所带来的问题。按照经济学的观点,商品总是从低价位国家向高价位国家流动。只要存在价格差异,灰色产品就会有市场。但如果允许灰色市场或平行进口,可能会造成国内市场的混乱和生产厂商以及商标被独家许可方的重大损失。如国外质次价廉的合法产品大量流向产品质优价高的国家,就会冲击该国的市场,使商标权人遭受重大损失。另外,由于各国的营销方式和广告投入不同,同一商标在不同国家的声誉也会有很大差别。如果允许平行进口,平行进口商会无偿利用商标所有人在该国的宣传投入和其创建的该商标的声誉,这显然是不公平的。

---

① 参见我国《专利法》第 69 条规定的不视为侵犯专利权的几种情形之一:"在专利申请日前已经制造相同产品、使用相同方法或者已经作好制造、使用的必要准备,并且仅在原有范围内继续制造、使用的。"

平行进口问题关系到商标权人和消费者利益如何平衡的问题，从法律角度讲，就是如何解决商标的地域性和全球化贸易的冲突问题，换言之，一旦商标权国际用尽理论被普遍承认，商品平行进口就自然合法。

商标权用尽分为国内用尽和国际用尽两种。由于商标权具有地域性的特征，是依照各国商标法独立产生的，故各国对商标权的国内用尽不存在争议。但关于商标权的国际用尽，各国分歧较大。赞成国际用尽的一方认为，商标首次使用后，权利人不得再干涉合法投放到市场的商品的继续流通，包括进出口。这样有利于贸易的自由流转并可使消费者获益。反对国际用尽的一方认为，商标权在一国用尽并不导致在另一国当然用尽，商标权人对商品的跨国流通拥有控制权，未经许可的进出口行为仍可构成商标侵权，只要商品还处于流通领域尚未到达最终用户手中。由于对此问题争执不下，《知识产权协定》未作明确规定，而是留给各成员国自行解决。①

从欧美一些国家的立法和判例来看，欧盟法院采纳了反对商标权国际用尽的观点。② 美国的立场是：未经商标所有人同意，任何人不得进口带有其商标的物品，除非存在“共同控制”的例外。③

根据我国关于平行进口的立法规定和判例，并考虑我国目前的经济发展水平和贸易态势，我们认为，我国应只承认商标权的国内用尽，暂不宜承认平行进口。下面是我国一起关于商标平行进口的典型案例：

1986 年中外合资企业上海利华有限公司（以下简称“上海利华”）成立，外方为荷兰联合利华有限公司（以下简称“荷兰利华”）。1997 年 9 月，荷兰利华与上海利华签订《联合利华商标许可合同》，许可后者在中国内地使用其已经在中国进行注册的“LUX”和“LUX 力士”两商标。1998 年 10 月双方对合同进行修订，将商标许可方式改为独占许可使用，并订明：如果发现任何侵犯本协议授予的权利的行为，被许可方有权对任何侵犯这种权利的侵权人采取法律措施或者其他被许可人认为适当的行动。根据该合同，上海利华是“LUX（力士）”商标产品在中国内地唯一的生产、销售和进口权人。上海利华将该合同在原国家行政管理局商标局和海关总署进行了备案。

1999 年 5 月 28 日，中国广州海关下属的佛山海关发现并扣留了一批由广州经济技术开发区商业进出口贸易公司进口的泰国产“LUX 力士”香皂。上海利华有限公司随即在广州市中级人民法院提起诉讼，指控广州经济技术开发区

① 参见《知识产权协定》第 6 条。

② 参见黄晖著：《商标法》，法律出版社 2004 年版，第 176 页。

③ 参见李明德著：《美国知识产权法》，法律出版社 2003 年版，第 316 页。

商业进出口公司侵犯了其对“LUX(力士)”商标的独占许可使用权。2000年初，广州市中级人民法院对该案作出判决，认定被告广州经济技术开发区商业进出口贸易公司侵犯了原告对“LUX”以及“LUX 力士”商标的独占使用权，并要求被告停止进口、公开道歉以及赔偿损失。

本案原告辩称，他所进口的“LUX”香皂是经“LUX”商标权人许可在泰国合法制造的正牌产品，其进口行为合法。但广州市中级人民法院最终以被告无法证明其进口的“LUX”香皂来源于上述注册商标人(即荷兰利华)为由，将这些产品视为侵权产品，判决被告败诉。[①]

三、商标权用尽的限制

在商标权用尽情况下，他人在贸易活动中继续使用该商标转销或分销已经售出的商品，不构成侵权。但根据一些国家商标法的规定，对商标权用尽有一些限制，如必须以该商品没有发生变化，并且未经过重新包装为条件。欧盟《商标条例》第13条有明确的规定，共同体商标所有人或经其同意的人，将带有商标的商品在共同体内投放市场后，商标所有人的权利不得用来禁止在该商品上使用商标。商标所有人有正当理由反对商品的进一步流通，尤其是商品在投放市场后商品质量有变化或损坏的，不适用前款规定。如果他人在流通过程中改变了商品或包装，则会损害商标的指示来源和保证质量的功能，同时也不利于消费者选择自己熟悉的商品。

此外，对商标权的限制还包括一些非商业目的使用，如在新闻报道及评论中不可避免地提到某个商标，只要是基于事实进行客观报道，即使是对该商标所标示的商品进行批评，商标权人也不能以商标侵权为由来阻止媒体的使用。再如滑稽摹仿(parody)，是以幽默、滑稽和讽刺的方式，摹仿他人的商标。美国法官有一个不成文的传统，认为幽默本身不能被禁止，不论商标所有人是否愿意。在一些国家的著作权法中，滑稽摹仿被认为是对作品的合理使用，只要这类作品不与原作品混淆并且没有损害其声誉。对商标的滑稽摹仿主要和驰名商标的保护有关。如可口可乐公司常在其产品上使用红色的设计图案，并配有一白色条文写成的文字“Enjoy Coca-Cola”。被告在自己经销的气体饮料上几乎原样复制了可口可乐公司的图案，只将白色条文写成的文字改成了“Enjoy Cocaine”，并主张这是滑稽摹仿。联邦地方法院判决，被告侵犯了原告的商标权。因为被告的图案和原告的图案相似，文字上也只有三个字母不同，更重要的是把可口可乐商标

① 案情参见《北京青年报》1999年3月10日；《北京晨报》2000年3月1日；《经济日报》2000年2月9日。

和毒品相联系,对其声誉造成损害。在这种条件下,商标权人有权禁止他人使用。

[思考题]

1. 简述商标权限制的含义和类型。
2. 试述商标合理使用的条件。
3. 为什么商标连带使用不构成侵权?
4. 你认为我国立法是否应认可平行进口?为什么?

第二十六章　商 标 管 理

[**内容提要**]　本章述及商标管理的主要内容。本章主要介绍了商标管理的概念及其机关,商标使用管理、商标印制管理的主要内容;对注册商标和非注册商标违法使用的处理,我国商标管理的机关及其职责,违反商标印制管理规定的行为及其法律责任。

[**关键词**]　商标管理　商标管理机关　商标印制

第一节　商标管理机关及其职责

一、商标管理的概念和意义

商标管理是指商标主管机关依法对商标的注册、使用、转让、印制等行为所进行的监督、检查等活动的总称。

商标管理有广义和狭义之分。广义的商标管理不仅包括国家对商标的行政管理,而且包括企业对商标的内部管理;狭义的商标管理仅指国家对商标的行政管理。本章的商标管理是指广义的商标管理,其内容主要包括:商标的注册管理、商标的使用管理、商标的印制管理、企业内部的商标管理。

实施商标管理的意义主要有:

第一,有利于规范商标权人正确使用商标。

商标的正确使用,不仅能充分发挥商标的功能,维护其商标的信誉,而且有利于保护商标权人的合法权益;同时,可以督促企业树立商标意识,实施名牌商标战略。

第二,有利于监督商标使用人提高商品或者服务的质量。

商标使用人应保证其使用商标的商品或者服务的质量,以维护消费者的合法权益,保障社会秩序的正常运转。

第三,有利于增强企业和商标使用人的法制观念。

对商标的管理,有利于增强企业和商标使用人的法制观念,维护商标注册人的合法利益,而且有利于防止未注册商标使用人冒充注册商标,堵塞非法印制注册商标标识的渠道,减少侵犯商标专用权的案件的发生。

第四,有利于完善商标法律制度。

通过商标管理,可以随时发现问题,不断地总结经验,逐步地完善我国的商标法制。

二、商标管理机关及其职责

商标管理机关,是指在一个国家主管商标工作的政府职能部门,它代表国家管理全国的商标工作。由于世界各国的国情不同,各个国家的商标管理机关也不一样。如日本的商标管理机构为特许厅,归属于通商产业省;美国由专利商标局管理商标;英国由专利、设计和商标总局局长掌管商标注册簿;巴西的工业产权局负责商标的注册管理工作。

我国的商标管理实行集中注册和分级管理相结合的管理机制。根据《商标法》第2条的规定,国务院工商行政管理部门商标局主管全国的商标注册和管理的工作。国务院工商行政管理部门设立商标评审委员会,负责处理商标争议事宜。《商标法》第49、51、52、60条等还明确规定了各级工商行政部门对商标进行管理的职责。

由此可以看出,国家工商行政管理总局商标局是全国的商标管理部门,地方各级工商行政管理局是地方上的各级商标管理部门。国家工商行政管理总局商标局制定商标政策、商标法规,进行商标注册,协调和指导地方各级工商行政管理部门进行商标管理。商标的争议事宜由商标评审委员会负责。地方各级工商行政管理部门统一安排和部署本地区的商标管理工作。

国家工商行政管理总局商标局的职责有:受理和审查国内外的商标注册申请,统一办理商标注册;负责注册商标的转让、变更、续展、注销和补证工作;对商标的异议作出裁定;撤销违法使用的商标和注册不当的商标;办理商标使用许可合同的备案工作;指导全国商标管理工作;认定驰名商标并给予法律保护;编辑出版《商标公告》;建立商标档案制度,负责商标的查阅工作;负责国际商标使用事宜。

商标评审委员会隶属于国家工商行政管理总局,是与商标局平行的独立机构,它由国家工商行政管理总局任命的主任委员、副主任委员、委员组成,其中委员为15—17人,负责办理商标确权方面的事务。其职责为:对不服商标局驳回申请、不予初步审定公告的商标的复审申请作出决定;对不服商标局异议裁定的复审申请作出裁定;对不服商标局维持和撤销注册商标的决定的请求作出裁定;对其他单位和个人撤销注册不当的商标的请求作出裁定;对注册商标有争议的申请作出裁定等。

地方各级工商管理部门的职责有:对辖区内的注册商标和未注册商标的使用进行管理;制止、制裁商标侵权行为,以维护商标专用权;监督商品质量,对生产粗制滥造、以次充好、欺骗消费者的商品的行为，予以制止或行政处罚；管理商标印制活动；宣传商标法律和法规，指导商标使用人正确使用商标；对必须使用注册商标而未使用的行为予以处理。

对企业商标内部的管理，各企业采取不同的模式，如有些企业专门设立知识产权部，有些企业在办公室下设商标部。其职责主要是：对注册商标进行宣传；对商标的注册档案进行管理；对商标的印制及使用进行管理；对商标的使用许可进行管理；监督使用注册商标的商品的质量；对侵犯商标专用权的行为进行调查。

第二节　商标的使用管理

商标的使用是指将商标用于商品、商品包装或者容器以及商品交易文书上，或者将商标用于广告宣传、展览以及其他商业活动中，用于识别商品来源的行为。商标的使用管理包括两个方面的内容：注册商标的使用管理和未注册商标的使用管理。

一、注册商标的使用管理

注册商标的使用管理，是指商标管理机关对注册商标使用人是否依法在核定使用的商品上正确使用其核准注册的商标进行监督，同时对注册商标的商品质量进行监督的行政管理行为。

根据我国《商标法》及其实施条例的有关规定，商标管理机关对注册商标的使用管理主要包括以下几个方面：

1. 注册商标所有人是否正确使用和标注注册商标

《商标法实施条例》第 37 条规定了使用和标注注册商标的正确方式，使用注册商标，可以在商品、商品包装、说明书或者其他附着物上标明“注册商标”或者注册标记。注册标记包括和(r)。使用注册标记，应当标注在商标的右上角或者右下角。

2. 注册商标所有人使用商标的行为是否合法

根据《商标法》第 49 条的规定，使用注册商标，有下列行为之一的，由地方工商行政管理部门责令限期改正，期满不改正的，由商标局撤销其注册商标：

第一，自行改变注册商标的。

注册商标的内容，经过审查和核准后，不得自行改变其注册商标的文字、图形或者两者的组合。使用的注册商标必须与核准注册的商标一致。如果在使用时改变了注册商标的结构，有可能和他人的注册商标发生冲突，也有可能导致自己的注册商标被撤销。如果注册商标确实需要改变文字、图形的,按照《商标法》的规定,应当重新提出注册申请。

第二,自行改变注册商标的注册人名义、地址或者其他注册事项的。

商标注册人的名义和地址是商标注册的重要内容之一。如果上述事项发生改变而未办理变更手续,就有可能使商标局和商标注册人失去联系,有关的信件就无法送达。另外,如果商标注册人发现有商标侵权行为的,以变更后的名义主张权利,可能会因不具有权利主体资格而得不到保护。所以,商标注册人的名义、地址发生变更的,必须到商标局及时办理变更手续。

第三,自行转让注册商标的。

转让注册商标,商标权的主体就会发生变化,受让人必须符合商标权主体的资格要求,转让的内容也必须符合法律的规定。另外,商标权是商标主管机关依法定程序核准授予的,因此,商标权的转让必须通过商标主管机关的审核才能实现。自行转让的注册商标不具有法律效力,而且自行转让注册商标的行为也是商标法所禁止的行为。

第四,注册商标成为其核定使用的商品的通用名称的。

商品的通用名称不具有显著性,将其作为商标注册不仅无法达到识别商品与服务来源的目的,还会影响到正常的市场秩序与竞争秩序。因此,各国商标法都将商品的通用名称排除出商标注册范围。

第五,没有正当理由连续 3 年停止使用的。

商标注册的目的是利用商标和获得法律保护,如果商标注册人长期将商标放置不用,不仅发挥不了商标的功能和作用,而且商标也产生不了价值,所以,《商标法》明确规定了商标注册人应当承担使用注册商标的义务。对注册商标连续 3 年停止使用的,任何单位或者个人都可以向商标局申请撤销该注册商标。商标局收到申请后,应当通知商标注册人并限期在收到通知之日起 3 个月内提供该商标的使用证明或有正当理由不使用的证明。逾期不提供证明或提供的证明无效的,撤销其注册商标。

3. 对使用注册商标的商品质量的管理

商标使用人应当对其使用商标的商品质量负责;转让注册商标的,受让人应当保证使用该注册商标的商品质量。各级工商行政管理部门通过商标管理,制止欺骗消费者的行为。

4. 对已被撤销或者注销的注册商标的管理

在一些注册商标被注销或被撤销时,由于商品本身的影响,即使商标专用权终止,也不等于该商标在市场上彻底消失。为避免出现相同商标,保护消费者利益,对这些已被注销的或者撤销的商标,也要加强管理。《商标法》第 50 条规定，注册商标被撤销的，自撤销之日起 1 年内，商标局对与该商标相同或者近似的商标注册申请，不予核准。

5. 对烟草制品的管理

《商标法》第 6 条规定，国家规定必须使用注册商标的商品，必须申请注册，未经核准注册的，不得在市场销售。目前要求必须使用注册商标的商品是烟草制品。申请时，还应附送有关主管部门的批准证明文件。对违反上述规定的，由地方工商行政管理部门责令限期申请注册，违法经营额 5 万元以上的，可以并处罚款，罚款的数额为违法经营额的 20% 以下。没有违法经营额或者违法经营额不足 5 万元的，可以处 1 万元以下的罚款。

6. 对商标注册证的管理

《商标注册证》是商标所有人的法律凭证。遗失《商标注册证》或者《商标注册证》破损的，必须申请补发。伪造或者变造《商标注册证》的，可依照刑法的有关规定追究刑事责任。①

二、未注册商标的使用管理

未注册商标，是指未经国家商标局核准注册而直接投放市场使用的商标。

未注册商标没有商标专用权。我国商标法采取自愿注册的原则，允许使用人根据自己的需要来决定是否申请商标注册。目前在市场上未注册商标的使用量比较大，为维护商标注册人的合法权益，保证市场经济的健康发展，商标管理部门根据《商标法》第 52 条的规定，有必要对未注册商标的使用进行管理，主要包括以下几个方面：

1. 未注册商标不得冒充注册商标

冒充注册商标，是指将未经注册的商标当做注册商标加以使用的行为以及商标注册人将自己的注册商标使用在未核定使用的商品上，并标明注册标志或字样的行为。这种欺骗性行为，不仅损害了消费者的利益，而且扰乱了市场经济秩序。《商标法》规定，未注册商标冒充注册商标的，由地方工商行政管理部门予以制止，限期改正，并可以予以通报或者处以罚款。

2. 未注册商标的构成不得违反商标法禁止性条款的规定

未注册商标可以使用，但其文字、图形或者组合不得违反《商标法》第 10 条的规定，有些标志不得作为商标使用。对违反上述规定的，由地方工商行政管理部门予以制止，限期改正，并可以予以通报或者处以罚款。违法经营额 5 万元以上的，可以处违法经营额 20% 以下的罚款，没有违法经营额或者违法经营额不

① 参见我国《商标法实施条例》第 38 条。

足5万元的，可以处1万元以下的罚款。。

3. 使用未注册商标必须标明企业名称和地址

为便于对商品质量进行监督，保护消费者利益，原国家工商行政管理局在1985年7月15日发出通知，指出使用未注册商标的，应当在商品和包装上标明企业名称和地址。商品上不便标明的，必须在包装上标明。违反者要从严查处，没收其违法所得。

第三节　商标印制的管理

一、商标印制管理的概念

商标印制管理，是指商标管理机关依法对商标印制活动进行监督检查以及对商标印制的违法行为进行查处等活动的总称。

近几年，假冒商标活动十分猖獗，一些印制企业唯利是图，擅自非法印刷、销售他人的注册商标标识，这种行为，严重损害了注册商标企业的合法权益，同时也损害了广大消费者的利益。只有加强商标的印制管理，才能规范商标印制行为，保护商标专用权人的合法利益。原国家工商行政管理局在1980年8月8日发布了《关于贯彻执行〈商标印制管理办法〉有关问题的通知》，要求各地工商行政管理部门对现有的商标印制单位进行一次全面的清理。原国家工商行政管理局于1996年9月5日又颁发了新的《商标印制管理办法》(1998年12月3日和2004年8月19日两次修订)，对商标的印制活动进行了更严格的规范，这对维护商标权人的利益及公平的市场竞争秩序有着十分重要的意义。

二、商标印制管理的内容

商标印制管理的内容主要包括：对商标印制单位的资格要求、商标印制单位的商标印制管理制度、商标印制的承印和拒印以及违反商标印制管理法律规定应承担的法律责任。

(一) 商标印制单位应具备的条件

按照《商标印制管理办法》的规定，商标印制单位应当具备以下条件：

(1) 有与其承印商标业务相适应的技术、设备及仓储保管设施等条件。

(2) 有健全的商标管理印制业务的规章制度。

(3) 有3名以上取得《商标印制业务管理人员资格证书》的人员。商标印制业务管理人员资格经省级工商行政管理局考核产生，其证书由国家工商行政管理总局统一印制，省级工商行政管理局核发。

商标印制单位主体资格的取得，不仅要具备上述实质要件，还必须具备程序要件，即依法定程序申请，经主管部门批准，才能从事商标印制业务。

根据《商标印制管理办法》的规定，凡是依法登记的从事印制、印染、制版、刻字、织字、晒蚀、印铁、铸模、冲压、烫印、贴花等项业务的企业和个体工商户，需要承接印制商标业务的，应向所在地县级以上工商行政管理机关申请《印制商标单位证书》。经审查符合法定条件，发给《印制商标单位证书》，并在营业执照中载明"印制商标"的经营项目，方可承接商标印制业务。

对没有取得《印制商标单位证书》而从事商标印制业务的单位或个人，构成侵犯商标专用权的，依照《商标法实施条例》的有关规定处理。

（二）商标印制单位的管理制度

根据《商标印制管理办法》的规定，商标印制单位应建立相应的管理制度，规范商标的印制行为，其主要内容包括：

第一，商标印制的审核制度。

在承印商标印制业务时，印制单位的商标印刷业务管理人员应当严格审查委托人提供的有关证明文件及商标图样，凡手续齐全符合法定条件的，可予以承印，否则应予以拒印。

第二，登记制度和档案制度。

商标印制单位应将商标印制委托人委托印制商标的情况填写《商标印制业务登记表》，上面要写明商标印制委托人所提供的证明文件的主要内容，如营业执照副本或者合法的身份证明、《商标注册证》或者由注册人所在地的县级工商行政管理局签章的《商标注册证》复印件，其中的商标图样应由商标印制业务管理人员加盖骑缝章。

商标标识印制完毕后，商标印制单位应当提取标识样品，随同《商标注册证》复印件、《商标印制业务登记表》、商标使用许可合同文本复印件、商标印制授权书复印件等一并造册存档。其中，《商标印制业务登记表》和商标标识出入库台账应当存档备查，存查的期限为 2 年。这种制度可以如实地反映商标的印制情况，对于商标案件的审理有着十分重要的意义。

第三，商标标识出入库制度。

商标标识出入库时，商标印制单位应当清点数量和登记台账，保证印制的商标出入正确，杜绝违法印制的商标投放市场。

第四，废次商标标识销毁制度。

废次商标标识销毁制度，是指对印刷中产生的废次商标标识进行登记造册，由印制单位统一销毁的制度。建立这一制度有助于杜绝废次商标标识流失的现象，保护注册商标使用人的合法利益。

(三)违反商标印制管理规定的法律责任

根据我国《商标法》、《商标法实施条例》以及《商标印制管理办法》的规定，商标印制违法行为有以下几种：

(1)不按规定审查印制委托人提供的材料而承印了按照规定不能印制的商标；

(2)未取得《商标印制单位证书》，承接商标印刷业务的；

(3)擅自承印违反《商标印制管理办法》第13条规定的承印条件的商标，如印制违反商标法禁用条款的规定或者标有“注册商标”字样或注册标记的未注册商标等行为；

(4)非法印制和买卖商标标识的行为。

对上述违法行为，由当地工商行政管理机关予以制止，收缴其商标标识，并可根据情节处以罚款；销售自己的注册商标标识的，商标局还可以撤销其注册商标。属于侵犯商标专用权的，依照《商标法实施条例》的有关规定，可以采取如下措施处理：责令停止销售；收缴并销毁侵权商标标识；消除现存商品上的侵权商标；收缴直接专门用于商标侵权的模具、印版和其他作案工具；采取前四项措施不足以制止侵权行为的，或者侵权商标与商品难以分离的，责令并监督销毁侵权物品。

[思考题]

1. 为什么要对商标进行管理？
2. 注册商标的使用管理主要包括哪些内容？
3. 未注册商标的使用管理主要包括哪些内容？

第五编 其他知识产权

第二十七章 集成电路布图设计权

［内容提要］ 本章简要介绍了集成电路布图设计权的法律保护，包括集成电路布图设计权的保护模式、权利内容、权利取得方式、布图设计登记程序、保护措施以及权利限制等内容，重点为集成电路布图设计权的保护模式与权利内容。

［关键词］ 集成电路布图设计 集成电路布图设计权

第一节 集成电路布图设计的概念

集成电路是以蚀刻工艺技术将特定模型置于两层以上金属的绝缘物或半导体的涂层之上，并使其发挥电子电路技术功能的电子产品。按照1989年世界知识产权组织《关于集成电路的知识产权条约》（以下简称《华盛顿条约》）的解释，它是指"一种产品，包括最终形态和中间形态，是将多个元件，其中至少有一个是有源元件，和部分或全部互连集成在一块半导体材料之中或之上，以执行某种电子功能"。我国《集成电路布图设计保护条例》将集成电路定义为："集成电路，是指半导体集成电路，即以半导体材料为基片，将至少有一个是有源元件的两个以上元件和部分或者全部互连线路集成在基片之中或者基片之上，以执行某种电子功能的中间产品或者最终产品。"集成电路属于微电子技术的范畴，是现代电子信息的基础，它具有体积小、速度快、能耗低的特点，被广泛应用于各种电子产品之中。

集成电路是一种综合性技术成果,它包括布图设计和工艺技术。所谓布图设计又称掩膜作品或拓扑图,是附着于各种载体上的电子元件和连接这些元件的连线的有关布局设计。在《华盛顿条约》定义条款中,布图设计是指"集成电路中多个元件,其中至少有一个是有源元件和其部分或全部集成电路互连的三维配置,或者是指为集成电路的制造而准备的这样的三维配置"。我国《集成电路布图设计保护条例》对布图设计的定义与《华盛顿条约》的定义如出一辙:"集成电路布图设计(以下简称'布图设计'),是指集成电路中至少有一个是有源元件的两个以上元件和部分或者全部互连线路的三维配置,或者为制造集成电路而准备的上述三维配置。"布图设计或是以掩膜图形的方式存在于掩膜板上,或是以图形的方式存在于芯片表面和表面下的不同深度处,或是以编码方式存在于磁盘、磁带等介质中。

第二节　集成电路布图设计的立法保护

集成电路的布图设计,通常需要相当的资金投入和人力资源投入,而复制这种布图设计的花费很少,依照拍摄电路涂层所得到的照片掩膜即可便捷地完成复制工作。因此有必要采用立法形式保护集成电路布图设计。

集成电路布图设计实质上是一种图形设计,并非是工业品外观设计,不能适用专利法保护。其理由是:布图设计并不取决于集成电路的外观,而由集成电路中具有电子功能的每一元件的实际位置所决定;布图设计尽管需要专家的大量劳动,但其设计的主旨在于提高集成度、节约材料、降低能耗,因此不具备创造性的专门要求;集成电路技术发展迅速,产品更新换代很快,所以布图设计不适宜采用耗费时间较多的专利审批程序。

集成电路布图设计是一种三维配置形态的图形设计,在国外有"功能作品"之称,但其并不属于著作权意义上的图形作品或造型艺术作品。其理由是:图形作品是由文字、图形或符号构成的,是一定思想的表现形式;布图设计由电子元件及其连线所组成,它执行着某种电子功能,而不表现任何思想。造型艺术作品基于其"艺术性"而非"实用性"才受到著作权法的保护;而布图设计是多个元件合理分布并相互关联的三维配置,是一种电子产品,不以其"艺术性"作为法律保护的条件。此外,著作权保护期较长,如果将布图设计作为一般作品保护,不利于布图设计的创新与集成电路产业的发展。

由于现有专利法、著作权法对集成电路布图设计无法给予有效的保护,许多国家转而进行单行立法,以确认布图设计的专有权,即给予其他知识产权的保护。美国是最先对布图设计进行立法保护的国家。1983 年美国国会通过《半导体芯片保护法》，并将其列为美国法典版权法编的最后一章。该法实际上是一个独立的法律制度，并不属于美国版权法体系，但它对布图设计专有权的保护，借鉴了版权法与专利法的有关规则和方法。日本是对布图设计给予立法保护的另一个有代表性的国家。日本1985年颁布的《半导体集成电路的线路布局法》采用单行法规体例，属于知识产权法律体系中独立的法律制度。继美国和日本之后，瑞典、英国、德国、法国、意大利、俄罗斯和韩国等国也相继制定了自己的布图设计法。

与此同时，国际组织也着手研究布图设计的法律保护问题，并通过缔结国际公约的形式，协调各国间的相关立法活动。1989年5月，世界知识产权组织在华盛顿召开的专门会议上通过了《关于集成电路的知识产权条约》。该条约对布图设计的客体条件、保护的法律形式、缔约国之间的国民待遇、专有权保护范围、手续程序及保护期限作了具体规定。世界贸易组织《知识产权协定》专节规定了集成电路布图设计的保护问题，其缔约方确认按照上述公约的有关规定对布图设计提供保护。

与工业发达国家相比，我国的集成电路产业相对落后，集成电路布图设计保护的现实必要性并不很强。我国虽为《华盛顿条约》的签字国，但该条约一直没有生效，国内也没有相关立法对集成电路布图设计提供专门保护。加入世界贸易组织后，为了保护集成电路布图设计专有权，鼓励集成电路技术的创新，促进科学技术的发展，同时也是为了履行保护集成电路布图设计方面应承担的国际义务，2001年3月28日国务院第36次常务会议通过了《集成电路布图设计保护条例》（以下简称《条例》）。《条例》共6章36条，已于2001年10月1日生效。

第三节　集成电路布图设计专有权

集成电路布图设计专有权是一项独立的知识产权，是权利持有人对其布图设计进行复制和商业利用的专有权利。根据各国有关立法及国际条约的规定，关于集成电路布图设计专有权的规定主要有如下内容。

一、集成电路布图设计专有权的取得

（一）主体资格

根据各国有关立法及国际条约的规定，合格主体主要包括以下两个方面的要求：第一，只有布图设计的创作人、共同创作人、雇佣人或者委托人以及上述主体的权利继受者才能作为合格主体。在某些国家和地区（如欧盟及其成员国

内)，在上述主体都不合格时，独占许可的被许可人可以作为布图设计权的权利人。第二，上述主体只有在作为本国国民或居民、在本国首先进行商业利用的人、其所属国与本国同为某一保护集成电路的国际条约的参加国的外国国民或居民、对本国国民或居民提供保护的外国国民或居民以及法律规定可以享受保护的其他人的情况下才能享受保护。

按照我国《条例》第 3 条的规定，中国自然人、法人或者其他组织创作的布图设计，依照该条例享有布图设计专有权；外国人创作的布图设计首先在中国境内投入商业利用的，依照该条例享有布图设计专有权；外国人创作的布图设计，其创作者所属国同中国签订有关布图设计保护协议或者与中国共同参加有关布图设计保护国际条约的，依照该条例享有布图设计专有权。

（二）客体条件

根据各国立法及有关国际条约的规定，合格的客体必须是具有独创性的布图设计。我国《条例》第 4 条对此也作出明确规定。

布图设计的“独创性”与著作权法中作品的“独创性”具有不同的含义。在著作权法上，独创性通常被理解为作者的独立创作，一般没有创作水平或高度的要求。而布图设计的独创性具有两层含义：

第一，该布图设计必须是其创作人自己智力创造的结果，而不是简单复制他人的布图设计，或者只是对他人的布图设计进行简单的修改。

第二，该布图设计应具备一定的先进性。该布图设计在创作完成时在创作人当中以及在集成电路行业当中，具有一定的先进性，不能是常用、显而易见的或者为人所熟知的。对于那些含有常用的、显而易见的成分的布图设计，只有当其作为一个整体具有独创性时，才能受到法律保护。

《华盛顿条约》对布图设计的独创性的规定，颇具代表性。其第 3 条第 2 款规定：“(A) 第 1 款(A)项所指义务适用于具有独创性的布图设计。此种意义的独创性，是指它们是其创作者自己智力创造的结果，并且在创作的时候在布图设计者之间以及集成电路生产者之间不是显而易见的。(B) 由显而易见的元件和与集成电路的互连结合而构成的布图设计，只有当这种结合作为一个整体，符合(A)项的条件时才能受到保护。”

我国作了与此相似的规定，《条例》第 4 条第 1 款规定：“受保护的布图设计应当具有独创性，即该布图设计是创作者自己的智力劳动成果，并且在其创作时该布图设计在布图设计创作者和集成电路制造者中不是公认的常规设计。”第 2 款同时规定：“受保护的由常规设计组成的布图设计，其组合作为整体应当符合前款规定的条件。”

（三）方式与程序

从目前各国集成电路布图设计的立法规定来看，布图设计权的取得方式，主要有以下几种：自然取得、登记取得、使用与登记取得。大多数国家采用的是登记取得制。我国实行登记制度。

在实行登记制度的国家里，登记的程序大致包括申请、审查、驳回复议、登记以及公告。

根据《条例》的规定，我国的布图设计登记程序主要包括以下内容：

（1）申请。在申请登记时，应向国务院知识产权行政部门提交下列文件：布图设计登记申请表、布图设计的复制件或者图样、含有该布图设计的集成电路样品（针对已投入商业利用的）以及国务院知识产权行政部门规定的其他材料。

（2）初审。国务院知识产权行政部门在收到申请人的申请后，对申请进行初步审查。《条例》对初步审查是实质审查还是形式审查没有作出明确规定，按照一般理解，所谓“初步审查”往往意味着非实质审查，但《条例》却没有规定“初步审查”之后的“实质审查”程序。

（3）登记并公告。《条例》第 18 条规定：“布图设计登记申请经初步审查，未发现驳回理由的，由国务院知识产权行政部门予以登记，发给登记证明文件，并予以公告。”

（4）对驳回申请的复审。《条例》没有规定驳回申请的情形和理由，从第 18 条可知，国务院知识产权行政部门发现驳回理由的，就要驳回申请，不予登记。根据第 19 条的规定，布图设计登记申请人对国务院知识产权行政部门驳回其登记申请的决定不服的，可以自收到通知之日起 3 个月内，向国务院知识产权行政部门请求复审。国务院知识产权行政部门复审后，作出决定，并通知布图设计登记申请人。布图设计登记申请人对国务院知识产权行政部门的复审决定仍不服的，可以自收到通知之日起 3 个月内向人民法院起诉。

（5）登记的撤销。《条例》第 20 条规定，布图设计获准登记后，国务院知识产权行政部门发现该登记不符合本条例规定的，应当予以撤销，通知布图设计权利人，并予以公告。布图设计权利人对国务院知识产权行政部门撤销布图设计登记的决定不服的，可以自收到通知之日起 3 个月内向人民法院起诉。

二、集成电路布图设计专有权的内容及行使

（一）集成电路布图设计专有权的内容

集成电路布图设计专有权简称布图设计权，其内容也就是布图设计权的权能，是指权利持有人对于权利客体所能够行使的权利。

从各国有关立法及国际条约的规定来看，布图设计权的内容主要包括两种

权利:复制权和商业利用权。

1. 复制权

所谓复制权,就是指权利人有权通过光学的、电子学的方式或其他方式来复制其受保护的布图设计。

应当注意的是,这里所讲的复制和版权法中的复制的含义是不同的。对布图设计的复制,是通过这样几个步骤实现的:首先,通过化学方法将含有布图设计的半导体芯片上的半导体材料融解,使体现在上面的布图设计暴露出来,然后用特制的照相机将各个涂层上的布图设计拍摄下来进行放大处理,再把照片输入到计算机中进行处理(可能不作任何改动,也可能进行修改),然后制成布图设计的掩膜板(平面的),再按照集成电路的制作过程将板图体现在集成电路上,成为布图设计。这一过程,与其说是复制,倒不如说是实施。因此,我国《条例》将"复制"定义为"重复制作布图设计或者含有该布图设计的集成电路的行为"。

2. 商业利用权

商业利用权,就是布图设计权人享有的将受保护的布图设计以及含有该受保护的布图设计的集成电路或含有此种集成电路的产品进行商业利用的权利。

对于什么是商业利用,各国立法都予以明确规定。从各国立法规定来看,商业利用一般包括对受保护的布图设计或含有受保护布图设计的集成电路或含有此种集成电路的产品所实施的以下几种行为:(1) 出售;(2) 出租;(3) 为商业目的的其他方式的利用,如展览、陈列等;(4) 为上述目的而进口;(5) 为前述行为发出要约。对于要约行为,美国规定,只有当要约以书面方式发出而且是在布图设计固定在半导体芯片产品上以后,才属于商业利用。其他国家则没有明确。我国《条例》对"商业利用"的定义是"为商业目的进口、销售或者以其他方式提供受保护的布图设计、含有该布图设计的集成电路或者含有该集成电路的物品的行为"。

从目前各国集成电路法的规定来看,布图设计权中均不包括精神权利。

此外,权利人按照集成电路法所享有的权利,并不影响权利人根据其他法律对布图设计所享有的权利,如专利权、工业设计权或者版权。

(二) 布图设计权的行使

布图设计权作为权利人的一项个人权利,在许多国家里甚至被视为个人财产或者动产,各国法律规定允许依法行使。布图设计权的行使,主要包括三种形式:权利人自己对布图设计进行复制或者商业利用,将布图设计权转让给他人所有,以及许可他人对布图设计进行复制和商业利用。后两者亦称为布图设计权的利用,现分述之:

1. 布图设计权的转让

所谓布图设计权的转让,就是权利人将其全部权利转让给受让人享有。布图设计权转让的后果,是受让人成为该布图设计权的持有人。布图设计权的转让,实际上就是布图设计权的主体发生了变化,由原来的权利人变为受让人。原权利人丧失了对集成电路布图设计的一切权利,全部权利都由受让人享有。

布图设计权的转让,只能是就全部权利进行转让,不能只转让部分权利而保留另一部分权利。

按大多数国家的规定,布图设计权的转让,必须以书面方式进行,权利人和受让人必须签订书面文件。同时,在实行布图设计权登记制度的国家,布图设计权的转让必须到有关机构进行登记,否则这种转让将不得对抗经过登记的转让。《条例》第 22 条第 2 款规定:"转让布图设计专有权的,当事人应当订立书面合同,并向国务院知识产权行政部门登记,由国务院知识产权行政部门予以公告。布图设计专有权的转让自登记之日起生效。"

2. 布图设计权的许可

所谓布图设计权的许可,是指权利人通过许可合同,将其权利的一部分或全部授予他人行使。各国集成电路法对布图设计权的许可,只是作一些原则性的规定,因为布图设计权的许可属于技术转让行为,主要在技术转让法或相关法律中规定。我国《条例》也只是简单地规定,许可他人使用其布图设计的,当事人应当订立书面合同。

三、集成电路布图设计专有权的保护

(一) 保护期限

对于集成电路布图设计专有权的保护期限,大多数国家规定为 10 年。我国《条例》第 12 条规定:"布图设计专有权的保护期为 10 年,自布图设计登记申请之日或者在世界任何地方首次投入商业利用之日起计算,以较前日期为准。但是,无论是否登记或者投入商业利用,布图设计自创作完成之日起 15 年后,不再受本条例保护。"

(二) 侵权行为

所谓布图设计侵权行为,是指侵犯了布图设计权人的权利,依法应承担法律责任的行为。侵权行为有很多种类,对于布图设计而言,主要包括非法复制和非法进行商业利用。我国《条例》第 30 条规定将侵权行为分为两种:一是未经布图设计权利人许可,复制受保护的布图设计的全部或者其中任何具有独创性的部分的行为;二是未经布图设计权利人许可,为商业目的进口、销售或者以其他方式提供受保护的布图设计、含有该布图设计的集成电路或者含有该集成电路的物品的行为。

(三) 侵权责任及制止措施

1. 侵权责任的形式

《条例》规定了侵犯布图设计专有权的民事和行政责任。

对于民事责任，根据《条例》第30条的规定，侵权行为人必须立即停止侵权行为，并承担赔偿责任。侵犯布图设计专有权的赔偿数额，为侵权人所获得的利益或者被侵权人所受到的损失，包括被侵权人为制止侵权行为所支付的合理开支。

对于行政责任，根据《条例》第31条的规定，国务院知识产权行政部门在处理因侵权而引起的纠纷时，如果认定侵权成立，可以责令侵权人立即停止侵权行为，没收、销毁侵权产品或者物品。当事人不服的，可以自收到通知之日起15日内依照《行政诉讼法》向人民法院起诉；侵权人期满不起诉又不停止侵权行为的，国务院知识产权行政部门可以请求人民法院强制执行。

2. 即发侵权的制止

《条例》第32条规定："布图设计权利人或者利害关系人有证据证明他人正在实施或者即将实施侵犯其专有权的行为，如不及时制止将会使其合法权益受到难以弥补的损害的，可以在起诉前依法向人民法院申请采取责令停止有关行为和财产保全的措施。"

四、集成电路布图设计专有权的限制

(一) 合理使用

1. 为个人目的复制

个人为非商业目的而复制他人的布图设计，在大多数国家里都不构成侵权。我国《条例》第23条第1项规定，为个人目的而复制受保护的布图设计可以不经权利人许可，不向其支付报酬。

2. 为教学研究而复制

《条例》第23条第1项规定，单纯为评价、分析、研究、教学等目的而复制受保护的布图设计的，可以不经权利人许可，不向其支付报酬。在其他各国集成电路法中也有相同或类似的规定。

(二) 反向工程

所谓反向工程，是指对他人的布图设计进行分析、评价，然后根据这种分析评价的结果创作出新的布图设计。许多先进的布图设计就是在分析他人已有的布图设计的基础之上而创作出来的。如果将此种行为视为侵权，必将阻碍布图设计技术的进步，影响集成电路产业的发展。因此，美国率先在《半导体芯片法》中对因实施反向工程而复制他人受保护的布图设计给予豁免,不将其视为侵权行为。

目前各国集成电路法和《华盛顿条约》都明确规定,为实施反向工程而复制他人受保护的布图设计,不构成侵权行为。这是集成电路法对权利人的一项特殊限制。我国《条例》第 23 条第 2 项规定,在依据前项评价、分析受保护的布图设计的基础上,创作出具有独创性的布图设计的,可以不经权利人许可,不向其支付报酬。

(三) 权利穷竭

集成电路法中所称的权利穷竭,是指布图设计权人或经其授权的人,将受保护的布图设计或含有该布图设计的半导体集成电路产品投入市场以后,对于该布图设计或该半导体集成电路产品的任何商业利用行为,不再享有权利。也就是说,对商业利用的权利"穷竭"了,任何人均可不经权利人或者其授权的人同意而进口、分销或以其他方式进行转让,该行为不构成侵权。我国《条例》也规定了权利穷竭。《条例》第 24 条规定:"受保护的布图设计、含有该布图设计的集成电路或者含有该集成电路的物品,由布图设计权利人或者经其许可投放市场后,他人再次商业利用的,可以不经布图设计权利人许可,并不向其支付报酬。"

(四) 善意买主

由于布图设计极为复杂细微,没有专门设备无法辨认,各国又不要求权利人必须在布图设计上设置有关标志,因此,即使具有相当专门知识的人也难以辨认自己所购买的集成电路中是否含有他人受保护的布图设计,更不要说那些不具备相当专门知识的人了。如果将不知集成电路产品中含有非法复制的受保护布图设计而出售或作其他商业利用的行为一律视作侵权行为,追究侵权责任,势必使很多集成电路产品经销者随时可能面临被指控为侵权的危险,严重挫伤集成电路产品经销者的积极性,影响集成电路贸易的正常进行。因此,对于善意买方因"不知"而从事了与权利人的专有权利相冲突的行为,各国法律给予了豁免。

《条例》第 33 条的规定:"在获得含有受保护的布图设计的集成电路或者含有该集成电路的物品时,不知道也没有合理理由应当知道其中含有非法复制的布图设计,而将其投入商业利用的,不视为侵权。前款行为人得到其中含有非法复制的布图设计的明确通知后,可以继续将现有的存货或者此前的订货投入商业利用,但应当向布图设计权利人支付合理的报酬。"

(五) 强制许可

强制许可,又称非自愿许可,是指在不经权利人同意的情况下由有关主管部门直接发放的使用许可,是对布图设计权利人的一项重要限制。由于美国等国家反对对专利权、著作权实施强制许可,所以美国及大多数工业发达国家在集成电路法中没有规定对布图设计权的强制许可,只有少数国家规定了这一制度。《华盛顿条约》对强制许可的问题作了比较详细的规定,缔约各方可以在各自国内立法中规定对布图设计权发放强制许可证。《知识产权协定》对布图设计权的强制许可限定了严格的条件,与专利权的强制许可相同,这是对各国有关布图设计权的强制许可的一种严格限制。

我国《条例》对非自愿许可也作出了具体规定,包括发放非自愿许可的条件、程序以及报酬的确定等事项。

[思考题]

1. 简述集成电路布图设计权的保护模式。
2. 简述集成电路布图设计权的权利内容。
3. 简述集成电路布图设计权的权利限制。

第二十八章　商业秘密权

［内容提要］　商业秘密是一种无形的信息财产，我国《反不正当竞争法》确认了商业秘密的财产属性，并规定侵权人负有赔偿责任。根据多数国家法律的规定，商业秘密权归属于知识产权的一种。商业秘密的构成要件有以下几点：信息性、保密性、未公开性、实用性。本章还阐述了商业秘密权的特征和商业秘密权的法律保护。

［关键词］　商业秘密　商业秘密权

第一节　商业秘密保护制度概述

一、概述

据学者考证，有关商业秘密保护的源流最早可以追溯到古罗马时期。古罗马繁荣的奴隶制经济促进了技术的进步，手工业生产中的知识、经验、技艺和诀窍逐渐成为企业发展的一个关键因素。在当时，奴隶被诱使出卖"雇主"商业秘密的情形成为社会上一个十分普遍的问题。罗马私法发展了对抗诱骗商业秘密的第三人的诉讼请求制度。根据当时的法律，竞业者如果以恶意引诱或强迫对方的奴隶泄露对方有关商业事务的秘密，奴隶的所有人有权提起"奴隶诱惑之诉"，请求双倍的赔偿，这种损失甚至包括了"雇主"丧失一个原本诚实的奴隶的损失。所以，当时商业秘密的保护就有着尊重商业道德与维护市场交易秩序的作用，但大量的商业秘密在奴隶社会仍处于一种自然状态，只是当事人所持有的一种法外利益。

商业秘密保护的第二个阶段始于18世纪的第一次工业革命，终于20世纪50年代。19世纪中叶，法国和德国在刑法典中规定了对未经许可而泄露工厂秘密的惩处，后来德国在1909年制定了《不正当竞争法》，给予侵害商业秘密的行为以私法救济。在英国，1820年衡平法院核准了一项使用和泄露商业秘密的禁令，不久，美国即在1837年审理Vickey诉Weich一案时继受了英国的商业秘密保护的制度。因此，我们可以认为，西方国家从规范竞争秩序的角度给予商业秘密以司法保护的法律制度在19世纪已经确立。在这一阶段，商业秘密逐步从法外利益步入法权利益，其保护的范围已逐渐与专利权的保护范围区别开来，只有未取得专利权的那一部分技术信息和经营信息才能作为商业秘密而受到法律的关照。

商业秘密保护的第三个阶段源自20世纪50年代,一直至今,这是商业秘密保护步入成熟的里程碑阶段。众所周知,自20世纪中叶以来,一场以电子技术、生物技术和信息技术为代表的新技术革命在世界范围内蓬勃兴起,其规模之空前以至于使以往的历次革命都显得黯然失色,社会逐步进入了"电子时代"和"信息社会"。与此同时,全球经济步入一体化,技术信息和经营信息的流通范围已不再局限于一国境内,商业秘密的保护遂成为国际知识产权谈判的一个重要内容。为数众多的国家在制定了国内保护商业秘密的法律之后,开始着手商业秘密的国际保护问题。1986年,美国、欧共体、加拿大、北欧诸国、瑞士、澳大利亚等在关贸总协定的谈判中,提交了在关贸总协定中保护商业秘密的议案。尽管该议案遭到发展中国家的强烈反对,但由于发达国家的强硬立场,商业秘密的保护最终列入了《知识产权协定》之中,致使"商业秘密的保护成为国际经济法的一部分"。[①] 在同一时期,一些有传统区域经济联系的国家在推进区域经济一体化的进程中,开始统一知识产权的保护标准,其中也涉及商业秘密的保护标准的一致性问题,如《北美自由贸易协定》、《安第斯条约》等协议均规定了适用于该区域的商业秘密保护标准。国际条约的制定反过来又极大地促进了各国国内法的发展,日本、韩国、乌克兰、匈牙利、丹麦等国纷纷通过法律的制定或修改来保护商业秘密。迄今为止,全世界共有五十多个国家规定了对商业秘密的法律保护。我国也在1993年制定了《反不正当竞争法》,从而填补了商业秘密保护上的空白,有关商业秘密保护的专门法律亦在制定之中。

在商业秘密保护的第三个阶段,商业秘密的保护从国内走向国际,无论是在国内法还是在国际公约中,商业秘密的保护都从一种道义上的保护演变为一种法律上的规制,商业秘密的产权观念日益深入人心。

二、商业秘密的概念

商业秘密,一般是指不为公众所知悉,能为权利人带来经济利益,具有实用性并经权利人采取保密措施的技术信息和经营信息。商业秘密是国际上通行的法律术语,有的国家将其称为工商秘密,《知识产权协定》则将其称为未公开信息。

商业秘密包括经营秘密与技术秘密两方面的内容。经营秘密,即未公开的经营信息,是指与生产经营销售活动有关的经营方法、管理方法、产销策略、货源

① 张玉瑞著:《商业秘密法学》,中国法制出版社1999年版,第13页。

情报、客户名单、标底及标书内容等专有知识。技术秘密，即未公开的技术信息，是指与产品生产和制造有关的技术诀窍、生产方案、工艺流程、设计图纸、化学配方、技术情报等专有知识。

考察目前各国对商业秘密的概念的界定，我们可以发现有两种立法模式：其一为概括式，即将“商业秘密”概括为某种信息或经营信息，如我国在《反不正当竞争法》第10条第3款规定：“本条所称的商业秘密，是指不为公众所知悉、能为权利人带来利益、具有实用性并经权利人采取保密措施的技术信息和经营信息。”采取这一方式所界定的概念内涵小、外延大，包容性强，不过，这一概念又显得过于抽象，不利于操作；而且，要想给出十分准确的定义，仍然比较困难。其二为列举式，即将法律所保护的各类信息列举出来作为示范，例如《美国统一商业秘密法》第1条规定：“商业秘密系指包括公式、图样、汇编、装置、方法、技巧或工序的信息。该信息(1)具有独立的实际或潜在的经济收入，不被普遍所知，不能被从其泄露或使用中取得经济价值的其他人用适当的方法查明；(2)该情报在各种情况下保持其秘密都是正当的。”以这种列举方式所界定的概念较为具体，利于操作，但范围略显得狭窄。

三、商业秘密的构成要件

根据《知识产权协定》的规定，商业秘密的构成要件有以下几点：它们必须是保密的，即其整体内容或其组成部分的组合或精确排列方式不为公众所知或不是可以轻易获得的；它们因为被保密而具有商业价值；它们的合法控制人为保密采取了合理措施。从该协定及世界上多数国家的立法实践来看，商业秘密构成条件主要有：

(1)商业秘密必须具有信息性。这里的信息性，是指与工商业活动有关的经营信息和技术信息，而不涉及国家秘密、个人隐私等信息。

(2)商业秘密必须具有保密性。所谓保密性是指商业秘密的持有人在主观上将其所持有的某种信息视为商业秘密并采取客观的保密措施加以管理。例如，《知识产权协定》第39条第2款对商业秘密的保密性作了如下解释：“在某种意义上属于秘密，即其整体或其要素的确切体现或组合，未被通常涉及该信息有关范围的人普遍所知或者容易获得。”无论是英美法系国家还是大陆法系国家，其保密措施的适用一般均涉及文件的管理、雇员的约束、技术设备的控制等。我们认为，鉴于客观世界的纷繁多样性，我们不可能要求各企业所采取的保护措施都千篇一律，只要在普通人看来，企业所采取的措施是为了防止第三人得知，且该措施对已掌握了商业秘密的人有一定的拘束性，即应认为该信息具有保密性。

(3) 商业秘密具有未公开性。所谓未公开性是指信息不为公众所知悉,此处的公众并非指一切人。例如权利人将自己的商业秘密告知需要使用这种秘密的人或者认为能够保守该秘密的人,并不丧失未公开性。人们一般公认,商业秘密的未公开性标准低于专利技术,后者的新颖性是指该技术在全国或世界范围内的独一无二的特性,而前者并不具有这一特点。

(4) 商业秘密具有实用性。商业秘密能够在生产经营中应用并能带给权利人经济利益,包括现实的或潜在的经济利益和竞争优势。

第二节　商业秘密权

一、商业秘密权的财产权属性

商业秘密是一种无形的信息财产。在商业秘密的国际保护领域,目前最主要的是给予其产权法律保护。早在20世纪60年代,国际商会(ICC)就率先将商业秘密视为知识产权,世界知识产权组织在其成立公约中亦暗示商业秘密可以包含在知识产权之内。至20世纪90年代,《知识产权协定》专门规定了“未公开信息”问题,明确其属于知识产权的范围。英美法系国家一般将商业秘密视为知识产权或无形产权,其立法例以英国1981年《保护商业秘密权利法草案》与美国1978年《统一商业秘密法》为代表。大陆法系国家曾长期依据合同法或侵权法理论保护商业秘密,目前也在一定程度上承认商业秘密的产权性质。例如,日本新商业秘密保护制度即依照民法物权救济方法,给予商业秘密的合法控制人以排除妨害的请求权。这意味着上述国家虽未完全接受产权理论,但已承认商业秘密包含有财产利益,给予其类似物权的法律保护。

我国《反不正当竞争法》确认了商业秘密的财产属性,并规定侵权人负有赔偿责任。这说明,商业秘密权是一种财产权,即商业秘密的合法控制人采取保密措施,依法对其经营信息和技术信息的专有使用权。与有形财产权不同,商业秘密权的对象是一种无形的信息,不占据一定的空间,不发生有形的损耗,因此商业秘密权是一种无形财产权。就权利内容而言,商业秘密的权利人与有形财产所有权人一样,依法享有占有、使用、收益和处分的权利,即有权对商业秘密进行控制与管理,防止他人采取不正当手段获取与使用商业秘密;有权依法使用自己的商业秘密,并不受他人的干涉;有权通过自己使用或者许可他人使用以至转让所有权,从而取得相应的经济利益;有权处分自己的商业秘密,包括放弃占有、无偿赠与或转让等。

二、商业秘密权的特征

根据多数国家法律的规定，商业秘密权归属于知识产权领域。就客体的非物质性而言，商业秘密权与其他知识产权具有无形产权的相同的本质属性，但前者却不具备传统类型知识产权的主要特征。

（1）商业秘密权在权利取得上与普通知识产权不同。专利权、商标权等权利的取得，往往需要经过国家机关的审批，即具有国家授予的特点；而商业秘密权的取得无须国家授权，只要其符合法律的规定，便可自动受到法律的保护。这种特点主要是因为商业秘密具有不公开性，不可能由国家来审批。

（2）商业秘密权不受时间和地域的限制。专利权、著作权等权利往往有时间限制，当法定的保护期限届满，该权利即不再受到法律的保护；而商业秘密具有保密性，只要其不泄露出去，商业秘密就一直受到法律的保护，故商业秘密权通常无时间上和地域上的限制。

（3）商业秘密权的效力具有相对性。著作权、专利权、商标权等普通的知识产权在效力上具有较强的排他性，权利人可以排斥他人未经许可以营利为目的对同一知识产品的利用；而商业秘密权只具有相对的排他性，权利人不能禁止他人对自己开发的商业秘密进行营利性使用。而且，一旦商业秘密泄露出去成为人所共知的信息，则商业秘密持有人也无法再控制其秘密信息，原权利最终无法行使。

（4）商业秘密本身也不同于一般知识产品。作品、专利技术等知识产品均具有一定的创造性，而在商业秘密中，技术秘密的创造性有高有低，商业信息通常无明显的创造性。因此，在确认一项信息是否属于商业秘密时，该信息的秘密性、新颖性、经济性则成为关键的判断因素。

尽管如此，商业秘密主要是一种智力创造成果，其权利形态与著作权、专利权、商标权一样都具有无形产权的本质属性，因此相关国际公约将商业秘密权视为某种知识产权是有道理的。

第三节　商业秘密权的法律保护

一、侵犯商业秘密的行为

侵犯商业秘密，是指行为人未经权利人（商业秘密的合法控制人）的许可，以非法手段获取商业秘密并加以利用的行为。这里的行为人包括：负有约定的保密义务的合同当事人；实施侵权行为的第三人；侵犯本单位商业秘密的行为人。所谓非法手段则包括:直接侵权,即直接从权利人那里窃取商业秘密并加以公开或使用;间接侵权,即通过第三人窃取权利人的商业秘密并加以公开或使用。

根据我国《反不正当竞争法》第10条的规定,侵犯商业秘密的具体表现形式主要有以下四种:

(1)以盗窃、利诱、胁迫或其他不正当手段获取权利人的商业秘密。所谓盗窃商业秘密,包括单位内部人员盗窃、外部人员盗窃、内外勾结盗窃等手段;所谓以利诱手段获取商业秘密,通常指行为人向掌握商业秘密的人员提供财物或其他优惠条件,诱使其向行为人提供商业秘密;所谓以胁迫手段获取商业秘密,是指行为人采取威胁、强迫手段,使他人在受强制的情况下提供商业秘密;所谓以其他不正当手段获取商业秘密,是指上述行为以外的其他非法手段,例如,通过商业洽谈、合作开发研究、参观学习等机会套取、刺探他人的商业秘密等。

(2)披露、使用或允许他人使用以不正当手段获取的商业秘密。所谓披露,是指将权利人的商业秘密向第三人透露或向不特定的其他人公开,使其失去秘密价值;所谓使用或允许他人使用,是指非法使用他人商业秘密的具体情形。需要指出的是,以非法手段获取商业秘密的行为人,如果将该秘密再行披露或使用,即构成双重侵权;倘若第三人从侵权人那里获悉了商业秘密而将秘密披露或使用,同样构成侵权。

(3)违反约定或违反权利人有关保守商业秘密的要求,披露、使用或允许他人使用其所掌握的商业秘密。合法掌握商业秘密的人,可能是与权利人有合同关系的对方当事人,也可能是权利人单位的工作人员或其他知情人。上述行为人违反合同约定或单位规定的保密义务,将其所掌握的商业秘密擅自公开,或自己使用,或许可他人使用,即构成对商业秘密的侵犯。

(4)第三人在明知或应知前述违法行为的情况下,仍然从侵权人那里获取、使用或披露他人的商业秘密。这是一种间接侵权行为。行为人知悉其为他人的商业秘密,并明知或应知系侵犯商业秘密的情形,依然获取、使用、披露该秘密的,也是侵犯商业秘密行为。

二、商业秘密的法律保护

对于侵犯商业秘密的行为,主要采取民事制裁、行政制裁以及刑事制裁的手段。我国《反不正当竞争法》第20条规定了侵犯商业秘密的民事责任,即经营者违反该法规定,给被侵害的经营者造成损害的,应当承担损害赔偿责任;第25条规定了相应的行政责任,即对侵犯商业秘密的行为,监督检查部门应当责令停止违法行为,可以根据情节处以1万元以上20万元以下的罚款。我国《刑法》

第219条规定了侵犯商业秘密罪，即实施侵犯商业秘密行为，给商业秘密的权利人造成重大损失的，处3年以下有期徒刑或者拘役，并处或者单处罚金；造成特别严重后果的，处3年以上7年以下有期徒刑，并处罚金。

[思考题]

1. 简述商业秘密的构成要件。
2. 比较商业秘密权与其他传统类型知识产权的异同。
3. 列举我国法律所规定的侵犯商业秘密的具体表现形式。

第二十九章　地理标志权

[内容提要]　地理标志权，又称原产地名称权，知识产权是其本质属性。目前国际上和我国在立法上对地理标志权有较完备的保护。本章简要介绍了地理标志的概念、法律特征和功能，着重介绍了地理标志的法律保护，包括国际保护、国内保护和我国的保护。

[关键词]　地理标志　地理标志权

第一节　地理标志概述

一、地理标志的概念与特征

地理标志是指标示某商品来源于某地区，该商品的特定质量、信誉或其他特征主要由该地区的自然因素或人文因素所决定的标志。[①]

地理标志是《知识产权协定》使用的概念，但在地理标志的保护过程中，地理标志并不是唯一的术语，如《巴黎公约》、《里斯本协定》、《发展中国家原产地名称和产地标记示范法》使用的都是原产地名称这一概念。但是，从其定义来看，地理标记与原产地名称的含义基本相同。《知识产权协定》第 22 条第 1 款规定：地理标志是指能标示出某商品来源于某成员地域内，或来源于该地域中的某地区或某地方，该商品的特定质量、信誉或其他特征，主要与该地理来源相关联的标志。《里斯本协定》第 2 条将原产地名称定义为“某个国家、地区或地方的地理名称用于指示某项产品来源于该地，其质量或特征完全或主要取决于地理环境，包括自然和人文因素”的标志。由此可见，地理标志和原产地名称系同义语。

地理标志具有如下特征：

(1) 地理标志的地理名称具有真实性，标明了商品或服务的真实来源地。地理名称必须是真实存在的，不是臆造的、虚构的地名。

(2) 地理标志所标示的商品为驰名的地方特产，该商品由于受到当地特殊自然条件或人文条件的影响而具有独特的品质、信誉或其他特征。

---

① 参见我国《商标法》第 16 条第 2 款。

(3) 地理标志不是单一的地理名称,只有当一个地名与其所标示的具有特定品质的商品相关联时,该地名才是这一商品的地理标志。

(4) 地理标志的使用人是该产地利用相同的自然条件、采用相同传统工艺的生产经营者。

二、地理标志与相关概念比较

(一) 地理标志与货源标志

货源标志是指用于标示产品或服务起源于某个国家、地区或特定地点的任何表达形式或标记。1883 年《巴黎公约》在缔结时就有保护货源标志的规定,公约要求商品标定的地理名称来源地必须真实。当时并无地理标志这一概念,直到 1925 年修订《巴黎公约》时才将地理标志(原产地名称)列为受工业产权保护的对象。

货源标志是与地理标志相近的一个概念,两者都与商品来源相联系,但又有所差别。货源标记仅表示某一商品的产出地,与产品质量没有直接联系,更不表明产品的特定品质,如"上海制造"仅仅标明该商品的产地是上海;地理标志不仅标示商品的产地,而且还表示该商品因源自该地域而具有某种特殊的品质,如"茅台酒"表明该商品来自茅台,并且因为受到当地特殊的自然条件与人文条件的影响而具有特定的品质。

(二) 地理标志与商标

地理标志与商标都属于知识产权保护的对象,都具有区别商品来源的功能,都是表示商品来源的专用标记,便于消费者认牌购货,避免发生误认。但是,两者有一定的区别:(1) 区别商品来源的功能不同。商标区别的是同一类商品的生产经营者或服务提供者;而地理标志表示的是商品的来源地,与当地具有特定品质的商品相联系。(2) 构成要素的要求不同。商标的构成要素一般不能是地理名称;地理标志的构成要素是直接以地理名称来说明产品的地理来源,暗示产品所具有的特定品质和良好信誉。(3) 权利的主体不同。商标的权利主体主要是单一的企业或个人;而地理标志权是一种集体性权利,其权利的主体应为特定地域内的生产经营者,而非任何单一的主体,凡是该地域范围内的生产经营者,只要其提供的产品源于该地理场所并符合确定的质量标准,都有权使用该标记。(4) 权利的内容不同。商标可以许可他人使用,也可以依法转让;而地理标志既不能许可他人使用,也不能转让,只能由该地域内的人共同使用。(5) 权利的保护期限不同。商标权受到时间的限制,一旦保护期限届满,除非商标权人申请续展,否则该商标便进入公有领域,不再为权利人所专有;而地理标志权不受时间的限制,只要生产于该地的某商品的特定品质存在,即可永久受到保护。

三、地理标志的功能

（1）表示商品来源的功能。地理标志具有标明商品来自某地域的功能，表明商品来源于该地理区域的任何一个经营主体。实际上这一标记在区别商品来源的同时，在市场销售份额的划分方面往往也起着十分关键的作用，使用知名的地理标志的商品往往可以取得高出一般商品的超额利润，因而地理标志往往被视为企业的一项无形财产。

（2）品质保证的功能。地理标志不仅可以表示商品的地理来源，而且可以体现商品特有的品质。地理标志经使用者的长期的共同维护，代表的不仅仅是质量，而且是原产地的生产者在多年的经营中积累起来的一种信誉，是社会对这种标记的综合评价。

（3）广告促销的功能。地理标志往往与商品原产地及品质相联系，长期使用会在消费者心目中形成较稳定的品牌形象，成为消费者选购的依据。因此，它们具有类似广告宣传的作用。

（4）进行外贸管制的需要。在国际贸易中，对进出口货物标示产地标记是一种通行做法，以表明产品的生长地、出生地、出土地或生产、加工、制造地以及某项服务来源地。国家出于外贸政策而对某国进口货物设定配额或数量限制时，原产地名称就成为判断商品进口国的重要依据。例如，对他国进行反倾销、反补贴等贸易制裁时，都涉及原产地的认定。

第二节　地理标志权及其法律保护

一、地理标志权的法律特征

地理标志权是私权，是一种无形财产权，是知识产权。其主要特点表现在以下几方面：

（1）地理标志权是一种集体性权利。首先，地理标志不能由个人独自注册，只能以集体、组织或协会的名义申请注册。地理标志权一旦被确认下来，便属于该地域内生产同一商品的所有生产者，而不是归某一权利人单独享有，生产者只要符合条件都有资格使用该地理标志。其次，在发生盗用、假冒地理标志的行为时，任一权利人均可提起诉讼。

（2）地理标志权具有永久性。与一般的知识产权的时间性特点不同，地理标志权无保护期间的限制，是一项永久性的财产权利，是一种无法定消灭事由的永续性权利。

（3）地理标志权具有不可转让性。地理标志权虽然是一项财产权，但使用这一标记的任何生产经营者都不得转让或许可使用，这是由权利客体即地理标志的本源性决定的。若地理标志转让使用，即会引起商品地域来源的混淆，扰乱社会经济秩序，也就丧失了地理标志的本来功能和作用。

（4）地理标志权的所有人与使用人相分离。地理标志权的所有人一般是该地区生产者参加的特定商品的行业协会或组织，而使用人则是该地特定产品的所有生产者。

二、地理标志的法律保护

地理标志是一种知识财产，具有经济价值，该地域内具有特定品质的商品的生产经营者均可从该标志的使用中获得经济利益，从而促进当地经济的发展。地理标志权的知识产权属性是其本质属性。在商品经济条件下，具有优良信誉的地理标志在市场竞争中起着非常重要的作用。盗用、假冒地理标志，造成商品产地来源的混淆，不仅侵犯了地理标志权人的权益，而且欺骗了消费者，损害了消费者的利益，破坏正常的市场经济秩序。因此，地理标志逐步成为各国法律和国际公约所保护的对象。

（一）地理标志的国际保护

1.《巴黎公约》

《巴黎公约》是最早保护地理标志的国际公约，该公约第 1 条明确将货源标志与原产地名称即地理标志列入工业产权的保护对象，同时对侵权行为也作了规定。根据《巴黎公约》第 10 条的规定，有人直接或间接假冒产品的原产地时，适用该公约第 9 条规定的制裁措施，即当非法标有原产地和生产者标记的商品进入本国而侵犯本国受保护的地理标记权时，该成员国有权予以扣押。

2.《制止商品产地虚假或欺骗性标记马德里协定》

1891 年在马德里缔结的《制止商品产地虚假或欺骗性标记马德里协定》，是《巴黎公约》的一个特别协定，对成员国之间制止虚假货源标记作了具体规定。该协定要求其成员国履行如下义务：如果发现任何商品上带有涉及该协定某成员国或成员国某地的虚假标记的产品，都必须禁止该产品的进口或在进口时给予扣押，或采取其他制裁措施。此外，该协定还禁止在招牌、广告、发票等任何商业文件中使用虚假的产地标记。但该协定未区分货源标记和地理标志，侧重于对货源标记的保护。

3.《保护原产地名称及其国际注册协定》

1958 年《巴黎公约》的部分成员国在里斯本签订了《保护原产地名称及其国际注册里斯本协定》，确立了在该协定成员国的国家保护基础上对地理标志的国际保护体系。该协定首次概括了原产地和原属国的定义,还对保护地理标志的目的及原产地的国际注册作了规定。该协定规定,可冠以地理标志的产品必须与地域之间存在某种必然的联系,即产品的质量或特征完全或主要取决于该地理环境。对于地理标志,有关缔约国的主管部门可向世界知识产权组织国际局申请注册,并说明产地的地理名称、使用该原产地的商品项目以及该原产地产品的使用人,注册后的地理标志在所有成员国都受到保护。缔约国依照协定的要求,在其领域内保护其他国家产品的地理标志,禁止本国的任何产品的生产经营者不经许可便使用该地理标志。

4.《发展中国家原产地名称和产地标记示范法》

20 世纪 60 年代通过的《发展中国家原产地名称和产地标记示范法》,为广大发展中国家保护地理标志提供了一个立法的范本,并对此提供了更完善的保护措施,详细规定了地理标志的保护条件以及违法使用的责任等。

5.《知识产权协定》

1993 年通过的《知识产权协定》中的第 3 节第 22 条第 1—4 款,把地理标志作为一项独立的知识产权加以保护。《知识产权协定》是目前保护地理标志的最新、也是最全面的国际条约。该协议明确界定了地理标志的概念,并要求成员为利害关系人提供法律救济手段,包括:(1) 不论他人以任何方式在商品的称谓或表达上,明示或暗示有关商品来源于一个非真实产地的地域,并足以导致公众对商品来源误认的,利害关系人有权制止;(2) 不论他人采取任何行为,如果构成《巴黎公约》1967 年文本第 10 条之二所指的不正当竞争,则利害关系人有权予以制止;(3) 含有地理标志的商标,但使用该商标的商品并非真正来源于该标志所标示的地域,且会误导公众,则应防止其不当注册,如果立法允许,成员应依职权驳回或撤销该商标的注册,或者依一方利害关系人的请求驳回或撤销该商标的注册;(4) 如果某地理标志虽然真实指明商品的来源地,但仍误导公众以为该商品来源于另一地域,则亦应适用以上规定(即第 22 条第 3 款)。此外,该协定第 23 条对用于识别葡萄酒及白酒的地理标志作了补充规定,体现了对这些标志的特殊保护。

(二) 国外立法对地理标志的保护

大多数国家都已保护地理标志,但在保护模式上有所差别,主要有以下三种类型:专门立法保护、商标法保护和反不正当竞争法保护。

1. 专门法保护

法国是对地理标志保护最早的国家,对地理标志的专门法保护较为完备。法国于 1919 年 5 月 6 日颁布了《原产地标志保护法》,确立了原产地命名制度,1990 年和 1996 年又对该法进行了修改。该法明确规定了一般地理标志的注册登记制度以及保护地理标志的行政和司法程序，民事法庭和有关行政机构可根据地理标志利害关系人的请求，根据地理来源和质量等标准，确定地理标志。在确定的产地范围内，特定经营者对地理标志享有专属使用权和禁止权，盗用地理标志属不法行为。葡萄酒和白酒适用特殊制度。

2. 商标法保护

采用商标法保护模式的国家，一般是把地理标志当做一种特殊的标记，将其注册为集体商标或证明商标加以保护。例如，英国、美国、欧盟等国家或组织在其商标法中规定，地理标志可以作为一类证明商标获准注册，并取得保护，注册人可以依据商标权对假冒等行为追究侵权责任。同时，这些国家对商标注册人的主体资格作了限制，一般规定具有实施合法管理职权的政府机构或民间组织才有权申请注册，并取得商标权。商标注册人制定使用该地理标志的规章，授权符合使用条件的企业或个人使用。由于该模式兼顾了地理标记与商标之间的联系，因而日益受到多数国家的重视和采用，也成为国际流行的一种保护方式。

3. 反不正当竞争法保护

德国、日本、瑞典等国家利用反不正当竞争法，对市场上使用地理标志的行为予以规制，通过实施反不正当竞争法来规范市场经济秩序，预防和惩治假冒、滥用地理标志的行为，维护合法使用者的权益。这种立法模式强调了假冒产地名称的不正当竞争行为的性质，侧重于从维护市场秩序和消费者利益的角度保护地理标志。

（三）我国对地理标志的保护

我国地大物博，自然气候多样，有许多具有原产地意义的土特产品，因此，建立地理标志保护法律制度，对提高我国农产品国际贸易竞争力、促进我国区域经济的发展、维护消费者的利益具有十分重要的作用。从 1986 年起，原国家工商行政管理局就下文对“原产地名称”的含义予以解释并表明它可在我国受到法律保护。不久，原国家工商行政管理局根据《巴黎公约》的要求，率先对外国的地理标志给予了保护，下文要求国内企业停止使用“丹麦牛油曲奇”、“香槟”等原产地名称。目前我国采用的是以商标法为主、专门法与反不正当竞争法等其他法为辅的多种保护方式。

1. 商标法对地理标志的保护

我国现行《商标法》在第 10 条第 2 款规定：“县级以上行政区划的地名或者公众知晓的外国地名，不得作为商标。但是，地名具有其他含义或者作为集体商标、证明商标组成部分的除外；已经注册的使用地名的商标继续有效。”这一规定起到了间接保护地理标志的作用。1994 年 12 月 30 日，原国家工商行政管理局发布了《集体商标、证明商标注册和管理办法》，该办法将证明商标定义为：用以证明该商标或服务的原产地、原料、制造方法、质量、精确度或其他特定品质的商品商标或服务商标，地理名称可作为证明商标的一种。据此，地理标志可注册为证明商标而受到保护。这是第一次在商标法律制度中确定了地理标志的法律地位。2001 年 10 月 27 日我国《商标法》的第二次修正，正式明确了对地理标志的保护，规定了地理标志的概念和保护内容。其中规定，商标中有商品的地理标志，而该商品并非来源于该标志所标示的地区，误导公众的，不予注册并禁止使用。

2. 专门法规对地理标志的保护

1999 年 8 月 17 日，原国家质量技术监督局发布了《原产地域产品保护规定》。这是我国第一部专门规定原产地域产品保护的规定，标志着中国原产地域产品保护制度的初步建立。这部法规首次界定了原产地域产品的概念，规定了原产地域产品的注册登记制度。依此规定，地理标志权由原产地域产品申报机构持有并负责申报和管理使用。该机构由有关地方的质量技术监督行政部门、行业主管部门、行业协会和生产者代表组成，生产者需要使用原产地域产品专用标志的，应当向申报机构提出申请。之后，国家质量监督检验检疫总局又制定颁布了《原产地域产品的通用要求》等强制性国家标准，初步形成了中国原产地域产品保护制度的法规体系。

3. 其他法律对地理标志的保护

我国《反不正当竞争法》第 5 条第 4 项禁止经营者伪造产地；第 9 条禁止经营者利用广告或其他方法对产地作引人误解的虚假宣传，违者应承担相应的法律责任。我国《产品质量法》和《消费者权益保护法》也从维护消费者合法权益和社会经济秩序的角度出发，禁止伪造、冒用产品的产地，并对违法者规定了相应的制裁措施。

由上可见，地理标志在我国已经得到了相应的法律保护，但许多学者认为这样一个多角度的法律保护状况将导致行政管理部门之间管理权限的冲突。例如，按照我国《商标法》的规定，国家工商行政管理总局商标局多年来一直承担着原产地证明商标的注册和管理工作，而原国家质量技术监督局是对原产地域产品实施保护工作的主管部门，负责对原产地域产品保护的申请进行审核和注册登记管理工作。因此，在具体的立法保护中应该建立以《知识产权协定》关于地理标记保护的规则为核心，以专门法为主体，辅以地方立法保护的开放、积极、统一、有效的保护法律体系。①

① 参见王莲峰：《地理标志的法律保护》，载《郑州大学学报（哲学社会科学版）》2003 年第 5 期。

［思考题］

1. 简述地理标志的法律特征。

2. 简述地理标志与原产地名称的关系。

3. 简述地理标志与货源标志的区别。

4. 简述地理标志的国际保护。

5. 简述地理标志在我国的法律保护。

第三十章 植物新品种权

［**内容提要**］ 本章简要介绍了植物新品种权的法律保护，包括植物新品种权的保护模式、权利内容、审查程序、侵权责任与权利限制等，重点内容为植物新品种权的保护模式与权利内容。

［**关键词**］ 植物新品种 植物新品种权

第一节 植物新品种保护概述

一、植物新品种的定义及保护意义

《国际植物新品种保护公约》将“品种”定义为“已知植物最低分类单元中单一的植物群，不论授予品种权的条件是否充分满足，该植物群可以是：以某一特定基因型或基因型组合表达的特性来确定；至少表现出上述的一种特性，以区别于任何其他植物群，并且作为一个分类单元，其适用性经过繁殖不发生变化”。一般认为，植物新品种是指经过人工培育的或者对发现的野生植物予以开发，具备新颖性、特异性、一致性和稳定性并有适当命名的植物品种。

植物新品种的产生，来源于人们对植物的人工培育或对野生植物的开发。植物新品种的培育，提高了农作物和林业的质量，减少了因病虫灾害所产生的损失，对于促进国民经济的健康发展和维护社会稳定具有极为重要的意义。因此，许多国家制定保护植物新品种的法规，授予植物新品种培育者以排他（独占）权以保证其先前的投资获得合理回报。这些权利为将来的继续投资或增加投资提供了刺激，也肯定了创新者的首创精神和对其付出的努力要求报酬的经济权利。

二、植物新品种保护制度沿革

（一）国际公约

1.《国际植物新品种保护公约》

20 世纪后半叶以来，将生物作为知识产权的客体在发达国家呈兴起之势，植物品种的保护（或植物育种者权利）即起源于此期间在发达国家占优势的经济体制和农业环境。1957 年 2 月 22 日，法国邀请 12 个国家和保护知识产权联合国际局、联合国粮农组织和欧洲经济合作组织，参加在法国召开的第一次植物新品种保护外交大会，形成会议决议。在此基础上，于1961年12月2日在巴黎签订了《国际植物新品种保护公约》(以下简称《公约》)。作为一种日渐普遍的新型知识产权，植物品种权反映了私人育种者对其知识产权加以保护愿望的日益增长。为适应国际形势，《公约》分别于1972年11月10日和1978年10月23日在日内瓦进行了修订，并于1991年3月19日由国际植物新品种保护联盟重新颁布，并向联合国秘书处登记。在保护内容上，公约旨在确认各成员国保护植物新品种育种者对其育成的品种的排他独占权，他人未经品种权人的许可，不得生产和销售植物新品种，或须向育种者交纳一定的费用。在保护原则上，《公约》采用国民待遇与互惠兼顾的原则；在保护方式上，成员可以自由选择专门法或专利法或二者并用保护植物新品种；在保护内容上，可以受保护的植物无种类限制，但保护期有差别。与1978年文本相比，1991年文本提高了植物新品种的保护水平，并扩大了适用的范围。《公约》是对保护植物新品种规定得最为详细、参加国最多的国际公约，其1991年文本是迄今为止有关植物新品种保护的最权威的法律。我国参加的是《公约》1978年文本，现在正在为加入1991年文本做准备。

2.《知识产权协定》

按照《公约》的规定，取得植物新品种的保护须申请。申请人在任何一个成员国第一次提出申请后，12个月内可在公约其他成员国享有优先权。此外，同一个植物新品种在不同成员国所受的保护互相独立。为了进一步加强对植物新品种的国际保护，《知识产权协定》第27条第3款规定："缔约方应以专利方式或者一种专门的制度或两者的结合对植物新品种给予保护。"可见，《知识产权协定》实际上是承继了《公约》的保护方式。

（二）各国主要立法模式

就目前而言，各国保护植物新品种的立法模式有三种：特别法模式、专利法模式以及特别法与专利法相结合模式。德、法等国在专利法的范围内保护植物新品种，但自《欧洲专利公约》签订之后，这些国家及该公约的所有缔约国的专利法都将植物新品种的发明排除在专利法保护的对象之外，而依特别法给予保护。英国、澳大利亚和欧盟等多数国家和国际组织则采用了特别法形式保护植物新品种。极少数的国家如美国、丹麦、日本等国以专利法和特别法相结合的方式保护植物新品种。1930年5月23日，美国颁布了世界上第一部植物专利法，将无性繁殖的植物品种(块茎植物除外)纳入了专利保护范畴，开创了人类利用专利制度保护植物育种者权利的先河。美国又于1970年制定了植物新品种保护的特别法，使用了植物专利、普通专利和品种保证书三种方式的"多轨制"保护方法，涉及有性繁殖和无性繁殖两大领域。美国因此而成为将专利法和特别法结合起来保护植物新品种的国家。日本目前通过修改种苗法来保护植物新品种。

（三）我国的植物新品种保护制度

我国《专利法》第25条规定，植物新品种不属于专利法的保护对象。为了加强对植物新品种的保护，鼓励培育和使用植物新品种，促进农业和林业的发展，我国于1997年3月20日由国务院发布了《植物新品种保护条例》(以下简称《条例》)，并于1997年10月1日起施行。1998年8月29日，第九届全国人民代表大会常务委员会第四次会议决定加入《国际植物新品种保护公约(1978年文本)》，同时声明，在中华人民共和国政府另行通知之前，该文本暂不适用于中华人民共和国香港特别行政区。尽管我国是在1998年加入《国际植物新品种保护公约》1978年文本，成为该联盟的第39个成员国，但是国内相关的法规《植物新品种保护条例》早在1997年就已出台。随后，为了配合《公约》，农业部和国家林业局又于1999年4月27日和8月10日分别颁布了农业部分与林业部分的实施细则，就此基本上形成了一整套的保护植物新品种的法律体系。2013年1月16日，国务院对《条例》进行了局部修订。修订后的《条例》自2013年3月1日起施行。

第二节　植物新品种权的内容、归属及限制

一、植物新品种保护的法定条件

根据《条例》及实施细则，植物新品种必须具备以下条件才能受到法律保护：(1) 申请品种权的植物新品种应当属于国家植物品种保护名录中列举的植物的属或者种。(2) 授予品种权的植物新品种应具有新颖性。新颖性是指申请品种权的植物新品种在申请日前该品种繁殖材料未被销售，或者经育种者许可在中国境内销售该品种繁殖材料未超过1年，在中国境外销售藤本植物、林木、果树和观赏树木品种繁殖材料未超过6年，销售其他植物品种繁殖材料未超过4年。(3) 授予品种权的植物新品种应当具备一致性，即申请品种权的植物新品种经过繁殖，除可以预见的变异外，其相关的特征或特性一致。(4) 授予品种权的植物新品种应当具备稳定性，即申请品种权的植物新品种经过反复繁殖后或者在特定繁殖周期结束时，其相关的特征或者特性保持不变。(5) 授予品种权的植物新品种应当具备适当的名称，并与相同或者相近的植物属或者种中已知品种的名称相区别。该名称经注册登记后即为该植物新品种的通用名称。(6) 不危害公共利益、生态环境。农业部《植物新品种保护条例实施细则(农业部分)》第4条规定："对危害公共利益、生态环境的植物新品种不授予品种权。"

二、植物新品种权的内容

品种权人是品种权法律关系的主体，其依法享有的权利是品种权保护制度的核心。《条例》第6条规定："完成育种的单位或者个人对其授权品种，享有排他的独占权。任何单位或者个人未经品种权所有人（以下称品种权人）许可，不得为商业目的生产或者销售该授权品种的繁殖材料，不得为商业目的将该授权品种的繁殖材料重复使用于生产另一品种的繁殖材料；但是，本条例另有规定的除外。"根据该条规定，品种权人享有的权利主要表现为一种排他权，即禁止他人未经许可利用其授权品种的权利。具体而言，品种权人享有的权利主要有：

（1）生产权。对品种权人生产授权品种繁殖材料专有权的保护，是世界上实施植物新品种保护制度的国家的普遍做法。生产权系指品种权人有权禁止他人未经其许可，为商业目的生产该授权品种的繁殖材料。在农业方面，繁殖材料是指可繁殖植物的种子和植物体的其他部分。在林业上则是指整株植物（包括苗木）、种子（包括根、茎、叶、花、果实等）以及构成植物体的任何部分（包括组织、细胞）。按照这一规定，品种权不能延及从授权品种的繁殖材料中所收获的产品，例如粮食、水果、蔬菜等。

（2）销售权。系指授权品种的繁殖材料的销售行为需要经过品种权人的许可。销售是实现品种权人经济利益的重要方式之一，品种权人有权禁止未经其许可销售该授权品种的繁殖材料的行为。

（3）使用权。系指品种权人有权禁止他人未经许可将该授权品种的繁殖材料为商业目的重复使用于生产另一品种的繁殖材料。对于非生产繁殖材料用途的其他使用，如生产农作物，品种权人则无权禁止。

（4）名称标记权。系指品种权人有权在自己的授权品种包装上标明品种权标记。根据《条例》及其实施细则，新品种命名不得有以下情形：仅以数字组成；违反国家法律或者社会公德，或者带有民族歧视性；以国家名称命名；以县级以上行政区划的地名或者公众知晓的外国地名命名；同政府间国际组织或者其他国际国内知名组织及标识名称相同或者近似；对植物新品种的特征、特性或者育种者的身份等容易引起误解；属于相同或相近植物属或者种的已知名称；夸大宣传。

（5）许可权。根据品种权人拥有的独占权，品种权人不仅自己可以实施授权品种，而且有权许可其他单位或者个人实施。许可他人实施的，双方应订立书面合同，明确规定双方的权利和义务，如许可的内容（生产、销售或使用）、数量、区域范围以及利益分配等。

（6）转让权。系指品种权人对自己拥有的新品种申请权和品种权的处分权。新品种的申请权也是一项独立的财产权,品种权人转让申请权或者品种权的,应当与受让方订立书面合同,并由审批机关登记和公告。

(7) 追偿权。品种权获得授予后,在初步审查合格公告之日至被授品种权之日止的期间内,对未经申请人许可而为商业目的生产或者销售该授权品种的繁殖材料的单位和个人,品种权人依法享有追偿的权利。

三、植物新品种权的归属

执行本单位的任务或者主要是利用本单位的物质条件所完成的职务育种,植物新品种的申请权属于该单位;非职务育种,植物新品种的申请权属于完成育种的个人。植物新品种的申请权可以依法转让。申请被批准后,品种权属于申请人。委托育种或者合作育种,品种权的归属由当事人在合同中约定;没有合同约定的,品种权属于受委托完成或共同完成育种的单位或者个人。

四、植物新品种权的限制

1. 合理使用

利用授权品种进行育种及其他科研活动,农民自繁自用授权品种的繁殖材料,均可以不经品种权人许可,不向其支付使用费,但不得侵犯品种权人的其他权利。

2. 强制许可使用

为了国家利益或者公共利益,审批机关可以作出实施植物新品种强制许可的决定,并予以登记和公告。取得实施强制许可的单位或者个人应当付给品种权人合理的使用费,其数额由双方商定;双方不能达成协议的,由审批机关裁决。品种权人对强制许可或强制许可使用费的裁决不服的,可以自收到通知之日起3个月内向人民法院提起诉讼。

根据《植物新品种保护条例实施细则(林业部分)》第9条的规定,有下列情形之一的,国家林业局可以作出或者依当事人的请求作出实施植物新品种强制许可的决定:(1) 为满足国家利益或者公共利益等特殊需要。(2) 品种权人无正当理由自己不实施或者实施不完全,又不许可他人以合理条件实施的。请求植物新品种强制许可的单位或者个人,应当向国家林业局提出强制许可请求书,说明理由并附具有关证明材料各一式两份。请求国家林业局裁决植物新品种强制许可使用费数额的,当事人应当提交裁决请求书,并附具不能达成协议的有关材料。国家林业局自收到裁决请求书之日起3个月内作出裁决并通知有关当事人。

第三节　植物新品种权的审查程序

植物新品种培育完成后，必须由完成植物新品种的单位或个人或其受让人向国家主管部门申请，经主管部门审查和批准后，才能取得植物新品种权。

一、申请

中国单位或个人申请品种权的，可以直接或者委托代理机构向审批机关提出申请。如果所涉品种涉及国家安全或者重大利益需要保密的，应按国家有关规定办理。外国人、外国企业或者外国其他组织在中国申请品种权的，应当按其所属国和中华人民共和国签订的协议或者共同参加的国际条约办理，或者按互惠原则依条件办理。申请时，申请人应当向审批机关提交符合规定格式要求的请求书、说明书和该品种的照片。申请文件应用中文书写。

二、受理

植物新品种权的审批机关是国务院农业、林业行政部门，它们按照职责分工共同负责植物新品种权申请的受理和审查。

审批机关收到品种权申请文件之日为申请日；申请文件是邮寄的，以寄出的邮戳日为申请日。申请人自在外国第一次提出品种权申请之日起 12 个月内，又在中国就该植物新品种提出品种权申请的，依照该外国与中国签订的协议或者共同参加的国际条约或者根据相互承认优先权的原则，可以享有优先权。申请人要求优先权利的，应当在申请时提出书面说明，并在 3 个月内提交经原受理机关确认的第一次提出的品种权申请文件的副本；未依照上述规定提出书面说明或者提交申请文件副本的，视为未要求优先权。

对于符合规定的品种权的申请，审批机关应当予以受理，明确申请日，给予申请号，并自收到申请之日起 1 个月内通知申请人缴纳申请费。对不符合或经修改后仍不符合规定的品种权申请，审批机关不予受理，并通知申请人。在品种权授予前，申请人可以修改或者撤回申请。如果中国单位或者个人将国内培育的植物新品种向国外申请品种权的，应当向审批机关登记。

三、审批

审批机关的审批程序如下：

(1) 初审。申请人缴纳申请费后，审批机关对品种权申请的下列内容进行初步审查：是否属于植物品种保护名录中列举的植物属或者种的范围；是否属于有资格申请品种权的外国人、外国企业或其他外国组织;是否符合新颖性的规定;植物新品种的命名是否适当。审批机关应当自受理品种权申请之日起 6 个月内完成初步审查。对经初步审查合格的品种权申请,审批机关予以公告,并通知申请人在 3 个月内缴纳审查费。对经初步审查不合格的品种权申请,审批机关应当通知申请人在 3 个月内陈述意见或者予以修正;逾期未答复或者修正后仍然不合格的,驳回申请。

(2) 实质审查。申请人按照规定缴纳审查费后,审批机关对品种权申请的特异性、一致性和稳定性进行实质审查。审查时,审批机关主要依据申请文件等书面材料进行审查。审批机关认为必要时,可以委托指定的测试机构进行测试或者考察业已完成的种植或者其他试验的结果。对经实质审查符合《条例》规定的品种权申请,审批机关应作出授予品种权的决定,颁发品种权证书,并予以登记和公告。对经实质审查不符合条例规定的品种权申请,审批机关予以驳回,并通知申请人。

(3) 复审。申请人对于审批机关驳回品种权申请的决定不服的,可以自收到通知之日起 3 个月内,向植物新品种复审委员会请求复审。植物新品种复审委员会应当自收到复审请求书之日起 6 个月内作出决定,并通知申请人。申请人对植物新品种复审委员会的决定不服的,可以自接到通知之日起 15 日内向人民法院提起诉讼。

植物新品种权被授予后,在自初步审查合格公告之日起至被授予品种权之日止的期间,对未经申请人许可,为商业目的生产或者销售该授权品种的繁殖材料的单位和个人,品种权人享有追偿的权利。

第四节　植物新品种权的期限、终止和无效

一、植物新品种权的期限

按照《条例》第 34 条的规定,植物新品种权的保护期限,自授权之日起,藤本植物、林木、果树和观赏树木为 20 年,其他植物为 15 年。可见,我国对植物新品种的保护期限长于 1978 年文本的时间下限,但短于 1991 年文本的要求。

期限的确定具有法律上的意义,品种权人应当自被授予品种权的当年开始缴纳年费,并按照审批机关的要求提供用于检测的该授权品种的繁殖材料。

二、植物新品种权的终止

按照《条例》,如有下列情形之一,品种权在其保护期限届满前终止:

（1）品种权人以书面声明放弃品种权的；

（2）品种权人未按照规定缴纳年费的；

（3）品种权人未按照审批机关的要求提供检测所需的该授权品种的繁殖材料的；

（4）经检测该授权品种不再符合被授予品种权时的特征和特性的。

品种权的终止，由审批机关登记和公告。

三、植物新品种权的无效

自审批机关公告授予品种权之日起，植物新品种复审委员会可以依据职权或依据任何单位或者个人的书面请求，对不符合《条例》所规定的新颖性、特异性、一致性和稳定性条件的植物新品种，宣告品种权无效；对不符合名称规定的予以更名。宣告品种权无效或者更名的决定，由审批机关登记和公告，并通知当事人。

品种权人或无效宣告请求人对植物新品种复审委员会的决定不服的，可以自收到通知之日起3个月内向人民法院提起诉讼。

被宣告无效的品种权视为自始不存在。宣告品种无效的决定，对在宣告前人民法院作出并已执行的植物新品种侵权的判决、裁定，省级以上人民政府农业、林业行政部门作出并已执行的植物新品种侵权处理决定，以及已经履行的植物新品种实施许可合同和植物新品种权转让合同，不具有追溯力；但是，因品种权人恶意给他人造成损失的，应当给予合理赔偿。依上述规定品种权人或者品种权转让人不向被许可实施人或受让人返还使用费或转让费，明显违反公平原则的，品种权人或者品种权转让人应当向被许可实施人或者受让人返还全部或者部分使用费或者转让费。

第五节　侵犯植物新品种权的法律责任

《条例》对于侵犯植物新品种权的行为分别规定了应承担的民事责任、行政责任和刑事责任：

（1）未经品种权人许可，以商业目的生产或销售品种的繁殖材料的，品种权人或利害关系人可以请求省级以上人民政府农业、林业行政部门依据各自的职权进行处理，也可以直接向人民法院提起诉讼。

省级以上人民政府农业、林业行政部门依据各自的职权，可根据当事人自愿的原则，对侵权所造成的损害赔偿进行调解。调解达成协议的，当事人应当履行；调解未达成协议的，品种权人或利害关系人可以依照民事诉讼程序向人民法院提起诉讼。

省级以上人民政府农业、林业行政部门依据各自的职权处理品种权侵权案件时,为维护社会公共利益,可以责令侵权人停止侵权行为,没收违法所得和植物品种繁殖材料;货值金额5万元以上的,可处货值金额1倍以上5倍以下的罚款;没有货值金额或者货值金额5万元以下的,根据情节轻重,可处25万元以下的罚款。

(2) 假冒授权品种的,由县级以上人民政府农业、林业行政部门依据各自的职权责令停止假冒行为,没收违法所得和植物品种繁殖材料;货值金额5万元以上的,处货值金额1倍以上5倍以下的罚款;没有货值金额或者货值金额5万元以下的,根据情节轻重,处25万元以下的罚款;情节严重,构成犯罪的,依法追究刑事责任。

此外,省级以上人民政府农业、林业行政部门依据各自的职权在查处品种权侵权案件和县级以上人民政府农业、林业行政部门依据各自的职权在查处假冒授权品种案件时,根据需要,可以封存或扣押与案件有关的植物品种的繁殖材料,查阅、复制或者封存与案件有关的合同、账册及有关文件等。

[思考题]

1. 简述植物新品种权的保护模式。
2. 简述植物新品种权的权利内容。
3. 简述植物新品种权的审查程序。
4. 简述我国对植物新品种权的法律保护。

第三十一章　商　号　权

[**内容提要**]　商号权属于知识产权的保护对象之一。由于我国没有专门的法律来保护商号权，所以术语的使用、权利的属性以及保护举措等问题还未明确。本章首先通过商号与相关概念的比较明确了商号这一概念，继而对商号权的法律特征、性质、权利的取得、权利内容以及法律保护作了评介。

[**关键词**]　商号　商号权

第一节　商　　号

一、商号的概念

商号是民商事主体在进行工商业经营活动时用来标示自己并区别于他人的一种标志，包括各种所有制企业的名称，各种形式的经营组织和各类公司的名称。商号是生产经营者的营业标志，体现着特定的企业的商业信誉和服务质量，一个商号如果被市场认可，就可以产生良好的商业信誉。对于信誉好的企业，其名称或标志对消费者有着巨大的吸引力，是企业重要的无形财产。

二、商号与相关概念的区别

（一）商号与企业名称

商号与企业名称，是现有的论著及立法中广为使用的、用来指称商业领域经营主体的两个概念，有的混同地使用商号与企业名称，有的则认为两个概念有着本质上的区别。

从国外有些国家的规定来看，其商号的内涵与外延同我国《企业名称登记管理规定》中的企业名称大致相同。如根据美国的普通法，产品、服务或商业企业的描述性词汇，以及人名、合伙名、公司名或特殊地理位置的名称，被法院承认在商业交易中普遍使用，即属于"商号"。在日本立法上，商号指的是商事主体的名称。其中，商人的商号可以是其姓氏、姓名或其他名称，而公司的商号通常是无限公司、两合公司或股份公司等。在德国，商号可以分为简单商号和组合商号，简单商号仅由一个姓名组成，而组合商号由核心部分（一个名称）和附属部分组成,两部分具有同样的意义和地位。①

从我国规制企业名称的专门法《企业名称登记管理规定》来看,商号与企业名称应当属于不同的概念,企业名称包含了商号,商号是企业名称的核心部分。根据《企业名称登记管理规定》第7条第1款的规定,企业名称应当由以下部分依次组成:企业的注册地或营业地、字号(或者商号)、行业或者经营特点、组织形式。例如,"深圳润迅科技服务有限公司"是一个已经注册的企业名称,其中"深圳"是地理名称,"润迅"是商号,"科技服务"属行业公有名称,"有限公司"是其组织形式。在所有的组成部分中,该公司只对其商号"润迅"享有专有权,而不能对"深圳"、"科技服务"或"有限公司"享有专有性权利,因为行政区划名称、行业公有名称和组织形式是所有民商事主体所共有的,不能成为某一个企业的私有财产。

所以,作为知识产权保护对象的应该是商号,而不是企业名称,商号是企业以及其他商业主体为表明不同于他人的特征而使用的名称,企业名称是表明企业的注册地或营业地、商号、行业、组织形式等特点的全称。

(二) 商号与商标

商号和商标是与工商业经营者密切相关的标志,而且在有些情况下,两者可以合二为一,例如,"全聚德"、"IBM"、"联想"既是商号,又是商标。但是,二者有着明显的差别:(1) 两种标志附着于不同的载体,具有不同的表示功能。商号是商品的生产经营者使用的标记,是用来区别不同生产经营者的标志;商标是使用在商品上的标记,是用来区别商品来源的标志。(2) 一个生产经营者只能有一个商号,但可以有多个商标使用在其生产经营的商品上。(3) 两者的效力范围不同。商号只在其登记注册的范围内有效,在全国范围内有可能存在相同的商号;注册商标在全国范围内有效,其权利人享有专有使用权。(4) 商号权无法定时间限制,商号权与权利主体并存,只要该主体存在,商号权就存在;而商标权受到时间的限制。

第二节 商号权及其法律保护

一、商号权的概念与法律特征

商号权,是指企业对自己使用的营业标志所依法享有的专用权。确立该项权利的法律意义在于:在他人使用相同或类似的名称时,权利人可以要求停止使

① 参见聂卫东:《商业名称的法律保护》,载《法律科学》1999年第3期。

用，避免发生混同；在他人非法侵权而造成损失时，权利人可以要求赔偿损失。

商号权是私权的一种，是无形财产权，是知识产权的保护对象。商号权具有知识产权的某些共同特征，例如客体的非物质性、权利的专有性、地域性等。但是，与专利权、商标权等知识产权相比较，商号权还具有自身的特点：

（1）相对的排他效力。商号权虽为知识产权之一种，具有绝对性的特点，但仅在其有效登记的范围内有排他的效力，即只有在其所属的同一行政区域、同一行业内享有排他性的专有权。较之专利权、商标权在授予国范围内的效力，商号权是一种相对的绝对权。[①]

（2）无期限的存续效力。商号权具有一般人格权的某些属性，无法定的保护期限。商号与企业共存亡，只要企业存在，其商号权就得以继续存在。

二、商号权的性质

关于商号权的性质有如下几种观点：（1）姓名权说。该观点认为法人、个体工商户、个人合伙的商号权就是姓名权。“法人、个体工商户和个人合伙的姓名权称为名称权。”[②]持这种观点的学者多以我国台湾地区学者的主张为依据，因为他们认为将法人的名称权解释为姓名权后，可以根据民法对公民姓名权的保护方式来保护法人的名称权，较有利于被害人。[③]（2）财产权说。该观点认为商号权具备财产权的一般特征，是一项可以获得收益的财产，因而这种名称不是营业主体的人格，不属于人格权范畴而属于财产权范畴，是财产权的一种。[④]（3）身份权说。有人认为名称权与姓名权不属于同一性质的权利，姓名权是人格权，而名称权可以被转让和继承，因而它不是人格权而是身份权。（4）人格权说。该观点认为，名称权的客体是法人等的人格利益，名称是主体相互区别的必要条件；其次，名称权具有人格权的全部特征，是固有权、专属权和必备权；再次，名称权虽具有某些无形财产权的属性，但这是其附属性质而非本质属性。[⑤]（5）双重性质说。该观点认为商号权兼有人格权和财产权的属性。一方面，对于法人等具有独立人格的主体来说，拥有自己的名称是其取得民事主体资格的必备条件，即使对于那些不具备主体资格的社会组织来说，它们要以团体的名义从事民事活动也必须享有名称权。另一方面，名称权也具备财产权的属性，名称可以作为财产标的使用、收益、转让和处分。由于名称无固定形态，故属于无体

---

① 参见张国键著：《商事法论》，台湾三民书局1980年版，第102页。
② 孟玉著：《人身权的民法保护》，北京大学出版社1988年版，第8页。
③ 参见曾隆兴著：《现代损害赔偿法论》，台湾三民书局1988年版，第50页。
④ 参见龙显铭著：《私法上人格权之保护》，中华书局1948年版，第89页。
⑤ 参见杨立新著：《人身权法论》，中国检察出版社1996年版，第448页。

财产权。①

我们认为,一方面,商号是企业主体人格的标志,具有区别生产经营者的功能,同时商号也是企业从事生产经营活动的前提条件。另一方面,商号是企业的无形资产,它的使用、许可使用、转让和继承,均能获得财产利益,盗用、假冒商号将产生相应的财产后果。所以,商号权应是兼有人格与财产内容的复合性权利。

三、商号权的取得方式

商号权的取得方式通常有以下几种:

(1) 使用取得主义。使用取得主义是指商号一经使用,使用者即可取得商号权,无须履行法定申请手续。目前只有少数国家采用这种制度。例如在法国,只要商号面向社会,与公众接触,即构成使用行为,使用者可取得商号权。《巴黎公约》第 8 条也要求成员国对商号予以保护,而不论其是否申请或注册。采取使用取得主义,比较有利于保护先使用人的利益,因为一个商号只有经过使用,才能为公众所知,才能体现其价值。不过,采取该制度的弊端在于发生纠纷时难以解决,如果一个商业名称同时为多个主体所使用,确定谁是最先使用人极为困难,因而在实践中采取该制度的国家不多。

(2) 登记对抗主义。登记对抗主义是指商号权的取得不需经过登记,但不经登记不足以产生对抗第三人的效力。《日本商法典》采取了此制度。未经登记的商号尽管可以使用,但不具有排他性,其在使用效力、转让效力上均逊于已登记的商号。

(3) 登记生效主义。所谓登记生效主义,是指商号只有经过登记才可使用,才具有排他性专用权。目前,德国等国的商法采用该制度。采取该制度,一方面有利于确定商号权的归属,减少纠纷,另一方面通过登记而公示,便于维护交易安全和交易秩序。

我国目前在有关商号权的法律中均采取登记生效主义。例如,《民法通则》第 33 条规定:“个人合伙可以起字号,依法经核准登记,在核准登记的经营范围内从事经营。”《企业名称登记管理规定》第 3 条规定,企业名称经核准登记注册后方可使用,在规定的范围内享有专有权。对于使用未经核准登记注册的企业名称从事生产经营活动的,责令停止经营活动,没收非法所得或者处以罚款。对于外商投资企业,应在开业登记之前办理独立的企业名称登记。

在商号权的取得上,我国一般实行先申请原则,即两个以上的企业向同一登记主管机关申请相同的符合规定的商号,登记主管机关依照申请在先的原则核

① 参见王利明等编著:《人格权法》,法律出版社 1997 年版,第 98 页。

定。采取该原则,有利于促使企业早日申请商号,也便于国家主管机关进行登记管理工作。如果两个以上的企业在同一天申请商号登记的,《企业名称登记管理规定》要求企业协商解决;协商不成的由登记主管机关作出裁决。两个以上企业向不同登记主管机关申请相同的企业名称,登记主管机关依照受理在先原则核定。属于同一天受理的,应当由企业协商解决;协商不成的,由各该登记主管机关报共同的上级登记主管机关作出裁决。根据以上原则,企业一般应在进行开业登记的同时进行厂商名称登记,但有特殊原因的可在开业登记以前预先单独申请企业厂商名称登记,如股份公司、保险公司、证券公司及外商投资企业等可在设立之前申请厂商名称登记。

在我国,厂商名称登记主管机关是国家工商行政管理总局和地方各级工商行政管理局。我国实行分级登记管理制度,全国性公司、国家级大型进出口公司和企业集团及全国性企业、外商投资企业由国家工商行政管理总局专属核定管辖。上述企业以外的其他企业由所在地省、市、县工商行政管理局核准登记。

四、商号权的内容

(1) 设定权。商号设定权是指民商事主体享有依法决定其商号的权利。关于商号的组成部分,根据《企业名称登记管理规定》,商号不得违反禁用条款,即禁止使用下列内容和文字:其一,有损于国家、社会公共利益的;其二,可能对公众造成欺骗或者误解的;其三,外国国家(地区)名称、国际组织名称;其四,政党名称、党政军机关名称、群众组织名称、社会团体名称及部队番号;其五,汉语拼音字母(外文名称中使用的除外);其六,其他法律、行政法规规定禁止的。

(2) 使用权。商号使用权是指商号权人对其商号享有独占使用的权利,并且在核准登记的地域范围内有权禁止他人使用与自己的商号相同或相近似的名称。这种禁止性权利表现在两个方面:一是排斥他人在核准登记的辖区内登记与同行业已有的商号相同或近似的厂商名称。例如,我国《企业名称登记管理规定》第 6 条第 1 款明确要求:"企业只准使用一个名称,在登记主管机关辖区内不得与已登记注册的同行业企业名称相同或者近似。"二是排斥他人未经许可以营利为目的在核准的辖区内使用与自己商号相同或近似的商号。例如,我国《反不正当竞争法》第 5 条将擅自使用他人的企业名称或姓名造成误认的行为视为不正当竞争行为,商号权人有权要求其承担法律责任。

(3) 转让权。商号作为区分不同民商事主体的一种标志,具有识别作用,因此商号往往是企业商誉外在表现的一个载体,这就使商号权具有了一定的财产属性,可以成为转让的对象。在商号的转让上,各国立法存在不同的立法方式:一是绝对转让主义,即商号权应与企业一并转让,或在企业终止时转让。商号权转让后,转让人不再享有商号权,受让人成为新的权利主体。例如,《日本商法典》第 24 条第 1 款规定:商号只能和营业一起转让或在废止营业时转让。多数国家的商法典中都采取了这种立法方式。二是相对转让主义,即商号权可与企业分离而单独转让,转让后,转让人和受让人都享有商号权并且多个企业可使用同一个商号。由于相对转让主义容易造成商号使用及管理上的混乱,引起公众严重的误解,甚至造成转让人转嫁债务或与受让人恶意串通损害债权人的情况,所以现代多数国家的民商法规定商号权不得与企业分离而单独转让。我国《企业名称登记管理规定》也采取了国际上通行的做法,其中第 23 条规定,企业名称可随企业或企业的一部分一并转让,企业名称转让后,转让方不得继续使用已转让的企业名称。企业名称只能转让给一个企业,转让方和受让方应当签订书面合同或者协议,报原登记主管机关核准。

(4) 许可使用权。商号权作为一种财产性权利,可以许可他人使用。当事人双方可以协议方式准许被许可人在特定范围内使用其商号,商号许可使用合同应当采用书面形式并经登记主管机关登记后生效。

五、商号权的法律保护

鉴于商号的重要作用,自 18 世纪开始,一些国家就以法律的形式对其进行保护。迄今为止,各国关于商号权保护的立法例主要有以下三种类型:第一类是以单行法规的形式加以保护,如英国 1916 年颁布的《厂商名称登记法》、荷兰 1921 年颁布的《企业名称法》等,这类单行法强调国家对商号的管理,行政干预色彩较浓;第二类是以商法典的形式来加以保护,如德、日、法等采取民商分立模式的国家;第三类是以民法典的形式加以规范,如意大利等采取民商合一模式的国家。

在国际上,最早保护商号权的国际公约是《巴黎公约》,该公约第 8 条规定,商号应在各成员国受到保护。随后,世界知识产权组织《发展中国家商标、商号和不正当竞争行为示范法》就商号权的保护作出了一些示范性规定。

我国在《民法通则》、《反不正当竞争法》、《公司法》、《产品质量法》、《消费者权益保护法》、《企业名称登记管理规定》等法律法规中规定了对商号权的保护。从我国现行法律的规定来看,有关商号权的法律保护措施主要有以下几种:

(1) 在法定范围内享有独占使用权,禁止他人在核准登记的行政区域范围内使用相同的商号。经相应工商行政管理部门核准后,凡冠以市名或县名的商号,在同一市、县范围内,同行业企业不得重名;凡冠以省名、自治区名而不冠以市名、县名的,在省、自治区范围内,同行业企业不得重名;凡使用“中国”、“中华”字样的,在全国范围内,同行业企业不得重名。

（2）商号经登记注册后得以对抗第三人。凡因注册登记的商号相同而发生争议的，按申请登记的先后顺序处理，即先申请注册的享有优先权；盗用、假冒他人商号的，构成侵犯商号权，应承担相应的法律责任。

目前，我国相关法律、法规对商号的规定过于零散和笼统，相互之间也不统一，因此，有学者建议对商号的保护进行专门立法，或者参照世界知识产权组织拟定的《发展中国家商标、商号和不正当竞争行为示范法》，将商号权法律制度与相关知识产权制度进行合并立法。

[思考题]

1. 简述商号与企业名称的关系。
2. 简述商号与商标的区别。
3. 试述商号权的性质与特征。
4. 简述商号权的内容。
5. 简述我国对商号权的法律保护。

第三十二章　反不正当竞争

[内容提要]　国际上对不正当竞争行为的概念的规定虽不一致，但从立法体系来看，多数国家都将反不正当竞争法归类于知识产权法律体系之中。我国于1993年通过了《反不正当竞争法》。本章主要阐述了不正当竞争的概念和特征、将反不正当竞争法归于知识产权法律体系之中的理由以及与知识产权有关的不正当竞争。

[关键词]　不正当竞争　反不正当竞争法

第一节　不正当竞争行为的概念和特征

一、不正当竞争行为概念

竞争是商品经济的本质属性。市场经济形态的竞争应当是一种正当的、有序的竞争，它要求竞争者之间地位平等，同时遵循公平、诚实信用的原则。然而，市场经济中存在形形色色的不正当竞争行为，它们破坏了正常的竞争秩序，违反了公认的公平竞争原则，因此各国都十分关注对不正当竞争行为的法律调整。

从各国的规定来看，国际上对不正当竞争行为的概念的规定并不一致。例如，《巴黎公约》规定，凡在工商业事务中违反诚实的习惯做法的竞争行为构成不正当竞争行为。世界知识产权组织拟定的《发展中国家商标、商号和不正当竞争行为示范法》认为，违反工业或商业事务中诚实做法的任何行为即为不正当竞争行为。而在各国立法中，有的采用概括方式，如德国将不正当竞争行为表述为“在营业中为竞争目的采取的违反善良风俗的行为”；而有的国家则采列举方式，如日本法罗列了六种“不公平交易方法”。从以上规定我们可以看出：无论是在国际公约还是在各国立法中，不正当竞争行为具有违反“诚实”、“公平”原则的特征。因此，从实质上来看，不正当竞争行为实质是一种违反平等公正、诚实信用的竞争规则的非法行为。

二、不正当竞争行为特征

我国于1993年通过的《反不正当竞争法》第2条第2款规定：“本法所称的不正当竞争，是指经营者违反本法规定，损害其他经营者的合法权益，扰乱社会

经济秩序的行为。”上述规定是判定不正当竞争行为的法律依据,因此我们可以将不正当竞争行为的特点概括如下:

(1)不正当竞争行为发生在经济活动之中。不正当竞争行为只能存在于经济活动之中,因为只有在经济活动中才能存在竞争行为,这是该行为区别于一般民事侵权行为的重要特征。例如,对企业名誉权的侵犯,侵权人与受害人无竞争关系时按一般侵权行为来对待,只有在诋毁、排挤竞争对手的情况下才构成不正当竞争。

(2)不正当竞争行为违反了诚实、公平的原则。市场竞争的主体为从事生产经营活动的自然人、法人或其他组织,即经营者。经营者在市场交易之中应当遵循自愿、平等、公平、诚实信用的原则,遵守公认的商业道德。凡是违反上述基本原则的交易行为,都应视为不正当竞争行为。

(3)不正当竞争行为造成了扰乱社会正当交易秩序的危害后果。由于不正当竞争行为是一种以损害竞争对手来谋利的行为,因此该行为具有伤他性,其直接后果是妨碍正常的市场运行机制,扰乱和谐的市场交易秩序。制定反不正当竞争法的目的,正是鼓励和保护公平竞争,制止不正当竞争行为,保护经营者和消费者的合法权益,以保障和促进市场经济的健康发展。

第二节 反不正当竞争法

一、反不正当竞争法概述

反不正当竞争法是调整市场交易活动中各经营者之间的竞争关系的各种法律规范的总称。在狭义上,它仅涉及反对不正当竞争的内容;在广义上,则包括狭义的反不正当竞争以及反垄断和限制竞争的内容。由于各国政治状况、经济发展水平及法律传统的差异,其相关立法在名称与内容等方面存在较大的差异。归纳起来,各国关于此类立法主要有两种立法例:一是分立式,即采取分别立法的模式,制定反垄断法、防止限制竞争法和反不正当竞争法,如德国和日本;二是合并式,即采取统一立法的模式,将反垄断、禁止限制竞争和反不正当竞争合并立法,如美国等。在西方发达国家,包括反垄断法在内的反不正当竞争法具有十分重要的法律地位,以致成为一国经济法律体系的核心内容,从而享有“经济宪法”、“市场经济大宪章”等美誉。实行分立式立法例的国家,严格意义上的反不正当竞争法只限于对部分不正当竞争行为的规范,而其他相关行为则在反垄断法与禁止限制竞争法的调整范围之中。可以说,在这些国家,反不正当竞争法与反垄断法有着相互渗透的趋势。我国在市场经济立法中,率先制定了《反不正当竞争法》,《反垄断法》于 2007 年 8 月 30 日通过,自 2008 年 8 月 1 日起施行。根据市场经济发展的实际情况和规范市场竞争行为的实际需要,我国立法借鉴了合并式模式,即在反不正当竞争法中规制了两类对象:一类是传统的违背诚信、公平原则的不正当竞争行为,一类是影响市场机能正常发挥的限制竞争行为。

二、反不正当竞争法的立法体系

从立法体系来看,多数国家都将反不正当竞争法归类于知识产权法律体系之中。例如,《巴黎公约》1967 年斯德哥尔摩文本将专利、实用新型、外观设计、商标、服务标记、厂商名称、货源标记或原产地名称与制止不正当竞争列为工业产权的保护对象。1967 年签订的《成立世界知识产权组织公约》也将不正当竞争行为纳入知识产权的调整范围。《知识产权协定》强调缔约方应当遵守《巴黎公约》的有关条款,即认可《巴黎公约》将反不正当竞争法作为知识产权法律制度组成部分的规定。

我们认为,反不正当竞争法属于知识产权法律体系的理由是:

(1) 反不正当竞争法以其他知识产权法的调整对象作为自己的保护对象,即对于侵犯著作权、专利权、商标权的行为予以法律制裁。因此,在某些情况下会出现法条竞合及优先适用何种法律的问题。

(2) 反不正当竞争法对与各类知识产权有关而相关法律不能规制的客体给予保护,以弥补单一法律制度所产生的“真空地带”。

(3) 反不正当竞争法对各类知识产权客体的交叉部分给予“兜底保护”,使知识产权的保护对象连接起来形成一个整体。因此我们可以认为,该法是知识产权领域中所涉范围更为广泛的一种法律制度。尽管在当前的立法例之中,反不正当竞争法的调整范围已越来越广,扩大到许多与知识产权毫无关系的其他领域,但以保护知识产权为重点仍然是反不正当竞争法的主要任务。

第三节　与知识产权有关的不正当竞争

目前在有关的国际公约中,对不正当竞争行为有着详细的列举与概括的描述。世界知识产权组织草拟的《发展中国家商标、商号和不正当竞争行为示范法》在解释中,列举了 12 种不正当竞争行为:(1) 贿赂竞争对手的买主,以获得和保持他们的惠顾;(2) 通过间谍活动或贿赂其雇员,获取竞争对手的商业秘密或交易秘密;(3) 未经许可而使用或公开竞争对手的“技术秘密”;(4) 引诱竞争对手的雇员,以破坏他们的雇佣合同或使他们离开其雇主;(5) 以提起专利或商标侵权诉讼威胁竞争对手,而这种威胁是欺诈性的,并以减少竞争对手的交易量和阻止竞争为目的;(6) 联合抵制贸易以阻止或妨碍竞争;(7) 倾销,即以低于成本的价格销售,并有阻止或压制竞争的意图或后果;(8) 给消费者造成一种印象,即他正在获得一个以优惠条件购买商品的机会,而事实并非如此;(9) 依样摹仿竞争对手的商品、服务、广告或贸易的其他特点;(10) 鼓励或利用竞争对手的违约行为;(11) 进行与竞争对手的商品或服务作比较的广告宣传;(12) 违反不直接涉及竞争的法律,以获得超过竞争对手的不正当利益。该组织于 1993 年、1996 年分别草拟的"对反不正当竞争的保护"的综合性文件及《反不正当竞争示范法》则将不正当竞争行为概括为:(1) 混淆商品或服务的来源;(2) 以夸大方式进行欺骗,使人对所提供的商品或服务产生误解;(3) 贬损竞争对手;(4) 侵犯商业秘密;(5) 不合理地利用他人已被消费者承认的成果;(6) 以对比方式做广告;(7) 有奖销售等其他行为。

上述条款较为全面地概括了不正当竞争行为的各个方面。但在一些国家的竞争法中,与知识产权保护有关的不正当竞争行为才是立法的重点,例如商品假冒行为、欺骗性宣传、商业诽谤行为、侵犯商业秘密、滥用工业产权专有权的行为等,而贿赂销售、有奖销售等多交由其他法律调整。

在我国相关立法所列举的 11 种不正当竞争行为中,下列情形归属于知识产权保护领域:

(1) 商品假冒行为。商品假冒行为包括商品主体混同行为与商品虚假标示行为。前者指不正当地利用他人的商业信誉或商品声誉,致使其商品与他人的商品发生混淆的行为。后者是指在表示商品的质量及荣誉、产地或来源以及商品的其他成分上作不真实的标注,致使其他经营者或消费者发生误认的行为。与商品主体混同行为不同,商品虚假标示行为并不一定与特定的商品主体相混淆,也可能并非直接损害某一特定的竞争者的利益,但这类行为构成对同行业其他竞争者整体利益的损害,构成对广大消费者利益的损害。

首先,按照我国《反不正当竞争法》第 5 条的规定,商品主体混同行为表现为三种情形:一是假冒他人注册商标;二是擅自使用知名商品特有的名称、包装、装潢,或者使用与知名商品近似的名称、包装、装潢,造成和他人的知名商品相混淆,使购买者误认为是该知名商品;三是擅自使用他人的企业名称或者姓名,让人误认为是他人的商品。

其次,商品虚假标示行为规定在《反不正当竞争法》第 5 条第 4 项中,它可以分为三类:一是在商品上伪造或者冒用认证标志、名优标志等质量标志;二是伪造产地,对商品原产地、商品来源或出处进行虚假表示;三是对商品质量作引人误解的虚假表示。

(2) 虚假宣传行为。虚假宣传行为,是指经营者利用广告或者其他方法对商品作与实际情况不符的虚假宣传,导致用户和消费者误认的行为。我国《反不正当竞争法》第9条就虚假宣传行为作了明确的规定。虚假宣传行为所采用的宣传手段主要是广告形式,诸如报纸、杂志、广播、电视、广告牌、商品宣传栏等各种广告媒介;此外还包括其他宣传形式,例如商品信息发布会、商品展销会、产品说明书等推销商品和介绍服务的宣传形式。虚假宣传的内容涉及商品的质量、制作成分、性能、用途、生产者、有效期、产地等。其表现形式有两类:一种是与实际情况不符的虚假宣传,例如将一般产品宣传为名牌产品,将国产商品宣传为进口商品,将人为合成材料宣传为天然材料等;另一种是引人误解的宣传,即通过宣传上的渲染手段导致用户和消费者对商品的真实情况产生错误的联想,从而影响其对商品的选择。

(3) 侵犯商业秘密。侵犯商业秘密是指行为人未经权利人的许可,以非法手段获取商业秘密并予以披露或使用的行为。关于商业秘密的法律保护,各国采取不同的立法例,有的制定单行法,有的规定在反不正当竞争法中,有的适用一般侵权行为法。我国《反不正当竞争法》规定了商业秘密的保护问题。但在该法中,竞争行为的主体一般为经营者,而商业秘密的侵权人却可能涉及经营者以外的其他人。鉴于上述缺憾及商业秘密保护的重要性,一些学者建议制定单行的专门法律。本书对商业秘密权另有专章(第二十八章)予以论述。

(4) 商业诽谤行为。商业诽谤行为,是指经营者采取捏造、散布虚伪事实等不正当手段,对竞争对手的商业信誉、商品声誉进行诋毁、贬低,以削弱其竞争实力的行为。《反不正当竞争法》第14条规定了商业诽谤行为,商业诽谤行为表现为捏造、散布虚伪的事实。所谓捏造虚伪的事实,是指行为人描述竞争对手的情况与客观事实不符。散布虚伪的事实既包括向不特定的人散布,也包括向特定的用户或同行业经营者散布。捏造、散布虚伪事实的常见手法有:刊登对比性广告或声明性公告等,贬低竞争对手声誉;唆使或收买某些人,以客户或消费者名义进行投诉,败坏竞争对手的声誉;通过商业会议或发布商业信息的方式,对竞争对手的商品质量进行诋毁等。商业诽谤行为侵害的客体是竞争对手的商业信誉。商业信誉,包括商品声誉,是对经营者的积极社会评价,是经营者赖以生存和发展的保证。这种信誉或声誉,在民法中属于法人的名誉权和荣誉权,应该受到法律的保护。

我国《反不正当竞争法》规定,对商品假冒行为、虚假宣传行为、商业诽谤行为应当给予责令停止违法行为、没收违法所得、罚款以至吊销营业执照等行政处罚;给被侵害的经营者造成损害的,还应当承担赔偿责任。我国《刑法》规定,商品假冒行为、虚假广告行为构成犯罪的,对行为人处以有期徒刑或者拘役,并处或者单处罚金。

根据我国《反垄断法》第55条的规定，经营者依照有关知识产权的法律、行政法规规定行使知识产权的行为，不适用《反垄断法》；但是，经营者滥用知识产权，排除、限制竞争的行为，适用《反垄断法》。

［思考题］

1. 简述不正当竞争行为的特点。
2. 简述反不正当竞争法的立法体系及其理由。
3. 简述我国立法所列举的与知识产权有关的不正当竞争行为。

第六编 知识产权国际保护

第三十三章 知识产权国际保护制度概述

[**内容提要**] 知识产权国际保护问题在当今社会已成为国际贸易的一个重要方面,它随着国家间政治、经济、文化交流的频繁而逐步产生,先后经历了“巴黎联盟与伯尔尼联盟时期”、“世界知识产权组织时期”、“世界贸易组织时期”。国民待遇原则、最低保护标准原则、公共利益原则是知识产权国际保护制度的主要原则。知识产权国际保护的主要公约包括《伯尔尼公约》、《巴黎公约》、《知识产权协定》等。

[**关键词**] 世界贸易组织 知识产权协定 知识产权国际保护

第一节 知识产权国际保护制度的成因

随着各国科学技术和文化交流的日益密切、知识产品国际市场的不断发展,知识产权在国外取得法律保护成为必要。自19世纪下半叶以来,各国间先后签订了一系列保护知识产权的国际公约。经过一个世纪的发展,一系列知识产权的国际保护标准得以确立,并出现了知识产权国际组织,知识产权国际保护体系基本形成,知识产权国际保护制度进入了组织化的发展阶段。

知识产权的国际保护制度是指以多边国际公约为基本形式,以政府间国际组织为协调机构,通过对各国国内知识产权法律进行协调并使之形成相对统一的国际法律制度。从制度史上说,知识产权国际保护并不是随着知识产权制度的产生而产生的，它是国际经济贸易关系不断发展的产物，也是知识产权制度自身变革的结果。这一制度的建立有如下两个原因。

一、国际经济贸易的发展与知识产权地域性限制的克服

知识产权的基本特征之一在于它的地域性。这种地域性表现在两个方面：首先，按照一国法律获得确认和保护的知识产权只在该国范围内发生效力，超出这一地域限制，作为该国保护对象的知识财产便被视为公有领域的知识资源；其次，按照一国法律获得确认和保护的知识产权，非经他国的国内法程序，不能得到该国保护。这意味着权利人不可能援引本国法在他国维护自己的知识产权利益，他国没有义务对另一国所授予的知识产权给予保护。在知识产权领域出现国际条约之前，任何人要想在其他国家获得知识产权保护是非常困难的。地域性特征“使得知识产权具有分割市场，阻碍国际贸易发展的内在本质”①。随着科学技术的日益进步和工商业的迅速发展，在国际经济贸易不断扩大的同时，知识产权贸易市场也开始形成。许多知识产品打破一国界限流向其他国度，这就促进了各国之间的科技与文化交往。这样，知识产权地域性限制与知识产品的国际性需求之间出现了巨大的矛盾。在这种情况下，国际社会谋求对知识产权保护问题进行国际协调，以最大限度地消除知识产权地域性对国际经济贸易秩序的妨碍，其结果是导致以多边国际条约为核心的知识产权国际保护体制的形成。

二、知识产权保护的国际协调与国内法单独体系的改变

知识产权的保护，最初由国内法规定，现在依然归结为国内法问题。这是因为，知识产权国际保护制度所表现的国际公约，最终要通过国内法程序，才能在一定国家内发生法律效力。② 知识产权制度从国内法单独保护体系走向国际法一体保护体系，是国际社会对知识产权保护进行协调的结果。传统理论认为，知识产权国际保护有四种途径：一是单方保护，即一国通过其国内立法，单方面对外国知识产权实行保护；二是互惠保护，即根据互惠原则，以外国保护本国知识产权为条件对等保护该外国知识产权；三是双边条约保护，即通过两国政府之间的双边协商，达成双方接受的知识产权保护制度；四是多边条约保护，即通过各国政府之间全球性或区域性的多边协商，形成包含有知识产权实体性国际标准与程序性国际规则的多边国际条约，并通过各缔约方的国内法加以推行的知识

① 万鄂湘主编：《国际知识产权法》，湖北人民出版社2001年版，第13页。

② 参见张乃根著：《国际贸易的知识产权法》，复旦大学出版社1999年版，第53—54页。

产权国际保护制度。①我们认为,严格来讲,单方保护、互惠保护仅是一般意义上的知识产权涉外保护,且建立在国内法的基础之上。例如,在单方保护方式中,法国1852年版权法令宣布对一切作品给予保护;在互惠保护方式中,美国、西班牙、瑞典等国著作权法规定有互惠原则。以上都属于国内法的单独保护体系。双边条约保护与多边条约保护这两种方式才是本来意义上的知识产权国际保护制度。这种通过国际协调所产生的国际保护制度,旨在克服基于各国主权的地域限制所带来的知识产权地域限制,建立双边或国际的一体化保护制度。其主要途径是:通过政府间的双边或多边协商,订立双边或多边国际条约,形成相对一致的知识产权保护标准与规则,并通过缔约方的国内法加以推行。

第二节　知识产权国际保护制度的主要原则

依据法律原则的普适性与层次性,知识产权国际保护制度的原则分为两个类型:一是构建该项法律制度而具有基础性意义的准则,二是存在于该项法律制度之中且本身可以直接适用的原则。本书所论及的知识产权国际保护制度的原则指的是后者。这种原则应是规定在国际公约之中,其本身具有直接适用性,但不应是某一专门制度所特有,而应具备整个知识产权国际保护制度的普遍适用性。基于上述理由,本书认为,知识产权国际保护制度的基本原则应包括国民待遇原则、最低保护标准原则和公共利益原则。

一、国民待遇原则

国民待遇原则是众多知识产权公约所确认的首要原则。其基本含义是指在知识产权保护方面,各缔约国(成员)②之间相互给予平等待遇,使缔约国国民与本国国民享受同等待遇。所谓国民待遇包含两方面的内容:(1)各缔约国依本国法已经或今后可能给予其本国国民的待遇;(2)各该条约所规定的特别权利,即各该条约规定的最低保护标准。关于缔约国国民与本国国民享有同等待遇,国际公约对此有不同的表述,或称为“不低于”、“不歧视”,或称为“不应较为不利”,但总的说来,并不意味着只能给予其他缔约国国民“等同于”本国国民的待遇。换言之,缔约国可以根据本国经济发展的实际状况,给予其他缔约国国民高于本国国民的待遇。例如《巴黎公约》第2、3条规定,在工业产权的保护上,每

① 参见郑成思著:《知识产权法》,法律出版社1997年版,第118页;刘文华主编:《WTO与中国知识产权制度的冲突与规避》,中国城市出版社2001年版,第43—44页。

② 《知识产权协定》的缔约国称为“成员”,包括国家及其他主体。

个缔约国必须以法律给予其他缔约国国民以本国国民所享受的同等待遇。即使对于非缔约国的国民，只要他在任何一个缔约国内有法律认可的住所或有实际从事工商业活动的营业所，也应给予其相同于本国国民的待遇。《伯尔尼公约》第 5 条也规定，公约缔约国应给予以下三种作者的作品以相当于本国国民享受的著作权保护：其他缔约国的国民；在任何缔约国有长期住所的人；在任何缔约国首次发表其作品的人（即使他在任何缔约国中均无国籍或长期住所）。国民待遇原则是不同社会经济制度和不同发展水平的国家都能接受的一项原则。这一原则既不要求各国法律的一致性（不涉及知识产权保护水平问题），也不要求适用外国法的规定（不涉及国家主权的地域限制问题），只是要求每个国家在自己的领土范围内独立适用本国法律，不分外国人还是本国人而给予平等保护。

在知识产权国际保护领域，与国民待遇原则相关的还有最惠国待遇原则。这是《知识产权协定》独有而其他相关国际公约未涉及的一项原则。其基本含义是：任何一个国家（不限于缔约国）的国民在一个成员所受到的而其他国家的国民享受不到的待遇（包括任何利益、优惠、特权或豁免），都应当立即和无条件地给予其他成员的国民。质言之，不应优待某一特定国家的国民而歧视其他国家的国民。最惠国待遇原则是世界贸易组织的根本原则之一，是为保证贸易的公平竞争所必要，因此“与贸易有关”的《知识产权协定》自然对此加以确认。此外，奉行这一原则，与 20 世纪下半叶知识产权国际保护的一些实际做法有关。当时的双边条约保护，常常出现一方给予对方某些优惠的情形。例如，20 世纪 80 年代中期，在美韩双边协议中韩国承诺保护其本国法本来不予保护的美国药品和农业化学产品专利，而这一承诺构成了对欧共体国家相关专利的歧视。90 年代初期，中美知识产权谅解备忘录中中国承诺对美国药品和农业化学物质产品专利给予行政保护，也引起欧共体国家及日本的同样要求。《知识产权协定》关于最惠国待遇的规定，旨在防止此类问题的发生。

国民待遇原则与最惠国待遇原则都是针对外国人知识产权保护所设定的规则，但两者有所不同。前者意在给予外国人与本国人以同等待遇，解决的是“内外有别”的不平等待遇问题；后者意在给予其他外国人与特定外国人以同等待遇，解决的是“外外有别”的歧视性待遇问题。

二、最低保护标准原则

最低保护标准原则，是指各缔约国依据本国法对该条约缔约国国民的知识产权保护不能低于该条约规定的最低标准，这些标准包括权利保护对象、权利取得方式、权利内容及限制、权利保护期间等。该项原则在《伯尔尼公约》第 5、19 条和《知识产权协定》第 1 条等条款中均有体现。

最低保护标准原则是对国民待遇原则的重要补充。国民待遇原则基于各国经济、科技、文化发展不平衡的现状,承认各国知识产权制度的差异,从而保证了知识产权制度国际协调的广泛性和普遍性。但是这种国际协调不仅要求有普遍性,而且要求做到有效性。如果将国民待遇原则推向极端,将导致各国在知识产权保护水平方面差异过大,造成缔约国之间权利义务的不平等,进而使国际条约的有效施行成为不可能。[①] 因此,在知识产权制度的国际协调体系中,仅有国民待遇原则是不够的,为了避免因制度差异而给国际协调带来的不利影响,国际公约遂规定了最低保护标准原则。

最低保护标准原则旨在促使缔约国在知识产权保护水平方面统一标准。缔约国以立法形式将知识产权国际公约(国际法)的相关规定转化为该国知识产权制度(本国法)的具体规范,遵循的即是最低保护标准原则。正是这一原则的适用,才导致各国知识产权制度出现统一保护标准的可能,学者们将上述状况称为知识产权立法的"一体化"或"国际化"。

三、公共利益原则

公共利益原则,是指知识产权的保护和权利行使,不得违反社会公共利益,应保持公共利益和权利人利益之间的平衡。公共利益原则既是一国知识产权制度的价值目标,也是知识产权国际保护制度的基本准则。在传统的知识产权国际公约中,公共利益原则多是通过知识产权限制的有关制度来体现的。例如,《巴黎公约》第 5 条规定的强制许可制度,《伯尔尼公约》第 10 条规定的著作权合理使用制度等。而最新的知识产权国际公约,则在保留具体规定的同时,还对公共利益原则作了明确的宣示。例如,1996 年世界知识产权组织通过的《版权条约》、《表演和录音制品条约》(两者概称为《因特网条约》)均在序言中明文规定,有必要保持作者的权利与广大公众的利益尤其是教育、研究和获得信息的利益之间的平衡。《知识产权协定》在序言中确认知识产权保护制度所奉行的公共利益目标:(1) 保护公共健康和营养;(2) 促进对社会经济和技术发展至关重要的部门的公共利益。

第三节　知识产权国际保护制度的历史分期

知识产权国际保护制度已经走过了一百多年的历程。世界各国和国际组织先后缔结和制定了三十多个全球性或区域性、综合性或专门性的国际知识产权

① 参见罗文正、古祖雪:《试析国际知识产权法的基本原则》,载《湖南社会科学》2002 年第 4 期。

条约和示范法。以上述国际公约及相关国际组织为基础,知识产权国际保护制度可以划分为三个阶段。

一、巴黎联盟与伯尔尼联盟时期:知识产权国际保护制度的形成

知识产权国际保护制度的建立,始于1883年《巴黎公约》与1886年《伯尔尼公约》。两大公约生效后,《巴黎公约》的缔约国组成巴黎联盟,《伯尔尼公约》的缔约国组成伯尔尼联盟。两个联盟分别设有自己的执行机构,称为“国际局”(International Bureau)。两个国际局各自管理上述国际公约,并置于瑞士联邦政府的监督之下。1893年,瑞士联邦政府决定将两个国际局合并,称为“保护工业产权和文学艺术产权联合国际局”,后来该机构名称几经变化,最后定名为“保护知识产权联合国际局”(BIRPI)。联合国际局不仅管理《巴黎公约》和《伯尔尼公约》,而且还管理在《巴黎公约》下缔结的“专门协定”。作为知识产权保护的国际组织,联合国际局的主要任务是促进各国对知识产权的保护,准备公约的修订并加以改进等。第二次世界大战以后,联合国于1945年成立。作为联合国专门机构的教科文组织主持缔结和管理了一些重要的国际公约,也成为一个促进知识产权国际保护的机构。

巴黎联盟与伯尔尼联盟时期,是知识产权国际保护制度的产生与形成阶段。这一阶段的主要特点是:第一,联合国际局着力于各国政府之间全球性或区域性的多边协商,促使保护知识产权的国际协调始终朝着整体化和全面化的方向发展。[①] 通过《巴黎公约》与《伯尔尼公约》的有效运作,从而在联盟内实现了相对统一的知识产权保护制度。第二,国际社会所缔结的一系列工业产权公约,概以《巴黎公约》为主导:或是制定实体性保护条约但只向巴黎联盟成员国开放,如1891年《制止商品产地虚假或欺骗性标记马德里协定》;或是制定隶属于《巴黎公约》之下的程序性条约,如1891年《马德里协定》、1925年《外观设计国际注册海牙协议》;或是制定基于《巴黎公约》实施需要的国际分类的专门协定,如1957年《尼斯协定》、1958年《里斯本协定》。

二、世界知识产权组织时期:知识产权国际保护制度的发展

世界知识产权组织的建立,意味着知识产权国际保护制度进入新的发展阶段。1967年,《巴黎公约》和《伯尔尼公约》的缔约国在瑞典斯德哥尔摩签订了《成立世界知识产权组织公约》;1970年,世界知识产权组织成立,并设立“知识产权国际局”取代原两大联盟的联合国际局;1974年,总部在瑞士日内瓦的世界

① 参见张乃根著:《国际贸易的知识产权法》,复旦大学出版社1999年版,第54页。

知识产权组织成为联合国组织系统的特别机构之一。

世界知识产权组织的建立,使得基于巴黎联盟和伯尔尼联盟所成立的知识产权国际局脱离瑞士联邦政府而独立,成为联合国的专门机构。创议者认为这可能有两个好处:"一是世界知识产权组织的特权和任务使处理知识产权的事实可以得到全世界的承认,二是世界知识产权组织可能或多或少有与联合国一样多的成员,尤其是许多发展中国家会参加该组织(原来参加保护知识产权联合国际局的发展中国家很少)。"[①]世界知识产权组织建立后,注意向发展中国家提供援助,其援助工作主要是提供咨询意见、培训和提供文件及设备。具体而言,包括帮助发展中国家制定知识产权法律或使这种法律现代化;集体的或个别的培训,使政府、工业和执法部门拥有更多的专家;提供专利信息服务等。值得指出的是,世界知识产权组织通过专家委员会或有关国家政府,先后制定了《为发展中国家制定的突尼斯样板版权法》(1976 年)、修订了《发展中国家保护发明示范法》(1974 年),连同联合国际局此前起草的《发展中国家商标、商号和不正当竞争行为示范法》、《发展中国家外观设计示范法》等,改善和提高了发展中国家相关立法的水平,为知识产权国际保护制度的推行,发挥了重要的作用。世界知识产权组织的建立,为发展中国家争取知识产权利益提供了国际舞台。自 20 世纪 60 年代以来,发展中国家通过世界知识产权组织这一讲坛,呼吁修改知识产权国际公约的有关规定,建立新的知识产权国际保护制度,以维护其经济利益和促进本国文化科学技术的发展。

世界知识产权组织的建立,推动了知识产权立法一体化的进程。自 1967 年以来,在世界知识产权组织及其前身保护知识产权联合国际局的主持下,先后缔结了二十多个国际条约,其中有提供实质性权利保护的条约,还有便于多国获得知识产权保护的条约以及建立国际分类的条约。这些条约通过各缔约国的国内立法加以实施,从而在国际上形成了相对统一的知识产权保护制度。与此同时,在世界知识产权组织的有效运作与影响下,更多的国家接受了《巴黎公约》与《伯尔尼公约》。1967 年,参加上述两大公约的国家分别为 78 个和 60 个,而到 2002 年,两大公约的缔约国分别达到 163 个和 149 个。这就大大扩展了知识产权国际保护体系的范围。

三、世界贸易组织时期:知识产权国际保护制度的变革

世界贸易组织的建立与《知识产权协定》的形成,标志着知识产权国际保护制度进入到一个高水平保护、一体化保护的新的历史时期。1994 年 4 月 15 日,

① 汤宗舜著:《知识产权的国际保护》,人民法院出版社 1999 年版,第 27 页。

关税与贸易总协定发起的“乌拉圭回合”谈判的最后文件在摩洛哥的马拉喀什签署。“乌拉圭回合”谈判的一揽子协定有两项主要成果：一是宣布建立世界贸易组织，结束了关税与贸易总协定的临时适用状态；二是达成包括《知识产权协定》在内的“一揽子协定”，并由世界贸易组织管辖。

世界贸易组织在新的知识产权国际保护体制中发挥了主导作用。在“乌拉圭回合”谈判之前，知识产权保护体系在国内与国际上虽已普遍建立，但从总体看来存在明显不足：一是许多国家尤其是发展中国家的知识产权制度不甚健全，保护水平较低；二是许多知识产权国际公约的缔约国数目太少，相关条约缺少有效机构保证其实施，各公约之间缺乏协调机制等。以往的关贸总协定在知识产权国际保护领域基本上没有发挥作用。由于《知识产权协定》的形成并将这一协定置于世界贸易组织管辖之下，上述问题得到显著改变：规定了较高的保护标准的《知识产权协定》，是世界贸易组织法律框架的重要组成部分；世界贸易组织成员广泛遵守《知识产权协定》是“入世”的必备条件，从而大大扩展了知识产权国际保护制度的适用范围；世界贸易组织建立了比较有力的监督执行机制，保证了《知识产权协定》在各缔约国的实施。这一状况将对 21 世纪新的国际贸易体制与知识产权国际保护制度带来深远的影响。

世界知识产权组织在保护知识产权的国际协调中注重与世界贸易组织的合作。1995 年 12 月 22 日，上述两个国际组织的总干事在日内瓦签署《世界知识产权组织与世界贸易组织间的协定》。合作协议规定了该国际组织之间在法律和规章的交流与利用方面所进行的合作；对于落实《巴黎公约》关于不得作为商标进行注册的徽章和官方印记的规定作出了安排；对发展中国家的法律技术援助和技术合作、国际局与世界贸易组织秘书处之间的合作、信息的交流作出了安排。在寻求合作的同时，两个国际组织就知识产权国际保护还分别做了大量工作：世界知识产权组织致力于全面提高知识产权保护的国际水平，先后主持制定了包括《商标法条约》、《版权条约》、《表演与录音制品条约》在内的一些新条约，解决了《巴黎公约》、《伯尔尼公约》未能涉及的一些问题；世界贸易组织则着力于落实缔约国关于《知识产权协定》的履行，并在不发达国家与发达国家有关知识产权利益分享的协调方面，对地理标记、传统知识、生物多样化的知识产权保护和安排多边谈判等方面都作出了努力。

[思考题]

1. 知识产权的国际保护制度是如何产生的？

2. 试述知识产权国际保护的基本原则。

3. 知识产权国际保护制度经历了哪些发展阶段？各阶段的代表性立法文件有哪些？

第三十四章 世界知识产权组织及其相关国际公约

[内容提要] 世界知识产权组织是知识产权国际保护制度发展的产物,其管辖范围包括《巴黎公约》、《伯尔尼公约》、《因特网条约》以及《视听表演北京条约》等重要国际公约。

[关键词] 《巴黎公约》 《伯尔尼公约》 《因特网条约》

第一节 世界知识产权组织与知识产权国际保护

一、世界知识产权组织在知识产权国际保护体系中的地位

世界知识产权组织(World Intellectual Property Organization,简称 WIPO),是根据 1967 年 7 月 14 日签订、1970 年 4 月 26 日生效的《成立世界知识产权组织公约》设立的。到 2005 年 1 月 3 日为止,该公约已有 182 个成员国。我国于 1980 年 3 月正式参加这一条约。

世界知识产权组织是知识产权国际保护制度发展的产物。早在 19 世纪 80 年代,世界上已有两个保护知识产权的重要国际条约,即《巴黎公约》和《伯尔尼公约》。这两个公约最初由瑞士政府代为管理。1893 年,《巴黎公约》和《伯尔尼公约》的管理机构进行合并,成立了保护知识产权联合国际局。1967 年保护知识产权联合国际局提议建立世界知识产权组织。同年 7 月,召开了有 51 个国家参加的斯德哥尔摩会议,签订了《成立世界知识产权组织公约》,并成立了该组织。1974 年世界知识产权组织成为联合国的专门机构之一。

世界知识产权组织的宗旨是:通过国家之间的合作,并在适当的情况下,与其他国际组织进行合作,以促进在全世界范围内保护知识产权,并保证知识产权组织各联盟之间的行政合作。其主要任务是:促进世界各国对知识产权的保护,并协调各国的立法,鼓励各国缔结保护知识产权的新的国际协定;执行巴黎联盟(包括与该联盟有关的其他联盟)和伯尔尼联盟的行政任务;担任或参加其他促进保护知识产权的国际协定的行政事务;对发展中国家知识产权的立法及建立机构等提供援助;收集和传播有关保护知识产权的情报,从事和促进这方面的研究工作并公布研究成果。

二、世界知识产权组织管理的公约、条约及协定

世界知识产权组织管理的公约、条约及协定主要有：(1) 工业产权方面的《巴黎公约》、《制止商品产地虚假或欺骗性标记马德里协定》、《商标国际注册马德里协定》、《商标法条约》、《工业品外观设计国际保存海牙协定》、《尼斯协定》、《里斯本协定》、《建立工业品外观设计国际分类洛迦诺协定》、《专利合作条约》、《国际专利分类斯特拉斯堡协定》、《建立商标图形要素国际分类维也纳协定》、《国际承认用于专利程序的微生物保存布达佩斯条约》、《保护奥林匹克会徽内罗毕条约》；(2) 著作权方面的《伯尔尼公约》、《保护表演者、录音制品制作者与广播组织罗马公约》、《保护录音制品制作者禁止未经许可复制其录音制品的日内瓦公约》、《发送卫星传输节目信号布鲁塞尔公约》、《世界知识产权组织版权条约》、《世界知识产权组织表演和录音制品条约》。

三、世界知识产权组织的组织架构

世界知识产权组织下设四个机构：(1) 大会。为该组织的最高权力机构，由成员国中参加巴黎联盟和伯尔尼联盟的国家组成。(2) 成员国会议。由全体成员国组成，其任务是讨论知识产权领域各国共同感兴趣的问题，制定法律—技术计划及该计划的财政预算。(3) 协调委员会。由巴黎联盟和伯尔尼联盟执行委员会的成员国组成，其职责是就一切有关行政财务的问题提出意见，拟定大会的议程草案，提出总干事若干人；负责组织有关会议，准备有关文件和报告，收集向各国提供的知识产权情报，出版有关刊物，办理国际注册等。(4) 国际局。即该组织的常设办事机构，设总干事一人、副总干事若干人。国际局负责执行在知识产权领域内增进成员国国际合作的计划，并为会议提供必要的资料和其他服务。

第二节　世界知识产权组织管理下的主要国际条约

一、《巴黎公约》

(一)《巴黎公约》概述

《巴黎公约》签订于 1883 年 3 月 20 日，1884 年 7 月 7 日正式生效。《巴黎公约》历经数次修订，形成了若干个文本，最新的文本是 1967 年斯德哥尔摩文本。虽然此前的三个文本仍然有效，但一般情况下，《巴黎公约》仅指 1967 年斯德哥尔摩文本。

截至 2013 年 7 月，《巴黎公约》的成员国共有 175 个。中国于 1984 年 12 月

19日向世界知识产权组织总干事交存了《巴黎公约》(1967年斯德哥尔摩文本)的加入书,同时对公约第28条第1款[①]的规定提出了保留。《巴黎公约》(1967年斯德哥尔摩文本)于1985年3月19日对中国生效。[②]

(二)国民待遇

关于在工业产权保护方面的国民待遇是《巴黎公约》的重要内容。《巴黎公约》第2条第1款要求:"任何本同盟成员国的国民,在工业产权保护方面,在其他本同盟成员国内应享有各该国法律现在或今后给予该国国民的各种便利。"

根据《巴黎公约》的规定,在公约成员国内,其他成员国的国民在遵守对该国国民适用的条件和手续的情况下,应和该国国民享受同样的保护,并在他们的权利遭受任何侵害时,得到同样的法律救济。只要是成员国的国民,在工业产权的取得、行使和保护方面,在其他成员国内享有与该国国民相同的"便利"。《巴黎公约》第2条第2款特别禁止被请求保护的国家要求成员国国民必须在该国有永久住所或营业所才能享有工业产权。而且,根据《巴黎公约》第3条的规定,即使非成员国的国民,只要他们在一个成员国的领土内有永久住所或工商营业所,应享有与成员国国民同样的待遇。

不过,《巴黎公约》所规定的国民待遇并不是全面的和绝对的。从《巴黎公约》的规定来看,在工业产权保护方面的国民待遇主要适用于:取得工业产权的条件和手续,所享受的工业产权,以及在遭受侵害时所得到的法律救济。而在其他方面,公约允许成员国作出保留。《巴黎公约》第2条第3款规定:"本同盟成员国法律关于司法及行政程序、管辖权以及送达通知地址的选定和代理人的指定的规定,凡属于工业产权法律所要求的,特声明保留。"

(三)优先权

《巴黎公约》第4条第A(1)款规定:"已在一个本同盟成员国正式提出过一项发明专利、一项实用新型、一项工业品式样或一项商标注册的申请人或其权利继承人,在下列规定的期限内在其他本同盟成员国提出同样申请时得享有优先权。"

根据《巴黎公约》第4条第B款的规定,在公约规定的期间届满前在本联盟的任何其他国家后来提出的任何申请,不应由于在这期间完成的任何行为,特别是另外一项申请的提出、发明的公布或利用、外观设计复制品的出售或商标的使

① 该款规定:"两个或两个以上本同盟成员国之间对本公约的解释或适用有争议不能协商解决时,任一有关国家可根据国际法院规约向国际法院起诉,除非有关国家同意通过其他办法解决。向法院起诉的国家应通知国际局,国际局应将此事提请其他本同盟成员国注意。"

② 该文本在1997年7月1日对我国香港特别行政区、1999年12月20日对我国澳门特别行政区生效。

用而成为无效，而且这些行为不能产生任何第三人的权利或个人占有的任何权利。不过，第三人在首次申请日之前已获得的权利，不受优先权的影响。

《巴黎公约》规定的优先权，对于不同的工业产权来讲期间是不同的，发明和实用新型为12个月，工业品外观设计和商标为6个月，均自首次申请日起算。

《巴黎公约》规定的优先权，并不适用于一切工业产权，而只适用于发明、实用新型、工业品外观设计和商标，对于公约规定的其他工业产权，如商号、产地名称等则不适用。

（四）对专利保护的最低要求

1. 专利独立性

《巴黎公约》第4条之二第1款规定："本同盟成员国的国民向本同盟各成员国申请的专利与他在本同盟其他成员国或非本同盟成员国为同一发明所获得的专利无关。"这就是通常所讲的专利独立性原则。

2. 发明人的署名权

《巴黎公约》第4条之三规定，发明人有权在专利证上署名。这便是人们通常所说的属于"精神权利"范畴的发明人的署名权。

3. 对驳回申请和撤销专利的限制

为了防止出现某些不合理或不公正的情况，公约对特殊情况下驳回申请和撤销专利进行了限制。

《巴黎公约》第4条之四规定："不得以本国法律禁止或限制出售某项专利制品或以某项专利方法制成的产品为理由，拒绝核准专利或使专利失效。"

《巴黎公约》第5条第A(1)款规定："专利权人将在任何本同盟成员国制造的物品输入到核准专利的国家不得导致该项专利的撤销。"

《巴黎公约》第5条第A(3)款规定："除强制许可的授予不足以防止上述滥用外，不应规定专利的取消。自授予第一个强制许可之日起两年届满前不得提起取消或撤销专利的诉讼。"

4. 强制许可

《巴黎公约》对各成员国实行强制许可规定了基本的条件和限制。《巴黎公约》第5条第A(4)款规定："自提出专利申请之日起4年届满以前，或自授予专利之日起3年届满以前（以任一最后满期的期间为准），不得以不实施或不充分实施为理由申请强制许可；如果专利权人的不作为有正当理由，应拒绝强制许可。这种强制许可不是独占性的，而且除与利用该许可的部分企业或商誉一起转让外，不得转让，包括授予分许可证的形式在内。"

5. 专利权的例外

《巴黎公约》第5条之三规定了专利权的两项基本例外。依该规定，在成员

国内,下列两种情况不应认为是侵犯专利权人权利:

第一,其他成员国的船舶暂时或偶然地进入上述成员国的领水时,在该船的船身、机器、滑车装置、传动装置及其他附件上使用构成专利主题的装置设备,但以专为该船的需要而使用这些装置设备为限;

第二,其他成员国的飞机或陆上车辆暂时或偶然地进入上述成员国时,在该飞机或陆上车辆的构造或操纵中,或者在该飞机或陆上车辆附件的构造或操纵中使用构成专利主题的装置设备。

6. 对利用进口国的专利方法制造的产品的进口权

《巴黎公约》第5条之五规定:"一种产品输入到对该产品的制造方法有专利保护的本联盟国家时,专利权人对该输入产品应享有输入国法律根据方法专利对在该国制造的产品所授予的一切权利。"据此规定,专利权人对利用进口国的专利方法制造的产品享有进口权。

(五) 适用于商标的规则

1. 商标的独立性及其例外

《巴黎公约》第6条规定了商标独立原则。该条第1款规定:"商标的申请和注册条件,在本联盟各国由其本国法律决定。"

《巴黎公约》第6条之五详细规定了商标独立性的例外。《巴黎公约》第6条之五第A(1)款规定:"在原属国正式注册的每一商标,除应受本条规定的保留条件的约束外,本联盟其他国家也应和原属国注册那样接受申请和给予保护。"

2. 驰名商标

驰名商标的特别保护是《巴黎公约》关于商标问题的一项重要内容。《巴黎公约》第6条之二规定:

"(1) 本联盟各成员国承诺,当某一商标已经为本公约受益人所有,且已被有关注册或者使用国主管部门视为在该国驰名时,若另一商标构成对此商标之复制、摹仿或者翻译,并足以造成误认,在其本国立法允许之情况下依职权,或者应有关当事人之请求,驳回或者撤销后一商标之注册,并禁止其使用于相同或者类似之商品上。当一商标之基本组成部分构成对任何此种驰名商标之复制或者摹仿,并足以造成误认时,此等规定亦应适用。

(2) 自一商标注册之日起至少5年内,应允许提出撤销此种商标注册之请求。允许提出禁止使用请求之期限得由本联盟各成员国规定。

(3) 当一商标之注册或者使用有恶意时,此种撤销注册或者禁止使用之请求不应有时间限制。"

3. 不得作为商标使用的标记

《巴黎公约》第 6 条之三第 1 款第 a 项规定："本联盟各成员国同意，对未经主管机关许可，而将本联盟国家的国徽、国旗和其他国家徽记、各该国用以表明监督和保证的官方符号和检验印章以及从徽章学的观点看来的任何仿制用作商标或商标的组成部分，拒绝注册或使其注册无效，并采取适用措施禁止使用。"此外，由公约一个或一个以上成员国参加的政府间国际组织的徽章、旗帜、其他徽记、缩写和名称，也适用上述禁止性规定。

4. 商标的转让

《巴黎公约》第 6 条之四第 1 款要求，如果商标所有人在某成员国内有营业，只要将在该成员国的营业连同商标一起转让给受让人，就应承认这种转让为有效。不过，如果受让人使用受让的商标事实上会造成对使用该商标的商品的原产地、性质或重要品质发生误解的，成员国可以不承认这种转让的效力。

5. 代理人或代表人的注册

如果商标所有人的代理人或代表人未经所有人同意而以自己的名义将该商标注册，根据《巴黎公约》第 6 条之七的规定，该所有人有权反对所申请的注册或要求取消注册；如果核准注册的国家的法律允许，该所有人可以要求将该项注册转让给自己，除非该代理人或代表人能证明其行为是正当的。

6. 使用商标的商品的性质对商标注册的影响

《巴黎公约》第 7 条规定，使用商标的商品的性质绝不应成为该商标注册的障碍。《巴黎公约》这样规定的目的在于使商标注册不因法律对某种商品的生产或销售的限制而受影响。

7. 集体商标

对于某些社团申请注册集体商标的问题，《巴黎公约》第 7 条之二规定，只要这些社团的存在不违反其原属国的法律，各成员国应受理申请，并保护属于该社团的集体商标。成员国不得因为该社团没有工商业营业所，或在本国没有营业所，或该社团不是根据本国法律所组成等为理由，拒绝对该社团的集体商标予以保护。

（六）有关工业产权的其他规则

1. 工业品外观设计的保护

《巴黎公约》第 5 条之五规定："外观设计在本联盟所有国家均应受到保护。"但对于采取何种形式保护，以及具体的保护标准和要求，公约都未明确规定。

2. 服务商标

《巴黎公约》第 6 条之六要求成员国承担义务对服务商标进行保护。但公约并不要求成员国必须建立服务商标的注册制度。

3. 厂商名称

《巴黎公约》第 8 条规定:“厂商名称应在本联盟一切国家内受到保护,没有申请或注册的义务,也不论其是否作为商标的一部分。”也就是说,不论厂商名称是否经过申请或注册,各国都应予以保护。但对如何保护厂商名称,公约则没有具体要求。

4. 不正当竞争

《巴黎公约》第 10 条之二规定:“成员国有义务对各该国国民保证给予制止不正当竞争的有效保护。”对于下列行为,公约规定特别应予禁止:第一,不择手段地对竞争者的营业所、商品或工商业活动造成混乱的一切行为;第二,在经营商业中,具有损害竞争者的营业所、商品或工商业活动商誉性质的虚伪说法;第三,在经营商业中使用会使公众对商品的性质、制造方法、特点、用途或数量易于产生误解的表示或说明。

二、《专利合作条约》及其实施细则

(一)《专利合作条约》概述

为了加强在专利领域的国际合作,简化专利国际申请的程序,方便申请人,在 1966 年 9 月巴黎联盟执行委员会会议上,美国提议签订一个在专利申请案的接受和初步审理方面进行合作的多边条约。1970 年 6 月 19 日,在华盛顿召开的《巴黎公约》成员国外交会议上通过了《专利合作条约》(PCT)。《专利合作条约》于 1978 年 1 月 24 日生效。

《专利合作条约》生效后,分别于 1979 年 9 月 28 日和 1984 年 2 月 3 日进行了修订。《专利合作条约》的实施细则于 1970 年 6 月 19 日通过后,历经多次修订,现行有效的是 1998 年 9 月 15 日修订、2000 年 1 月 1 日施行的版本。

《专利合作条约》是一个封闭性条约,只有《巴黎公约》的成员国才有资格参加。截至 2013 年 7 月,《专利合作条约》的成员国共有 148 个。中国自 1994 年 1 月 1 日起成为该条约的成员国。[①]

(二) 国际申请

1. 申请人

根据《专利合作条约》第 9 条的规定,国际申请的申请人包括:(1) 缔约国的任何居民或国民;(2) 由大会决定允许的《巴黎公约》缔约国但不是该条约缔约国的居民或国民。

---

① 该条约自 1997 年 7 月 1 日起适用于我国香港特别行政区,但不适用于我国澳门特别行政区。

2. 国际申请文件

根据《专利合作条约》的规定，国际申请文件应包括请求书、说明书、权利要求书、附图及摘要。

3. 申请的提出

根据《专利合作条约》第10条的规定，国际申请应向受理局提出。在中国，按照《专利合作条约》程序提出国际申请的受理局是中国专利局。申请人将《专利合作条约》及其实施细则所要求的文件提交受理局，即提出了国际申请。

4. 受理局对申请的处理

受理局应按《专利合作条约》及其实施细则的规定对国际申请进行检查和处理。

根据《专利合作条约实施细则》第20条的要求，国际申请的受理程序基本上是：(1) 注明日期和编号；(2) 检查；(3) 确定国际申请日和国际申请号；(4) 对不符之处的处理；(5) 制作复制件并送交文本；(6) 国际局及国际检索单位的通知；(7) 对国际申请中的缺陷的检查。

(三) 国际检索

国际检索是每一国际申请都必须经过的程序，检索的目的是发现有关的现有技术。

1. 国际检索单位

国际检索应由国际检索单位进行。根据条约成员国大会的决定，瑞典、澳大利亚、美国、奥地利、西班牙、中国、俄罗斯、日本的专利局和欧洲专利局在目前起这种检索局的作用。

2. 国际检索单位的程序

国际检索依国际检索单位的程序进行。该程序应依照《专利合作条约》及其实施细则以及国际局与该单位所签订的协议的规定，但协议不得违反条约和实施细则的规定。

3. 国际检索报告

国际检索报告应在规定的期限内按规定的形式作出，国际检索报告应尽快送交申请人和国际局，国际局应将国际申请连同国际检索报告按实施细则的规定送达每一指定局。

(四) 国际公布

根据《专利合作条约》第21条第1款的规定，国际局应公布国际申请。

1. 国际公布的时间

在申请人没有请求的情况下，除了有关国家按《专利合作条约》第64条第2款规定提出保留的以外，国际公布应自该申请的优先权日起满18个月后迅速予以办理。申请人可以要求国际局在上述期限届满之前的任何时候公布其国际申请,国际局应予以办理。

2. 国际公布的形式

国际申请应以小册子形式公布,小册子的形式与方式的要求,由《专利合作条约》第58条第4款规定的行政指示确定。《专利合作条约实施细则》第48条第2款对小册子应包括的内容作了具体规定。

3. 国际公布的语文

如果申请是由中文、英文、法文、德文、日文、俄罗斯文或西班牙文提出的,应按该种语文公布国际申请。对于用上述语文之外的其他语文提出的国际申请,应翻译成英文公布。如果国际申请以英文之外的其他语文公布,国际检索报告或有关宣告、发明的名称、摘要等应以该种语文和英文公布。

4. 国际公布的效力

根据《专利合作条约》第29条的规定,就申请人在指定国任何权利的保护而言,国际申请的国际公布在该国的效力,除另有规定外,应与指定国的本国法对未经审查的国家申请在国内强制公布所规定的效力相同。

(五) 国家处理程序

在上述程序完成之后,国际申请即进入国家处理程序。根据《专利合作条约》及其实施细则的要求,在国家处理程序,指定局将对转入国家申请程序的国际申请作为直接向本国提出的正规国家申请一样来处理。指定局在处理时应按照本国的法律和条约及实施细则的要求办理。

(六) 国际初步审查

《专利合作条约》第2章对国际初步审查的有关问题进行了规定。根据条约的规定,国际初步审查并不是国际申请的必经步骤,它依申请人的请求而进行。

1. 国际初步审查的目的

国际初步审查的目的是对发明的新颖性、创造性和工业实用性提出初步的无约束力的意见。

2. 国际初步审查单位

国际初步审查应在国际初步审查单位进行。受理局和国际专利合作联盟大会应按照有关的国际初步审查单位与国际局之间适用的协议来确定主管初步审查的国际初步审查单位。

3. 国际初步审查的程序

国际初步审查按照国际初步审查单位的程序进行。该程序应遵守条约、实施细则以及国际局与该单位签订的协议。国际初步审查单位按规定的程序进行初步审查之后,应在规定的期限内按规定的形式作出国际初步审查报告。国际初步审查报告,连同规定的附件,应送交申请人和国际局。国际局译成规定的语言后将国际初步审查报告及其译本递交每一选定局,申请人应按条约和实施细则的规定向每一个选定局提交国际申请的副本和译本,并缴纳国家费用,由此转入国家处理程序。

根据《专利合作条约》第 42 条的规定,接到国际初步审查报告的选定局,不得要求申请人提供任何其他选定局对同一国际申请的审查有关的任何文件副本或有关其内容的情报。这表明,国际初步审查报告相当于根据选定国法律规定的国内初步审查报告的效力。

三、《马德里协定》

(一)《马德里协定》概述

为了在商标注册方面实现国际合作,1891 年 4 月 14 日,由当时已实行了商标注册制度的法国、比利时、西班牙、瑞士和突尼斯等国家发起,在马德里缔结了《马德里协定》。《马德里协定》于 1892 年 7 月生效。

《马德里协定》历经多次修订,并形成了六个不同文本,目前只有 1957 年尼斯文本和 1967 年斯德哥尔摩文本仍然有效。本书凡提及《马德里协定》之处,除非特别说明,均指 1967 年斯德哥尔摩文本。

《马德里协定》是《巴黎公约》框架内的一个程序性协定,只对《巴黎公约》成员国开放。据世界知识产权组织统计,截至 2010 年 9 月 1 日,共有 84 个成员国。中国自 1989 年 10 月 4 日起成为《马德里协定》的成员国。[①]

(二) 国民待遇的适用

为了落实《巴黎公约》规定的国民待遇,《马德里协定》具体规定了以下几个问题:

1. 来源国

来源国是《巴黎公约》和《马德里协定》涉及商标保护和注册时的一个重要概念。按照《马德里协定》第 1 条第 3 款的规定,所谓来源国,是指作为协定缔约国的下述三种国家:(1) 申请人在其境内有真实和有效的工商业营业场所;(2) 如果申请人在其境内没有上述工商业营业场所,但在其境内有惯常住所;(3) 虽然申请人在其境内既无工商业场所又无惯常住所,但具有其国籍。

如果缔约国国民的商标在"来源国"已获得注册,根据《马德里协定》第 1 条第 2 款的规定,经由"来源国"的注册当局向国际局提出申请,在其他所有缔约

---

① 该协定不适用于我国香港特别行政区和澳门特别行政区。

国内均应受到保护。

2. 国民

结合《巴黎公约》和《马德里协定》的规定，所谓的缔约国国民，是指：(1) 具有某一缔约国的国籍的人，包括自然人和法人。(2)《巴黎公约》第3条规定的非缔约国国民，只要其在一缔约国境内有永久住所或真实的、有效的工商业营业场所，即应视为缔约国的国民。

（三）商标国际注册申请的当事人、商标以及申请文件

1. 申请当事人

根据《马德里协定》和《马德里协定实施细则》（以下简称《细则》）的规定，申请当事人主要包括以下几种：(1) 申请人；(2) 持有人；(3) 代理人。

2. 申请注册的商标

按照《马德里协定》的规定进行国际注册的商标必须是在其所属国已经登记的用于商品或服务项目的标记。这就是说，凡未在其所属国进行登记的商标，不得进行国际注册。这里的商标包括服务商标在内。

3. 申请文件

根据《马德里协定》第3条的规定，每一个国际注册申请必须采用《细则》所规定的格式提出。根据《细则》第9条的规定，申请书中应包括下列内容：申请人姓名，申请人的地址，代理人的姓名和地址，优先权的声明及说明，商标标识的复制件，标准字母标识的声明，根据《马德里协定》第3条第3款对将颜色作为其商标的一个显著特点以及以文字对所要求的颜色或颜色的组合的说明，对立体商标的说明，对声音商标的说明，对集体商标或证明商标或保证商标的说明，对文字标识的描述，对非拉丁文字及非阿拉伯数字和罗马数字的翻译，商品或服务的名称，费用支付等。

另外，根据《细则》的要求，国际申请还应包含一些其他内容。

中国国家工商行政管理总局商标局印制有书面的“商标国际注册申请书”，通过中国商标局提出商标国际注册申请的应使用该申请书。该申请书的主要内容包括：商标的原属国、申请人的名称地址、代理人的名称地址、原属国商标的申请和注册、优先权要求、商标标识、商标适用的商品和服务的国际分类、指定保护的国家、注册费及规费的缴纳、申请人签名等。

（四）国际申请的提出与受理

1. 国际申请的提出

根据《马德里协定》的要求，商标国际注册应通过原属国的注册当局向国际局提出，商标国际注册申请必须采用《细则》所规定的格式提出。对于提出申请的方式，根据《细则》第2条的规定，有两种可以接受的方式：一是书面方式，二

是电子形式。

2. 国际申请费用的支付

申请商标国际注册需要缴纳一定的费用。根据《马德里协定》第 8 条的规定,在国际局的商标注册预收国际费用。这些费用包括:(1) 基本费;(2) 附加费;(3) 补加费。

上述费用每 10 年分两期缴纳。如果没有缴纳上述费用,国际注册视为撤回或放弃。

3. 来源国注册当局对申请的处理

商标国际申请是由国际局受理的,但需要通过来源国的注册当局向国际局提出申请。因此,虽然来源国的注册当局事实上并不是国际申请注册的当事方,但在收到申请人提出的国际申请之后,仍有一些工作需要进行。这些工作主要包括以下三个方面:一是对国际申请中的具体项目进行认证;二是提供商标在来源国申请和注册的日期和编号;三是提供申请国际注册的日期。另外,根据《马德里协定》第 3 条第 2 款的规定,对于申请人所作的类别说明须经国际局检查,由国际局会同来源国注册当局进行检查。

4. 国际局的注册

《马德里协定》第 3 条第 4 款规定,国际局对根据第 1 条规定提出申请的商标立即进行注册,并将这种注册通知有关注册当局,还须将注册申请的具体项目在国际局所出的定期刊物上公布。

(五) 国际注册的法律效力

1. 国际注册的法律效力

根据《马德里协定》第 4 条的规定,经国际注册的商标,在每一个有关缔约国内的保护,应如同该商标直接在那里提出注册的一样。不过,如果有关缔约国已经根据该协定第 5 条进行了批驳,则该商标即不受保护。根据该协定第 6 条的规定,在国际局的商标注册的有效期为 20 年,并可续展。

2. 领域延伸要求的提出

商标在国际局进行注册并不能使该商标在缔约国内自动受到保护。根据《马德里协定》的规定,申请人必须提出领域延伸的要求,指定要求保护的国家。这种要求应在提出注册申请时一并提出。如果在注册之后提出领域延伸的要求,必须采用《细则》所规定的格式,向来源国的注册当局提出。

3. 各国注册当局的批驳

国际局对商标国际申请的注册并不能代替各国的注册机构的注册。各国注册当局在接到国际局的注册通知之后,可在一定的时间内进行批驳,拒绝予以保护。《马德里协定》第 5 条对这种批驳的时间、条件、效力、法律救济等作出了具体规定。

4. 国际注册与原属国保护的关系

根据《马德里协定》的规定,国际注册与在所属国原先注册的国家商标存在着一定的法律上的联系。

协定第6条第3款规定,自国际注册的日期开始5年内,如果该商标在原属国已全部或部分不受法律保护,则国际注册所得到的保护也全部或部分不再产生权利。这样,国际注册的商标的法律效力,在国际注册开始的5年内,需要以其在原属国的法律保护为基础。如果在原属国不受保护,国际注册也就不受保护。

但是,如果从国际注册的日期开始满5年,国际注册即与在原属国注册的国家商标完全无关。即使商标在原属国不受法律保护,国际注册也继续有效,在有关缔约国应受保护。这一规定体现在协定第6条第2款之中。

四、《关于马德里协定的议定书》

由于《马德里协定》存在着一些缺陷,世界知识产权组织于1989年主持缔结了《关于马德里协定的议定书》(以下简称《马德里议定书》),对商标国际注册的有关问题进行了重新规定。截至2012年6月25日,《马德里议定书》有85个成员国。中国于1995年12月1日成为成员国。[①]

(一)与《马德里协定》的关系

《马德里议定书》的结构和内容与《马德里协定》有非常相似之处,许多条款完全一样。从内容和技术上来讲,《马德里议定书》明显是《马德里协定》的延续和发展。但在法律上,两者却是完全独立的。

1. 缔约国

根据《马德里议定书》第1条的规定,不论是否为《马德里协定》的缔约国,均可作为议定书的缔约国。不过,议定书也要求,作为国家参加议定书,必须是《巴黎公约》的缔约国。议定书还将其成员扩大到政府间的国际组织。

2. 对《马德里协定》的保护

《马德里议定书》第9条之六专门规定了对《马德里协定》的保护。

依《马德里议定书》第9条之六第1款的规定,对于某个特定的国际申请或国际注册而言,如果来源国既是议定书的缔约国又是协定的缔约国,则本议定书的任何规定在其他任何既是议定书的缔约国又是协定的缔约国的国家境内不产生任何效力。

① 该议定书不适用于我国香港特别行政区和澳门特别行政区。

依该条第2款的规定，大会可通过四分之三多数取消上述第1款或限制其适用的范围，但须在本议定书生效10年以后进行，而且在《马德里协定》缔约国中的多数国家成为本议定书的缔约国之日起5年内不得为之。在投票时，只有那些同为《马德里协定》和本议定书的缔约国的国家才有权参与。

（二）与《马德里协定》相同的规定

《马德里议定书》的大部分实体规定与《马德里协定》相同或基本相同。因此，《马德里议定书》所规定的国际注册程序与《马德里协定》所规定的程序基本相同或大致相仿，在此无须逐一介绍。

（三）与《马德里协定》的不同之处

《马德里议定书》虽然规定了与《马德里协定》基本相同的国际注册程序，但也有许多明显的差别。

第一，《马德里议定书》放宽了申请国际注册的条件。除了在原属国已获得注册的商标外，那些已经提出申请但尚未获得注册的商标也可以申请国际注册。

第二，《马德里议定书》延长了成员国可拒绝保护的期限，由《马德里协定》的1年改为18个月。

第三，《马德里议定书》规定国际注册的收费标准由各成员国自行确定，各成员国的实际收费大大高于《马德里协定》统一规定的收费。

第四，《马德里议定书》增加了一项新规定，使申请人在其国际注册因原属国的基本注册被宣告无效而被国际局撤销的情况下，可向原国际注册生效的国家申请国家注册，并以国际申请日作为其申请日。

第五，《马德里议定书》增加了国际申请所使用的语言，由《马德里协定》的法语改为英语和法语。

五、《伯尔尼公约》

《伯尔尼公约》是目前著作权国际保护领域中影响最大的多边条约[①]，对其后出现的各个版权条约以及有关国家的国内版权立法都有重大影响。

《伯尔尼公约》自1886年缔结以来，历经多次修改与补充，形成了多个文本。目前仍然有效的文本有四个：1928年罗马文本、1948年布鲁塞尔文本、1967

① 著作权国际公约主要有1886年的《伯尔尼公约》和1952年的《世界版权公约》。美国虽于18世纪末制定了版权法，但长期未参加《伯尔尼公约》。为了使美国能够参加国际版权体系，国际上于1952年签订了《世界版权公约》，并由联合国教科文组织管理。1986年，美国退出教科文组织，不久即加入《伯尔尼公约》。两大公约相比较而言，《伯尔尼公约》提供的版权保护水平要高于《世界版权公约》。《知识产权协定》明确要求其缔约方应遵守《伯尔尼公约》中除精神权利条款外的其他实质性条款，显见《伯尔尼公约》的影响大大增加，《世界版权公约》的作用相对降低。我国于1992年10月30日加入《世界版权公约》，适用1971年巴黎文本。

年斯德哥尔摩文本和1971年巴黎文本。截至2013年11月22日,《伯尔尼公约》共有167个成员国。中国于1992年10月15日加入该公约,适用1971年巴黎文本。①

《伯尔尼公约》的正文有38条,另有一个附录。其中第1—21条为实体规定,主要包括四个方面的内容:基本原则、受保护的作品、最低限度保护的规定、对发展中国家的特殊规定。

(一)《伯尔尼公约》的基本原则

《伯尔尼公约》第5条规定了公约的基本原则:国民待遇原则、自动保护原则和版权独立原则。

1. 国民待遇原则

《伯尔尼公约》第5条第1款规定,根据本公约得到保护的作品的作者,在除作品起源国之外的本联盟各成员国,就其作品享受各该国法律现在给予或今后将给予其国民的权利,以及本公约特别授予的权利。

"起源国"(或称"来源国")是《伯尔尼公约》中一个重要的概念。《伯尔尼公约》第5条第4款对"起源国"的含义进行了解释。根据这项解释,对于已出版作品,起源国即作品首次出版的国家;对于未出版作品,起源国即作者的国籍或居所所属国或建筑艺术作品的所在国。

由于某些缔约国国内法律给予本国作者的版权权利可能低于《伯尔尼公约》的规定,或者提出了比《伯尔尼公约》规定更严格的限制或条件,如果完全实施国民待遇,受公约保护的作者按照国民待遇受到的保护就还不如公约规定的最低标准。为了避免出现这种不合理的现象,《伯尔尼公约》特别规定,受公约保护的作者在各成员国除了享受国民待遇外,还享受该公约特别授予的权利。

2. 自动保护原则

《伯尔尼公约》第5条第2款规定,受保护作品的作者享受和行使根据国民待遇而获得的权利,不需要履行任何手续。这就是所谓的"自动保护原则"。公约允许各成员国作出一项保留,即"固定要求":各缔约国法律有权规定仅保护表现于一定物质形式上的文学艺术作品。

3. 版权独立原则

《伯尔尼公约》第5条第2款规定:"享受和行使这类权利不需要履行任何手续,也不管作品起源国是否存在有关保护的规定。因此,除本公约条款外,只有向之提出保护要求的国家的法律方得规定保护范围及向作者提供的保护其权

① 该文本在1997年7月1日对我国香港特别行政区、在1999年12月20日对我国澳门特别行政区生效。

利的补救方法。”

《伯尔尼公约》的这项规定，实际包含了两层含义：第一，作品在缔约国所享受的保护，不依赖于其在起源国所受到的保护；第二，作品在缔约国的保护，完全依照该缔约国的法律。

（二）受保护的作品

《伯尔尼公约》第 2 条对受保护的作品作了具体规定，“文学艺术作品”一词包括科学和文学艺术领域内的一切作品，而不论其表现方式或形式如何。

1．作品的范围

《伯尔尼公约》第 2 条第 1 款对受保护的作品进行了列举，包括：书籍、小册子及其他文字作品；讲课、演讲、讲道及其他同类性质的作品；戏剧或音乐作品；舞蹈艺术作品及哑剧作品；配词或未配词的乐曲；电影作品或以电影摄影术类似的方法创作的作品；图画、油画、建筑、雕塑及版画；摄影作品及以与摄影术类似的方式创作的作品；实用美术作品；插图、地图以及与地理、地形、建筑或科学有关的设计图、草图及造型作品。

2．演绎作品

《伯尔尼公约》规定，文学艺术作品的翻译、改编，乐曲的改写，以及用其他方式改变了原作而形成的作品，在不损害原作版权的情况下，同原作一样受保护。

3．汇编作品

《伯尔尼公约》规定，文学艺术作品的汇编，诸如百科全书、文选，由于其内容的选择与编排而构成智力创作的，在其本身不损害构成它的各个作品的版权的情况下，同样受到保护。

4．法律和官方文件

对于立法条文、行政及法律性质的官方文件，以及这些作品的官方译本的版权保护问题，《伯尔尼公约》规定由各缔约国国内立法自行决定。

5．实用美术作品、工业品外观设计和模型

《伯尔尼公约》规定，各成员国可自行以立法决定本国法律对实用艺术品、工业品平面与立体外观设计等的适用程度，以及这些艺术作品、工业品平面与立体外观设计的受保护条件。

（三）最低限度保护的规定

鉴于各成员国的利益冲突和立法的差异等原因，《伯尔尼公约》没有对各国在版权国际保护方面的所有规定进行统一，只是规定了一系列最低限度的保护标准。这些标准，是各国在订立版权法以及在版权国际保护方面必须做到的基本要求。《伯尔尼公约》的最低限度保护标准主要包括以下几个方面：

1. 作者的经济权利

《伯尔尼公约》规定的作者的经济权利主要包括以下几种：

（1）翻译权。《伯尔尼公约》第 8 条规定，受本公约保护的文学艺术作品的作者，在对原著权利的整个保护期内，享有翻译和授权翻译其作品的专有权。

（2）复制权。《伯尔尼公约》第 9 条第 1 款规定，受本公约保护的文学艺术作品的作者，享有批准以任何方式和采取任何形式复制这些作品的专有权。第 3 款进一步指出，所有录音或录像均应被视为本公约所指的复制。

（3）表演权。《伯尔尼公约》第 11 条第 1 款规定，戏剧作品、音乐戏剧作品或音乐作品的作者，享有许可以各种手段和方式公开演奏和公演其作品的专有权，以及许可用各种手段公开播送其作品的表演和演奏。

（4）广播权。《伯尔尼公约》第 11 条之二规定，文学和艺术作品的作者享有以下专有权：广播其作品，或以任何其他无线电传送信号、声音、图像的方式将作品传播给公众；原广播组织之外的广播机构，将其作品以有线方式向公众传送，或向公众重播；以扬声器向公众传播或以同类传播信号、声音、图像的工具传播其作品。

（5）朗诵权。《伯尔尼公约》第 11 条之三第 1 款规定，文学作品的作者享有许可用各种方式或手段公开朗诵其作品的专有权，以及许可用各种手段公开播送其作品的朗诵的专有权。根据《伯尔尼公约》第 11 条之三第 2 款的规定，文学作品的作者在其作品的权利保护期内，对作品的译本享有同样的权利。

（6）改编权。《伯尔尼公约》第 12 条规定，文学和艺术作品的作者享有批准对其作品进行改编、整理和其他改变的专有权。

（7）制片权。《伯尔尼公约》第 14 条规定，文学和艺术作品的作者享有将其作品改编为电影作品并将后者复制发行的专有权和将经过改编或复制的作品公开演出或以有线电方式向公众传播的专有权。

《伯尔尼公约》规定的作者的经济权利并不是著作财产权的全部内容，只是缔约各国必须保护的基本权利。事实上，许多国家的版权法规定的经济权利都超过公约规定的水准。为此，《伯尔尼公约》第 19 条明确规定，该公约的规定不妨碍作品要求得到本联盟成员国的法律所给予作者的、高于该公约规定的保护。

2. 作者的精神权利

《伯尔尼公约》第 6 条之二规定了各缔约国应当保护的作者的精神权利。这些精神权利，不依赖于经济权利而独立存在，甚至在作者将其经济权利转让之后仍然存在。《伯尔尼公约》规定的精神权利主要包括两项：（1）署名权，即作者主张对作品的作者身份的权利；（2）维护作品完整权，即反对任何对其作品的有损作者声誉的歪曲、篡改或其他更改或贬损。

对于通过何种救济方式保护这些权利,《伯尔尼公约》规定适用保护有关权利的国家的法律。

3. 版权保护期限

《伯尔尼公约》第 7 条规定了版权保护期限。一般作品的保护期限为作者有生之年加死后 50 年,共同作品应以共同作者中最后去世的作者为准。对电影作品,自公映后 50 年。如摄制完成后 50 年内未公映,自作品摄制完成后 50 年期满。匿名及假名作品,其保护期限为其合法向公众发表之日起 50 年。如作者采用的笔名不致引起对其身份发生任何怀疑时,或匿名作品及假名作品的作者在上述期间内披露其身份,则从一般作品的保护期。摄影作品及实用艺术品的保护期为自该作品完成时算起 25 年。

上述保护期限,是各国应保护的最短期限。任何缔约国对作品提供保护不得少于上述期限。当然,可以规定更长的保护期限。《伯尔尼公约》规定,在一切情况下,期限由向之提出保护要求的国家的法律加以规定。但除该国法律另有规定外,这个期限不得超过作品起源国规定的保护期限。

4. 追溯力

《伯尔尼公约》第 18 条规定,该公约规定的最低保护,不仅适用于成员国参加公约之后来源于其他成员国的作品,而且适用于该国参加公约之前即已经存在,在其他缔约国仍受保护的作品。但《伯尔尼公约》允许缔约国通过多边或双边协定来限制公约追溯力的规定在它们之间的适用。

(四) 对发展中国家的特殊规定

对发展中国家的特殊规定,是 1971 年《伯尔尼公约》进行修订时增加的,其主要内容是允许发展中国家对翻译专有权和复制专有权实行非自愿许可。不过,《伯尔尼公约》对此规定了若干严格的条件,事实上发展中国家很难享有特殊的利益。

(五) 对版权的限制

1. 对复制权的限制

《伯尔尼公约》对复制权的限制主要体现在第 9 条第 2 款、第 10 条、第 10 条之二当中。

《伯尔尼公约》第 9 条第 2 款规定,该联盟各成员国可自行在立法中准许在某些特殊情况下复制有关作品,只要这种复制与作品的正常利用不相冲突,也不致不合理地损害作者的合法利益。

《伯尔尼公约》第 10 条规定了两种不同的使用作品的行为:一是摘录,二是讲解。该条第 1 款规定,公约准许从公众已经合法获得的作品中摘录原文,只要摘录行为符合公平惯例,摘要范围未超过摘录目的所允许的程度。该条第 2 款规定，联盟各成员国可自行立法或依据各成员国之间现有的或行将签订的专门协定，准许在合理目的下，以讲解的方式将文学艺术作品用于出版物、广播、录音或录像，以作为教学之用，只要这种利用符合公平惯例。不过，根据该条第 3 款的规定，根据前两款规定使用某作品时，须标明该作品的出处。如原作品上有作者署名，则须标明作者姓名。

《伯尔尼公约》第 10 条之二第 1 款规定，联盟成员国可自行在立法中准许通过报刊及无线广播或有线广播，复制报纸杂志上关于经济、政治、宗教等时事性文章，以及同类性质的广播作品，只要该文章、作品中未明确保留复制权与广播权。但在任何情况下，均须明确指出作品的出处；若未指出，则由保护有关作品的国家的立法决定其应负的法律责任。

《伯尔尼公约》的上述规定实际上就是版权法上通常所讲的“合理使用”。对于合理使用的具体条件及情形，公约留由缔约国自行决定。

2. 对翻译权和复制权的强制许可

《伯尔尼公约》在有关发展中国家优惠的附件中对翻译权和复制权的强制许可进行了规定。有关情况在前面“对发展中国家的特殊规定”中已作介绍。

《伯尔尼公约》从缔结到现在已经有一百多年了，其间曾根据不断出现的新情况进行了数次修订，世界上大多数国家已成为公约的缔约国。随着美国的加入，《伯尔尼公约》真正成为一个世界范围的统一体系，成为著作权国际保护的事实上的标准。在《伯尔尼公约》之后的有关著作权的重要国际条约，均将公约的规定作为基本要求，并对公约进行了保护，如《世界版权公约》、《知识产权协定》、《世界知识产权组织版权条约》等。

六、《保护表演者、录音制品制作者与广播组织罗马公约》

为了保护表演者、录音制品制作者与广播组织在传播作品过程中所产生的合法权益（即通常所说的邻接权或相关权），在联合国劳工组织、教科文组织以及世界知识产权组织的共同主持下，1961 年在罗马订立了《保护表演者、录音制品制作者与广播组织罗马公约》，即《罗马公约》。截至 2004 年 11 月 4 日，《罗马公约》共有 79 个成员国。我国未参加该公约。

《罗马公约》共 34 条，其中第 1—15 条为实体性规定，第 16—34 条为行政性条款。

（一）邻接权保护与版权保护的关系

《罗马公约》第 1 条规定：“本公约所授予的保护不触及而且也不以任何方式影响对文学和艺术作品的版权保护。因此，不得对本公约的任何规定作出有损于版权保护的解释。”

(二) 国民待遇

国民待遇原则是知识产权国际保护中的一项最基本的原则,《罗马公约》也不例外。《罗马公约》关于国民待遇的规定主要包括三项内容:

1. 国民的含义

在《罗马公约》中,国民是指:(1) 对于表演者,表演在该缔约国境内发生、广播或首次固定;(2) 对于录音制品制作者,录音制品在其境内首先固定或出版;(3) 对于在其境内设立总部的广播组织,广播由位于其境内的发射装置发射。

2. 国民待遇的授予

《罗马公约》区别表演者、录音制品制作者和广播组织三种不同主体,分别规定了国民待遇的授予。

对于表演者,只要符合下列条件之一,即可获得国民待遇:表演发生在另一缔约国境内;表演被录制在根据《罗马公约》第 5 条规定受保护的录音制品上;未固定在录音制品上的表演,由根据《罗马公约》第 6 条规定受保护的广播组织传送的。

对于录音制品,只要符合下列条件之一,即可获得国民待遇:录音制品制作者是另一缔约国的国民;声音的首次固定发生在另一缔约国;录音制品首次在另一缔约国内出版。

对于广播组织,只要符合下列条件之下,即可获得国民待遇:广播组织的总部设在另一缔约国,广播由位于另一缔约国的发射装置发射。

3. 公约规定的保护

国民待遇应受《罗马公约》特别规定的保护和限制的约束。这就是说,如果某一缔约国根据本国法律对其本国国民的表演权、录音制品制作者权和广播组织权的保护低于公约规定的标准,也不得借口国民待遇给予低于公约特别规定的保护。

(三) 邻接权的内容

1. 表演者权

根据《罗马公约》第 7 条的规定,表演者应享有制止下列三种行为的可能性:未经其同意而将其表演进行广播或向公众传播,但专为广播或向公众传播而作的表演以及根据已固定的表演而作的表演除外;未经其同意而将其未固定的表演加以固定;未经其同意而复制其已经固定的表演,或者复制的目的不同于表演者同意的目的,或者原始固定是根据第 15 条(邻接权的例外)的规定而为,但复制却出于不同于该条规定的目的。

在广播是经表演者同意而为的情况下,对转播、为广播目的的固定以及为广播目的而复制此种固定是否受保护，由被请求的缔约国的国内法决定。对于广播组织使用为了广播目的而制定的固定的条件，亦应由被请求保护的缔约国的国内法决定。但上述国内法不得剥夺表演者通过合同控制其与广播组织的关系的能力。

如果数个表演者参与同一个表演，为了每个表演者行使权利的方便，《罗马公约》第 8 条规定，任何缔约国得通过其国内法律与规章，指定一定的方式来代表表演者行使其权利。

《罗马公约》第 7、8 条规定的表演者保护，是针对文学或艺术作品的表演者。如果所表演的不是文学或艺术作品，如杂耍、马戏等，公约第 9 条规定，任何缔约方得通过其国内法律和规章，将本公约给予的保护延及非文学或艺术作品的表演者。

2. 录音制品制作者权

《罗马公约》第 10 条规定，录音制品制作者应享有授权或禁止直接或间接复制其录音制品的权利。

根据《罗马公约》第 11 条的规定，如果一缔约国根据其国内法的规定，将履行一定的手续作为对录音制品制作者权利或与录音制品有关的表演者权利保护的一个条件，只要录音制品含有规定的标记，应视为已完全履行了所有手续。

《罗马公约》第 12 条规定，如果将为商业目的而出版的录音制品或其他复制品直接用于广播或任何公共传播，使用者应向表演者或录音制品制作者，或二者支付一笔公平的补偿金。在当事人无协议的情况下，国内法得规定该补偿金的分配条件。

3. 广播组织权

《罗马公约》第 13 条规定了对广播组织的最低限度保护。依该条规定，广播组织享有授权或禁止下列行为的权利：转播其广播；将其广播进行固定；复制未经其同意的其广播的固定，以及如果该未经其同意的固定是根据第 15 条规定而制作，为了不同于该规定的目的而进行的复制；向公众传播其电视广播，如果传播发生在公众付入场费才能进入的地方。行使这项权利的条件由被请求保护的国家的国内法决定。

（四）邻接权的保护期

根据《罗马公约》第 14 条的规定，公约授予的保护期限至少应为 20 年。

（五）保护的例外

《罗马公约》第 15 条规定，任何缔约国可在其国内法律和规章中规定，下列行为属于该公约所提供的保护的例外：(1) 私人使用；(2) 为报道当前发生的事件而少量使用；(3) 广播组织为了方便自己在广播中使用而短暂固定；(4) 纯粹出于教学或科学研究目的的使用。

除了上述例外以外,《罗马公约》规定,任何缔约国可以将其国内法律和规章中对文学艺术作品版权保护的限制,同样地适用于对表演者、录音制品制作者和广播组织的保护。但是,对强制许可应遵守该公约的有关规定。

（六）电影中的表演者权

根据《罗马公约》第 19 条的规定,一旦表演者同意将其表演用于可视性或可视可听性的固定(即电影)上,第 7 条的规定不再适用。这就是说,对于视听作品中的表演,表演者不能主张表演者权。

七、《保护录音制品制作者禁止未经许可复制其录音制品公约》

《保护录音制品制作者禁止未经许可复制其录音制品公约》(简称《录音制品公约》或《唱片公约》)是在世界知识产权组织主持下于 1971 年 10 月 29 日在日内瓦缔结的一个邻接权国际公约。截至 2004 年 10 月 15 日,公约共有 73 个成员国。中国于 1993 年 4 月 30 日成为该公约的成员国。[①] 公约非常简短,共 13 条,其中第 1—7 条为实体条款,第 8—13 条为行政条款。

（一）定义

《录音制品公约》第 1 条首先对 4 个关键概念进行了定义。这 4 个概念是:"录音制品"、"录音制品制作者"、"复制品"和"向公众发行"。

"录音制品"一词,是指任何仅听觉可感知的、将表演声音或其他声音固定下来的制品。

所谓录音制品的制作者,是指首次将表演声音或其他声音固定下来的自然人或法人。

所谓复制品,是指一制品中的音响直接或间接来自一录音制品,并含有该录音制品中已固定的声音之全部或实质性部分。

所谓向公众发行,是指直接或间接向公众或公众中的一部分提供录音制品的复制品的任何活动。

（二）对录音制品的保护

《录音制品公约》第 2 条规定,每一缔约国应保护作为其他缔约国的国民的录音制品制作者,以防止未经制作者同意而制作复制品、进口此种复制品,只要制作或进口的目的在于向公众发行,以及防止向公众发行此种复制品。

《录音制品公约》第 3 条规定,实施本公约所采用的方式,应由各缔约国国内法自行确定,其中应包括下列一种或几种方式:通过授予版权或其他专门权利

---

① 该公约自 1997 年 7 月 1 日起适用于我国香港特别行政区。

的方式加以保护；通过有关不正当竞争的法律的方式加以保护，通过刑事制裁的方式加以保护。《录音制品公约》并没有统一规定各缔约方采用何种方法保护录音制品制作者，甚至没有将对录音制品制作者的保护上升为一种权利。

（三）保护的期限

关于对录音制品制作者保护的期限，《录音制品公约》第 4 条首先规定，这个问题应由每一缔约国国内法来确定。同时，该公约提出了一个最低限度，即：如果国内法规定了保护期限，该期限不得少于 20 年，从录音制品中包含的声音首次被固定之年或录音制品首次出版之年的年末起算。

（四）取得保护的手续

《录音制品公约》没有采取自动保护原则。《录音制品公约》第 5 条在允许各缔约国要求履行一定手续的前提下，将所有的手续简化为在录音制品复制品或其包装上加以适当标记。

（五）保护的限制

《录音制品公约》第 6 条对保护的限制作出了规定。根据该条规定，对录音制品保护的限制主要有两个方面：一般例外和强制许可。

1. 一般例外

《录音制品公约》规定，以版权或其他专门权利提供保护或以刑事制裁方式提供保护的缔约国，可在其国内法中，针对录音制品的保护，作出类似于对文学艺术作品的作者保护时所允许的权利限制的规定。

2. 强制许可

根据《录音制品公约》的规定，只有在下述三个条件均得到满足时方可颁发强制许可：仅为教学或科学研究目的而进行复制；复制许可证仅在颁发许可证当局所在国地域内有效，复制品不得用于出口；有关当局对于依照这种许可证进行的复制，在考虑到将复制的数量的基础上，规定公平的付酬额。

（六）保留性规定

《录音制品公约》第 7 条对一些问题作出了保留性规定。

1. 对版权及邻接权的保护

《录音制品公约》第 7 条第 1 款规定，不得以任何方式将该公约解释为限制或减损根据国内法或国际协定给予作者、表演者、录音作品制作者或广播组织的其他保护。

2. 表演者保护

根据《录音制品公约》第 7 条第 2 款的规定，对于其表演被固定于录音制品中的表演者，其是否有权享受保护、享受保护的范围以及享受此种保护的条件，均应由缔约国国内法确定。

3．追溯力

根据《录音制品公约》第 7 条第 3 款的规定，公约不具有追溯力。因此，在本公约对一缔约国生效之前已经固定的录音制品，不得要求该缔约国适用本公约的规定。

4．以固定标准替代国籍标准

如果任何缔约国在 1971 年 10 月 29 日之前，仅仅以录音制品的首次固定地为依据提供对录制者的保护，可向世界知识产权组织总干事交存一份通知，声明该国将采用首次固定地标准，而不采用录制者国籍标准。

八、《视听表演北京条约》

2012 年 6 月，世界知识产权组织保护音像表演外交会议在北京召开，通过了《视听表演北京条约》，这是在我国诞生的第一个国际知识产权条约。

随着录制技术的发展和不断进步，表演者的表演活动可以通过录制品或者计算机网络向现场以外的观众发行，引发国际社会对表演者提供著作权法律保护的关注。有关表演者权利保护的国际立法始于 20 世纪下半叶，1961 年签订的《罗马条约》是最早对表演者权利进行保护的国际公约，但其规定的权项较为有限，即未经表演者同意，不得广播和向公众传播他们的表演（表演直播的权利）；不得录制他们未曾录制过的表演（表演录制的权利）；不得复制他们的表演的录音（表演者录音复制的权利）。1996 年通过的世界知识产权组织《表演和录音制品条约》（以下简称 WPPT）保护的表演，主要包括表演者的现场表演以及被录制在录音制品中的表演，不延伸到其以视听录制品录制的表演，即未涉及被录制在视听制品中的声音以外的其他表演内容。2012 年《视听表演北京条约》的通过，弥补了原有公约对表演者保护权项的不足，从而与《罗马公约》、WPPT 一起构筑了表演者权利的国际保护体系。

《视听表演北京条约》规定有序言以及实质性条款共计 30 条，可分为四个部分。现分述如下：

（一）序言

序言的主要内容强调该条约的目的和宗旨，即以尽可能有效和一致的方式发展和维护保护表演者对其视听表演的权利，采用新的国际规则，提供解决由经济、社会、文化和技术发展所提出的问题的适当方法，保持表演者对其视听表演的权利与广大公众的利益，尤其是教育、研究和获得信息的利益之间的平衡。

序言的上述规定，描述了缔约背景，即应对信息与通信技术的发展和交汇对视听表演的制作与使用的深刻影响，创新保护表演者权利的机制；缔约原则，即维持表演者权利与公共利益的平衡；缔约目的，即与 WPPT 共同建立视听制品与录音制品的表演者权体系。

（二）总则性规定

该条约第1条至第4条是总则性规定。述及：（1）条约与其他公约和条约的关系。除WPPT外，该条约与《罗马公约》等其他条约并不存在任何实质性关联，是一个独立的国际条约，因此对该条约的履行，不得损害其他条约所规定的权利、义务。（2）定义。根据条约，表演者系指演员、歌唱家、音乐家、舞蹈家以及对文学或艺术作品或民间文学艺术表达进行表演、歌唱、演说、朗诵、演奏、表现或以其他方式进行表演的其他人员；视听录制品则系指活动图像的体现物，不论是否伴有声音或声音表现物，从中通过某种装置可感觉、复制或传播该活动图像。不难看出，条约关于表演者、视听录制品、广播和向公众传播的定义，沿袭WPPT第2条的释义方法。不同的是，条约将保护对象规定为视听表演而非单纯的声音表演。（3）条约保护的受益人。采取表演者国籍与居所双重原则，凡符合其中之一者即为条约保护的受益人。（4）国民待遇原则。与WPPT的规定相同，该条约将国民待遇限定为条约授予的专有权和获取合理报酬的权利。但二者也有区别，即该条约对国民待遇作出了互惠性保留，缔约方有权将其给予另一缔约方国民的保护限制在其本国国民在该另一缔约方享有的那些权利的范围和期限之内。

（三）表演者权利

条约第5条至第11条是表演者对视听表演享有各种权利的规定，具体而言，条约规定了以下权利：（1）表演者的精神权利。包括表演者的署名权和保护表演形象完整权，前者指要求承认其系表演的表演者的权利，除非因使用表演的方式而决定可省略不提其系表演者；后者则指反对任何对其表演进行的将有损其声誉的歪曲、篡改或其他修改的权利。（2）表演者的经济权利。包括两方面的权利：对尚未录制的表演，享有广播和向公众传播的权利以及录制权；对录有其表演的视听制品，享有复制权、发行权、出租权、提供已录制表演的权利，广播和向公众传播的权利。从条约规定的表演者经济权利来看，以类似摄制电影方法创作的作品所保护的听觉和视觉可感知的表演行为，不论其处在尚未录制的现场表演阶段，还是已经录制在音像载体上，都受条约的保护。

对于广播和向公众传播权，条约允许缔约方声明该权利适用的情形或申明以其他方式对该权利的限制，还允许缔约方对该项权利完全作出保留。

（四）表演者权的转让

在如何处理表演者向制作者转让权利问题上，条约综合了各种意见，最终规定了三种供缔约方选择的立法模式：（1）权利由视听录制品制作者所有的法定转让模式。即由缔约方国内法规定，除表演者与视听录制品制作者另有约定之外,表演者一旦同意将其表演录制于视听录制品中,对复制权、发行权、出租权、提供已录制表演的权利、广播和向公众传播权进行授权的专有权归该视听录制品的制作者所有。(2) 权利由视听录制品制作者行使的推定转让模式。即由缔约方国内法规定,除表演者与视听录制品制作者另有约定之外,表演者一旦同意将其表演录制于视听录制品中,对前述权利进行授权的专有权应由视听录制品制作者行使。(3) 权利由表演者所有,但表演者向制作者转让的模式。即由缔约方国内法规定,除表演者与视听录制品制作者另有约定之外,表演者一旦同意将其表演录制于视听录制品中,对前述权利进行授权的专有权归该视听录制品的表演者所有,但应向视听录制品制作者转让。这种糅合各种立法模式、提供多种选择方式的制度设计,为缔约方处理权利转让问题提供了空间。

(五) 其他规定

1. 权利限制与例外

条约允许缔约方在其国内立法中对给予表演者的保护规定限制或例外,限制或例外应与其国内立法给予文学和艺术作品的版权保护相同种类,且仅限于某些不与表演的正常利用相抵触、也不致不合理地损害表演者合法利益的特殊情况。

2. 保护期

条约规定了最低保护期,即自表演录制之年年终算起,至少持续到 50 年期满为止。这一规定与 WPPT 的保护期相一致,但高于《罗马公约》规定的水平。

3. 权利管理信息和技术措施义务

结合网络环境下视听表演传播的特点,条约要求缔约方规定适当和有效的法律补救办法,制止规避有效技术措施和未经许可去除或改变权利管理电子信息的行为。

第三节　世界知识产权组织的《因特网条约》

一、背景与经过

(一)《伯尔尼公约》在新技术面前的不足

由前文所述的讨论可知,现代科学技术的新发展使著作权法面临着挑战,从而产生了许多新的问题。《伯尔尼公约》表现出明显的不足,尤其在以下两个方面:

1. 计算机程序与数据库的法律地位

在《伯尔尼公约》中,根本没有计算机程序和数据库这样两个概念。而它们又是计算机应用中必不可少的。虽然世界知识产权组织多次表示,计算机程序应作为《伯尔尼公约》中的文字作品受到保护,而数据库也应适用《伯尔尼公约》关于“汇编”的规定。但是,这毕竟不是《伯尔尼公约》的本来规定。在《知识产权协定》对计算机程序和数据库的法律地位作出明确规定之后,作为著作权领域中最基本的国际条约的《伯尔尼公约》不能不作出相应的规定。

2. 作者的权利

在数字化技术和网络技术的双重作用下,《伯尔尼公约》原先规定的权利越来越不适应技术的发展。《伯尔尼公约》未作出明确规定,但又对作者的合法权利产生重大影响的主要问题有:

第一,对网络传播的控制。按照一般理解,将作品在网络环境中进行传输,但没有制作任何有形的复制件,通常不被认为是版权法的复制,但也不属于《伯尔尼公约》规定的广播权的范围。而对这种行为如果不加控制,有关作者的合法权益必将受到严重损害。因此,从理论上讲,作者应有权控制作品在网络环境下的传播。但这在《伯尔尼公约》中是找不到合适依据的。

第二,对数字化作品的出租权。《伯尔尼公约》本身没有规定出租权,对于传统的文学艺术作品而言,作品的出租并不是主要的商业利用方式,它对作者的利益影响并不是太大。但在数字化技术之后,对数字化作品的出租却足以影响作者的合法权利,因为数字化作品的出租极易造成大量的不受控制的复制。因此,有必要规定作者的出租权,尤其是对数字化作品的出租权。

第三,对有关技术措施的保护。如同我们现在经常看到的,许多计算机软件的开发商为了防止非法盗版,对其计算机软件进行了各种技术处理。这种技术措施经常遭到一些人的破坏,但《伯尔尼公约》并不对这些技术措施提供任何保护。

因此,如何完善以《伯尔尼公约》为基础的现行版权国际保护体系,使之更适应技术的发展和进步,成为国际社会关注的重大问题。

(二)《罗马公约》面临的挑战

数字网络技术不仅对作者的利益产生影响,而且对作品的传播者的利益也产生了重要影响。《罗马公约》难以适应数字网络环境下充分保护表演者、录音制品制作者的合法权益的需要,面临着与《伯尔尼公约》相同的问题。如何完善《罗马公约》的规定,切实保护表演者、录音制品制作者的合法权益,也引起了国际社会的广泛关注。

(三)世界知识产权组织的行动

为了克服《伯尔尼公约》的不足,使《伯尔尼公约》适应新技术的发展,早在1989年,伯尔尼联盟大会和代表会议就通过了世界知识产权组织提出的方案,决定成立一个专家委员会，以审查缔结一项有关《伯尔尼公约》的议定书的问题。

专家委员会成立以后便开始了工作，对将要起草的《伯尔尼公约》议定书可能涉及的内容进行了广泛的讨论。伯尔尼联盟大会与代表会议在1992年决定加强专家委员会的工作，将原先的专家委员会分为两个，一个负责起草拟议中的《伯尔尼公约》议定书，另一个负责起草保护表演者权和录音制品制作者权的新的条约。

两个专家委员会在1996年2月的会议上建议在1996年12月召开外交会议以缔结适当的条约。1996年5月20日—24日，外交会议筹备委员会、世界知识产权组织大会和伯尔尼联盟大会在日内瓦召开，筹备委员会和大会决定，关于版权及邻接权若干问题的世界知识产权组织外交会议于1996年12月2日—20日召开。

专家委员会主席在1996年2月的会议上被授权负责为外交会议起草条约草案。专家委员会主席提出了三个条约的实质条款的基本建议："有关文学艺术作品保护的若干问题的条约"、"保护表演者和录音制品制作者权利条约"、"关于数据库知识产权条约"。

1996年12月2日，关于版权及邻接权若干问题的外交会议在日内瓦召开。会议最后经过讨论，于1996年12月20日通过了《世界知识产权组织版权条约》和《世界知识产权组织表演和录音制品条约》，这即是知识产权界所称的《因特网条约》。对于《数据库知识产权条约》，大会没有进行讨论，只是最后发表了一个"关于数据库的建议"，要求世界知识产权组织进行进一步的工作，为缔结一项有关数据库的条约而准备。

这两个条约的缔结方都已达到条约生效的要求，条约分别于2002年3月6日和5月22日生效。截至2005年1月17日，《世界知识产权组织版权条约》有51个成员国，《世界知识产权组织表演和录音制品条约》有49个成员国。全国人大常委会2006年12月29日表决通过了关于加入《世界知识产权组织版权条约》和《世界知识产权组织表演和录音制品条约》的决定，我国由此正式加入这两个条约。2007年6月9日，上述条约在中国正式生效。这将提升我国的互联网版权保护水平。

二、《世界知识产权组织版权条约》

《世界知识产权组织版权条约》（以下简称《版权条约》）共25条，另有一个简短的序言。其中，第1—14条为实体部分，第15—25条为行政条款。

《版权条约》从表面上看内容很简单，但由于与《伯尔尼公约》的特殊关系，它实际上是在《伯尔尼公约》的基本原则和规则基础上明确了该公约中不明确的问题,并补充了一些新的规定。下面简要介绍《版权条约》实体部分的主要内容。

(一) 对《伯尔尼公约》的保护及适用

1. 与《伯尔尼公约》的关系

根据《版权条约》第1条第1款的规定,对于《伯尔尼公约》的成员国而言,该条约是《伯尔尼公约》第20条含义下的一个特别协定。需要说明的是,《版权条约》作为《伯尔尼公约》第20条含义之下的特别协定,是针对缔约方中的那些同时为《伯尔尼公约》成员国的国家而言的。对于非《伯尔尼公约》成员国而言,《版权条约》与《伯尔尼公约》在法律上是独立的。

《版权条约》第1条第2款规定,该条约中的任何规定均不得减损缔约方根据《保护文学艺术作品伯尔尼公约》应相互承担的现存义务。

《版权条约》第1条第4款规定,各缔约方应遵守《伯尔尼公约》第1—21条和附件的规定。

2. 对《伯尔尼公约》第2—6条的适用

从《版权条约》的条文表面上,我们看不到有关版权保护的对象、主体、基本原则等重要问题的规定。条约不是没有规定这些问题,而是在这些问题上直接援用了《伯尔尼公约》的规定。

《版权条约》第3条规定:"对于本条约所提供的保护,各缔约方原则上应适用《伯尔尼公约》第2—6条的规定。"《版权条约》将《伯尔尼公约》的第2—6条的规定转换为条约的规定,要求缔约方将上述规定经适当修改后适用于该条约所提供的保护。

3. 对《伯尔尼公约》第18条的适用

对于条约在时间上的适用范围,《版权条约》完全采纳了《伯尔尼公约》第18条的规定。《版权条约》第13条规定:"缔约方应将《伯尔尼公约》第18条的规定适用于本条约所提供的所有保护。"这意味着,该条约适用于在其生效之日在来源国尚未因保护期届满而进入公有领域的一切作品,直到作品的保护期届满为止;但如果作品在此之前保护期已届满而进入公有领域,则不得重新受到保护。

(二) 版权保护的范围

《版权条约》第2条规定:"版权保护及于表达而不及于思想、过程、操作方法或数学概念本身。"这项规定同于《知识产权协定》第9条第2款的内容,只是删去了"及于"之前的"应"(shall)字。

(三) 计算机程序与数据汇编(数据库)

《版权条约》第4条规定:“计算机程序作为《伯尔尼公约》第2条含义中的文字作品受保护。此种保护适用于计算机程序,而不论其以何种方式或形式表达出来。”

《版权条约》第5条规定:“数据或其他材料的汇编,不论何种形式,由于其内容的选择和安排而构成智力成果,得受同等保护。此种保护不及于数据或其他材料本身,且不得减损汇编中所包含的数据或其他材料已存在的任何版权。”

(四) 发行权、出租权与公共传输权

1. 发行权及其穷竭

《版权条约》第6条第1款规定:“文学和艺术作品的作者享有专有权,以授权通过出售或其他转让所有权的方式使其作品的原件或复制件可为公众利用。”

《版权条约》第6条第2款对发行权的穷竭问题进行了规定:“本条约中的任何规定,均不影响缔约方在可能的情况下确定第1款的权利在作品的原件或一份复制件经作者授权而首次出售或以其他方式转让所有权之后穷竭所适用的条件的自由。”

2. 出租权

《版权条约》第7条第1款规定,计算机程序、电影作品以及缔约方国内法所确定的录音制品中包含的作品的作者享有专有权,以授权将其作品的原件或复制件向公众进行商业性出租。

《版权条约》第7条第2款规定,对于计算机程序而言,如果程序本身并不是出租的实质的标的,则不适用上述第1款的规定;对于电影作品而言,除非商业出租已导致对该作品的大规模复制从而实质上影响了复制专有权,上述第1款的规定应不予适用。

根据《版权条约》第7条第3款的规定,尽管有上述第1款的规定,如果一缔约方在1994年4月15日已经建立并继续实施了一项制度,要求为出租录音制品中所包含的作品的复制件而向作者支付合理补偿,则可保留该项制度,除非对录音制品中所包含的作品的商业出租对作者的复制专有权产生实质性损害。

3. 公共传输权

公共传输权是《版权条约》针对网络传输等新的作品传播方式和手段而规定的一项权利。《版权条约》第8条规定:“在不损害《伯尔尼公约》第11条第1款第(ii)目、第11条之二第1款第(i)和(ii)目、第11条之三第1款第(ii)目、第14条第1款第(ii)目和第14条之二第1款的规定的情况下,文学和艺术作品的作者应享有专有权,以授权将其作品以有线或无线方式向公众传播。包括将其作品向公众提供,使公众中的成员在个人选定的地点和时间可获得这些作品。”

虽然《伯尔尼公约》对作者控制作品公共传播的权利作出了规定,但《版权条约》所规定的公共传播权却被认为是一项新的权利。公共传播权之“新”,主要表现在以下三个方面:

第一,公共传播权是一项独立的权利,是与复制权、发行权、表演权、改编权等处于同一水平的基本版权权利。

第二,公共传播权适用于所有类型的作品,而不限于某种类型的作品。

第三,公共传播适用于任何传播手段和传播方式。传统的公共传播、网络传输以及将来可能出现的一切新的传播方式(如网络电视),都适用公共传播权。

(五) 摄影作品的保护期

《版权条约》第 9 条规定:“对于摄影作品而言,缔约方不得适用《伯尔尼公约》第 7 条第 4 款的规定。”条约将摄影作品的保护期予以延长,同一般作品的保护期相同。

(六) 限制与例外

《版权条约》第 10 条分两种不同情况规定了版权保护的限制与例外:条约保护的限制与例外和《伯尔尼公约》保护的限制与例外。

1.《版权条约》保护的限制与例外

《版权条约》第 10 条第 1 款规定,对于该条约授予文学艺术作品的作者的权利,缔约方得在其国内法中规定某些特殊情况下的限制或例外,但不得与作品的正常使用相冲突,也不得不合理地损害作者的合法利益。

2.《伯尔尼公约》保护的限制与例外

依《版权条约》第 10 条第 2 款的规定,在适用《伯尔尼公约》时,缔约国应将公约规定的限制与例外限定于某些特殊情况,不得与作品的正常利用相冲突,也不得不合理地损害作者的合法利益。

(七) 有关技术措施和权利管理信息的义务

为了保护自己的版权,权利人经常采取一些技术措施,防止他人未经其许可而复制其作品,如在计算机软件产业中经常被采用的加密等。同时,权利人为了使他人注意到其版权的存在,通常要在作品的复制件上声明自己的权利,提供有关其权利的信息等。

《版权条约》第 11 条规定,缔约方应提供充分的法律保护和有效的法律救济,以反对那些破坏作者为行使本条约或《伯尔尼公约》规定的权利或为限制那些未经有关作者同意或法律准许的与作品有关的行为而采取的技术措施的行为。

《版权条约》第 12 条规定,缔约方应提供充分的法律保护和有效的法律救济，以制止任何人明知或有合理理由知道其行为将导致、促使、便利或包庇对本条约或《伯尔尼公约》所规定的权利的侵犯而故意实施下列行为：未经授权移走或改变任何电子权利管理信息；未经授权发行、为发行而进口、广播或向公众传播明知电子权利管理信息未经授权已被移走或改变的作品或作品的复制件。

（八）权利实施的规定

关于权利实施的规定是条约的一项重要内容，关系到条约所规定的版权保护能否真正实现。根据《版权条约》第 14 条第 1 款，缔约方承诺根据其法律制度采取必要措施，以确保本条约的实施。实施条约所规定的版权保护的关键在于两个方面：一是有适当的、便捷的诉讼或相关程序；二是有充分的法律救济。该条第 2 款从这两个方面规定了缔约方的义务。

依《版权条约》第 14 条第 2 款的规定，缔约方应保证其实施程序能够对任何侵权行为提起有效的法律诉讼，包括为制止侵权行为而规定及时高效的救济和足以对进一步的侵权起威慑作用的救济。

三、《世界知识产权组织表演和录音制品条约》

《世界知识产权组织表演和录音制品条约》（以下简称《表演和录音制品条约》）共 5 章 33 条，第 1 章为“总则”，第 2 章为“表演者权利”，第 3 章为“录音制品制作者权利”，第 4 章为“一般性规定”，第 5 章为“行政及最后条款”。

（一）与其他公约的关系

《表演和录音制品条约》首先对《罗马公约》进行了保护。该条约第 1 条第 1 款规定：“本条约的任何内容均不得减损缔约方相互之间依照于 1961 年 10 月 26 日在罗马签订的《保护表演者、录音制品制作者与广播组织罗马公约》（《罗马公约》）已承担的现有义务。”

由于表演者权与录音制品制作者权的保护通常涉及以录音制品体现出来的作品的版权，因此，《表演和录音制品条约》第 1 条第 2 款规定，依本条约授予的保护不得触动或以任何方式影响对文学和艺术作品版权的保护。关于该款的议定声明指出：“不言而喻，第 1 条第 2 款澄清本条约规定的对录音制品的权利与以录音制品体现的作品的版权之间的关系。在需要以录音制品体现的作品的作者与对录音制品持有权利的表演者或制作者许可的情况下，获得作者许可的需要并非因同时还需获得表演者或制作者的许可而不复存在，反之亦然。”

《表演和录音制品条约》既不是《罗马公约》框架内的协定或条约，也不是《伯尔尼公约》框架内的协定或条约，因此，《表演和录音制品条约》第 1 条第 3 款明确规定，本条约不得与任何其他条约有任何关联，亦不得损害依任何其他条约的任何权利和义务。

(二) 受保护的受益人及国民待遇

《表演和录音制品条约》第3条第1款要求,缔约各方应将依本条约规定的保护给予系其他缔约方国民的表演者和录音制品制作者。

(三) 表演者的权利

1. 表演者的精神权利

《表演和录音制品条约》第5条第1款规定,不依赖于表演者的经济权利,甚至在这些权利转让之后,表演者仍应对于其现场有声表演或以录音制品录制的表演有权要求承认其系表演的表演者,除非使用表演的方式决定可省略不提其系表演者;并有权反对任何对其表演进行将有损其名声的歪曲、篡改或其他修改。

表演者精神权利在表演者死亡之后应继续保留,至少到其经济权利期满为止,并应可由被要求提供保护的缔约方立法所授权的个人或机构行使。如果缔约方在批准或加入条约时其立法尚未规定在表演者死亡后保护上述全部精神权利的,可规定其中部分权利在表演者死亡之后不再保留。

2. 表演者对其尚未录制的表演的经济权利

《表演和录音制品条约》第6条规定,对于尚未录制的表演,表演者享有下列专有权:(1) 广播和向公众传播其尚未录制的表演,除非该表演本身已被广播;(2) 录制其尚未录制的表演。

3. 表演者的复制权

《表演和录音制品条约》第7条规定,表演者应享有授权以任何方式或形式对其以录音制品录制的表演直接或间接地进行复制的专有权。

根据议定声明,在电子媒体中以数字形式存储受保护的表演或录音制品,构成这些条款意义下的复制。

4. 表演者的发行权

《表演和录音制品条约》第8条规定,表演者应享有授权通过销售或其他所有权转让形式向公众提供其以录音制品录制的表演的原件或复制品的专有权。

对于在已录制的表演的原件或复制品经表演者授权被首次销售或其他所有权转让之后适用该条第1款中权利的用尽所依据的条件(如有此种条件),该条约的任何内容均不得影响缔约各方确定该条件的自由。

这里的"复制品"和"原件和复制品",专指可作为有形物品投放流通的固定的复制品。

5. 表演者的出租权

《表演和录音制品条约》第9条规定,表演者应按缔约各方国内法中的规定享有授权将其以录音制品录制的表演的原件和复制品向公众进行商业性出租的专有权，即使该原件或复制品已由表演者发行或根据表演者的授权发行。

6. 表演者的提供已录制表演的权利

《表演和录音制品条约》第 10 条规定，表演者应享有专有权，以授权通过有线或无线的方式向公众提供其以录音制品录制的表演，使该表演可为公众中的成员在其个人选定的时间和地点获得。

（四）录音制品制作者的权利

《表演和录音制品条约》专门授予了录音制品制作者四项基本权利：复制权、发行权、出租权和提供录音制品的权利。

1. 复制权

《表演和录音制品条约》第 11 条规定，录音制品制作者应享有授权以任何方式或形式对其录音制品直接或间接地进行复制的专有权。

2. 发行权

《表演和录音制品条约》第 12 条规定，录音制品制作者应享有授权通过销售或其他所有权转让形式向公众提供其录音制品的原件或复制品的专有权。

该条同时规定，对于在录音制品的原件或复制品经录音制品的制作者授权被首次销售或其他所有权转让之后适用该条第 1 款中权利用尽所依据的条件（如有此种条件），该条约的任何内容均不得影响缔约各方确定该条件的自由。

3. 出租权

《表演和录音制品条约》第 13 条规定，录音制品制作者应享有授权对其录音制品的原件和复制品向公众进行商业性出租的专有权，即使该原件或复制品已由录音制品制作者发行或根据录音制品制作者的授权发行。

4. 提供录音制品的权利

《表演和录音制品条约》第 14 条规定，录音制品制作者应享有专有权，以授权通过有线或无线的方式向公众提供其录音制品，使该录音制品可为公众中的成员在其个人选定的地点和时间获得。

（五）共同条款

1. 因广播和向公众传播获得报酬的权利

《表演和录音制品条约》第 15 条规定，对于将为商业目的发行的录音制品直接或间接地用于广播或用于对公众的任何传播，表演者和录音制品制作者应享有获得一次性合理报酬的权利。

2. 限制与例外

《表演和录音制品条约》第 16 条规定，缔约各方在其国内立法中，可在对表演者和录音制品制作者的保护方面规定与其国内立法中对文学和艺术作品的版权保护所规定的相同种类的限制或例外。

不过,《表演和录音制品条约》同时要求,缔约各方应将对本条约所规定权利的任何限制或例外限于某些不与录音制品的正常利用相抵触、也不无理地损害表演者或录音制品制作者合法利益的特殊情况。

3. 保护期

《表演和录音制品条约》对表演者的保护期规定为至少50年,应自表演以录音制品录制之年年终算起。

对录音制品制作者的保护期,应自该录音制品发行之年年终算起,至少持续到50年期满为止;或如果录音制品自录制完成起50年内未被发行,则保护期应自录制完成之年年终起至少持续50年。

4. 关于技术措施与权利管理信息的义务

《表演和录音制品条约》第18、19条分别规定了关于技术措施与权利管理信息的义务,其内容与《版权条约》第11、12条只有个别文字上的差别。

5. 手续

《表演和录音制品条约》第20条规定,享有和行使本条约所规定的权利无须履行任何手续。这意味着条约实行的是自动保护原则。

6. 关于权利行使的条款

《表演和录音制品条约》第23条要求,缔约各方承诺根据其法律制度采取必要的措施,以确保本条约的适用。

缔约各方应确保依照其法律可以提供执法程序,以便能采取制止对本条约所涵盖权利的任何侵犯行为的有效行动,包括防止侵权的快速补救和为遏制进一步侵权的补救。

[思考题]

1. 世界知识产权组织管理的公约、条约及协定主要有哪些?
2. 试述《巴黎公约》关于驰名商标保护的规定。
3. 试述《伯尔尼公约》的基本原则。
4. 试述《世界知识产权组织版权条约》规定的公共传输权。

第三十五章　世界贸易组织及其《知识产权协定》

［内容提要］　作为世界贸易组织的重要组成部分，《知识产权协定》系统而全面地规定了知识产权保护的原则、知识产权的行使、权利的取得与维持及有关程序、争端的防止以及解决等内容。本章还探讨了《知识产权协定》面临着的新议题。

［关键词］　《知识产权协定》　知识产权保护标准　知识产权的实施

第一节　世界贸易组织与知识产权国际保护

一、关税及贸易总协定对知识产权问题的谈判

（一）关税及贸易总协定与乌拉圭回合

关税及贸易总协定是第二次世界大战后调整国际经济贸易和金融关系的三大支柱之一，为战后经济的恢复和发展起到了重要的作用。自 1947 年签订以来，关贸总协定一直作为一个"事实上"的国际贸易组织，主持关税和贸易领域的多边谈判。

1986 年，关贸总协定决定发起第八轮多边贸易谈判，即"乌拉圭回合"。经过长达近八年的艰苦谈判，乌拉圭回合谈判于 1993 年 12 月 15 日正式结束。1994 年 4 月 15 日，乌拉圭回合谈判最后文件在摩洛哥的马拉喀什签署。乌拉圭回合取得了重大成果，主要表现在两个方面：一是就各项谈判议题达成了"一揽子协议"；二是建立了世界贸易组织（WTO），结束了《关税与贸易总协定》的临时适用状态。

（二）与贸易有关的知识产权问题谈判的背景

在乌拉圭回合谈判之前，知识产权保护体系在国内、国际水平上已普遍建立起来。但从总体上看，知识产权保护还存在着很大不足：一方面，许多国家尤其是发展中国家的知识产权制度不健全，保护水平较低。另一方面，现存的知识产权国际保护体系存在着许多缺陷，许多国际条约的缔约国数目太少，各条约缺少强有力的机构来保证其实施，各公约缺少相互协调机制等。

在乌拉圭回合之前，关贸总协定在知识产权国际保护领域基本上没有发挥过作用。知识产权国际保护不力已经对国际贸易构成严重的障碍，发达国家对

此深感不利。由于关贸总协定成员广泛，而且具有比较有力的监督执行机制，因此，发达国家极力主张在乌拉圭回合中就知识产权问题进行谈判，以期将知识产权问题纳入关贸总协定多边法律框架当中。

（三）知识产权问题谈判的原则和目标

《乌拉圭回合部长宣言》阐述了知识产权问题谈判的原则和目标：

"为了减少对国际贸易的扭曲和障碍，考虑到促进充分有效地保护知识产权的必要性，并保证实施知识产权的措施和程序本身不对合法贸易构成障碍，谈判应旨在澄清关贸总协定的规定，并视情况制定新的规则和纪律。"

"谈判应旨在拟订处理国际冒牌货贸易的多边原则、规则和纪律的框架，同时应考虑到总协定已进行的工作。"

"这些谈判不得有碍于世界知识产权组织和其他机构在处理这些问题方面可能采取的其他补充行动。"

（四）谈判的进程

《乌拉圭回合部长宣言》通过以后，"乌拉圭回合"正式开始。就知识产权而言，按最初的议题，只对与贸易有关的知识产权问题进行谈判。但随着谈判的进展，谈判超出了原定范围，几乎涉及知识产权各个领域。

有关知识产权的谈判最初面临极大困难。大部分发展中国家对此问题反应冷淡，而有些发展中国家则表示反对。在 1988 年蒙特利尔中期审评会议上，各方还没有就知识产权谈判问题达成初步意见。在 1989 年 4 月召开的高级官员会议上，经过各方妥协，就知识产权问题达成了一致意见，形成了关于知识产权问题的框架协议。此后知识产权谈判开始进入实质阶段。

在谈判的过程，发展中国家与发达国家的立场不一致，但由于这次谈判采用"一揽子"谈判方式，不在知识产权问题上作出让步，就很难在其他方面让发达国家作出让步，因此，许多发展中国家转而支持就知识产权问题进行谈判。到 1991 年，当时的总干事邓克尔提出了最后文本草案的框架，其中有关知识产权问题的协定基本获得通过。1993 年 12 月 15 日，随着乌拉圭回合谈判的全部结束，知识产权问题也最终形成了协议。《知识产权协定》作为最后文件的一部分（附件 1C），成为世界贸易组织多边贸易机制的一部分。

《知识产权协定》属于世界贸易组织框架下的多边协定，凡世界贸易组织的成员都必须加入。截至 2013 年 7 月，世界贸易组织成员已有 159 个。中国于 2001 年 12 月 11 日正式加入世界贸易组织。

二、世界贸易组织有关知识产权保护的机制

（一）与贸易有关的知识产权理事会

与贸易有关的知识产权理事会（简称 TRIPs 理事会）是世界贸易组织的总理事会之下的一个机构，在世界贸易组织的知识产权保护机制中，它处于核心的地位，负责监督《知识产权协定》的运作。TRIPs 理事会按照《知识产权协定》规定的职责和总理事会指定的职责进行工作。

《知识产权协定》第 68 条规定了 TRIPs 理事会的职能。依该条规定，TRIPs 理事会具有以下六项职能：第一，监督《知识产权协定》的实施，尤其是对成员履行本协定规定的义务进行监督；第二，就有关与贸易有关的知识产权问题为成员提供协商的机会；第三，成员指定的其他任务；第四，应成员国的请求就争端解决程序为成员提供援助；第五，与有关各方进行协商并向其求得必要的信息；第六，与世界知识产权组织进行协商并签订协定。

自 1995 年 1 月 1 日世界贸易组织正式成立开始，TRIPs 理事会也开始了其工作。自 1995 年成立以来，理事会开展的工作主要有以下四个方面：有关通知及通知程序，对实施协定的监督，促进发达国家与发展中国家的技术合作，与世界知识产权组织的合作。

（二）有关知识产权问题争端的解决

世界贸易组织有关争端解决的机制，对于实施世界贸易组织框架内的协定提供了可靠的保障。根据《知识产权协定》第 64 条的规定，就协定而产生的争端适用《关于争端解决的规则和程序的谅解协定》（以下简称《谅解协定》）。

按《谅解协定》的规定，与《知识产权协定》有关的争端一般按下列程序进行解决：

（1）协商。在发生与贸易有关的知识产权争端之后，要求协商的缔约方应以书面形式通知争端解决机构和 TRIPs 理事会，并说明请求的理由和依据。被请求的成员应在收到请求之日起的 10 日内作出答复，并在 30 日内进行善意的协商，以求达成双方满意的解决办法。如果在规定的期限内被请求的成员未作出答复和进行协商，请求方可直接请求进行专家程序。

（2）斡旋、调停、调解及仲裁。当事方不愿意直接进行谈判或经谈判未能解决争端时，第三方可以协助当事方解决争端，这就是所谓的斡旋与调停。调解是指将争端提交一个由若干人组成的委员会，委员会在查明事实的基础上提出报告供当事方达成协议。作为当事人自愿选择的程序，除了斡旋、调停与调解之外，《谅解协定》还规定了仲裁程序。

（3）工作小组审理。工作小组审理程序是世界贸易组织争端解决机制的核

心,在实践中使用得最多,在《谅解协定》中也得到最充分的规定。工作小组审理程序在当事方提出请求后即开始进行,具体过程一般包括以下几个环节:设立工作小组,由工作小组对争端进行审理;起草和发布工作小组的报告;上诉机构对工作小组报告进行审查。

(4) 报告或建议的通过与实施。对于争端各方未提出上诉审查要求的工作小组报告以及上诉机构的报告,均需由争端解决机构通过才能生效。经争端解决机构通过的工作小组或上诉机构的报告和建议,成为争端解决机构的正式裁定或建议。为了保证争端解决机构的裁定或建议的执行,《谅解协定》规定了一系列程序和措施。裁定或建议首先由争端有关当事方实施,如果在合理时间内未得到实施,控诉方可申请授权采取补偿和中止其减让义务或其他义务的措施。

(三) 与世界知识产权组织的合作

世界知识产权组织是专门致力于知识产权国际保护的国际组织,在知识产权国际保护领域起着举足轻重的作用。《知识产权协定》第 68 条要求 TRIPs 理事会在其第一次会议之后的一年内寻求与世界知识产权组织合作的适当安排。经 TRIPs 理事会与世界知识产权组织的共同努力,《世界知识产权组织与世界贸易组织间协定》于 1995 年 12 月 22 日签订,并于 1996 年 1 月 1 日生效。

该协定共 5 条,分别涉及缩略语、法律与规章、为《知识产权协定》之目的而实施《巴黎公约》第 6 条之三、法律技术协助与技术合作、最后条款。其中最主要的是第 2、3、4 条。

该协定第 2 条规定了世界知识产权组织和世界贸易组织之间在法律和规章的交流与利用方面所进行的合作,其主要内容包括以下五个方面:一是世界贸易组织各成员及其国民对世界知识产权组织所收集的法律和规章的利用;二是世界贸易组织成员及其国民对世界知识产权组织的计算机数据库的利用;三是世界贸易组织秘书处及 TRIPs 理事会对世界知识产权组织所收集的法律和规章的利用;四是世界贸易组织秘书处将其收到的其成员根据《知识产权协定》第 63 条第 2 款规定提交的法律和规章,以收到时的语文和形式向世界知识产权组织国际局免费提供一份复制件;五是对于那些是世界贸易组织成员但不是世界知识产权组织成员的发展中国家,在按《知识产权协定》第 63 条第 2 款应向 TRIPs 理事会提供的法律和规章的翻译方面,世界知识产权组织国际局应像对待其成员国中的发展中国家那样提供帮助。

该协定第 3 条对于如何落实《巴黎公约》第 6 条之三关于不得作为商标进行注册的徽章和官方印记的规定作出了比较详细的安排。协定规定,有关《知识产权协定》下的徽章的通知及异议的传送的程序,由国际局按《巴黎公约》第 6 条之三规定的程序进行管理。对于世界贸易组织的一个成员国经提出通知的徽章,如果世界贸易组织的另一成员提出了异议,而它们当中至少有一个不是《巴黎公约》的成员,以及对于政府间国际组织的徽章,一个非《巴黎公约》成员或不承担保护政府间国际组织的徽章的义务的成员提出了异议,国际局仍应将异议传送给有关世界贸易组织成员或政府间国际组织。国际局应向世界贸易组织秘书处提供有关由世界贸易组织成员国通知国际局的或由国际局通知世界贸易组织成员国的任何徽章的信息。

该协定第4条涉及三个方面的问题:对发展中国家的法律技术援助和技术合作、国际局与世界贸易组织秘书处之间的合作、信息的交流。协定要求,对于那些不是世界知识产权组织成员的发展中国家,世界知识产权组织国际局应像对待作为其成员的发展中国家一样,使它们能够利用世界知识产权组织所提供的与《知识产权协定》有关的法律技术援助。对于那些不是世界贸易组织的成员的发展中国家,世界贸易组织秘书处应像对待作为其成员的发展中国家一样,使它们能够利用世界贸易组织所提供的与《知识产权协定》有关的技术合作。协定要求,就向发展中国家提供与《知识产权协定》有关的法律技术援助和技术合作的活动而言,国际局与世界贸易组织应加强合作,使这些活动发挥最大的效用,并确保它们的互相支持性质。

第二节　《知识产权协定》

《知识产权协定》共73条,分为7部分。第一部分为总则和基本原则,第二部分为有关知识产权的有效性、范围和使用的标准,第三部分为知识产权的行使,第四部分为知识产权的取得与维持及有关程序,第五部分为争端的防止以及解决,第六部分为过渡安排,第七部分为惯例安排以及最后条款。

一、总则和基本原则

(一) 义务的性质与范围

《知识产权协定》第1条要求,各成员应使该协定的规定生效。《知识产权协定》规定,在实施协定的规定时,成员可以但无义务在其国内法中实行比本协定要求更为广泛的保护,但此种保护不得违反该协定的规定。

成员实施《知识产权协定》所保护的知识产权的范围是该协定第二部分第1—7节所包含的所有类型的知识产权,即版权及相关权、商标、地理标记、工业品外观设计、专利、集成电路布图设计、未披露信息。

根据《知识产权协定》第1条第3款的规定,各成员应将本协定规定的待遇给予其他成员的国民。为避免可能发生的歧义,协定在此特别加了一个注释:本协定中所指的"国民"一词,对于 WTO 的单独关税区成员,指在该关税区内定居或拥有真实有效的工业或商业机构的自然人或法人。

(二)知识产权公约的适用与保护

《知识产权协定》第 2 条第 1 款规定,对于本协定第二、第三和第四部分而言,成员应遵守《巴黎公约》(1967 年文本)第 1—12 条和第 19 条。

《知识产权协定》第 2 条第 2 款规定,本协定第一至四部分的任何规定,均不减损成员根据《巴黎公约》、《伯尔尼公约》、《罗马公约》和《集成电路知识产权条约》应相互承担的现存义务。

(三)国民待遇

根据《知识产权协定》第 3 条的规定,除了前述四条约所各自规定的例外之外,每一成员应给予其他成员国民以不低于其给予本国国民的待遇。对于表演者、唱片制作者和广播组织而言,此项义务仅适用于该协定规定的权利。

(四)最惠国待遇

最惠国待遇原则历来被称为关贸总协定的基石,这在《知识产权协定》中也予以明确。《知识产权协定》第 4 条规定:"在知识产权保护方面,某一成员给予其他成员国民的任何利益、优惠、特权或者豁免,应当立即无条件地给予所有其他成员的国民。"

最惠国待遇原则,是前面提到的有关国际条约所不具备的。它进一步加强了知识产权的国际保护,对知识产权国际保护的发展,无疑具有极为重要的意义。

(五)权利穷竭

《知识产权协定》第 6 条规定,受该协定第 3、4 条的约束,为根据该协定解决争端之目的,该协定中的任何条款均不得被用以提出知识产权权利穷竭问题。这表明,成员之间在解决有关知识产权争端时,不得用《知识产权协定》的规定去支持或否定权利穷竭问题。

(六)知识产权保护的目标与原则

虽然《知识产权协定》序言第四段明确承认知识产权为"私权",但也"认识到知识产权保护国内体系的根本公共政策目标,包括发展和技术目标",因此,《知识产权协定》第 7 条规定,知识产权的保护与权利行使,应有助于促进技术创新、技术转让与传播,使技术知识的创造者与使用者互利,有助于社会及经济福利的增长以及权利义务的平衡。

在确定知识产权保护的公共利益目标之后,《知识产权协定》第 8 条规定了两项原则:第一,成员可制定或修订其法律和规章以采取必要措施保护公共健康与营养,并促进对其社会经济发展和技术进步至关重要的领域中的公共利益,但这些措施应符合该协定的规定。第二,在与该协定的规定相符合的条件下,成员可采取适当措施以防止知识产权权利持有人滥用其权利,以及防止采取不合理地限制贸易或对国际技术转让产生不利影响的习惯做法。

二、知识产权保护的标准

《知识产权协定》第二部分"关于知识产权的有效性、范围及行使的标准"是知识产权问题的核心。该部分共七节,分别涉及版权与有关权、商标、地理标记、工业品外观设计、专利、集成电路布图设计、未披露信息的保护和许可协议中的反竞争控制。

(一) 版权与相关权

1. 与《伯尔尼公约》的关系

《知识产权协定》第 9 条第 1 款规定,全体成员应遵守《伯尔尼公约》(1971 年文本)第 1—21 条和附件的规定。《知识产权协定》要求全体成员都应遵守这些规定,而不论其是否为《伯尔尼公约》的成员。

不过,该款同时规定,涉及《伯尔尼公约》第 6 条之二规定的权利及由此而衍生的权利,成员既无权利又无义务。"《伯尔尼公约》第 6 条之二规定的权利及由此而衍生的权利"指的是作者的精神权利。

2. 版权保护的对象

《知识产权协定》第 9 条第 2 款规定,版权保护及于表达而不及于思想、过程、操作方法以及数学概念等。

3. 计算机程序和数据汇编

《知识产权协定》第 10 条第 1 款规定:"计算机程序,不论以源代码形式还是目标代码形式,应作为《伯尔尼公约》规定的文字作品受保护。"

《知识产权协定》第 10 条第 2 款规定:"数据或其他材料的汇编,无论以机器可读形式还是其他形式,由于其内容的选择和编排而构成智力创作成果的,即应受到保护。"不过,这种保护不及于汇编所包含的数据或其他材料本身,而且也不得减损对这些数据或其他材料本身业已存在的任何版权。

4. 出租权

《知识产权协定》第 11 条规定,至少对于计算机程序和电影作品而言,成员应规定作者及其权利继受者有权授权或禁止对其享有版权的作品的原件或复制件向公众进行商业性出租。不过,《知识产权协定》对出租权还施加了限制:其一,对于电影作品,除非向公众的商业出租已导致该作品的大范围的复制,从而使成员授予作者或其权利继受者的复制专有权受到实质损害,该成员可免于承担有关出租权的义务。其二,对于计算机程序,如果程序本身不是出租的实质标的，则不适用上述义务。

5. 保护期

《知识产权协定》规定，除了摄影作品或实用艺术作品外，凡不以自然人的生命为基础来计算作品的保护期的，这一期限不得小于50年，自经授权出版的公历年结束时起算。如果在作品创作完成起50年未授权出版的，保护期亦应不少于50年，自创作完成的公历年结束时起算。

6. 限制与例外

在版权保护领域中，合理使用已经成为一种重要制度。《知识产权协定》所规定的"限制与例外"实际上是对成员有关合理使用的限制。

《知识产权协定》第13条规定，成员对专有权的限制或例外规定应限于某些特殊情况，这些特殊情况不得与作品的正常利用相冲突，并且不得不合理地损害权利持有人的合法利益。

7. 表演者、录音制品制作者和广播组织的权利

关于表演者权，《知识产权协定》第14条第1款规定："考虑到将其表演固定于录音制品上，表演者应享有制止下列未经其许可而实施的行为的可能性：将未固定的表演进行固定，以及将此种已经固定的表演进行复制。表演者亦应享有制止下列未经其许可而实施的下列行为的可能性：以无线方式广播其现场表演，以及将其现场表演向公众进行传播。"

关于录音制品制作者权，《知识产权协定》第14条第2款规定，录音制品制作者应享有授权或禁止直接或间接复制其录音制品的权利。另外，根据《知识产权协定》第14条第4款的规定，录音制品制作者还享有出租权。

关于广播组织权，《知识产权协定》第14条第3款授予了广播组织4项权利：广播组织有权禁止其他人未经其许可将其广播加以固定，有权禁止其他人未经其许可将经固定的广播进行复制，有权禁止其他广播组织未经其许可而以无线方式转播其广播，有权禁止其他人未经其许可将其电视广播向公众进行传播。

《知识产权协定》规定，对表演者和录音制品制作者的保护期至少应为50年，自固定或表演举行的公历年结束时起算。对广播组织的保护期至少应为20年，自广播发生的公历年结束时起算。

对表演者、录音制品制作者和广播组织的保护，《知识产权协定》规定，任何成员均可以在《罗马公约》允许的范围内规定各种条件、限制、例外和保留。但是，《伯尔尼公约》第18条关于追溯力的规定应原则上适用于表演者权和录音制品制作者权。

（二）商标

《知识产权协定》关于商标问题的规定主要包括以下几方面的内容：

1. 可保护的客体

《知识产权协定》规定,任何符号或符号的结合,只要能够将一人提供的货物或服务与其他人提供的货物或服务区别开来,均能构成商标。此种符号,尤其是文字(包括人名)、字母、数字、图形要素和色彩的结合,以及此种符号的结合,均可作为商标予以注册。如果符号本身不能区别相关货物或服务,成员亦可根据通过使用而获得的可识别性来确定其是否可予注册。不过,作为注册的条件,成员可要求该符号能由视觉感知到。

按《知识产权协定》的规定,成员可以基于使用予以注册。不过,《知识产权协定》要求,不得将实际使用作为申请注册的先决条件,不得仅仅以在申请之日起 3 年以内未发生实际使用为理由拒绝一项申请。另外,《知识产权协定》还禁止成员将商标所适用的货物或服务的性质作为申请注册的限制或障碍。

此外,《知识产权协定》还要求成员在商标获准注册之前或之后应将商标予以公告,并为其他人提供请求撤销的合理机会,或者为提出异议提供机会。

2. 所授予的权利

《知识产权协定》第 16 条第 1 款规定,注册商标所有人应享有专有权以制止所有第三方未经其同意而在贸易活动中在与其商标所注册适用的商品或服务相同或类似的商品或服务上使用相同或类似的符号,以避免由此种使用而可能导致的混淆。如果将相同的符号用于相同的商品或服务上,即可推定存在着混淆的可能性。

不过,《知识产权协定》规定,上述权利不得减损任何已存在的在先权利,也不得影响成员依使用而确定权利的可能性。

3. 驰名商标

有关驰名商标的规定,集中在《知识产权协定》第 16 条第 2 款和第 3 款。其主要内容包括以下几个方面:

第一,服务商标应适用驰名商标的有关规定。《知识产权协定》规定,关于驰名商标,《巴黎公约》第 6 条之二原则上应适用于服务商标。

第二,确定驰名商标应考虑的因素。《知识产权协定》规定,在确定一个商标是否成为驰名商标时,成员应考虑到该商标在相关领域的公众中的知名度,包括在成员内由于商标宣传而获得的知名度。

第三,驰名商标的效力。《知识产权协定》规定,《巴黎公约》第 6 条之二原则上应适用于与商标注册使用的商品或服务不相类似的商品或服务,只要在有关商品或服务上使用该商标将使人认为有关商品或服务与注册商标所有人存在关联,而且注册商标所有人的利益由于此种使用而可能受损害。

4. 保护期

《知识产权协定》规定商标的首次注册及各次续展的保护期不得少于7年，续展注册次数不应受限制。

5. 使用要求

《知识产权协定》第19条规定，如果成员以使用作为维持注册的条件，只有在一个至少3年的不间断期间期满之后未使用的，且商标所有人又未提出证明此种使用存在着障碍的有效理由，才可以取消商标注册。凡非由于商标所有人的主观意图而产生的对商标使用构成障碍的情形，如进口限制或对商标所保护的商品或服务的其他政府要求，均应作为不使用的有效理由。

《知识产权协定》规定，在商标处于所有人控制之下时，其他人使用商标应视为为维持注册之目的而进行的商标使用。另外，《知识产权协定》还规定，贸易过程中的商标使用不应受特殊要求的不公平妨碍。

6. 许可与转让

《知识产权协定》在规定成员可以确定商标许可与转让的条件的同时，强调对商标的强制许可应不予准许，注册商标所有人有权将商标连同或者不连同其所属的营业一起进行转让。

（三）地理标志

1. 地理标志的保护

所谓地理标志，是指这样一种标志，它能够确定一种商品来源于一成员领域或该领域内的一个地区或地方，而该商品的特定品质、声誉或其他特征实质上又有赖于其地理来源。

对于地理标志，《知识产权协定》要求成员为有关利益方提供法律手段以制止下列行为：第一，以任何方式在商品的名称或描述中使用地理标志，以致明示或暗示出该商品来源于某个并非其真实来源地的地理区域，在该商品的地理来源方面对公众产生误导。第二，构成《巴黎公约》第10条之二所规定的不正当竞争行为的任何使用。

将地理标志作为商标或在商标中包含有地理标志，而该商品又不是来源于该地理标志所指示的地域，如果在该成员将此种商标使用于商品上，使公众对于其真实产地产生误导，成员应于法律允许的情况下以其职权或应有关利益方的请求，拒绝对该商标进行注册或使注册无效。

虽然商品确系来源于地理标志在文字上所指示的领域、地区或地方，但错误地使公众以为该商品来源于另一个领域的，亦在应禁止之列。

2. 对葡萄酒与白酒的地理标志的补充保护

对于葡萄酒和白酒的地理标志，除了上述规定之外，即使在使用某个地理标志时标示出了有关商品的真实产地标志,或者以翻译的方式或以附加“类”、“式”、“风格”诸如此类的描述,均在应禁止之列。对于由地理标志构成或包含有地理标志的葡萄酒或白酒的商标,亦应按前述有关规定处理。

（四）工业品外观设计

1. 工业品外观设计保护的要求

《知识产权协定》对受保护的工业品外观设计提出了两个要求:一是工业品外观设计必须是作者“独立创作”的;二是工业品外观设计必须是“新颖的或独创的”。《知识产权协定》第 25 条第 1 款规定,对独立创作的新颖的或独创的工业品外观设计,成员应提供保护。

《知识产权协定》还规定,成员可以不保护那些实质上受技术或功能因素支配的外观设计。协定对成员对纺织品外观设计可能提出的要求作了限制。协定规定,成员应保证其对纺织品外观设计的保护要求,尤其是有关成本、检验和公布的要求,不至于对寻求和获得保护的机会造成不合理的损害。

2. 对工业品外观设计的保护

根据《知识产权协定》第 26 条第 1 款的规定,受保护的工业品外观设计的所有人应有权制止第三人未经其同意而出于商业目的实施下列行为:制造带有或含有作为受保护的外观设计的复制品或实质上构成复制品的设计的物品;销售上述物品;进口上述物品。

对于工业品外观的上述权利,成员可以选择工业品外观设计法或版权法进行保护。保护期不少于 10 年。成员可以规定有限的例外,但这种例外不得与受保护的工业品外观设计的正常利用相冲突,且不得不合理地损害受保护的外观设计所有人的合法利益。

（五）专利

1. 可获专利的主题

根据《知识产权协定》第 27 条第 1 款的规定,除了下述两种例外,所有技术领域内的一切发明,不论是产品还方法,只要具有新颖性、创造性和工业实用性,即可申请获得专利。这两种例外是:第一,成员可将某些发明排除在可获得专利的范围之外,在其境内制止这种发明的商业性开发,以此保护公共秩序或道德(包括保护人类、动物和植物的生命和健康或避免严重的环境损害)。但不得仅仅以该国法律禁止利用某发明为理由将该发明排除在可获专利的范围之外。第二,成员还可将下列发明排除在可获专利的范围之外:人类或动物疾病的诊断、治疗和手术的方法;除了微生物之外的植物、动物,以及生产植物或动物的生物方法,但成员应以适当的方式对植物新品种提供法律保护。

在符合《知识产权协定》有关规定的条件下,专利及专利权不得因发明的地点、技术领域、产品系进口还是在本地制造等而受歧视。

2. 所授予的权利

《知识产权协定》规定了专利所有人的两种不同性质的权利:专利权和专利处置权。

专利所有人享有的专利权因产品专利和方法专利的不同而有所不同。对产品专利,专利所有人享有制止第三人未经其许可而制造、使用、许诺销售、销售专利产品,以及为上述目的而进口该产品的专有权利。对于方法专利,专利所有人享有制止第三人未经其许可使用该方法以及使用、许诺销售、销售以及至少为上述目的而进口直接用该方法获得的产品的专有权利。

专利所有人的专利处置权主要包括两项:转让权和许可权。协定规定专利所有人享有专利处置权,与协定序言中提出的“知识产权是私权”的原则是一致的。

3. 对申请人的要求

《知识产权协定》第 29 条第 1 款规定,成员应要求专利申请人以足够清晰完整的方式披露发明,以使同一技术领域的技术人员能够实施该发明,并可要求申请人指明在申请日或要求优先权时的优先权日已知的实施发明的最佳方式。

该条第 2 款规定,成员得要求专利申请人提供有关申请人的相关外国申请和批准情况的信息。

4. 专利权的例外

《知识产权协定》第 30 条规定,考虑到第三人的合法利益,成员可对所授予的专有权规定有限的例外,但此种例外不得不合理地与专利的正常利用相冲突,也不得不合理地损害专利所有人的合法利益。

5. 未经权利人许可的其他使用

《知识产权协定》第 31 条所称“其他使用”不包括上述第 30 条所规定的例外,实际上主要是指专利的强制许可。

《知识产权协定》对授权其他使用规定了 12 项条件,实际上是对各国授予强制许可进行了严格限制。

6. 专利的撤销与无效

《知识产权协定》第 32 条并未规定专利撤销与宣布无效的具体规则,只是要求成员在作出撤销或宣布无效的决定时,应提供司法审查的机会。

7. 保护的期限

《知识产权协定》第 33 条规定,专利的保护期最少应为自申请日起的 20 年。

8. 专利方法的举证责任

《知识产权协定》规定，在下述两种情况下，如无相反证据，应推定是使用该专利方法而获得：第一，如果使用该专利方法获得的产品是新产品；第二，如果相同产品极可能使用该方法制造，而专利所有人虽经合理努力也未能确定实际使用的方法。

任何成员得自由规定，只有在满足上述第一种情况所规定的条件或第二种情况所规定的条件的情况下才要求被控侵权者承担举证责任。

在引用相反证据时，应考虑被告在保护其制造和营业秘密方面的合法利益。

（六）集成电路布图设计

对于集成电路布图设计，各成员同意按照《集成电路知识产权条约》第2—7条（第6条第3款除外）、第12条和第16条第3款的规定进行保护。《集成电路知识产权条约》第2—7条为实体条款，其中第6条第3款为有关强制许可的规定，第12条为对《伯尔尼公约》和《巴黎公约》的保护，第16条第3款涉及在条约生效前现存布图设计的保护问题。除了按照《集成电路知识产权条约》的有关规定保护集成电路布图设计之外，《知识产权协定》还要求成员必须遵守以下规定：

1. 保护的范围

《知识产权协定》第36条规定，除了第37条第1款另有规定外，成员应将未经权利人授权而实施的下列行为视为非法：进口、销售或以其他方式为商业目的而分发受保护的布图设计、含有受保护的布图设计的集成电路以及使用了持续含有非法复制的布图设计的此种集成电路的物品。

2. 无须获得权利人许可的行为

《知识产权协定》第37条第1款规定，尽管有第36条的规定，一个人在获得集成电路或含有此种集成电路的物品时并不知道，而且也没有合理理由知道其中含有非法复制的布图设计的，他对该含有非法复制的布图设计的集成电路或含有此种集成电路的物品所正在实施的或预定实施的第36条所规定的行为，任何成员不得视为非法。

关于强制许可，《知识产权协定》要求适用第31条第1—11项所规定的条件。需要注意的是，《知识产权协定》已明确将《集成电路知识产权条约》中有关强制许可的内容排除在外。

（七）未披露信息的保护

1. 未披露信息受保护的条件

《知识产权协定》规定了未披露信息受保护的三个条件：第一，未披露信息是秘密的，即该信息作为一个整体或作为其各个构成部分的精确构造或集合未被通常从事该信息所属领域的工作的人普遍了解或轻易接触。第二,由于其属于保密状态而具有了商业价值。第三,合法控制信息的人根据有关情况采取了合理措施以保持其秘密状态。

2. 未披露信息持有人的权利

对于符合上述三个条件的未披露信息,《知识产权协定》规定,合法控制该信息的自然人与法人均应享有防止他人以违背诚实信用的商业习惯的方式在未经其同意的情况下披露、获得或使用有关信息的可能性。这里所谓的"以违背诚实信用的商业习惯的方式",至少应包括如违约、违反信任以及诱导他人违约或违反信任,也包括第三方在已经知道或应当知道但由于重大过失而未能知道其所取得的未披露信息是他人以上述方式获得的。

3. 对有关数据的保护

在许多国家,法律要求当事人向有关主管当局提交未披露过的实验数据或其他数据,作为批准采用新化学成分的医用或农用化工产品上市的条件。在此情况下,《知识产权协定》要求,如果该数据的最初取得付出了相当的努力,成员应保护此种数据以防止不公正的商业利用。另外,《知识产权协定》还要求,成员应采取措施保护这些数据以防止被披露,除非此种披露是为了保护社会公众所必需的,或已经采取了措施确保数据不被不公正地投入商业利用。

（八）对许可协议中的反竞争惯例的控制

《知识产权协定》在第40条承认,成员在遵守协定有关规定的情况下,可以对在许可协议中滥用知识产权的行为采取适当措施进行控制。至于如何控制,协定则未作具体规定,由各成员自行处理。协定只要求成员在处理有关问题时进行协商与合作。

三、知识产权的实施

（一）一般义务

《知识产权协定》第41条对于实施知识产权的程序提出了总体要求,主要包括以下四个方面:第一,成员应保证本部分所规定的实施程序在其法律之下可被利用,以便于对知识产权侵权行为采取有效的行动,包括采取及时防止侵权的救济和制止进一步侵权的救济。《知识产权协定》要求,这些程序不应为合法贸易制造障碍,亦不得被滥用。第二,知识产权的实施程序应公平公正,不得过于复杂或花费过高,不得有不合理的时间限制或无保障的拖延。第三,就个案作出的裁决最好采取书面形式并说明理由。裁决应及时送达有关当事人。个案裁决仅应基于证据,应向当事各方就该证据提供陈述意见的机会。第四,程序的当事人应有机会要求对最终行政裁决进行司法审查,以及在符合成员法律对重要案件的司法管辖权的规定的条件下,至少可以要求对个案的初审司法裁决中的法律问题进行司法审查。但是,对刑事案件中的宣告无罪,成员没有义务提供审查的机会。

(二) 行政和民事程序及救济

1. 民事程序

知识产权实施和保护中的民事程序由各国民事诉讼法来决定,《知识产权协定》只是就有关知识产权问题的民事程序提出了一些基本的要求。

(1) 保障被告的诉讼权利。被告应及时得到书面的通知,该通知中应包含有足够的细节,包括原告提出的请求的依据。

(2) 允许律师参与诉讼,不得强制当事人出庭。

(3) 保证当事人的证明权。

(4) 对秘密信息进行识别和保护。

2. 证据

《知识产权协定》第 43 条第 1 款规定,如果一方当事人已提交了有关证据支持其主张而且指出了处于对方控制之下的证明其主张的证据,司法当局应有权要求对方当事人提供该证据,但应对秘密信息提供保护。

《知识产权协定》第 43 条第 2 款规定,如果诉讼一方当事人在合理期间内无正当理由故意不允许他人获得必要的信息或者不提供必要的信息,或者严重阻碍了诉讼程序,成员得授权司法当局根据有关方面向其提供的信息,包括因该当事人不允许他人获得必要的信息而受不利影响的一方当事人所提交的诉状或指控书,作出肯定或否定的初步判决或最终判决。但是,应向各方当事人提供对指控或证据进行陈述的机会。

3. 救济

《知识产权协定》对民事程序中可以采用的救济作了原则性的规定。这些救济主要包括:

(1) 禁令。《知识产权协定》规定,成员司法当局应有权要求当事人停止侵权,但停止侵权的救济不适用于强制许可。

(2) 损害赔偿。对于明知或有合理理由知道其行为后果而实施侵权行为的侵权人,司法当局应有权要求侵权人赔偿受害人的损失,包括律师费。对不知或没有合理理由知道其行为后果而实施侵权行为的侵权人,在适当情况下亦可要求其返还所得利润或支付法定赔偿,或二者并处。

(3) 其他救济。除了上述救济外,《知识产权协定》还规定了诸如将侵权物品排除出商业渠道、销毁侵权物品、去掉侵权商标等各种其他救济。

(4) 获得信息。《知识产权协定》规定,在与侵权行为的严重程度相当的情况下,司法当局可有权要求侵权行为人向权利人提供有关生产和销售侵权产品或提供侵权服务的第三人的身份以及销售渠道的信息。

4. 对被告的赔偿

如果一方当事人在其所要求的措施得以实施的情况下滥用实施程序,使另一方当事人错误地遭到禁止或限制,则司法当局应有权命令该当事人向另一方当事人赔偿因其滥用实施程序而给另一方当事人造成的损失。司法当局亦应有权命令原告支付被告的费用,包括适当的律师费。

就执行有关知识产权权利保护和实施的任何法律而言,成员仅得在公共机构和官员在执行该法律的过程中出于善意而采取或意欲采取行动时,方可免除他们为采取措施而应负的责任。

5. 行政程序

在以行政程序来确定民事救济时,该行政程序应符合本节所规定的原则。

(三) 临时措施

《知识产权协定》第 50 条规定了有关知识产权保护方面的临时措施。这里所谓的临时措施,是指在民事诉讼程序或行政程序开始之前,一方当事人请求司法机关或行政机关采取的保全措施。《知识产权协定》关于临时措施的规定主要包括以下几个方面:

1. 临时措施的目的

《知识产权协定》第 50 条第 1 款规定了采取临时措施的两项目的:为防止侵害任何知识产权的行为的发生,尤其防止货物包括海关结关之后立即进口的货物在其管辖范围内进入商业渠道;为保存与被指控的侵权活动有关的证据。

2. 临时措施的采取

根据《知识产权协定》第 50 条第 2 款的规定,在司法当局认为必要时,有权依照一方当事人的请求,在开庭前采取临时措施,尤其是在一旦有任何迟延则很可能给权利持有人造成不可弥补的损害的情况下,或在有关证据显然有被销毁的危险的情况下。

3. 证据与担保

按照《知识产权协定》第 50 条第 3 款的要求,决定采取临时措施时,司法当局应有权要求申请人向司法当局提供有价值的证据,以证明申请人就是权利持有人,证明申请人的权利正在受侵害,或者这种侵害即将发生。为了保护被告和防止滥用权利,司法当局应有权命令申请人提供保证金或与之相当的担保。

4. 通知与复审

《知识产权协定》要求,如果开庭前就已经采取临时措施,至少应在实施临时措施之后毫不迟延地通知受影响的一方。根据被告的请求,应在将此等措施通知被告之后的合理期内进行复审,并听取被告的陈述,以决定此等措施是否应被修改、撤销或确定。

5. 其他必要信息

《知识产权协定》规定,为了确定有关商品,将要执行临时措施的当局可以要求申请人提供其他的必要信息。

6. 期间起诉

在采取临时措施之后,申请人应在一定期限内提起诉讼。如果在规定的期限内未提出诉讼,《知识产权协定》规定,可应被告的请求撤销或暂停执行临时措施。

7. 赔偿责任

《知识产权协定》规定,在临时措施被撤销或因申请人的任何行为与疏忽而导致无效的情况下,以及在事后发现根本不存在对知识产权的侵害或侵害的威胁的情况下,应被告的请求,司法当局应有权责令申请人赔偿被告因采取临时措施而遭受的损失。

(四) 有关边境措施的特别要求

为了防止侵权物品和盗版物品的进口,《知识产权协定》第三部分第四节对成员应采取的边境措施提出了特别的要求。这些特别要求主要包括10个方面:海关当局中止放行、申请、保证金或与之相当的担保、中止放行、中止放行的期限、对进口人及商品所有人的赔偿、检查权及获得信息权、依职权的行为、救济、可忽略不计的进口。

从《知识产权协定》的具体规定来看,边境措施实质上属于对尚在海关监管之下的货物所采取的临时措施。因此,对边境措施的特别要求实际上也是对临时措施的要求的具体化。有关内容在此不作详细介绍。

(五) 刑事程序

《知识产权协定》第61条要求各成员应采取刑事程序及刑事处罚,以制止对知识产权的侵犯,起码应对商业规模的故意假冒商标和盗版活动规定刑事程序和刑事处罚。由于刑事程序及刑事处罚通常涉及国家的主权,《知识产权协定》只提出了很笼统的要求而没有作具体的规定。

四、知识产权的取得、维持以及有关当事人之间的程序

《知识产权协定》第四部分"知识产权的取得、维持以及有关当事人之间的程序"实际上是有关程序的综合性规定。该部分只有一条,即第62条,其内容包括以下五个方面:

(1) 成员可要求把符合合理程序和形式作为取得或维持《知识产权协定》

第二部分第2—6节所规定的知识产权的一个条件。不过,此种程序和形式应符合《知识产权协定》的规定。

(2)在依赖核准或注册而获得知识产权的情况下,在符合获得权利的实质条件的前提下,成员应确保核准或注册程序能在一个合理的期间内完成权利的核准或注册,以避免无保障地缩短保护的期限。

(3)《巴黎公约》第4条原则上应适用于服务商标。《巴黎公约》第4条是关于优先权的规定。

(4)有关获得和维持知识产权的程序,以及一成员法律规定的此等程序、行政撤销以及当事人之间的异议、撤销或取消程序,均应受第41条第2款和第3款所规定的一般原则的约束。

(5)经该条第4款所规定的任何程序作出的最终行政裁决,应受司法或准司法当局的审查。但是,成员对异议不成立或行政撤销不成立的裁决没有义务规定司法审查的机会,除非此种程序的依据能作为无效程序的主题。

五、争端的防止和解决

《知识产权协定》第五部分规定了争端的防止与解决方法,主要涉及两部分内容:透明度与争端解决。

(一)透明度

《知识产权协定》第63条规定,任一成员实施的有关本协定主题(知识产权的有效性、范围、取得、实施以及防止滥用)的法律法规、最终司法判决和普遍适用的行政规则,应当予以公布。

《知识产权协定》还要求,成员应将上述法律法规通知"与贸易有关的知识产权理事会",以便协助该理事会核查该协定的执行情况。

(二)争端解决

关于争端的解决,依《关税及贸易总协定》第22、23条的规定处理。但是,《关税及贸易总协定》第23条第1款(b)项和(c)项,在《建立世界贸易组织协议》生效后的5年期间内不适用于解决就本协议而产生的争端。

六、过渡安排

《知识产权协定》第六部分"过渡安排"主要规定了对发展中国和最不发达国家的特殊优惠。

《知识产权协定》规定,所有成员均应实施协定,但并非在协定生效以后马上实施,而是安排了一个过渡期,以便各方为实施协定做好准备。对一般国家而言,期限为1年;对发展中国家、正从中央计划经济转为市场经济或自由企业经济的成员，再延长 4 年；对最不发达国家，宽限期为 10 年。

《知识产权协定》第 67 条还要求发达国家向发展中国家和最不发达国家提供技术和金融合作，以实施该协定。

七、机构安排和最后条款

第七部分“机构安排和最后条款”主要涉及六个问题：建立与贸易有关的知识产权理事会，进行国际合作，关于协定的追溯力，协定的审查与修订，对协定的保留以及基于安全理由的例外。其中比较重要的是与贸易有关的知识产权理事会和协定的追溯力的规定。

根据协定成立与贸易有关的知识产权理事会，负责监督协定的实施，并为成员提供机会，协商与贸易有关的知识产权问题。理事会应完成成员指定的其他任务，尤其应提供成员在争端解决过程中要求的任何协助。协定还要求理事会应与世界知识产权组织进行合作，以加强对知识产权的国际保护。

关于协定的追溯力，《知识产权协定》第 70 条区别 9 种不同情况进行了规定。总的原则是，协定对成员适用该协定之日以前发生的行为不产生任何义务。

八、《知识产权协定》的晚近发展

《知识产权协定》自生效以来一直是发达国家和发展中国家争论的焦点问题之一，在广大发展中国家的积极推动下，世界贸易组织正在酝酿新一轮谈判，共包括以下五个方面的议题：《知识产权协定》与公共健康，《知识产权协定》下的传统知识和民间文学艺术作品的保护，《知识产权协定》与生物多样性公约，地理标志保护范围的扩大问题以及葡萄酒、烈酒地理标志的多边通报与注册制度。

上述议题的提出旨在平衡有关成员在《知识产权协定》下的权利和义务。在公共健康领域，经过发展中国家和发达国家的协商，世界贸易组织部长级第五次会议于 2001 年 11 月 14 日通过了《多哈宣言》。成员方重申对《知识产权协定》的承诺，同时一致认为对协定的解释和执行能够也应当支持成员国对公众健康的保护，特别是促进所有成员获得药品准入的权利，这实际上扩大了专利强制许可的范围。除此之外，世界贸易组织于 2002 年就药品专利保护的过渡期达成一致，允许最不发达成员在 2016 年前不对药品专利予以保护。又于 2005 年 11 月 29 日作出决定，将最不发达国家实施《知识产权协定》的过渡期延长至 2013 年。而根据 1995 年 1 月 1 日生效的《知识产权协定》，2006 年 1 月 1 日为最不发达国家实施《知识产权协定》的过渡期的最后期限。这一系列重大进步的取得，意味着以《知识产权协定》为核心的知识产权国际保护制度面临着新的挑战与变革。

[思考题]

1. 试述《知识产权协定》所规定的知识产权保护目标与原则。

2.《知识产权协定》保护的知识产权类型有哪些?

3. 根据《知识产权协定》的规定,成员在实施知识产权的程序上有哪些义务?